Religion: Hilfe oder Hemmnis für Entwicklung?

Religion: Hilfe oder Hemmnis für Entwicklung?

LWB-Dokumentation 58

Herausgegeben von Kenneth Mtata

LUTHERISCHER
WELTBUND

Eine Kirchengemeinschaft

Bibliografische Information der Deutschen Nationalbibliothek
Die Deutsche Nationalbibliothek verzeichnet diese Publikation in der Deutschen Nationalbibliografie; detaillierte bibliographische Daten sind im Internet über http:\\dnb.dnb.de abrufbar.

© Lutherischer Weltbund
Printed in Germany

Das Werk einschliesslich aller seiner Teile ist urheberrechtlich geschützt. Jede Verwertung ausserhalb der Grenzen des Urheberrechtsgesetzes ist ohne Zustimmung des Verlags unzulässig und strafbar.

Das Buch wurde auf FSC-zertifiziertem Papier gedruckt.

Umschlagbild: © LWB/ALWS/Chey Mattner/Kai-Michael Gustmann

Redaktionelle Verantwortung: LWB-Büro für Kommunikation in Zusammenarbeit mit der LWB-Abteilung für Theologie und Öffentliches Zeugnis

Übersetzung aus dem Englischen: LWB-Büro für Kommunikation in Zusammenarbeit mit Michael Biehl, Antje Bommel, Ursula Gassmann, Claudia Grosdidier-Schibli, Karin Hirmer, Angelika Joachim, Eckehart Lorenz, Michael Martin, Monika Ott und Regina Reuschle.

Satz und Layout: LWB-Büro für Kommunikation

Druck und Binden: Druckhaus Köthen GmbH & Co. KG

Veröffentlicht von:
Evangelische Verlangsanstalt GmbH, Leipzig, Deutschland
für
Lutherischer Weltbund
150, rte de Ferney, Postfach 2100
CH-1211 Genf 2, Schweiz

ISBN 978-3-374-03893-0

Parallelausgabe in englischer Sprache

Inhalt

Vorwort

Martin Junge

Seit seiner Gründung im Jahr 1947 lebt der Lutherische Weltbund (LWB) praktisch seine Selbstverpflichtung und Berufung, all jenen zur Seite zu stehen, die durch Naturkatastrophen oder vom Menschen verursachten Katastrophen bedürftig oder in Not geraten sind. Was aber unterscheidet das Engagement des LWB in der Welt von dem anderer Akteure, die ähnliches tun? Als eine Gemeinschaft von Kirchen gründet das Engagement des LWB auf seinen theologischen Überzeugungen und seinen Wertvorstellungen, Gott zu lieben und den Nächsten zu dienen.

Die in diesem Buch zusammengestellten Aufsätze wurden auf einer internationalen Konferenz über Religion und Entwicklung vorgetragen, die 2012 vom Lutherischen Weltbund und von Mission EineWelt organisiert und veranstaltet wurde, und an der etwa siebzig Akademikerinnen und Akademiker, Kirchenleitende, Hilfsorganisationen und in der Entwicklungsarbeit Tätige teilnahmen. Eines der Ziele dieser Konferenz war, dem LWB und seinen Partnern zu helfen, über ihr Verständnis vom Wert der Religion und der religiösen Orientierung im Blick auf das allgemeine Wohlergehen der Menschheit und der Schöpfung weiter nachzudenken und es zu vertiefen.

Die Autorinnen und Autoren aus Afrika, Asien, Europa, Latein- und Nordamerika erläutern nicht nur, wie Religion die Entwicklung auf vielerlei Weise positiv beeinflusst hat, sondern stellen auch offen einige negative Auswirkungen der Religion heraus, die angegangen werden müssen. Dazu gehört unter anderem die Tatsache, dass bestimmte religiöse Vorstellungen, Institutionen und Praktiken die breitere Beteiligung von Frauen und jungen Menschen in der Gesellschaft behindern.

Fallstudien aus Costa Rica, Liberia und Simbabwe bieten anschauliche Beispiele für die positive Auswirkung von Religion auf Entwicklung, wie zum Beispiel die Ermutigung zur Beteiligung von Frauen und Männern an Friedensförderung, Bewusstseinsbildung und Entwicklung. Spirituelle Ressourcen eröffnen weiterhin Horizonte der Hoffnung und fördern

Widerstandskraft in schwierigen Zeiten. Insbesondere in politisch instabilen Kontexten bieten religiöse Institutionen den Gemeinschaften Orientierung sowie elementare Dienstleistungen im Gesundheits- und Bildungsbereich.

Ich empfehle diese Veröffentlichung theologischen Hochschulen und Fakultäten, Kirchen und Einzelpersonen, die an Entwicklungsfragen interessiert und an Entwicklungsarbeit beteiligt sind und sich darum bemühen, ihre aus dem Glauben geschöpften Kräfte zur Verbesserung der Welt einzusetzen.

Einleitung

Kenneth Mtata

Diese Publikation ist ein Ergebnis der internationalen Konferenz über Religion und Entwicklung, die vom Lutherischen Weltbund in Partnerschaft mit Mission EineWelt veranstaltet wurde. Etwa siebzig Teilnehmende – Akademikerinnen und Akademiker, Kirchenleitende, in der Entwicklungsarbeit Tätige und Hilfsorganisationen – kamen vom 21. bis 25. Oktober 2012 im Missionszentrum in Neuendettelsau/Deutschland zusammen mit dem Ziel, ihr Verständnis der Beziehung zwischen Religion und menschlicher Entwicklung zu vertiefen, um in der Entwicklungsarbeit engagierten Organisationen, die aus dem Glauben heraus handeln (FBOs – faith-based organizations), zu helfen, ihr Selbstverständnis zu stärken und ihre Zusammenarbeit in der Entwicklung auszubauen.

Die persönlichen Erwartungen der Teilnehmenden wurden berücksichtigt und beeinflussten die Diskussionen im Anschluss an die Vorträge. Die Teilnehmenden brachten ihren Wunsch zum Ausdruck, Möglichkeiten zu finden, den Kirchen zu helfen, (a) sich an Entwicklung und Entwicklungsarbeit zu beteiligen, (b) im öffentlich Raum tätig zu werden und (c) eine klare Beziehung zwischen Verkündigung (Mission) und Entwicklung herzustellen. Darüber hinaus sollten Wege gefunden werden, die Kluft zwischen professionellen Entwicklungsdiensten und kirchlicher Entwicklungsarbeit zu überbrücken. Vielen Teilnehmenden war ausserdem daran gelegen, ihr Verständnis der Beziehung zwischen Religion und Entwicklung zu vertiefen, insbesondere im Blick auf gegenwärtig führende Vorstellungen, die letztlich entscheidende Zielsetzung von Entwicklung und wie unterschiedliche Kontexte die Tagesordnung der Entwicklung beeinflussen. Für einige Teilnehmende – besonders die aus Asien und Afrika kommenden – war die Beziehung zwischen Religion und Entwicklung im multireligiösen Kontext von besonderer Bedeutung. Alle sahen in der Verschiedenartigkeit der Teilnehmerschaft eine Gelegenheit zum Vernetzen und zum Austausch von Gedanken, Erfahrungen und guten Verhaltensweisen, was seinerseits dazu verhelfen würde, unter den miteinander verbundenen FBOs Partnerschaften und Netzwerke in der Entwicklung zu schaffen und zu fördern. Eine solche Zusammenarbeit sorgt auch für Rechenschaft zwischen und unter Entwicklungsakteuren, die aus dem Glauben heraus handeln. Rechenschaftsschuldigkeit wurde unter den Geberorganisationen im globalen Norden und ihren Implementierungspartnern im globalen Süden zu einer kontroversen Frage, wenngleich rasch festgestellt wurde, dass solche stereotypen Vorstellungen wertvollen Austausch und ehrliches Engagement beeinträchtigen könnten. Einige Teilnehmende fragten ausdrücklich nach, wie reiche Länder überzeugt werden könnten, die Last der armen Länder mit zu tragen, ohne eine Situation der Abhängigkeit zu schaffen und die Würde der Hilfsempfangenden zu beeinträchtigen. Die Konferenz bemühte sich, Alternativen zum gegenwärtigen – von den Millenniumsentwicklungszielen ausgehenden – Entwicklungsparadigma zu erkunden, das im Jahr 2015 auslaufen wird, und möglicherweise einige konkrete Vorstellungen zur Stärkung der Arbeit vor Ort vorzulegen.

Zur Methodik

Um die Fragen und Erwartungen der Teilnehmenden aufzugreifen, wurden die theoretischen und praktischen Referate zu spezifischen Themen, u.a. zu religiösen, theologischen und wirtschaftlichen Konzepten, durch Fallstudien aus unterschiedlichen Kontexten ergänzt. Die Fallstudien aus Costa Rica, Liberia und Simbabwe von Carlos Bonilla, Lindora Howard-Diawara und Ambrose Moyo behandeln einige der Formen, in denen Religion positiv zum Wohlergehen der Gesellschaft beiträgt. Darüber hinaus gaben Podiumsdiskussionen Gelegenheit zu einer gründlichen Analyse der Vorträge, und Gruppendiskussionen ermöglichten, die Diskussionen zu vertiefen.

Zur Publikation

Die Beiträge in dieser Sammlung wurden mit Ausnahme von zweien zuerst auf der Konferenz vorgetragen. Mit seinen einleitenden Bemerkungen umschreibt Eberhard Hitzler den Kontext und stellt einige der Fragen, mit denen die Konferenz sich befassen soll. Michael Martin gründet seine Eröffnungspredigt auf Nehemia, das Buch, auf das sich alle Morgenandachten bezogen. Martin erinnert an den Wiederaufbau Deutschlands nach dem 2. Weltkrieg und zeigt deutlich, wie Hilfe von aussen und innere Konzentration auf der Grundlage einer reichen christlichen Tradition den Wiederaufbauprozess förderten. Kenneth Mtatas Betrag, „Religion und Entwicklung: Freunde oder Feinde“, gibt einen Überblick über die Beziehung von Religion und Entwicklung durch die Zeiten hindurch und betont die entscheidende Rolle der Religion im heutigen Denken über Entwicklung und dessen Umsetzung. Religiöse Gedanken und Praktiken formen Ideale und Praktiken in der Entwicklung. Vitor Westhelle zeigt dies auf der Grundlage von Luthers Auffassung von Wucher, während Andreas Heuser untersucht, wie einige afrikanische Pfingstkirchen heute Entwicklung verstehen und sich dafür einsetzen. Wichtig ist hier, wie bestimmte theologische Ideen in diesen Gruppen ihr Weltbild beeinflussen. Karel Th. August verweist auf zahlreiche Herausforderungen im Blick auf die heutigen Entwicklungsmodelle und schlägt eines davon vor, das in örtlichen kulturellen und religiösen Ressourcen verwurzelt und durch sie gestärkt wird. Michael Biehl untersucht die Vorstellung von Religion im westlichen Denken und wie verschiedene akademische Traditionen das Verständnis von Entwicklung beeinflussen. Muriel Orevillo-Montenegro konzentriert sich auf das quasi-religiöse Wesen des Kapitalismus, während Theresa Carino einen Überblick gibt über die herausragend öffentliche Rolle der Religion in China im Licht der rasch anwachsenden chinesischen Wirtschaft. Samuel Ngun Ling und Johnson Mbillah untersuchen die Komplexität von Entwicklung im Kontext des religiösen Pluralismus und zeigen, dass Religion im Zusammenwirken mit ethnischen und politischen Machtkämpfen potentiell eine negative Rolle spielen kann, wenn nicht darauf geachtet wird, ihre positiven Werte herauszustellen. Madipoane Masenya ngwan'Mphahlele zeigt, wie bestimmte Interpretationen religiöser und kultureller Texte Frauen aus der Entwicklung ausgrenzen können, während Lindora Howard-Diawara, die selbst eine wichtige Rolle in der Friedensbewegung der Frauen in Liberia spielte, aufzeigt, wie Frauen eine Kraft für den Frieden werden können. In Ländern, die eine Übergangsphase durchmachen, sind Friedensarbeit und Konfliktmanagement wichtige Werkzeuge, deren religiöse Wurzeln leicht festzustellen sind. Ambrose Moyo beschreibt, wie das Ökumenische Forum Kirchenleitender in Simbabwe sich eingesetzt hat, um in der unsicheren politischen Situation in Simbabwe wieder Frieden herzustellen. In der internationalen Entwicklungsarbeit wird heute vieles von den FBOs durchgeführt. Was unterscheidet nun FBOs von anderen Entwicklungsakteuren? Rebecca Larson versucht, diese Frage zu beantworten, indem sie den Fall des ACT-Bündnisses heranzieht, während Kjell Nordstokke einen Überblick über die FBOs gibt und deren spezifischen Beitrag zur Entwicklung beschreibt. Viele FBOs werden umstrukturiert, um ihnen zu helfen, ihre Programme besser umzusetzen. Claudia Warning schildert in ihrem Beitrag, wie sich dies unter den FBOs in Deutschland auswirkt und welche Folgen dies für Entwicklung hat.

Auch wenn die Beiträge in ihrer Sicht der Beziehung zwischen Religion und Entwicklung nicht einheitlich in eine Richtung weisen, stimmen sie doch darin überein, dass Religion von zentraler Bedeutung ist für die Art und Weise, wie Entwicklungsarbeit verstanden werden sollte. Da die Präsenz von Religion nicht geleugnet werden kann, ist es unbedingt notwendig, dass diejenigen, die sich mit der Entwicklungsfrage beschäftigen und/oder in diesem Bereich praktisch tätig sind, die möglichen Auswirkungen der Religion auf ihre Arbeit untersuchen.

Einführung in das Thema[1]

Eberhard Hitzler

Über Religion und Entwicklung zu sprechen, ist eine ziemliche Herausforderung, da keines der beiden Wörter – Religion oder Entwicklung – eindeutig definiert ist. Das führt dazu, dass die meissten von uns sehr wahrscheinlich ihr eigenes Verständnis und ihre eigene Wahrnehmung von, ihre eigene Geschichte im Zusammenhang mit und ihre eigenen Erlebnisse zu den Begriffen Religion und Entwicklung haben.

Das erste, was mir zu diesem Thema in den Sinn kommt, mag nicht von Bedeutung, sondern eher banal sein, doch es verdeutlicht die Vielfältigkeit von Religion und Entwicklung.

Wenn man durch Genf oder Amsterdam spaziert, fällt vielen deutschen Besucherinnen und Besuchern vor allem ein Unterschied in den Lebensgewohnheiten auf: Es gibt fast keine Vorhänge. Passanten können einfach in die Wohnzimmer, die Küchen und sogar in die Schlafzimmer der dort lebenden Menschen hineinsehen, während in Deutschland Vorhänge oder Rollläden den Blick in die Häuser verwehren. Dieser kleine, vielleicht gar unbedeutende kulturelle Unterschied hat seinen Ursprung bei Calvin, der in Genf starken Einfluss hatte. Er hatte die Entfernung aller Vorhänge aus den Häusern angeordnet, um mehr Transparenz und ethische Disziplin zu erreichen. Seiner Meinung nach hatten gute Menschen nichts zu verbergen und bräuchten daher keine Vorhänge oder Fensterläden. Die deutschen Reformatoren versuchten nie, eine so strenge Kontrolle über die Privatsphäre der Gläubigen auszuüben, daher rührt dieser Unterschied, den man auch heute, fast fünfhundert Jahre später, noch bemerkt.

Religion und Entwicklung ist ein wichtiges Thema, das weit über die Frage von Vorhängen hinausgeht. Ich freue mich, dass Mission EineWelt und der Lutherische Weltbund (LWB) diese Konferenz, die so viele Teilnehmende angezogen

---

[1] Eröffnungsansprache der internationalen Konferenz zu Religion und Entwicklung, Neuendettelsau, Deutschland, 2012.

hat, gemeinsam organisiert haben. Ich freue mich insbesondere, dass die Teilnehmenden aus vielen Teilen der Welt kommen und aus ganz unterschiedlichen Fachbereichen – Wissenschaftlerinnen und Wissenschaftler sowie Menschen aus der Praxis, Vertreterinnen und Vertreter der Kirchen genauso wie Mitarbeitende von Organisationen aus den Bereichen Entwicklung und Mission.

Das Thema Religion und Entwicklung hat stark an Bedeutung gewonnen. Da es jedoch unmöglich ist, sämtliche Aspekte im Rahmen einer einzigen Konferenz zu berücksichtigen, hat das Büro der Kirchengemeinschaft des LWB beschlossen, dieses Thema mit einem umfassenden Dreijahresprogramm anzugehen. Wir hoffen, dass Sie alle sowie weitere Organisationen und Einzelpersonen auch in der Zukunft und über diese Konferenz hinaus zu diesem Programm beitragen werden.

Es ist eine schwierige Aufgabe, angemessene und bedeutungsvolle einleitende Worte zu finden. Ich werde es dennoch versuchen, denn ich mag Herausforderungen und schwierige Aufgaben. Zudem bin ich es als Theologe gewohnt, über Dinge zu sprechen, die ich nicht vollkommen verstehe. So möchte ich einige Anmerkungen machen, von denen ich hoffe, dass sie den in den kommenden Tagen stattfindenden Diskussionen einen roten Faden geben können.

Der Ort: Wilhelm Löhe

Während die meisten Menschen wahrscheinlich noch nie von dem kleinen Örtchen Neuendettelsau gehört haben, ist es für manche quasi das Zentrum der Welt, da es in den letzten 150 Jahren eine wichtige Rolle in den Bereichen Religion und Entwicklung spielte.

Als in der ersten Hälfte des 19. Jahrhunderts viele Deutsche versuchten, Armut und Hunger zu entfliehen, begann Johann Konrad Wilhelm Löhe, der Pfarrer der evangelischen Kirche in Neuendettelsau, im Jahr 1841 einige Bauern, die ihre Auswanderung planten, zu Pastoren für die Auswandernden in die so genannte Neue Welt, also nach Amerika und Australien, auszubilden und später auch als Missionare für Brasilien, Neuguinea und die Ukraine. Viele lutherische Gemeinden in Michigan, Ohio und Iowa wurden entweder von den Missionaren, die Löhe geschickt hatte, gegründet oder beeinflusst. Das war der Beginn der heutigen Mission EineWelt.

Zudem war Löhe um soziale Themen in seiner Heimat besorgt. Besonders die schlimme Situation vieler unverheirateter Mädchen und junger Frauen in ländlichen Gebieten, die benachteiligt waren und kaum Zugang zu Bildung hatten, erfüllte ihn mit Sorge. So gründete er im Jahr 1849 das Diakonissen-Mutterhaus, das zu einem Ort der sozialen Dienste und des Lernens wurde und an das Schulen, Krankenhäuser sowie weitere soziale Einrichtungen angegliedert waren.

Im Lichte dieser Tradition, die Einfluss sowohl auf Religion als auch auf Entwicklungsarbeit hatte, erscheint Neuendettelsau als sehr passender Ort für diese Konferenz zu Religion und Entwicklung.

Wo fangen wir an – bei Religion oder bei Entwicklung? Max Weber und Karl Marx

Es besteht kein Zweifel, dass Religion die Entwicklung von Individuen, Gesellschaften und Nationen beeinflusst. Viele von uns kennen wahrscheinlich das Buch von Max Weber „Die protestantische Ethik und der Geist des Kapitalismus", in dem er schreibt, der Protestantismus sei eine der grössten „Wahlverwandtschaften" in Verbindung mit dem Aufkommen des finanzmarktgetriebenen Kapitalismus in der westlichen Welt und des rational-legalen Nationalstaates. Im Gegensatz zu Marx' „historischem Materialismus" betonte Weber die Bedeutung kultureller Einflüsse, die in Religion eingebettet sind, als Mittel zum Verständnis der Entstehungsgeschichte des Kapitalismus.

Karl Marx und Friedrich Engels beschreiben das Gegenteil: Wirtschaftlicher und sozialer Status und Interessen formen die Religion und ihre Lehre und Verbreitung. „Religion ist das Opium des Volkes" ist eine der meistzitierten Aussagen Karl Marx'.

Ich freue mich, dass diese Konferenz so gestaltet ist, dass beide Ausgangspunkte kritisch untersucht werden:

- Die Macht und der Einfluss von Religion auf die Entwicklung - zum Besseren oder zum Schlechteren

- Die Macht und der Einfluss des Entwicklungsdenkens und der westlichen Entwicklungsindustrie auf die Religion, ihre Institutionen, Dogmen und ihre Führung - zum Besseren oder zum Schlechteren.

Religion und Entwicklung – einander fremd oder Mitglieder derselben Familie?

Menschen, die in einer säkular orientierten Gesellschaft leben, sind es gewohnt, dass Religion auf die Privatsphäre beschränkt bleibt. Im Hinblick auf die Geschichte religiöser Dominanz in allen Bereichen des gesellschaftlichen Lebens, im Rahmen derer Religion als Quelle von Konflikten und Kriegen erlebt wurde und in Anbetracht der Tatsache, dass religiöse Führungspersonen Macht und Kontrolle über Gesellschaften und Individuen haben, betrachten die meissten Europäerinnen und Europäer das Wiederauftauchen von Religion im öffentlichen Raum mit Skepsis. Religion ist, trotz der Tatsache, dass global betrachtet fast alle Menschen religiös sind, nicht in den Expertenkommissionen der Entwicklungsorganisationen oder in der Praxis von Entwicklungsprojekten beheimatet. In der Entwicklungsindustrie herrscht grosse Konkurrenz und immer wieder müssen Vertreterinnen und Vertreter konfessioneller Entwicklungsorganisationen die Frage beantworten, was denn der Mehrwert einer konfessionell gebundenen Organisation im Hinblick auf Entwicklung sei. Handelt es sich dabei einfach um eine Art Oxfam mit Lobgesang?

Seit den Anschlägen vom 11. September und in Hinblick auf den wachsenden Einfluss radikaler islamistischer Kräfte in den nordafrikanischen Ländern sind wir uns aufgrund des massiven, ja sogar gewaltvollen Wiederauftretens von Religion im öffentlichen Raum zutiefst beunruhigt. Viele Menschen aus den so genannten „unterentwickelten Ländern", die zu den so genannten „Nutzniessern" der Entwicklungsindustrie und ihrer Projekte zählen, sehen „Entwicklung" durchaus kritisch. In ihren Augen ist „Entwicklung" ein ganz klar „westliches" Unterfangen, das die wirtschaftliche und soziale Dominanz des Westens begünstigt und der politischen Agenda der westlichen Länder dient, auch wenn einige der Akteure religiöse Wurzeln haben und wenn es sich um konfessionell gebundene Organisationen handelt. Sogar Kirchenleitende im globalen Süden, die die Tatsache durchaus begrüssen, dass Entwicklung das Potential besitzt, die finanzielle Situation ihrer Kirchen enorm zu verbessern, sind besorgt über die Bemühungen von Entwicklungshelferinnen und Entwicklungshelfern: Wer bestimmt die Agenda und was genau und wessen Werte liegen der Arbeit zugrunde? Selbst kirchliche Entwicklungskooperation scheint eine westlich geprägte Entwicklungsagenda sowie westliche Dominanz zu spiegeln, anstatt ihnen entgegen zu treten.

Trotz der unbestrittenen Tatsache, dass Religion und Entwicklung zusammengehören, dass sie sich gegenseitig beeinflussen und sozusagen Mitglieder der gleichen Familie sind, scheinen sie sich im Hause des anderen nicht sonderlich wohl zu fühlen. So bietet diese Konferenz vielleicht eine gute Gelegenheit, sich gegenseitig kennenzulernen, zu verstehen und miteinander vertrauter zu werden und möglicherweise sogar, sich im Hause des anderen in Zukunft wohler zu fühlen.

SUCHE NACH EINEM GEMEINSAMEN VERSTÄNDNIS – BAU EINES GEMEINSAMEN HAUSES

Wenn wir uns einig sind, dass sich Religion und Entwicklung sehr stark gegenseitig beeinflussen, und wenn wir anerkennen, dass beide danach streben, Menschen in die Lage zu versetzen und zu bestärken, Leben zu haben und es im Überfluss zu haben (Joh 10,10), dann geht es darum, herauszufinden, wie wir das am besten erreichen können.

Wir müssen herausfinden, wie sowohl Religion als auch Entwicklung die Menschen in den Mittelpunkt stellen können, und kritisch analysieren, was uns daran hindert, dies zu tun. „Helft den Armen und Unterdrückten zum Recht“ (vgl. Psalm 82) ist das Motto der Abteilung für Weltdienst des LWB. Mit diesem biblischen Motto möchte die Abteilung für Weltdienst, den rechtebasierten Ansatz betonen, bei dem die in der Gesellschaft am stärksten Benachteiligten und ihre Rechte im Mittelpunkt der Arbeit stehen. Allerdings ist sich die Abteilung für Weltdienst durchaus darüber im Klaren, dass dieses Bemühen oft nicht von Erfolg gekrönt ist.

Die Wiederentdeckung der Religion in der Entwicklungsarbeit – ein erneuter Schwerpunkt auf der Diakonie

Es ist interessant zu sehen, dass heutzutage viele weltliche Organisationen und Regierungen, die sich in humanitärer und in der Entwicklungsarbeit engagieren, die Bedeutung der Religion klar erkennen. Religiöse Organisationen spielen in der Gesellschaft eine wichtige Rolle - auf lokaler, nationaler, regionaler und globaler Ebene. Religion formt die Haltung und die Werte von Individuen und Gesellschaften in Hinblick auf soziales Verhalten, wirtschaftliche Aktivität und politisches Engagement, um nur einige Bereiche aufzuzeigen. Verschiedene Regierungen und UN-Organisationen treten zunehmend in Dialog mit religiösen Führungspersonen und Organisationen, um deren entscheidende Rolle in der Zivilgesellschaft besser zu verstehen. Zudem versuchen immer mehr Entwicklungsorganisationen und humanitäre Hilfsorganisationen aus der islamischen Welt und aus anderen Religionen, die aus ihrem Glauben heraus handeln, hilfsbedürftigen Menschen beizustehen, während Kirchen, insbesondere lutherische Kirchen, sich auf ihre „ganzheitliche Mission“ konzentrieren, da die diakonische Arbeit und der diakonische Einsatz zu ihren Kernaufgaben zählen.

Als christliche Organisationen sind wir somit besonders gefordert, sowohl unsere eigene Identität zu reflektieren und uns einige kritische Fragen zu stellen:

- Wie können wir sicherstellen, dass sowohl religiöse Organisationen (in unserem Falle die Kirchen) als auch Entwicklungsorganisationen tatsächlich die Menschen in den Mittelpunkt stellen und nicht von organisatorischen, politischen oder wirtschaftlichen Interessen getrieben sind?

- Müssen wir die Bedürfnisse der Menschen von den Bedürfnissen der Kirchen unterscheiden?

- Wie kirchlich sind Entwicklungsorganisationen, die aus ihrem Glauben heraus handeln, und wie diakonisch sind die Kirchen?

- Wie sehen wir die Rollen von Religion und von Kirchen in der Gesellschaft?

- Welches Ziel steht hinter unserer Entwicklungsarbeit oder unserer Diakonie?

- Gibt es einen Unterschied zwischen Diakonie und unserem gemeinsamen Verständnis von Entwicklungsarbeit?

Ich freue mich auf eine interessante Konferenz, den Beginn einer Reise in ein Land voller Geheimnisse, Abenteuer und vieler neuer Entdeckungen, die uns helfen werden, uns gegenseitig, die Welt der Religion und die Welt der Entwicklung besser zu verstehen. Ich wünsche Ihnen fröhliche und interessante Tage in diesem Dorf Wilhelm Löhes, von dem bis heute wichtige Impulse in die ganze Welt ausgehen.

Mein Dank gilt insbesondere Claudia Jahnel und ihrem Team sowie der Mission EineWelt für die Durchführung und Organisation dieser Konferenz und für die ausgezeichnete Zusammenarbeit mit dem Lutherischen Weltbund. Sie dient uns als Vorbild dafür, wie das Büro der Kirchengemeinschaft des LWB mit seinem kleinen Team und den begrenzten Ressourcen in Zukunft bedeutsame Arbeit leisten kann.

Predigt

Michael Martin

Gnade sei mit euch und Friede von Gott, unserm Vater, und dem Herrn Jesus Christus. Amen.

> Dies ist die Geschichte Nehemias, des Sohnes Hachaljas. Es geschah im Monat Kislew des zwanzigsten Jahres, als ich in der Festung Susa war, da kam Hanani, einer meiner Brüder, mit einigen Männern aus Juda. Und ich fragte sie, wie es den Juden ginge, den Entronnenen, die aus der Gefangenschaft zurückgekehrt waren, und wie es Jerusalem ginge. Und sie sprachen zu mir: Die Entronnenen, die zurückgekehrt sind aus der Gefangenschaft, sind dort im Lande in grossem Unglück und in Schmach; die Mauern Jerusalems liegen zerbrochen und seine Tore sind mit Feuer verbrannt. Als ich aber diese Worte hörte, setzte ich mich nieder und weinte und trug Leid tagelang und fastete und betete vor dem Gott des Himmels. (Neh 1,1-4).
>
> Im Monat Nisan des zwanzigsten Jahres des Königs Artahsasta, als Wein vor ihm stand, nahm ich den Wein und gab ihn dem König, und ich stand traurig vor ihm. Da sprach der König zu mir: Warum siehst du so traurig drein? Du bist doch nicht krank? Das ist‘s nicht, sondern sicher bedrückt dich etwas. Ich aber fürchtete mich sehr und sprach zum König: Der König lebe ewig! Sollte ich nicht traurig dreinsehen? Die Stadt, in der meine Väter begraben sind, liegt wüst und ihre Tore sind vom Feuer verzehrt. Da sprach der König zu mir: Was begehrst du denn? Da betete ich zu dem Gott des Himmels und sprach zum König: Gefällt es dem König und hat dein Knecht Gnade gefunden vor dir, so wollest du mich nach Juda reisen lassen, in die Stadt, wo meine Väter begraben sind, damit ich sie wieder aufbaue. (Neh 2,1-5).

Liebe Schwestern und Brüder,

Die Mauern liegen zerbrochen und die Tore sind verbrannt. Den Menschen, die dort leben, geht es dreckig. Sie leben „in grossem Unglück“. Die aus der Gefangenschaft in Babylon Zurückgekehrten leben in einer verwüsteten Stadt. So haben wir es aus dem Buch Nehemia gehört.

Der Bericht aus dem 5. Jahrhundert vor Christus über die Stadt Jerusalem und ihre Bewohnerinnen und Bewohner ist für zahllose Menschen auch in unserer Zeit blanke Realität. Sie leben in Ruinen. Ohne Perspektive. Das Nötigste zum Leben fehlt. Kein Dach über dem Kopf; kein sauberes Wasser; keine medizinische Versorgung. Von Chancen auf gesicherte Lebensgrundlagen oder gar Krankenversicherungen oder eine gute Ausbildung gar nicht zu reden. Alles liegt in Schutt und Asche. Die Mauern sind zerbrochen, die Tore verbrannt.

Es ist noch gar nicht so lange her, da war genau das auch die Situation in Deutschland. Wenn sie heute durch Nürnberg oder München gehen, dann können Sie sich nicht vorstellen, dass diese Städte, ihre Häuser und Kirchen vor weniger als 70 Jahren in Schutt und Asche lagen. Die Menschen, die in den Ruinen leben mussten, hatten Hunger. Und Hunderttausende von Flüchtlingen aus dem Osten Europas kamen noch zu den Menschen hinzu, deren Wohnungen zerstört waren und die nicht wussten, was sie essen sollten.

Die Mauern sind zerbrochen, die Tore verbrannt. Das war die Situation hier bei uns in Bayern nach 1945.

In genau dieser Situation bekamen wir Deutschen Hilfe. So wie Nehemia dachten nämlich zahlreiche Menschen in der ganzen Welt. „Komm, wir wollen die Städte dort wieder aufbauen." Wir wollen helfen, damit Leben wieder möglich wird; damit die Menschen in Deutschland wieder eine Perspektive haben; damit man dort wieder leben kann.

Es gibt beeindruckende Briefe von Menschen aus der ganzen Welt, die geholfen haben, Deutschland wieder aufzubauen. Lebensmittelpakete wurden geschickt; Medizinische Hilfe wurde geleistet; Helfer kamen ins Land. Es gab eine unbeschreibliche Unterstützung, gerade auch von den Kirchen in der ganzen Welt. Allein der Lutherische Weltbund hat von seinen Anfängen 1947 bis zur Gründung der Abteilung für Weltdienst 1952 – also in nur 5 Jahren – Hilfsgüter im Wert von 23 Millionen Deutsche Mark nach Deutschland geliefert.

Und auch für den Aufbau des kirchlichen Lebens bekamen wir vielfache Hilfe. Kirchen wurden wieder aufgebaut. Diakonisch Einrichtungen entstanden. Schulen wurden gegründet. Denn die Zerstörung Deutschlands war ja nicht nur eine äusserliche. Auch die Menschen selbst mussten wieder neu anfangen. Dabei ging es nicht nur um Brot und sauberes Trinkwasser, auch nicht nur um medizinische Versorgung und Bildung, sondern auch darum, mit der unsäglichen Schuld umzugehen, die Deutsche in der Zeit des Nationalsozialismus und des Krieges auf sich geladen hatten. Wenn man so will, ging es auch bei dem Wiederaufbau in Deutschland nicht nur um eine äussere Entwicklung, sondern auch um die innere – also auch um Religion. Wiederaufbau und die Besinnung auf den Gott, der trotz Schuld und Versagen neues Leben eröffnet, gehören untrennbar zusammen.

Das haben wir in Deutschland nach dem Krieg erfahren – insbesondere durch die Hilfe der Kirchen anderer Länder und Kontinente. Denn viele haben wie Nehemia gesagt: „Komm, wir wollen die Städte dort wieder aufbauen."

Heute sind wir in Deutschland in einer völlig anderen Situation. Heute können wir etwas abgeben von dem, was wir haben und dort helfen, wo die Mauern zerbrochen liegen und die Tore vom Feuer verbrannt sind. Heute können wir helfen, dass Häuser und Menschen wieder aufgebaut werden, wo sie am Boden liegen; dass medizinische Hilfe zu denen kommt, die sie dringend brauchen; dass andere unterstützt werden, um Ausbildungsstätten zu betreiben und diakonische Einrichtungen.

Wir in der Evangelisch-Lutherischen Kirche in Bayern haben ein dichtes Netz von Partnerbeziehungen zu Ländern auf vielen Kontinenten. Von Australien, Papua-Neuguinea und Südostasien über Afrika und Europa bis nach Lateinamerika. Längst geht es bei diesen Partnerbeziehungen um viel mehr, als nur um Aufbauhilfe. Es geht um gegenseitiges Lernen, es geht um den Austausch von Erfahrungen; es geht um ein echtes Miteinander. Dabei erleben wir, wie eng Entwicklungsaufgaben und Religion zusammen gehören. Viele unserer Partner erzählen sie uns immer wieder, wie untrennbar der Glaube und die tätige Hilfe zusammen gehören und dass Entwicklung und Religion eben nicht getrennt werden können.

Wie ist das Verhältnis von Entwicklung und Religion heute zu beurteilen? Was ist von einer „ganzheitlichen Mission" zu halten? Wie werden Entwicklungsprozesse beeinflusst von religiösen Überzeugungen? Laufen sie vielleicht gerade deshalb manchmal ins Leere, weil die spirituellen und religiösen Rahmenbedingungen nicht beachtet werden?

Wir verstehen unsere Partnerbeziehungen als einen Beitrag zum Aufbau im ganzheitlichen Sinn, aber unser christlicher Glaube hat immer mehr als die Kirche im Blick. Es geht ihm immer um die ganze „oikoumene", also die ganze bewohnte Erde. Anders als Nehemia können wir nicht nur auf die schauen, die zu uns gehören. Wir müssen die gesamte Gesellschaft im Blick behalten. Deshalb ist es richtig, bei unseren Unterstützungen und Aufbaubemühungen alle Menschen in einer Region zu berücksichtigen, unabhängig von ihrer Rasse, ihrem Glauben, ihrer Hautfarbe und ihrer Herkunft. Deshalb ist es richtig, dass der Lutherische Weltbund sich nicht nur der Not von christlichen Flüchtlingen oder christlicher Opfern annimmt. Wir sind als Christinnen und Christen nicht nur an uns gewiesen. Denn unser Auftrag gilt der ganzen Welt. „Gehet hin in alle Welt", heisst es am Ende des Matthäusevangeliums und wenn wir heute unsere Mission als Weggemeinschaft verstehen, so kommen dabei eben alle Menschen in den Blick, mit denen wir auf unserer Erde zusammen leben. Alle Menschen in ihrer Vielfalt und Unterschiedlichkeit. Mit ihren Hoffnungen und Ängsten, mit ihren verschiedenen religiösen Überzeugungen und Erwartungen, mit ihren Nöten und Herausforderungen.

Religion und Entwicklung ist also kein innerchristliches Thema. Es geht weit über unsere Gemeinden und Kirchen hinaus. Und es fragt danach, wie wir miteinander Städte und Menschen nach schrecklichen Zerstörungen erneuern können; wie wir miteinander helfen können, Lebensmöglichkeiten für alle Menschen zu schaffen; wie wir miteinander aufbauen können, was danieder liegt.

Wir könnten auch fragen: Wie können wir Zerstörungen, Leid und Krieg überwinden? Wie können wir die uns anvertrauten Güter so teilen, dass alle Menschen leben können? Wie können wir nicht mehr gegeneinander, sondern miteinander leben in unserer einen Welt?

Damit sind wir bei der Frage nach einem gerechten Austausch, nach einer „gerechten Entwicklung“. Wie kann der Aufbau gestaltet werden, dass er den Menschen angemessen zugutekommt? Wie können wir zum Aufbau einer gerechten Gesellschaft beitragen? Gibt es überhaupt eine „gerechte Entwicklung“? Was genau ist gerecht? Was ist fair? Ist es gerecht, dass Reiche immer reicher und Arme immer ärmer werden? Ist es gerecht, dass die Chancen eine gute Ausbildung zu bekommen nur denen vorbehalten sind, die aus wohlhabenden Familien kommen? Ist es gerecht, dass täglich 25 000 Menschen an Hunger sterben und gleichzeitig Berge von Lebensmitteln vernichtet werden? Ist es gerecht, dass wir in Europa so viel mehr Energie verbrauchen, als zum Beispiel in Afrika?

Was ist gerecht? Diese Frage diskutierten wir als Studierende mit grosser Leidenschaft. Schnell waren wir dabei, nach einfachen Antworten zu suchen, nur um diese genauso schnell wieder zu verwerfen. Einer unserer Dozenten erzählte uns seine ganz persönliche Geschichte mit dieser Frage. Er hatte drei Kinder. Natürlich liebte er sie alle drei und er setzte sich auch für jedes einzelne ein. Er wollte, dass sie alle gut heranwuchsen, dass sie gute Chancen für ihr Leben bekommen; dass sie behütet und doch in aller Freiheit ihren Weg gehen können. Eines dieser Kinder, nennen wir ihn Klaus, hatte es schwerer als die anderen beiden. Klaus hatte eine Behinderung. Oft beschwerten sich die anderen beiden Kinder, dass ihre Eltern sich so viel mehr Zeit für Klaus nahmen. Immer waren sie zuerst für ihn da. Immer war er im Mittelpunkt. Immer wurde zuerst auf ihn Rücksicht genommen. Und die anderen beiden fühlten sich zurückgesetzt, ungerecht behandelt. Doch die Eltern erklärten den beiden, dass gerade das gerecht ist. Gerecht ist, sich dem am intensivsten zuzuwenden, der die Hilfe am notwendigsten braucht. Gerecht ist, Klaus mehr Aufmerksamkeit zu widmen, als den anderen beiden. Gerecht ist, die Zuwendung unterschiedlich aufzuteilen, obwohl doch alle gleich geliebt sind.

Da begriff ich: Gerechtigkeit ist nicht, jedem das Gleiche zu geben; alle gleich zu behandeln; jeden und jede genau so zu behandeln, wie den anderen. Gerecht ist vielmehr, das zu geben, was der oder die andere braucht.

Gerecht ist, sich dem- oder derjenigen mehr zuzuwenden, für den diese Unterstützung nötiger ist. Gerecht ist, nach der Situation zu handeln und nicht einfach nach einem immer gleichen Prinzip. Wenn wir also nach dem „Aufbau einer gerechten Gesellschaft" fragen, dann müssen wir dies im Blick behalten. Die Schwächeren brauchen mehr Unterstützung als die Stärkeren. Wer mehr hat, kann auch mehr beitragen zu einem gerechten Aufbau.

Ein gerechter Aufbau gelingt nur solidarisch. Die zerbrochenen Mauern und die verbrannten Türen müssen dort wieder aufgebaut werden, wo sie tatsächlich in Schutt und Asche liegen. Ein gerechter Aufbau wird nur dort gelingen, wo wir bereit sind, nicht nur von unserem Reichtum etwas abzugeben, sondern wirklich zu teilen. Und das gilt natürlich nicht nur für die materiellen Güter, sondern auch für die anderen Gaben, wie Zeit, Gemeinschaft, Kenntnisse und Fähigkeiten, Erfahrungen und Einsichten. Beim Teilen geht es um unser ganzes Menschsein, um unsere materiellen Güter, aber auch unsere Hoffnungen und Erwartungen, um unser Geld, aber auch um unsere Lieder und Rituale, um unseren Besitz, aber auch um unsere Religion.

Ja, wir können zum Aufbau eines gerechten Miteinanders in unserer Welt beitragen. Wir können zerbrochene Mauern und verbrannte Türen wieder aufbauen. Aber dabei sind wir darauf angewiesen, alle Facetten unseres Lebens zu berücksichtigen, darauf, dass wir uns als Menschen ganzheitlich begegnen, dass wir Entwicklung und Religion nicht trennen.

Wenn inmitten von Angst und Not Hoffnung aufkeimt, wird sich zeigen, dass das Leben stärker ist als der Tod. Nach 1945 in Deutschland und an vielen Orten auf der Welt heute, wo Mauern zerbrochen und Türen verbrannt sind, ist das Leben stärker als der Tod.

Und der Friede Gottes, der grösser ist als alle Gewalt bewahre unsere Herzen und Sinne in Christus Jesus. Amen.

Religion und Entwicklung: Freunde oder Feinde?

Kenneth Mtata

In vielen frühen Kulturen war und ist Religion das Gestaltungsprinzip des Lebens. Es wurde nicht als solches „Religion" genannt, da es zu keinem separaten Bereich gehörte, von dem man Abstand nehmen oder über den man objektiv nachdenken konnte. Religion war das Glaubens- und Wissenssystem, um das herum die ganze Wirklichkeit organisiert war. Ein solches System drehte sich um die allgegenwärtige Präsenz der Götter, die dazu neigten, sowohl böse als auch gute Mächte zu verkörpern. Eine solche Weltanschauung umfasste spezifische Praktiken, die in mit solchen Glaubensvorstellungen verbundenen bekannten Institutionen ausgeübt wurden. Ausserhalb dieses religiösen Systems war ein Wohlergehen des einzelnen Menschen und der Gemeinschaft als solcher nicht vorstellbar. Man ging von der Vorstellung aus, dass das Leben durch eine göttliche Kraft bewirkt wurde mit Unterstützung besonderer menschlicher Akteure, die im Namen der Götter handelten. Die Götter schenkten Sieg im Krieg, Erfolg bei der Jagd, sorgten für Regen und für die Fruchtbarkeit und Produktivität des Landes und der Menschen. Die gegenseitigen Verpflichtungen dieses Bundes blieben nur solange intakt, wie die Menschen innerhalb bekannter Harmonie sicherer Grenzen handelten und alle anderen geschaffenen Dinge als heilig behandelten, sowie die Götter durch bestimmte Rituale besänftigten.

In gewissem Masse war dies auch die Welt, wie sie vom Alten und Neuen Testament vorausgesetzt wurden und die weiterhin die vorherrschende Weltanschauung in vielen Gemeinschaften in Ländern bestimmt, auf die die meisten Entwicklungsbemühungen ausgerichtet sind. Auch wenn einige religiöse Vorstellungen inzwischen stärker etabliert und institutionalisiert wurden und religiöse Praktiken stärker organisiert sind, bleibt doch die grundlegende Vorstellung bestehen, dass Gott direkt in das Wohlergehen der Menschheit eingreift und dass es im besten Interesse der Menschen ist, zusammenzuarbeiten. Göttliches und menschliches Handeln wurden komplementär und nicht gegensätzlich verstanden. Auch wenn

Gott Menschen in den Garten gestellt hatte, um ihn zu beackern, war ihr Mühen ohne Gottes Hilfe vergeblich (z. B. Psalm 127). Letztlich bedeutete dies, dass Gott wollte, dass alle Menschen in Frieden und im freudigen Miteinander leben.

Praktisch neigten die Religionssysteme gelegentlich dazu, Exzesse von Macht und deren Missbrauch an den Tag zu legen. Im Alten Testament hat Gott Propheten auftreten lassen, um solche Systeme zu hinterfragen, indem sie Menschen zur Busse und zur Wiederherstellung von Gerechtigkeit aufriefen, damit Gott seine Rolle als Garant von allgemeinem Wohlergehen wahrnehmen konnte. Dies galt insbesondere, wenn das System die verwundbarsten seiner Glieder, die Witwen und die Waisen, vernachlässigte. Dazu hören wir:

> Sondern bessert euer Leben und euer Tun, dass ihr recht handelt einer gegen den andern und keine Gewalt übt gegen Fremdlinge, Waisen und Witwen und nicht unschuldiges Blut vergiesst an diesem Ort und nicht andern Göttern nachlauft zu eurem eigenen Schaden, so will ich immer und ewig bei euch wohnen an diesem Ort, in dem Lande, das ich euren Vätern gegeben habe. (Jer 7,5-7).

Die Vorstellung, dass Gott das Wohlergehen der Menschen will, scheint sich durch das ganze Neue Testament hindurch fortgesetzt zu haben. Den Evangelien zufolge war Jesus gekommen, „damit sie das Leben und volle Genüge haben sollen“ (Joh 10,10). Diese Fülle des Lebens erforderte, Ordnungen zu schaffen, mit denen die Sorge für die Notleidenden geregelt werden konnte (Apg 4,34). Dieses System der Sorge für die Notleidenden wurde aus der jüdischen Tradition übernommen, die im frühen Christentum fortgeführt wurde, wenn auch mit einigen Warnungen an die Gläubigen, nichts mit eigennützigen Absichten zu tun (Mt 6,2). Die in der heidnischen Welt gegründeten Gemeinden wurden beauftragt, diese Tradition, sich vor allem um die Armen zu kümmern, fortzuführen: „nur dass wir an die Armen dächten, was ich mich auch eifrig bemüht habe zu tun“ (Gal 2,10).

Das Modell für die oben beschriebene Sorge um das Wohlergehen der Menschen ist Wohltätigkeit, für die die Kirche von ihren Mitgliedern Mittel sammelt, um die unmittelbaren Bedürfnisse der Notleidenden zu stillen. Dieses Modell schloss keine langfristige Planung ein und keine Beschäftigung mit den Grundursachen. Wenn es in einer christlichen Gemeinde in einem Teil der Welt zu einer Notlage kam, schickten Christen aus einem anderen Teil der Welt Gaben, um die Not zu lindern. So lesen wir: „Denn die in Mazedonien und Achaja haben willig eine gemeinsame Gabe zusammengelegt für die Armen unter den Heiligen in Jerusalem.“ (Röm 15,26)

Luthers Beitrag

Das Modell der Wohltätigkeit hat die Kirche über die Zeiten hinweg weiterhin beeinflusst. Religiös inspiriertes Handeln für das Wohlergehen der damals bekannten Welt wurde mit solcher Grosszügigkeit fortgeführt und fand innerhalb der Kirche verschiedene Formen der Anerkennung. Dass ein solches Handeln der Barmherzigkeit Gottes Wohlgefallen finden würden, wurde nicht nur auf der persönlichen Ebene angenommen, sondern wurde langsam zu einem wesentlichen Bestandteil der institutionellen/verfassten Kirche. Man ging davon aus, dass durch Gaben für die Notleidenden bzw. für die Kirche Gottes Wohlgefallen als Gegenleistung gesichert würde. Dieses Anliegen der verdienten Gnade war eine der vielen von Luther und den anderen Reformatoren angesprochenen Fragen. Für Martin Luther sollte alle Wohltätigkeit aus der Dankbarkeit fliessen für alles, was man schon von Gott empfangen hat, nämlich die Gaben des Heils. Die eigenen reichen Gaben sollten im Dienst an den Bedürfnissen des Nächsten benutzt werden. Dies war nicht notwendigerweise für den Nächsten als eine Ermutigung zur Faulheit gedacht. Alle Menschen sollten so arbeiten als stünden sie vor Gott. Jedes Bemühen im Leben sollte Gott Ehre erweisen und den eigenen Bedürfnissen und denen des Nächsten dienen.

Über dieses persönliche Wohltätigkeitsmodell hinaus glaubte Luther an eine umfassendere systemische Weise des Umgangs mit der Geissel der Armut, die seiner Zeit die Gesellschaft prägte. Auch schon vor der Reformation war die Kirche zusätzlich zu ihrer Verantwortung für die Erhaltung der kirchlichen Gebäude und die Bezahlung pastoraler Arbeit abhängig von Einkünften aus „Stiftungen für Leistungen [...], aus Fundirungen einzelner Altäre, an denen bestimmte Messen gelesen werden sollten, aus Gebühren für kirchliche Dienste, die zum Besten der Seelen Verstorbener geschehen sollten".[1] Wie bereits erwähnt wurden während der Reformationszeit einige dieser Methoden zur Beschaffung von Einkünften aus theologischen Gründen abgelehnt. Dies wiederum hatte negative Auswirkungen auf die Einnahmen der Kirche und ihrer Fähigkeit, für die Notleidenden zu sorgen. Einige Fürsten, die immer die Besitztümer der Kirche begehrt hatten, sahen die chaotische Zeit der Reformation als willkommene Gelegenheit für einen Versuch, kirchlichen Besitz, wie zum Beispiel Ländereien, an sich zu bringen. Im Namen ihrer neu entdeckten „Reformationsfreiheit" beschlossen einige Laien, ihre Zehnten und Opfergaben nicht mehr zu zahlen.[2] Als Folge der daraus entstehenden knappen Ressourcen waren die evangelischen Kirchen nicht in der Lage, sich um die Nöte ihrer armen Mitglieder und um die allgemeine Armut in der Gesellschaft zu kümmern. Das Betteln, das unter den vielen Armen, die einen grossen Prozentsatz der Bevölkerung ausmachten, allgemein üblich geworden war, griff weiter um sich, auch wenn dies von den Reformatoren verurteilt wurde.

Dieser Kontext gab Anstoss zu Luthers Modellen für Entwicklung. 1520 predigte er seinen langen „Sermon von dem Wucher" auf der Grundlage von 5.Mose

[1] Vgl. Martin Luther: „Ordnung eines gemeinen Kasten. 1523", WA 12, S. 1.
[2] Ebd.

15,4, in dem er das Erheben von Zinsen auf in verzweifelter Situation geliehenes Geld ablehnte. Für Luther war es in erster Linie unmoralisch für Christinnen und Christen, Menschen in so grosser Not leben zu lassen, dass sie betteln mussten.[3] 1521 schrieb Luther auch seinen Aufruf „An den christlichen Adel deutscher Nation", in dem er alle Städte dazu ermuntert, für „ihre armen Leute [zu sorgen], also eine geordnete Gemeinde-Armenpflege [...] an Stelle des bestehenden Bettelunwesens treten zu lassen".[4] Martin Luthers Aufforderung an die Kirchen führte zur Neuordnung der kirchlichen Finanzen und zu einem Umdenken darüber, wie mit der Armut in der Gesellschaft umgegangen werden sollte.

Die verschiedenen Reformatoren hatten unterschiedliche Ansätze mit Blick auf wirtschaftliche Entwicklung als Reaktion auf die akuten Anliegen. Auf die eine oder andere Weise haben ihre theologischen Gedanken oder die von ihnen vorgeschlagenen kirchenökonomischen Modelle das kirchliche Engagement in der Entwicklung bis heute geprägt. In Europa hat das Christentum noch lange nach Luther und der Reformation eine besonders herausragende Rolle bei Bemühungen um Linderung menschlicher Not gespielt. Doch als Wirtschaft und Politik mit der Zeit von Religion losgelöste Bereiche wurden, wurde die Rolle des Christentums ambivalent. Reformatoren wie Martin Luther hatten unter den gewöhnlichen Menschen im Blick auf ihre wirtschaftlichen Vorstellungen ihre Glaubwürdigkeit verloren, insbesondere dort, wo er als auf der Seite der herrschenden Klassen stehend gesehen wurde. In anderen Kontexten wurde die Kirche so gesehen, als arbeite sie Hand in Hand mit der Aristokratie, um die Armen durch Religion zu enteignen.

Der Niedergang der Religion

Auch wenn sie nicht immer etwas miteinander zu tun hatten, werden die Kriege in Europa in der unmittelbar an die Reformation anschliessenden Zeit (1524-1648) im Allgemeinen als die Religionskriege Europas bezeichnet. Diese und die folgende Periode, die auch als Zeit der Aufklärung oder Zeit der Vernunft (etwa 1620-1781)[5] bezeichnet wird, waren sehr fruchtbar im Blick auf die Entwicklung neuer Denkparadigmen in Europa. Eine Mischung

[3] Martin Luther: „Ein Sermon von dem Wucher", 1519, WA 6, S. 3-8.

[4] Martin Luther: „Ordnung eines gemeinen Kasten. 1523", WA 12, S. 2.

[5] Diese Epochen werden unterschiedlich kategorisiert. Die zeitliche Einordnung 1620-1781 basiert auf der Veröffentlichung von Francis Bacons „Novum Organum" im Jahr 1620 und Immanuel Kants „Kritik der reinen Vernunft" im Jahr 1781. Andere setzen die Periode der Renaissance von 1500-1650 und die der Aufklärung von 1650-1800 an. Vgl. Ronald T. Michene: „Engaging Deconstructive Theology", Burlington, 2007, S. 19.

von Fügungen bewirkte einen langsamen, aber andauernden Angriff auf die Kirche als legitimen Akteur im öffentlichen Raum. Eine solche negative Einstellung neigte dazu, sich zu einer einheitlichen „Metanarrative" zu strukturieren, die Religion als Hauptverursacherin der Zerstörung der Gesellschaft betrachtete. Die Grausamkeit der religiöser Verfolgung, die Barbarei der Kreuzzüge und die Verbrennungen von der Zauberei und der Häresie Beschuldigten auf dem Scheiterhaufen, die Kriege zwischen katholischen und protestantischen Gläubigen, die Komplizenschaft zwischen religiösen Führungspersonen und der Aristokratie, die Ausgrenzung von Frauen, der angeblich undemokratische Charakter der Kirche, der Fundamentalismus der Kirche, die Unterstützung des Rassismus und der Apartheid und anderer solcher Ideologien, das Töten durch religiöse Extremisten usw. – all dies wurde zu einer einzigen Erzählung zusammengefügt, um ein Bild von Religion als Bedrohung für das Wohl der Menschen zu zeichnen.

Neben diesen negativen Auswirkungen war der Niedergang der Religion auch die Folge von geistigen Entwicklungen, welche Auffassungen vom Leben und von der ganzen Wirklichkeit im wissenschaftlichen Rationalismus und Empirismus hervorbrachten. Nur was wissenschaftlich bewiesen oder bemessen werden konnte, sollte für „wahr" und erstrebenswert gehalten werden. Da die Wahrheit der Religion und ihrer Götter durch die Autorität einiger heiliger Bücher und einiger religiöser Institutionen verkündet wurde, sollten diese nicht ernstgenommen werden, da sie nicht durch wissenschaftliche Objektivität bewiesen werden konnten. Praktisch wurden Religion und religiöse Institutionen als Behinderung der wissenschaftlichen Forschung und daher als ein Zeichen der Rückständigkeit und Unterentwicklung betrachtet. Man vertrat die Auffassung, die Religion verwehre den Menschen eine volle Entfaltung ihres Potentials. Denker wie Marx sahen in der Religion eine Droge, die die Massen täuschen sollte, damit sie nicht gegen die herrschenden Klassen revoltieren konnten.

Um die Wende des 19. Jahrhunderts war die allgemeine Stimmung in Europa, dass Gott tot war, wie es der deutsche Philosoph Friedrich Nietzsche (1844-1900) formulierte. Die Menschen hatten sich in solchem Ausmass entwickelt, dass Religion und Götter überflüssig geworden waren. Der Gott, der die zwischenmenschlichen Beziehungen durch seine Gesetze regelte, wurde jetzt durch den autonomen Menschen ersetzt. Nach Karl Marx (1818-1883) wurde der Gott, der von der Bourgeoisie geschaffen worden war, damit sie das Proletariat beherrschen konnte, nicht mehr gebraucht. Religion war benutzt worden, um den Armen himmlische Belohnung zu versprechen und damit ihre Erwartungen an irdische Befriedigung zu dämpfen. Nach Sigmund Freud (1856-1939) war die Religion ein wesentlicher Faktor psychischer Problemen, da die Menschen unter der von der Religion verfestigten Illusion lebten, dass ihre natürlichen Instinkte böse waren. Für ihn war Religion einfach eine Ausrede.

Die Auffassung, dass Religion tot war und im öffentlichen Leben keinen Platz mehr hatte, wurde in der ganzen westlichen Welt, wo der wissenschaftliche Fortschritt als Gegensatz zum Rückzug der Religion in die Privatsphäre gesehen wurde, allgemein geteilt. Das Säkulare bedeutete Zivilisation und Religion Rückständigkeit. In der Mitte des 20. Jahrhunderts ging die Soziologie von dem Verständnis aus, dass Industrialisierung und technologische Entwicklung das Ende der Religion bedeuten würden. In seinem berühmten Buch „Stadt ohne Gott" brachte Harvey Cox dies folgendermassen zum Ausdruck: „Das Zeitalter der säkularisierten Stadt, eine Epoche, deren innere Einstellung sich rapide bis in die letzte Ecke der Welt ausbreitet, ist ein Zeitalter der völligen ‚Religionslosigkeit'. Es lassen sich die Fragen der Moral oder des Lebenssinns nicht länger durch religiöse Regeln oder Ritualien beantworten."[6]

„Rückkehr der Götter"

Doch diese Situation sollte sich bald ändern. Wenngleich der Religion teilweise die Schuld für die Unruhe und die Kriege in der westlichen Welt gegeben wurde, blieb die Frage, warum die Europäerinnen und Europäer, wenn sie rational und wissenschaftlich seien, die Wissenschaft dazu benutzten, Bomben herzustellen, die die ganze Welt vernichten könnten? Wenn Zivilisation gleichbedeutend war mit wissenschaftlicher Entwicklung, wie konnte es dann geschehen, dass die westliche Welt am Rande der eigenen Vernichtung durch Kriege und Atombomben stand? War die Gleichsetzung von wissenschaftlichem Fortschritt mit menschlicher Entwicklung übertrieben? Wie konnte gewährleistet werden, dass durch wissenschaftliche Entwicklung menschliches Leben und Frieden ermöglicht werden? Wie konnten die Menschen zu einem Leben in Frieden miteinander vereint werden ohne den Beitrag der universalen Ethik durch die Religion? Konnte Entwicklung in einem Teil der Welt dauerhaft sein, wenn der grösste Teil der Welt in Armut lebte?

Darüber hinaus brachte die Rolle, die viele religiöse Führungspersonen in der Folgezeit des Zweiten Weltkriegs bei der Entwicklung der Vereinten Nationen und anderer Instrumente des friedlichen Zusammenlebens spielten, Religion wieder in den Vordergrund. Die Kirchen engagierten sich nach dem Krieg für die Bereitstellung von materieller und spiritueller Unterstützung für Vertriebene und Flüchtlinge. Die Formulierung der Charta der Vereinten Nationen und der Allgemeinen Erklärung der Menschenrechte war stark beeinflusst durch die Beiträge der damaligen Kommission der Kirchen für Internationale Angelegenheiten, die später Teil des Ökumenischen Rats der Kirchen wurde.[7]

[6] Harvey Cox: „Stadt ohne Gott", Kreuz-Verlag, 1967, S. 12f.

[7] „Religion and Public Policy at the UN", *Religions Count Report*, April 2002, S. 13

Nichtregierungsorganisationen (NGOs), von denen viele von religiösen Personen geleitet wurden, lieferten während der Anfangszeit der Vereinten Nationen wichtige Beiträge. Auf indirekte Weise war die Religion in den öffentlichen Raum zurückgekehrt. Für die ganze Welt war erkennbar, welche Rolle religiöse Gedanken, religiöse Institutionen und Akteure in der Bürgerrechtsbewegung in den Vereinigten Staaten von Amerika spielten.

Während die Religion ihren Weg zurück in den öffentlichen Raum fand, blieb ihre Rolle unklar, da die Trennung von Kirche und Staat in vielen westlichen Ländern bedeutete, dass die Rolle, die die Kirche spielen sollte, nicht klar definiert war. Dies wurde noch weiter dadurch verkompliziert, dass man sich im Westen immer stärker der Pluralität der Religionen bewusst wurde und insbesondere die Präsenz der fundamentalistischen Religiosität sich stark bemerkbar machte. In der westlichen Welt war der Höhepunkt der 11. September 2001, als islamische Fundamentalisten die Zerstörung der Twin Towers in New York verursachten, indem sie mit zwei Flugzeugen in die Türme hineinflogen. Dies brachte nicht nur die Religion ins öffentliche Rampenlicht, sondern bestärkte bei Skeptikerinnen und Skeptikern gegenüber der Religion die Auffassung, dass Religion eine negative Kraft in der Gesellschaft sei. Doch in all dieser Not waren es, wie allgemein bekannt ist, die religiösen Gemeinschaften, die die trauernden Hinterbliebenen auffingen und den Verängstigten Mut zusprachen. Es waren die christlichen und die muslimischen Religionsführerinnen und Religionsführer, die mit einer Stimme gegen eine solche Barbarei sprachen. So hat sich selbst im Angesicht von durch Religion verursachtem Terror die Religion als ein unerlässliches Gegenmittel erwiesen.

Religion und Entwicklung heute

Die Kirchen haben diese Tradition, systemischer Armut entgegenzuwirken, fortgeführt. Insbesondere die Missionarinnen und Missionare, die Europa verliessen, um nach Afrika, Asien und Lateinamerika zu gehen, fühlten sich gedrängt, sich mit den Herausforderungen von Hygiene, Mangelernährung, Aberglauben und anderen Problemen zu befassen, die eine volle Lebensentfaltung behinderten. Wenngleich die Missionare manchmal aus denselben Gesangbüchern sangen wie die unterdrückenden Kolonialherren, stellten sie sich doch oft den vielfältigen Herausforderungen, die die einheimische Bevölkerung daran hinderten, in vollem Sinne zu leben. Zusätzlich zu den Kirchen bauten die Missionare Krankenhäuser und Schulen. Anfänglich dienten die Schulen dazu, den Einheimischen beim Lesen lernen zu helfen, damit sie die Bibel selbst lesen konnten. Das Bildungsprogramm diente jedoch nicht nur dieser elementaren Form der Alphabetisierung. Es förderte auch die Fähigkeit zu kritischem und abstraktem Denken. Die erlernten kritischen Fähigkeiten kamen den Einheimischen zugute in ihrem

Kampf gegen den Kolonialismus, eine Auswirkung, die einige der Missionare nicht beabsichtigt hatten. Die christliche Erziehung, die die Einheimischen von der Kirche erhielten, gab ihnen auch Instrumente an die Hand, die Missionare, die zu Komplizen der Diskriminierung verursachenden Kolonialherren geworden waren, herauszufordern. Die in den Missionskrankenhäusern durchgeführten Impfkampagnen führten zu einer grossen Verbesserung der Lebenserwartung der Einheimischen. Aber natürlich brachten die Neuankömmlinge nicht nur Medizin, sondern auch einige neue Krankheiten, die das Immunsystem der einheimischen Bevölkerung belasteten.

Im Laufe des Dekolonisierungsprozesses wurden die meisten von Missionaren geführten Schulen, Krankenhäuser und andere Einrichtungen von den neuen örtlichen Regierungen übernommen. Die Einheimischen übernahmen auch grössere Verantwortung für die Verwaltung der Kirchen, und die Rolle der Kirche oder der Religion im Blick auf Entwicklung wurde zunehmend ambivalent. Auf der einen Seite verloren die missionarischen Kirchen durch ihre ambivalente (teilweise auch unterstützende) Beziehung zum Kolonialregime ihre Möglichkeiten, in der Zeit nach der Kolonialherrschaft überhaupt noch eine Rolle im öffentlichen Leben zu spielen. In anderen Fällen wurde die Rolle der Kirche in der Gesellschaft geschwächt durch unterschwellige kraftlose theologische Vorstellungen, die die Kirche als einen Ort betrachteten, an dem die Menschen allein darauf vorbereitet wurden, in den Himmel zu kommen. Wiederum in anderen Fällen waren es die von den Missionaren ererbten und kulturell vermischten Praktiken, die das lebensspendende Zeugnis von Religion und religiösen Institutionen schwächten.

Die Rolle der Religion im Blick auf das Wohlergehen der Menschheit und des Planeten hat heute andere Wege eingeschlagen. Religiöse Institutionen beteiligen sich an örtlichen Aktionen, um die Not in ihren eigenen religiösen Gemeinschaften oder in der Gesellschaft im Allgemeinen zu lindern, und es ist üblich, dass Ortsgemeinden in Situationen von Leiden und Not kurzfristig Hilfe leisten. Dazu gehört unter anderem, dass die Kirche Andachten organisiert, um Trauernde zu trösten oder Kranken oder Gefangenen besucht oder eine Kollekte sammelt für die medizinische Behandlung von Waisen. Örtliche religiöse Institutionen engagieren sich auch in langfristigen Projekten, wie Schulen und Krankenhäusern. Die meisten dieser Dienstleistungen, insbesondere im globalen Süden, sind von den Missionaren übernommen worden.

Eine weitere wichtige Verbindung von Religion und Entwicklung ist die zunehmende Professionalisierung Entwicklungsarbeit, die von Organisationen geleistet wird, die aus ihrem Glauben heraus handeln. Viele dieser Organisationen werden von westlichen Sponsoren finanziert werden (einige wenige werden örtlich finanziert). Eine dritte Form des religiösen Engagements in der Entwicklung ist dort festzustellen, wo religiöse Autoritäten auf individueller oder kollektiver Ebene öffentliche Erklärungen zu Fragen von öffentlichem Interesse abgeben. Dies geschieht im Kontext einer bestehenden professionalisierten Advocacy-Arbeit oder dem allgemeinen Engagement in der örtlichen Gemeinschaft von der Kanzel aus oder durch Bibelarbeitsgruppen. Die Kirchen haben die Möglichkeit, unter ihren Mitgliedern das Bewusstsein für Entwicklung sowie entsprechende Fähigkeiten zu fördern. Dies schafft eine Unmenge von Möglichkeiten, wie Religion einen direkten Einfluss auf Entwicklung hat, da einzelne Akteure, die von religiösen Gedanken, Strukturen und Praktiken beeinflusst sind, auf bestimmte Weisen handeln, die das Wohl der Gesellschaft fördern.

Dies unterstreicht die Grundaussage, dass Religion aus mehreren Gründen ihre zentrale Bedeutung für Entwicklungsbemühungen behält.

- Erstens bleiben Religion und Glaube Quellen der Inspiration und der Motivation für das Wohlergehen und das humanitäre Engagement vieler Organisationen, die aus ihrem Glauben heraus handeln. Aufgrund der Werte ihres Glaubens unterhielten Kirchen Krankenhäuser, Schulen, Waisenhäuser und Schutzzentren für verwundbare Bevölkerungsgruppen. Trotz mancher Missbräuche der Religion in einigen Bereichen nutzen viele Glaubensgemeinschaften die Religion als Grundlage für ihre Forderungen nach Gerechtigkeit und gleichberechtigtem Leben. Dort wo es in Afrika und vielen anderen Ländern des globalen Südens keine glaubwürdigen politischen Institutionen gibt, sehen viele die Kirche als die einzige örtliche Institution, um die herum sie ihr Leben gestalten können. Die Kirche bietet Begleitung, predigt Frieden und Versöhnung und weckt das Streben nach Fortschritt.

- Zweitens bleibt die Religion eine klare Option, um Menschen im globalen Süden zu mobilisieren, kulturelle Missbräuche und Exzesse einzudämmen, die Mitglieder der Gesellschaft ausgrenzen und unterdrücken. Die Kirche ist der Ort, wo sich Männer und Frauen, Junge und Alte mehr als zweiundfünfzigmal im Jahr zu gemeinsamen Vorhaben treffen. Diese Menschen kommen freiwillig zusammen und sind bereit, der „religiösen Autorität" zuzuhören, was einen ungeheuren Einfluss auf ihre Vorstellung vom Leben und die Gestaltung ihres Lebens haben kann. Religiöse Institutionen wie Kirchen oder Moscheen bleiben die am stärksten strukturierten Einrichtungen, wo Gemeinschaft gestärkt werden kann, um legitime Fragen und Erwartungen zur Sprache zu bringen.

- Drittens bietet Religion für viele Menschen, besonders in Afrika und in vielen anderen Ländern im globalen Süden den elementaren Bezugsrahmen. Man fragt sich, wie überhaupt irgendeine Entwicklungsbemühung vorstellbar wäre, ohne das grundlegende Selbstverständnis der Empfänger zu berücksichtigen. Wenn sie nicht dazu bestimmt ist, unter den Empfangenden von Entwicklungsbemühungen Abhängigkeit zu verfestigen und Inferiorität zu fördern, muss Entwicklung an die Denkweisen der örtlichen Bevölkerung, die religiös geprägt sind, angepasst werden. Dies klingt oberflächlich, weil Entwicklung von ihrer Grundbedeutung her Veränderung impliziert – Veränderung in Richtung Modernisierung, wie es in der westlichen Welt geschah, was nach der Säkularisierungsthese die Ablehnung von Religion einschliesst. Das Problem liegt hier im Versagen, aus der Geschichte zu lernen. Die moderne Entwicklung hat manchmal zur Desintegration von Gesellschaften, zur Schwächung der Familieneinheit, zu Geld-orientierten Beziehungen und allgemein zu Waren gewordenen Formen der Dienstleistung geführt. Ohne ernsthafte Berücksichtigung der religiösen Weltschau der örtlichen Bevölkerung bleibt Entwicklung ein fremdartiges Bemühen.

- Viertens ist Religion nicht immer homogen, festgefügt und veränderungsresistent trotz einiger Auffassungen, die in der Religion weiterhin sichtbar bleiben, wie der Ausschluss von Frauen aus Leitungspositionen, die Weigerung einiger religiöser Gemeinschaften, Mittel der modernen Medizin, wie Impfungen für Kinder, oder moderne Mittel der Empfängnisverhütung etc. zu nutzen. Die emanzipatorische Kraft der Religion ist innerhalb der Religion selbst wirksam geworden. Wir haben gesehen, dass zum Beispiel das Christentum in Südafrika dazu benutzt worden ist, die Segregation der schwarzen Bevölkerung durch das Apartheid-System zu stärken, und doch entwickelte sich in derselben Religion die Befreiungstheologie und die schwarze Theologie. In dieser Doppelfunktion der Religion liegt die Kraft der Hermeneutik oder der Wissenschaft der Sinngebung. Ein grosser Wert der Religion für die Entwicklung besteht darin, dass den Menschen nicht nur beigebracht wird, sich um ihre materiellen Bedürfnisse zu kümmern, sondern auf neuen Wegen zu lernen, ihre Lebenswirklichkeit zu beurteilen. Diese „Bildungsfunktion" der Religion macht die Empfangenden nicht nur zu geeigneten Umsetzenden von Entwicklungsprojekten, sondern zu artikuliert und klar denkenden Menschen im Blick auf ihre Notlage in einem breiteren Kontext. Sie lernen nicht nur, Projektpläne zu lesen, sondern die ganze Welt zu „lesen" im Licht der verschiedenen Ebenen systemischer Ungerechtigkeiten, die zur Armut beitragen.

- Fünftens, wenn, wie die Statistik zeigt, Religion fortbestehen wird, dann hat im Bereich der Entwicklung niemand eine andere Wahl, als sie als *einen* Faktor in seine Arbeit einzubeziehen. Statistiken zeigen, dass auch wenn die etablierte Religion in einigen Teilen der Welt zurückgeht, religiöse Ideale bestehen bleiben und in anderen Teilen der Welt die Religion immer noch gedeiht, besonders an den Orten, auf die der grösste Teil der Entwicklungsbemühungen ausgerichtet ist. Die sogenannte „Säkularisierungsthese" oder was Weber den „Verfall des ‚magischen Gartens' der Religion und des

> Aberglaubens angesichts des Rationalismus und der Wissenschaft" nannte, kann nicht mehr aufrechterhalten werden.[8] Christentum und Islam sind auf dem Vormarsch und breiten sich durch Proselytenmacherei, Evangelisation, Migration, Mischehen und vor allem durch Fortpflanzung weltweit rasch aus. Das einzige andere Phänomen, das in jüngster Zeit einen vergleichbaren Wachstumsrekord aufweist, ist die Digitaltechnologie. Es ist daher irrsinnig, eine Vision für diese Welt zu entwickeln ohne eine klare Vorstellung, wie man mit Religion umgeht oder welche Rolle sie spielen wird, genauso wie es sinnlos ist, sich Gedanken über die Zukunft zu machen, ohne an den Irrgarten der modernen Medientechnologie zu denken. Wichtig ist hier nicht, wie man die Religion „benutzen" oder „instrumentalisieren" kann. Wie bei der modernen Digitaltechnologie reicht ein bloss oberflächliches Kennenlernen nicht aus. Die Religion liefert wichtige Linsen, durch die die Wirklichkeit wahrgenommen werden kann. Religionen liefern die Sprache, mit der die letztgültigen Anliegen der Menschheit angesprochen werden können. In der Religion wird der organische Zusammenhang alles Geschaffenen erkannt, und zwar über das Konsum-Ecosystem hinaus, das die übrige Schöpfung als etwas betrachtet, das nur für die Befriedigung des unersättlichen Appetits der Menschen nützlich ist. Religion strahlt die ethischen Werte aus, die die Würde des Menschen über bloss formale Individualrechte hinaus schützen, so wichtig diese auch sein mögen. Religion bietet jene ganzheitliche Sicht, nach der heute jeder im Kontext einer solchen Fragmentierung sucht.

Wir können daher feststellen, dass religiöse Ideen, Institutionen und Praktiken eine entscheidende Rolle dabei spielen, die von uns allen erstrebte Fülle des Lebens zu erreichen, trotz der anderen negativen Begleiterscheinungen, die damit verbunden sein können. Wenn wir uns mit Religion und Entwicklung befassen, bemühen wir uns bewusst darum, zu zeigen, dass die Wirksamkeit der Religion in der Gesellschaft unter anderem weitgehend abhängt von der Effizienz religiöser Führungspersonen oder derjenigen, die vor allem die vorherrschende Meinungsmacht bilden. Es ist daher entscheidend, welche Art von Bildung diese haben. Dazu gehören zwei Dinge: Die theologische Bildung sollte auf die Entwicklung der Gesellschaft ausgerichtet sein. Die Nichtregierungsorganisationen müssen daher ein starkes Interesse an dem Lehrplan haben, der Leitungspersonen von religiösen Gemeinschaften prägt. Säkulare Entwicklungsorganisationen müssen religiöse Führungskräfte und religiöse Institutionen als potentielle Partner in der Entwicklung betrachten. Auf der einen Seite ist die finanzielle Unterstützung von Entwicklungsinitiativen in einer Gesellschaft, die in rückblickenden religiösen Auffassungen verfangen ist, eine Verschwendung von Ressourcen, und auf der anderen Seite ist der Wunsch, Religion als Hilfsmittel für Entwicklung

[8] Stephen Hunt: „Religion and Everyday Life", New York/Abington, 2005, S. 19-20.

einfach abzutun, wenig hilfreich. Religion wird bestehen bleiben. Die Kirchen bilden die belastbarsten sozialen Institutionen des globalen Südens. Wo es an glaubwürdigen politischen Institutionen fehlt, spielt die Religion eine zentrale Rolle in der Gesellschaft. Welche Rolle das sein wird, wird davon abhängen, wie einfallsreich die Führungskräfte sind.

Gibt es einen Ort, wo Religion Entwicklungsmodelle geprägt hat, und war es erfolgreich?

Der Fall des Bezirks Makoni

Wir haben örtliche Erfolgsgeschichten aus der früheren Missionszeit. Während der 1920er- und 1930er-Jahre hatte das volkstümliche Christentum in der östlichen Region des Makoni-Bezirks in Simbabwe unter der Leitung der methodistischen, anglikanischen und römisch-katholischen Missionare einen starken Einfluss auf die Entwicklung der Gemeinschaften. Darüber wird in der Arbeit des Sozialhistorikers Terence Ranger ausführlich berichtet.[9] Ranger beobachtet, wie afrikanische Christen und Christinnen dieses Gebiets ihre afrikanischen Mitbürgerinnen und Mitbürger für den christlichen Glauben und für den „unternehmerischen Ackerbau“ gewannen und dadurch ihre Dörfer zu Zentren der „Zivilisation“ machten.[10] Wie haben die Missionare dies erreicht?

Schwerpunkt ländliche Gebiete

Dieser Schwerpunkt der Entwicklung nutzte die ländliche Volksreligion als Ansatzpunkt. Selbst die Geschäftspraktiken blieben in das traditionelle afrikanische Kulturgewebe verflochten, unabhängig davon, wie erfolgreich die afrikanische Geschäftsperson wurde.

> Abraham Kawadza war damals einer der reichsten Männer. Er hatte viel Besitz. Um nur einige Beispiele zu nennen: er besass Kühe, Ziegen, Schafe, Pferde und Fuhrwerke [...] Obwohl er viele Arbeitskräfte hatte, konnte er ihnen nicht erlauben, zur Arbeit zu gehen, bevor sie ein Gebet gesprochen hatten [...] Da er viele Kühe hatte, ernährte er seine Arbeitskräfte mit Milch und Fleisch. [11]

Während der Missionsära und bis heute hin leben die meisten Afrikanerinnen und Afrikaner in ländlichen Gegenden. Es ist bedauerlich, dass viele

---

[9] Terence Ranger: „Religion, Development and African Christian Identity“, in: Kirsten Host Petersen (Hg.): „Religion, Development and African Identity“, Uppsala, 1987.
[10] Ebd., S. 41.
[11] Ebd., S. 45.

Entwicklungsprogramme durch Urbanisierung und Industrialisierung geprägt sind.

Eine Theologie, die das Spirituelle nicht vom Materiellen trennte

Die frühen Missionare betonten den ganzheitlichen Zugang zum Evangelium, wie an der religiösen Kultur zu erkennen ist, die von ihren Anhängern geschaffen wurde. „Baba Johan war davon überzeugt, dass man kein wirklich heiliges Leben führen könne, wenn man nicht für sich selbst sorgen könne.“[12] Wenn man die Entwicklungsideale nicht mit der Verkündigung des Evangeliums verbindet, wird sie nur zu einem Anhang des christlichen Glaubens und nicht Teil des Glaubens selbst.

Entwicklungserziehung

Einige Missionare, wie Canon Edgar Lloyd, kehrten nach England zurück. Zusammen mit seiner Frau lernte er Bauerntöpferei an der Camberwell School of Arts and Crafts. Neben ihren Bemühungen, für sich selbst die nötige fachliche Bildung zu erlangen, beobachteten die Missionare auch, dass bestimmte afrikanische Traditionen das Entwicklungspotential der afrikanischen Menschen behinderten und dass diese Vorstellungen durch Erziehung beseitigt werden müssten. Zwei solche Aspekte waren Angst und Aberglaube. Die Missionare stellten fest, dass „es zu keiner wirtschaftlichen Verbesserung kommen kann, bevor Angst und Aberglauben aus dem landwirtschaftlichen und dem gesundheitlichen Bereich beseitigt werden [...] Die Kirche bemüht sich darum, allen die Fülle des Lebens in Christus zugänglich zu machen durch spirituellen Wandel, soziale Umgestaltung und wirtschaftliche Verbesserung.“[13] In vielen Teilen Afrikas wirken sich abergläubige religiöse Praktiken immer noch auf die wirtschaftlichen Bemühungen aus, wie an einigen pfingstkirchlichen Auffassungen von Wohlstand zu erkennen ist. Wenn Menschen beigebracht wird, dass man gesegnet wird und in der Arbeit befördert wird, wenn man dem Pastor etwas spendet, so basiert dies auf der tief verwurzelten indigenen abergläubischen Angst vor dem „heiligen Mann“. Ohne Entwicklung einer klaren Arbeitsethik für ein ehrliches Leben, die aus der christlichen Tradition abgeleitet werden kann, kann Korruption und Bereicherung durch Umwege leicht zu einer Gewohnheit werden, die Entwicklung behindert, wie wir dies in vielen Ländern sehen. Aberglauben zu hinterfragen ist keineswegs eine Herabwürdigung des einheimischen kulturellen Erbes, da der globale Süden kein Monopol auf Aberglauben hat. Dennoch kann Aberglauben Fortschritt und schöpferische Freiheit behindern, die beide Voraussetzungen für Entwicklung sind.

---

[12] Ebd., S. 47.
[13] Ebd., S. 44.

Stärkung der örtlichen Führungskräfte

Der einheimische örtliche Priester oder Pfarrer diente auch als Lehrer und Leiter des Dorfes. Neben seiner Tätigkeit, die Dorfbewohnerinnen und Dorfbewohner lesen und schreiben zu lehren, war er selbst ein erfolgreicher Bauer, der gelernt hatte, mit einem Pflug umzugehen und seine Erzeugnisse im Umkreis einer Stadt zu verkaufen. Die am Ort führenden Personen waren Familienmenschen mit

> guter Bildung und überdurchschnittlicher Intelligenz. Jede Station hatte eine stabil gebaute Kirche [...] Es zeigte sich auch, dass man sich bemühte, die einheimischen Kraals [...] sauber und ordentlich zu halten. Die Männer und Frauen waren besser gekleidet als es üblich war in Kraals, die weit entfernt waren von Zentren europäischer Besatzung.[14]

Die allgemeine Denkweise hat sich nicht sehr geändert. In vielen Teilen des globalen Südens verfügen die Ortspfarrerinnen und Ortspfarrer immer noch über beträchtliche Macht und Einflussmöglichkeit in der Gesellschaft im Allgemeinen und insbesondere bei den Gemeindemitgliedern. Wenn sie also in rechter Weise bevollmächtigt sind, würde man erwarten, dass sie ihren Beitrag zum Leben ihrer örtlichen Gemeinschaft leisten. Religion und Entwicklung werden danach streben, diese Akteure des Wandels zu stärken, um positive Veränderungen in ihren Zuständigkeitsbereichen zu bewirken.

Schluss

Dieser Beitrag hat versucht, einen allgemeinen Überblick über die Beziehung zwischen Entwicklung und Religion im Allgemeinen und dem Christentum im Besonderen zu geben. Ausgehend von den Urreligionen und über das Alte und Neue Testament hat er die Spur dieser Beziehung verfolgt. Dabei hat sich gezeigt, dass es nicht möglich oder sinnvoll ist, sich Gedanken über die Entwicklung unter Menschen mit einem religiös geprägten Weltbild zu machen, ohne Religion ernst zu nehmen. Da die meisten Volksgruppen, auf die die meisten Bemühungen um Entwicklung heute ausgerichtet sind, tief religiös sind, folgt daraus, dass religiöse Gedanken, Institutionen und Praktiken im Entwicklungsdenken ernst genommen werden müssen. Anhand einer Fallstudie wurde aufgezeigt, wo dies in der Vergangenheit Erfolg gehabt hat, und hoffentlich gezeigt, dass es heute auch an anderen Orten gelingen kann.

---

[14] Ebd., S. 46.

Welche Aspekte der lutherischen Theologie tragen zu einem ganzheitlichen Entwicklungsmodell bei? Oder: Gibt es noch etwas zu erkunden?

Vitor Westhelle

Kleider kommen in Mode und kommen aus der Mode. Manchmal bewahren wir unsere alten Kleider hinten im Kleiderschrank auf, so dass wir sie erneut tragen können, wenn sie wieder in Mode kommen. Gleiches geschieht auch mit einigen Begriffen, Ideologien und Philosophien, die nach einer Weile wieder aus dem Kleiderschrank geholt, ausgelüftet, in die Sonne gehängt und wieder „getragen" werden. Der Begriff Entwicklung war definitiv aus der Mode gekommen, als ich Mitte der Siebzigerjahre in Brasilien Soziologie und Wirtschaftspolitik studierte. Das Militärregime war gerade ein Jahrzehnt an der Macht gewesen und sollte noch weitere zehn Jahre das Land unter Kontrolle behalten. Es behauptete sich mit einem ideologischen Konstrukt, das um den als „desenvolvimentismo" bezeichneten Entwicklungsbegriff aufgebaut war. Diese Vorstellung war verbunden mit einer von General Golbery do Couto e Silva kunstvoll konstruierten politischen Koalition, die die beiden seit der Kolonialzeit wichtigsten mächtigen Klassen in Brasilien miteinander verbündete, eine agrarische und eine schwerfällige, aber innovative aufstrebende städtische Bourgeoisie. Dabei wurde die grosse Mehrheit der brasilianischen Bevölkerung völlig ausgeschlossen. Damals sagte der mächtige Finanzminister Antonio Delfin Netto zur Frage der Entwicklung: „Wir müssen den Kuchen erst gehen lassen, bevor wir ihn backen, um ihn dann aufzuteilen." Das war Entwicklung durch Ausschluss. Holistisch war das florierende Kapital, aber nicht die Bürgerinnen und

Bürger. Die brasilianische Version des Marie Antoinette zugeschriebenen unrühmlichen Spruchs in Antwort auf die Bitte der Armen um Brot, „lass sie doch Kuchen essen", war: „Es ist nicht nötig, sich Sorgen darüber zu machen, dass sie kein Brot haben, denn sie werden in Zukunft, wenn wir uns entwickelt haben, Kuchen essen."

Ich wäre wahrscheinlich geistig auf dem Irrweg, wenn ich auf die Zeit wartete, wo der Begriff der Entwicklung wieder unmodern wäre. Ich muss bekennen, dass selbst in meinen Ohren das Wort Entwicklung jetzt einen süsseren Klang hat als damals. Ich hege einige Erwartungen und sehe Anzeichen für eine Zeit, in der Entwicklung so neu definiert wird, dass sie allen dient. Mit anderen Worten, dass sie ganzheitlich, holistisch ist; eine Zeit, wenn die Adjektive „nachhaltig" und „holistisch" in Verbindung mit Entwicklung überflüssig wären. Ich tue dies mit lutherischem Elan und den entsprechenden dunklen apokalyptischen Untertönen, die gleichzeitig keine Hoffnung auf die Ordnung dieser Welt setzen und doch zugleich reiche Erwartungen in sie investieren. Die Ordnungen dieser Welt sollten aufgebaut werden auf dem Gedanken der Liebe und des Glücks, denn es ist in dieser Welt „nach dem Fleisch", darauf besteht Luther, dass der Christus gegenwärtig ist, wie auch in dem von Christus erwählten Jetzt und Hier, und das ist seine *parousia*, seine „Gegenwart".[1]

Es besteht kein Zweifel, dass Luther einen wesentlichen Einfluss auf Wirtschaft und Politik hatte. Es ist kein Zufall, dass Karl Marx ihn „den ersten deutschen Ökonomen" nannte, Heinrich Heine sich auf Robespierre als den „Luther der französischen Revolution" bezog und Engels von Adam Smith sagte, er sei „der Luther der Wirtschaftspolitik". Auch wenn dies sicherlich anekdotisch ist, ist es doch bedeutsam für einen theologischen Denker, dessen Theologie von apokalyptischen Stürmen durchdrungen ist.[2] Wie kann jemand, dessen Denken geleitet wird vom bevorstehenden Weltende, etwas beitragen zur Verbesserung der weltlichen Ordnungen? Mit seinen Bemerkungen zu den Thesen von Johannes Weiss und Albert Schweitzer, dass die Botschaft Jesu eine bevorstehende konsequente eschatologische Vision sei, weist der lutherische Theologe und Religionsphänomenologe Rudolf Otto auf ein Problem hin, das auch auf Luther angewandt werden

---

[1] Wenn Walter Benjamin schreibt: „Die Ordnung des Profanen sollte auf dem Gedanken des Glücks aufgebaut werden" (Peter Demetz (Hg.): „Reflections", New York, 1978, S. 312), dachte er an den Apostel Paulus (insbesondere Römer 8) und führt Jacob Taubes an (Jacob Taubes: „The Political Theology of Paul", Stanford, 2004, S. 72f). Ich würde hinzufügen, dass er auch an Luther gedacht haben könnte.

[2] Vgl. z.B. Heiko Oberman: „Luther: Mensch zwischen Gott und Teufel", Berlin, 1982. Zur Auffassung, dass das apokalyptische Motiv bei Luther nur eine abhängige Variable in der Theologie des Reformators ist, vgl. Bernhard Lohse: „Luthers Theologie in ihrer historischen Entwicklung", Göttingen, 1995.

könnte. Indem er mit der folgenden Bemerkung darauf hinweist, dass Schweitzer Jesus eine „wunderbare Ethik" zuschreibt, schreibt Otto: „Er bemerkt - wie mir scheint - dabei nicht, dass in der Verbindung dieser beiden Ausdrücke (imminente Eschatologie und ethische Verantwortung), selber eine Inkonsequenz liegen würde, wenn man nicht auf die eigentümliche Irrationalität achtet, die im echten eschatologischen Typus liegt."[3]

Es wäre in der Tat unverständliche Rationalität, wenn - aber nur wenn - die eschatologische Wirklichkeit verstanden wird als ein chronologisches *telos*, das auf geheimnisvolle Weise für einen spezifischen Tag vorgesehen ist. Dennoch ist es nicht inkonsequent, wenn Eschatologie verstanden wird als ein Geschehen, das in die Zeit kommt als ein Einschnitt, ein Eingriff, der als solcher Zeit verbraucht und in ihr nicht eingeschrieben werden kann, es sei denn durch rückwirkende Erzählung (Berg Horeb, der Fluss Jabbok, das Transfigurationsgeschehen, die Zusammenkunft im oberen Gemach, Pfingsten, der Weg nach Damaskus, das Turmerlebnis usw., bis hin zu unseren eigenen persönlichen Erfahrungen im Leben des Gebets, der Meditation, Lektüre und Anfechtung). Dies sind *kairotische* Ereignisse, die an einem gegebenen Ort stattfanden (einem Berg, einem Fluss, einem Zimmer, einem Weg), was bedeutet, dass diese Ereignisse sich an Schwellenorten unter *choratischen* Umständen ereigneten, an Orten, die weder innen noch aussen, sondern beides zugleich sind (das ist die Bedeutung von *chora* im Griechischen: ein Ort zwischen Orten). Daher wird die apokalyptische Einstellung gegenüber einer verfallenden Welt gesehen als Ergebnis des Wirkens des apokalyptischen Neinsagers, des Apostaten, des Feindes, des Antichristen, gegen den die messianische Gegenwart, die *parousia*, ein Geschehen ist, das in die Ordnung der Welt eingreift und Dinge so offenbart, wie sie wirklich sind. Doch wie wird dies dann bezogen auf die Verbesserung der Welt, dem Erreichen von einem guten Leben, von Glück und Zufriedenheit (*eudaimonia*)? Nach der Antwort auf diese Frage müssen wir zuerst in Luthers Vorstellung von den beiden Regierweisen suchen, die gewöhnlich als „Zwei-Reiche-Lehre" bezeichnet wird.

Luthers Lehre von den Zwei Reichen, dem weltlichen und dem geistlichen Reich, ist etwas, das er letztlich mit anderen Reformatoren wie Zwingli, Melanchthon, Bucer, Calvin und anderen teilte. Sie ist unterschiedlich interpretiert worden. Zum Beispiel bestand in der deutschen Theologie als Reaktion auf deren Missbrauch während der Nazizeit die Neigung, diese Lehre als eine Ausweitung oder sogar Grundlage der Unterscheidung von Gesetz und Evangelium zu verstehen. In den Vereinigten Staaten ist sie wegen des Bezugs zum von Hobbes und Locke geprägten Verständnis von Liberalismus fast gleichgesetzt worden mit der Trennung von Kirche und

[3] Rudolf Otto: „Reich Gottes und Menschensohn", München, 1934, S. 45.

Staat. Mit der Veröffentlichung 1970 von Ulrich Duchrows grundlegender Arbeit „Christenheit und Weltverantwortung"[4] wurde eine erstaunliche Menge an Forschungen zu diesem Thema seit den 1930er-Jahren vorgelegt. Einige Erkenntnisse daraus sind ignoriert und andere aufgenommen worden. Dazu gehört die Erkenntnis, dass die geistliche Herrschaftsweise keine symmetrische Figur zur irdischen ist, wobei die irdische die schattenhafte platonische Projektion der geistlichen wäre. Es sind auch nicht die beiden divergierenden Wege des Augustin, die dem Pilger die Wahl lassen zwischen dem Weg zur Seligkeit oder zur Finsternis. Es ist auch keine Unterscheidung zwischen Inhalt und Form, wie die „barthianischen" Lutheranerinnen und Lutheraner es bezeichnen würden. Es ist noch weniger in irgendeiner Weise ein direkter Ausdruck der Beziehung zwischen Kirche und Staat (eine Tendenz der amerikanischen Interpretation). Und schliesslich ist es auch nicht, was es nach Meinung progressiver römisch-katholischer post-Vatikan II-Theologinnen und -Theologen sein soll: eine *post corpus christianum* Revision der Theorie der zwei Ebenen, der natürlichen und der übernatürlichen. Insgesamt ist es nicht so, als ob zwei Vektoren parallel zueinander verliefen, um sich erst am zukünftigen eschatologischen Horizont zu treffen, und die gelegentlich durch das Amt, durch Verkündigung, Sakramente und Wohltätigkeit miteinander verbunden wären. Positiv ausgedrückt beschreiben die beiden Herrschaftsweisen asymmetrische Dimensionen, die nicht zusammentreffen, sondern wo die geistliche in der irdischen Ordnung etwas geschehen lässt und subjektiv wahrgenommen wird (das nannte Luther die „Erfahrung, die einen zum Theologen macht") als etwas, das geschieht und die Ordnung der Dinge durchbricht und damit die Masken offenbart, unter denen das Göttliche verborgen ist. Durch diese Masken scheint das Licht, das die Welt überführt und inmitten der Qual einer beständig verfallenden Welt ein gutes Leben verspricht.

Doch wie geschieht dies? Wie dies geschieht, wird konkret ausgesagt in einer besonderen lutherischen Lehre und Interpretation der chalcedonensischen *communicatio idiomatum* als Einung, aber nicht Vermischung der beiden Naturen Christi. Luthers Interpretation einer ihrer Aussagen, die später als *genus maiestaticum bezeichnet* wurde, begann bereits mit dem Disput mit Zwingli beim Marburger Religionsgespräch 1529 die Differenz zwischen der lutherischen und der reformierten Tradition zu markieren. Ein Jahr vorher beschloss Luther, der der Meinung war, nicht mehr viel Zeit zum Leben zu haben, sein „Vom abendmal Christi, Bekendnis" zu schreiben.[5] Dieser Text ist bekannter dafür, dass er zu dem Argument führte, dass dies in Marburg der einzige Streitpunkt zwischen Zwingli und

---

[4] Ulrich Duchrow: „Christenheit und Weltverantwortung", Stuttgart, S. 1970.
[5] WA 26, S. 261-509.

Luther gewesen sei, nachdem man sich über vierzehn der fünfzehn Thesen geeinigt hatte. Doch in diesem früheren Text geht er sogar noch weiter als eine Bekräftigung der Realpräsenz. Er stellt drei Weisen der Präsenz Christi vor. Die erste ist der historische Jesus; die zweite die sakramentale Präsenz in den sichtbaren Elementen, die eine Verheissung enthält. Aber dann stellt er eine dritte Weise der Präsenz vor:

> Denn du must dis wesen Christi, so er mit Gott eine person ist, gar weit, weit ausser den Creaturn setzen, so weit als Gott draussen ist, widderumb so tieff und nahe ynn alle Creatur setzen, als Gott drynnen ist, Denn er ist ein unzertrennete person mit Gotte, Wo Gott ist, da mus er auch sein, odder unser glaube ist falsch.[6]

Dies ist der entscheidende Aspekt der Theologie Luthers. Christus ist dort gegenwärtig, wo die rechte Hand Gottes ist (um das in Marburg diskutierte Bild aus dem Glaubensbekenntnis zu benutzen), das heisst: überall! Doch in verkleideter oder maskierter Form, die das Äusserliche ist, das wir sehen und was unsere Sinne erfassen. Luther drückte diese Verhüllung Gottes mit einer Reihe von Metaphern aus: Maske (*larva*), Tuch/Kleid (*vestitus*), Verpackung/Verhüllung (*involocrum*), die die äussere Erscheinungsform der Gegenwart Gottes in Christus sind, nach dem Fleisch, das heisst in natürlicher Weise, in „majestätischer Weise", wie Luther es bezeichnete. Diese dritte Weise der Präsenz sollte diejenigen nicht überraschen, die mit seinem „Sermon von dem Sakrament des Leibes und Blutes Christi" von 1526 vertraut sind, wo er unter Voraussetzung der Realpräsenz im Sakrament erklärt: „Denn wenn ich solt und kunde die Creaturen ausmessen und mit worten ausstreichen, soltestu eben so grosse, ja noch grossere wunder darinne sehen als ynn diesem Sacrament."[7]

Doch wie soll man sich das vorstellen? Hier wendet Luther sich an die alltägliche Erfahrung („Ich rede itzt nicht aus der Schrift"[8]), wie er es häufig tut. Er führt als Analogie einen Kristall mit vielen Facetten an, die innen im Kristall einen Funken oder eine Blase zeigen, wobei es in jedem der vielen Facetten so aussieht, als seien sie auf der Oberfläche der Facette, obwohl sie sich tatsächlich in der Mitte der Facette befinden. Diese Analogie wendet er so an:

> Wenn nu Christus auch also ym mittel aller creatur sesse gleich an einem ort, wie das bleslin odder füncklin ym Christall, und mir wurde ein ort der creaturn

[6] WA 26, S. 336.
[7] WA 19, S. 487.
[8] WA 26, S. 337.

> durchs wort furgelegt, solt ich nicht sagen konnen, sihe, da ist Christus leib [...] , gleich wie ich sage: Sihe, da ist das füncklin gleich forn an ym Christall?[9]

Es sieht wirklich so aus, als sei es auf der Oberfläche der Facette, obwohl es tatsächlich in deren innerer Mitte ist. Hier spielt Luther mit Worten bei der Buchstabierung von Kristall als „Christall".[10] (Wenn man gebeten wird, in diesem Beitrag „Aspekte", das heisst die Facetten von Luthers Theologie für eine holistische Entwicklung, zu behandeln, dann wäre die Antwort und sollte die Antwort sein: die Theologie der Facetten ist diese Facette, die einen Beitrag leistet.)

Bevor wir aber in eine Soteriologisierung der Natur fallen, müssen wir innehalten, denn jetzt kommt Luthers apokalyptischer Zug. Wie in der frühen jüdischen Apokalyptik wird die Gegenwart (*parousia*) des Messias begleitet von der Manifestation des Anti-Christen, einer Erscheinung, die nicht von oben herabkommt, sondern inmitten der „Schöpfungsordnungen" oder institutioneller Bereiche wie Wirtschaft, Politik und Kirche am Werk ist. Da Sünde ein universaler Zustand ist (*peccatum originale originatum*), ist sie auch immer am Wirken (*peccatum originale originans,* „weil sie alle gesündigt haben" Röm 5,12). Und was bewirkt die Sünde? Um Luthers allegorisches Motiv zu benutzen (ja, er benutzte viel Allegorie trotz seiner Kritik daran, wenn sie den wörtlichen Sinn der Bibel umging), ist es das Werk des Teufels, das die Maske zerbricht, die Verkleidung wegreisst, die Verpackung des Göttlichen aufreisst und die Facetten des Kristalls auslöscht; das heisst die Natur zerstört und die zu ihrem Schutz eingesetzten Institutionen verdirbt. Und dieser Schutz, die Maske, die Gewandung, die Verpackung schützt uns davor, dem *deus nudus,* dem ominösen *tremendum* von Otto ausgesetzt zu sein. An dieser Stelle werfen uns Luthers beunruhigende Paradoxe wiederum aus dem Gleichgewicht, weil dies auch genau die Stelle ist, an der die messianische Gegenwart nahe ist. Die *parousia* Christi wird manifest, indem sie uns mit Glauben, Liebe und Hoffnung überschüttet. Und wozu? Um uns in den Himmel zu entrücken? Oder anders ausgedrückt, um uns in den Abgrund des schwarzen Lochs eines nackten Gottes zu stürzen? Nein, sondern um die zerrissene Kleidung zu flicken, die Maske zu reparieren und die Verpackung wieder herzurichten. Dies bringt er in theologischen Vorstellungen, aber in paradoxen Begriffen zum

---

9 Ebd.

10 Vgl. die ausgezeichnete, wenn auch aus guten Gründen an „Panchristismus" grenzende Überlegung zu dieser Stelle bei Niels Henrik Gregersen: „Natural Events as Crystals of God – Luther's Eucharistic Theology and The Question of Nature's Sacramentality", in: Viggo Mortensen (Hg.): „Concern for Creation: Voices on the Theology of Creation", Uppsala, 1995, S. 143-155.

Ausdruck: *ad deum contra deum confugere*, „vor Gott zu fliehen und in Gott gegen Gott Zuflucht zu finden."[11]

Ich möchte dies an einem konkreten Fall illustrieren. Ich habe bewusst die letzte von Luthers drei Schriften gegen den Wucher ausgewählt (1519/20, 1524 und 1540), weil, erstens, die Wortwahl Luthers Verwendung apokalyptischer Bezeichnungen und Bilder deutlich macht, wobei gelegentlich entsprechende Motive wie die Beschreibung des Seeungeheuers (d.h. des Marktes[12]) aus Offenbarung 13 einfliessen.

Sodann verlässt Luther nicht den konkreten Boden, indem er sozioökonomische Probleme anspricht; er achtet darauf, keine „Spiritualisierung" des Problems zuzulassen. Und schliesslich, aber von entscheidender Bedeutung, befasst er sich mit dem, was er als eine superlativische Ausdrucksform des Bösen in der damaligen Zeit betrachtet, der Praxis des Wuchers, dem Hauptwerkzeug bei der Verwirklichung des aufkommenden Finanzkapitalismus; der Wucherer ist der Primat des heutigen *homo pecuniosus*. Ich sollte auch festhalten, dass der Text nicht aufgrund moralischer Implikationen ausgewählt wurde, als könnte er uns anachronistische Kriterien liefern, um über den spät-modernen Kapitalismus zu richten. Die Abhandlung steht unter dem Titel „An die Pfarrherrn, wider den Wucher zu predigen".

Luther beginnt damit, falsche Vorstellungen im Blick auf die Praxis des Wuchers aufzuzeigen, nämlich die Annahme, dass mit dem Verleihen von Geld der Wucherer dem Volk tatsächlich ein Dienst erweist. Die heutige Ideologiekritik vorwegnehmend schreibt er:

> Wer aber mehr oder bessers nimpt, das ist Wucher, und heist nicht dienst, sondern schaden gethan seinem Nehesten, als mit stelen und rauben geschicht. Es ist nicht alles, dienst und wolgethan dem nehesten, was man heisst, dienst und wolgethan, denn eine ehebrecherin und ehebrecher thun einander grossen dienst und wolgefallen. Der teuffel thut selbs seinen dienern grossen unmeslichen dienst.[13]

Zur Verteidigung seines Gedankens beruft er sich nicht auf dogmatische oder kirchliche Autorität. Er zieht die klassische Philosophie heran (Seneca, Aristoteles und andere), um zu zeigen, worum es ihm geht. „Die Theologia mussen wir sparen bis hernach."[14] Vor dem Gericht der Vernunft und um

---

[11] WA 5, S. 204.

[12] Zur Verwendung der Bildsprache als einer Allegorie für den Markt siehe Vitor Westhelle: „Revelation 13: Between the Colonial and the Postcolonial, a Reading from Brazil", in: David Rhoads (Hg.): „From Every People and Nation: The Book of Revelation in Intercultural Perspective", Minneapolis, S. 183-199.

[13] WA 51, S. 338-339.

[14] Ebd., S. 344.

der Gerechtigkeit willen[15] verteidigt er seine Auffassung, dass Wucher eine unnatürliche Art der Wertschaffung ist (*wider die Natur*, d.h. nicht Teil der Beziehung der Menschen zur übrigen Natur).[16] Dies wäre als solches kein Problem, wenn es nicht eine Tatsache wäre, dass Wucher keinen Wert schaffen kann, ohne sich (fälschlich) „fremde Arbeit“ anzueignen.[17] Und das Urteil ist endgültig:

> „Denn wo wir gleich nicht Christen weren, musste uns die vernunft eben sowol sagen als den Heiden, das ein Wucherer ein morder sey.“[18]

Nachdem er soweit argumentiert hat, ohne sich auf die Theologie zu berufen, beginnt er, sich an das christliche Volk zu wenden:

> Die Heiden haben konnen aus der vernunfft rechen, das ein Wucherer sey ein vierfeltiger Dieb und ein Mörder.[19]

Und der Angriff geht mit apokalyptischem Eifer weiter:

> „Also ist auch kein grosser menschen feind auff erden (nach dem Teuffel) denn ein Geitzhals und ein Wucherer, denn er wil uber alle menschen Gott sein. Aber ein Wucherer und Geitzwanst, der wolt, das alle welt muste ynn hunger, durst, jamer und not verderben, so viel an jm ist, auff das ers alles allein mocht haben, und jderman von jm als von einem Gott empfahen und ewiglich sein leibeigen sein.[20]

Was sollen wir tun? Die Sprache wird schockierend und entsetzlich: „Und so man die Strassenreuber, Mörder oder bevheder redert und köpffet, Wie viel solt man alle Wucherer Redern [...] veriagen, verfluchen und köpffen.“[21] Luther weigert sich, den (in der lutherischen Theologie zum Teil so üblichen) geistlichen Sprung von der konkreten politischen Ordnung zur allgemeinen Verfassung menschlicher Sündhaftigkeit zu tun als ein Palliativ, durch das die Sünde angeklagt wird, während der Sünder gerechtfertigt wird. Ist dies nicht ein Problem, das allein durch ehrliche Reue gelöst werden kann

---

[15] WA 52, S. 344.

[16] Zum Argument des Aristoteles siehe „Treatise of Government“, Buch I, Kapitel 10, Übers. William Ellis, London/New York, 1912.

[17] WA 51, S. 351.

[18] Ebd., S. 361-362.

[19] Ebd., S. 261.

[20] Ebd., S. 396.

[21] Ebd., S. 421.

in dem Wissen darum, dass Rechtfertigung letztlich als Rechtfertigung für den Sünder *qua* Sünder gilt. Die Antwort klingt klar und folgerichtig:

> Sie sagen, die welt könne nicht on Wucher sein. Das ist gwislich war. Denn so steiff und statlich wird kein Regiment in der welkt werden, ist auch nicht gewest [...] Und wenn ein Regiment kündte allen sünden wehren, so wird dennoch die Erbsünde bleiben [...] Aber ob sie damit entschuldigt sind, Das werden sie wol erfaren.[22]

Prediger, die es versäumen, ihre Stimme von der Kanzel gegen den Wucher und die Wucherer zu erheben und sich sogar mit ihnen verbünden, machen eine Komödie aus dem Predigtamt und stellen sich gegen die Wahrheit. Solche Leute können nicht das Evangelium fördern.[23]

Die Sünde soll nicht in entkörperlichter Frömmigkeit bekämpft werden, sondern immer dort, wo sie sich zeigt: im Fleisch, in der Materie, denn dort öffnen sich die Tore der Verdammung wie auch der Erlösung, oder wie Luther es wieder sagt:

> Ist unser Euangelion das rechte liecht, so mus es warlich scheinen jnn die finsternis [...] Wollen wir das nicht leiden und die welt anders haben, So mügen wir zur welt hin aus gehen, oder eine ander welt schaffen, die da thu, was wir oder Gott wil.[24]

Und Luther fügt hinzu: Gottes wunderbare Macht und Weisheit muss ihre Spuren haben und muss hierin erfasst werden. Und welches sind diese Spuren, diese Zeichen die darin erfasst werden können? Die Antwort wird klar im selben Text gegeben: „den zeitlichen friede zu mehren und nehren das menschlich geschlecht“[25] Und dieser Friede, der Entwicklung und Nachhaltigkeit fördert, wird konkret untergraben durch die Praxis der Wucherei, die für den Reformator zur damaligen Zeit unter den Anzeichen der Sünde an höchster Stelle hervortrat.[26]

Es verblieb beim Reformator jedoch eine logische Inkonsequenz, die gleiche, die Otto bei Schweitzer bemängelte, der eine „wunderbare Ethik“ vertrat neben einer konsequenten Eschatologie, die in der Tat ihren Widerhall findet in den Worten Jesu: „Es ist unmöglich, dass keine Verführungen kommen; aber weh dem, durch den sie kommen!“ (Lk 17,1; Mt 18,7). Wie soll man diese Verbindung einer apokalyptischen Aussage (die Welt geht im

[22] Ebd., S. 353-354.
[23] Ebd., S. 409.
[24] Ebd.
[25] Ebd., S. 354.
[26] Vgl. Ricardo Rieth: „‚Habsucht‘ bei Martin Luther“, Weimar, 1996.

Handwagen zur Hölle) und einer energischen Verteidigung der Gerechtigkeit, der Vernunft und der Fairness zur Förderung des Gemeinwohls verstehen?

Die Gründe für die sogenannte Inkonsequenz können entweder durch einige Besonderheiten der Umstände oder durch tief empfundene theologische Überzeugungen aufgeklärt werden. Wenngleich Luther gesagt hatte, dass es keine Heiligen gäbe, die nicht in Politik und Wirtschaft gut bewandert seien, gedieh sein Temperament (trotz seiner „Heiligkeit") in diesen Bereichen nicht, auch wenn sein Einfluss darauf gewaltig war. Seine Grundlage blieb die Theologie mit häufigen Ausflügen in jene anderen Bereiche, doch niemals auf deren eigenständigem Terrain. Um es anders auszudrücken, wenn der junge Luther in die zweite Hälfte des 20. Jahrhunderts hineingesetzt würde, wäre er leider in der Realpolitik furchtbar gescheitert und wäre er nicht zum Studium der Währungspolitik an der Chicago School of Economics zugelassen worden. Obwohl er dem Nominalismus der *via moderna* ausgesetzt und davon beeinflusst war, war sein Verständnis vom Tauschwert der Waren das eines Realisten. Er folgte der vorherrschenden mittelalterlichen aristotelischen Theorie der Sterilität des Geldes, und nach seinem Verständnis wurde der Wert durch die in die Ware eingeflossene Arbeit bestimmt. Darin war er sogar noch weniger ausgeklügelt als die spätmittelalterlichen römischen Moralisten, die unter dem Bann der Sterilität des Geldes ein Quasi-Zinsprinzip vorbringen konnten, bei dem für eine Anleihe aufgrund der Abwertung durch das Währungsgeschäft eine Gebühr erhoben wurde.

Er war Lichtjahre entfernt von seinem jüngeren Reformationskollegen Jean Calvin, der die ökonomische Gültigkeit eines Zinsgewinns für das Verleihen von Geld anerkannte. Die erhobenen Zinssätze müssten strikt und vernünftig geregelt werden. Wie Richard Tawney bei seinem Vergleich von Calvin und Luther feststellte: „Der wesentlich Aspekt bei seiner [Calvins] Diskussion des Themas [Wucher und Zins] besteht darin, dass er Kredit für normal und unvermeidlich im Leben einer Gesellschaft hält."[27] Max Weber, der seine Schrift „Die protestantische Ethik und der Geist des Kapitalismus" mit dem Hinweis auf die Bedeutung von Luthers Verständnis des Berufs für die folgende Entwicklung einer weltlichen Askese beginnt, hat kaum etwas zugunsten von Luther zu sagen im Blick auf dessen Beitrag zur Entwicklung des Kapitalismus: „Es ist kaum nötig, zu konstatieren, dass nicht etwa Luther als mit dem ‚kapitalistischen Geist' in dem Sinne, den

[27] Richard H. Tawney: „Religion and the Rise of Capitalism", New York, 1954, S. 95. Es sollte beachtet werden, dass Luther später in seinem Wirken eine gewisse Flexibilität einräumte in der Frage geregelter Zinsen als Versicherung gegenüber Insolvenz eines Schuldners. Siehe Karl Heinz zur Mühlen: „Arbeit", in: „Theologische Realenzyklopädie 3", Berlin/New York, 1978.

wir bisher mit diesem Wort verbunden haben, oder überhaupt innerlich verwandt angesprochen werden darf.“[28] Luthers Zuhause war in der Tat die Theologie. Wenn er jedoch nicht viel zum Kapitalismus als solchem beitrug, dann lag es daran, dass sein Ausflug in Wirtschaft, Politik und Gesellschaft auf einer Theologie gründete, die keinen politischen Verhandlungen und wirtschaftlichen Berechnungen unterlag. Ich wende mich dieser Frage zu, um einen anderen Grund für den Widerspruch zwischen einer apokalyptischen Haltung und einem Aufruf zur Weltverantwortung zu prüfen; dieser Widerspruch wird sich als eine fehlgesetzte Diagnose erweisen.

In der Schrift über den Wucher haben wir festgestellt, dass Luthers scharfer Angriff auf Wucher zurückzuführen ist auf das dadurch bewirkte Elend, wodurch der für die Erhaltung und Förderung des Gemeinwohls notwendige Frieden gestört wird. Und dieses Gut wird als Ergebnis von Arbeit verkündet, was für Luther die Quelle des irdischen, materiellen Wertes zur Förderung und Erhaltung des Lebens war, das erhalten wird durch Gottes Verheissung an Adam vor dem Fall.[29] Wenn wir bedenken, was Luther über die „dritte Art der Gegenwart“ Christi, „nach dem Fleisch“, geschrieben hat, spielt die Arbeit als menschliches Einwirken auf die Natur eine entscheidende Rolle. Die Missachtung und Ausbeutung der Arbeit untergräbt einen „Stoffwechsel“[30], der stattfindet, wenn der *adam* bewirkt, dass die *adamah* sich schafft und sich neu schafft und beteiligt ist, Menschen und die übrige Natur, in der die majestätische Gegenwart Gottes in Christus/Materie wohnt, umzugestalten. Daher beschreibt Luther die in den drei institutionellen Bereichen (*ecclesia, oeconomia, politia*) geleistete Arbeit als Schaffen von „Gottes Gaben“ und fügt noch hinzu: „Es sind unsers herrn Gotts larven, darunter will er verborgen sein und alles thun.“[31] Die Verwendung des Motifs der „Maske“ ist bedeutsam im Blick auf die bildliche Vorstellung, die diese Metapher hervorruft. Wucher (oder Sünde im Allgemeinen) zerstört die Würde der Arbeit und beschädigt die Masken Gottes und enthüllt damit die Realität des Abgrunds des *deus nudus*. Aus diesem Grund ist die Arbeit als solche – und der Friede, der Schutz, die Bewahrung und die Neuschaffung, die durch die Arbeit ermöglicht werden – von keiner soteriologischen Bedeutung, sie geschieht einfach: *sola fide*. Doch die Arbeit ist das Mittel, durch das die in der göttlich eingesetzten

[28] Max Weber: „Die protestantische Ethik und der Geist des Kapitalismus“, Bodenheim, 1993, S. 41.

[29] Vgl. Rieth, a. a. O. (Fussnote 26), S. 217f. Oswald Bayer: „Nature and Institution“, in: *Lutheran Quarterly 12/2* (Sommer 1998), S. 125-159.

[30] Als „Stoffwechsel“ interpretiert Karl Marx die Arbeit in seinem Werk „Das Kapital“.

[31] WA 31/1, S. 434.

irdischen Ordnung eingebetteten Verheissungen zur Reife gelangen: Schutz, Erhaltung und Wachstum (*wehre, nehre, mehre*). Wenn wir *pax mundi non speranda* sagen, müssen wir auch *pax mundi exspectare est* hinzufügen. Der Frieden der Welt ist keine Sache der Hoffnung, sondern eine Sehnsucht und ein Ausblick auf das, was darin erreicht werden kann.

Welche Aspekte der Theologie Luthers tragen zu einem ganzheitlichen Entwicklungsmodell bei? Ich habe dargelegt, dass Luther bestenfalls eine Kette von Ereignissen ausgelöst hat, wobei er im Vergleich zu Calvin recht wenig dazu beigetragen hat, wie politische und wirtschaftliche Angelegenheiten mit realistischen Programmen und lebensfähigen Projekten kontrolliert und verwaltet werden sollten. Selbst wenn das Licht des Evangeliums nicht spiritualisiert wird, sondern seine Spuren in dieser materiellen Welt hinterlassen muss, bleibt es unklar, wie diese Zeichen aussehen und wie sie wahrgenommen werden sollen. Der Reformator verurteilte mit prophetischer Schärfe, was er zu seiner Zeit als die durchdringendste Manifestation der Sünde betrachtete, doch wenn er nicht als Theologe argumentierte („Wir müssen uns dazu unsere Theologie ersparen“), dann klang sein Verweis auf die klassische Aristotelische Vorstellung des „sterilen Geldes“ ganz anders als eine informierte politische und wirtschaftliche Analyse des Beginns des kapitalistischen Systems und der Marktwirtschaft.

Bevor ich mit einem Sophismus abschliesse, indem ich sage, dass der hilfreiche Aspekt der Theologie Luthers seine Theologie der Aspekte ist, möchte ich noch einen letzten Punkt hinzufügen. Als Ernst Troeltsch seine einflussreiche Schrift „Über historische und dogmatische Methode in der Theologie“ schrieb (1898), stellte er drei Kriterien auf für die Beurteilung der Verlässlichkeit einer historischen Behauptung. Das erste war Kritik (eine Behauptung sollte beurteilt werden nach ihrer inneren Konsequenz und unabhängigen Bekräftigung), sodann Analogie (wenn ein Ereignis eine Entsprechung finden sollte in bezeugten zeitgenössischen Geschehnissen) und drittens Korrelation. Letztere ist am faszinierendsten, denn sie will nicht die objektive Faktizität des Geschehens als solchem feststellen, sondern dessen Auswirkung in einer Konstellation miteinander verbundener Ereignisse, die messbare Ergebnisse hervorbringt, auch wenn die Ursache jenseits einer kritischen Erforschung liegt. Ernst Käsemann bezog sich auf dieses Kriterium, um die neue Suche nach dem historischen Jesus zu lancieren. Wenn man betrachtet, auf welche Weise über das Christusgeschehen berichtet wird – eingehüllt in Scham und Erniedrigung eines verurteilten und durch Kreuzigung hingerichteten Verbrechers – dann muss es da etwas gegeben haben, das ein ausreichender objektiver Grund war, die historische Wirkungskette zu schaffen, die die Geschichte und Kultur eines beträchtlichen Teils der Welt prägte.

Ich würde im Blick auf die Bedeutung Luthers und des Luthertums bei der Definierung wirtschaftlicher und politischer Programme, die aus einem lutherisch religiösen Ethos erwuchsen, auch ohne ausdrückliche Unterstützung durch die Werke Luthers, einen ähnlichen Suchvorgang vorschlagen. Bis vor kurzem haben Untersuchungen über die religiösen Wurzeln der modernen Gesellschaften sich auf den Kontrast zwischen römischem Katholizismus und dem reformatorischen Erbe konzentriert. Dies ist das Thema der klassischen Studien von Max Weber und Richard Tawney. Luther taucht nur auf, um die Bühne für Calvin, die Calvinisten und die Puritaner vorzubereiten. Die Methode bestand darin, die theoretischen Quellen gesellschaftlicher Praktiken herauszustellen. In jüngster Zeit hat die Soziologin Sigrun Kahl einen anderen Weg des Zugangs eingeschlagen. Sie entschied sich, eine Vergleichsstudie durchzuführen, und zwar nicht über den Fortschritt des kapitalistischen Geistes, sondern über die religiösen Wurzeln der zeitgenössischen Armutspolitik in Ländern, deren wichtigste religiöse Gruppierungen drei verschiedenen Konfessionsfamilien angehören, nämlich der katholischen, der lutherischen und der reformiert-protestantischen Tradition.[32] Sie warnt vor der Versuchung der Verallgemeinerung, besonders im Blick auf verschiedene religiöse Gruppierungen in westlichen Gesellschaften aufgrund der fortschreitenden Vermischung von Traditionen, und indem sie den Anspruch zurückweist, dass der religiöse Faktor die unabhängige Variable der soziopolitischen Vielfalt in der westlichen Moderne sei (obwohl sie einem solchen Anspruch sehr nahe kommt), zeigt sie ein Profilrelief in Ländern, die besonders typisch von jeder der drei Traditionen geprägt sind. Dies sind einige ihrer Schlussfolgerungen im Anschluss an eine sehr umfassende Dokumentation zur Armutspolitik.

> Die katholische Soziallehre sah den Bettler weiterhin als Christus am nächsten. Da so mit Armut kein Stigma verbunden war, garantierten gute Werke, insbesondere Almosengeben, das Heil, während dies im Calvinismus ein Zeichen fehlender Gnade ist und im Luthertum Armut als solche nichts über den eigenen Stand der Gnade aussagt [...]
>
> Die katholische Armenfürsorge blieb eine Verantwortung der Krankenhäuser und der privaten Wohltätigkeit. Die lutherische Armenfürsorge wurde vorwiegend extern organisiert, aus der gemeinsamen Kasse und später durch eine Armensteuer finanziert. Die reformiert-protestantische Armenfürsorge für Behinderte wurde in Werkstätten institutionalisiert [...] Die katholische Subsidiarität und der reformiert-protestantische Individualismus und Voluntarismus weisen dem Staat eine negative Rolle zu [...] In vorwiegend katholisch oder reformiert-protestantisch

[32] Sigrun Kahl: „The Religious Roots of Modern Poverty Policy: Catholic, Lutheran, and Reformed Protestant Traditions Compared", in: „Archives Europeennes de Sociologie", Nr. XLVI, 1 (2005), S. 91-126.

> geprägten Ländern wurde die Armenfürsorge nicht so früh und so umfassend säkularisiert wie in lutherischen Ländern [...]
>
> Die grundlegende Spannung in der Armenfürsorge liegt zwischen der Gewährung wirtschaftlicher Unterstützung und der Sicherstellung, dass jeder, der arbeiten kann, dies auch tut. Jede Tradition hat diesen Konflikt im Blick auf die Zielsetzung unterschiedlich gelöst [...] Jede Strategie schafft besondere Probleme bei der Abstimmung der Gemeinwesenarbeit: Integrationsstrategien, die historisch im Katholizismus verwurzelt sind, bieten Sozialhilfeleistungen oder andere örtliche Unterstützung, schliessen aber die langfristig Arbeitslosen von der Arbeit aus. Im Luthertum verankerte Integrationsstrategien beugen wirtschaftlicher Not vor und sorgen für Arbeit, aber institutionalisieren eine niedere Art von Arbeit ausserhalb des Arbeitsmarktes. Integrationsstrategien, die historisch im reformierten Protestantismus verwurzelt sind, fördern (mit niedrigem Lohn) Integration im Arbeitsmarkt auf Kosten der Sicherung eines wirtschaftlichen und sozialen Minimums.[33]

Nach mehreren Ablehnungen einiger Verallgemeinerungen kommt sie zu folgendem Schluss:

> Trotz der ungeheuren Veränderungen, die der Wohlfahrtsstaat erreicht hat, kann vieles von den nationalen Kontinuitäten in der Einstellung gegenüber der Armut und den politischen Massnahmen gegen Armut auf religiöse Wurzeln zurückgeführt werden.[34]

Einen direkten kausalen Zusammenhang zwischen Facetten der Theologie Luthers und seiner Theologie der Facetten vorauszusetzen, wäre unangebracht wohlwollend. Doch es gibt berechtigten Anlass zu Vermutungen. Und man fragt sich mit einem gewissen Mass an Verwunderung, ob die bestimmte Ausrichtung, die die Armutspolitik in vorwiegend lutherischen Ländern eingenommen hat, letztlich etwas mit dem Kristall, dem Christall zu tun hat, das in die sozialen, politischen und ökonomischen Masken Gottes eingraviert ist. Dies sollte einen interessanten Ausgangspunkt, aber nur einen Ausgangspunkt bieten für eine vergleichende Auswertung der Bedeutung jeder Tradition im Blick auf ihren Beitrag zu einem gerechten Entwicklungsparadigma.

---

[33] Ebd., S. 120-123

[34] Ebd.

Weltzuwendung: „Entwicklungskonzepte“ in der gegenwärtigen afrikanischen Pfingstbewegung.

Andreas Heuser

Über das Verhältnis der Pfingstbewegung zum Thema Entwicklung nachzudenken, bedeutet in etwa so viel, wie ein geheimnisvolles und unüberschaubares Gelände zu durchkämmen. Kurz vor der Jahrtausendwende zog ein euphorisch als „eines der bedeutendsten Ereignisse des weltweiten Christentums“ bezeichnetes Ereignis[1] die Aufmerksamkeit der südafrikanischen Öffentlichkeit in seinen Bann. Im Februar 1999 berichtete die südafrikanische Presse von einer wundersamen Ausgiessung des Heiligen Geistes. In einem von dem „charismatischen Helden“ John Arnott von der Toronto Airport Christian Fellowship in Kanada geleiteten Gottesdienst der Christlichen Kirche in Hatfield in Pretoria, einer aus der Mittel- bis Oberschicht besuchten Gemeinde, erlebten die Gottesdienstbesucherinnen und -besucher, wie sich ihre Münder mit Goldzähnen, Goldkronen und Goldfüllungen füllten. Die Nachricht über dieses „Wunder der Goldzähne“ führte zu einer öffentlichen Debatte zwischen Theologinnen und Theologen über Wunder – und natürlich auch zu einer Debatte über Möglichkeiten in der Zahnheilkunde. Die lebhaftesten Debatten weltweit wurden in den charismatischen und pfingstkirchlichen Medien geführt, vor allem aber in Afrika, in Nord-, Mittel- und Südamerika sowie in Grossbritannien. Und die Diskussion erreichte sofort auch die charismatischen Kreise in den traditionellen Kirchen. „Ich glaube, dies ist ein Zeichen, das die Leute zum Staunen bringen soll“, sagte ein Gemeindemitglied der anglikanischen Kirche im südafrikanischen Bergvliet.

---

[1] David Chidester: „African Christian Communities“, in: Mark Juergensmeyer (Hg.): „Oxford Handbook of Global Religions“, Oxford, 2006, S. 349-356, hier: S. 354.

„Das Gold ist ein äusseres und sichtbares Zeichen einer inneren und geistlichen Gnade“, erklärte er.[2] Ihm sei daran gelegen, dass seine Kirche die göttliche Botschaft in dem Wunder der Goldzähne erkennen möge.

Mehrere Aspekte des Wunders der Goldzähne verdienen Beachtung. Zunächst veranschaulicht es die unterschiedlichen Strömungen innerhalb des weltweiten Christentums von heute. Es bezeugt das internationale Prestige des nationale Grenzen überschreitenden Medienverbundes des gegenwärtigen pfingstkirchlichen Christentums und es veranschaulicht die Überschneidung verschiedener Theologien sowie die Vermischung von Glaubensüberzeugungen ungeachtet der Bekenntnistraditionen, ihrer Grundsätze und Grenzen, eine Verschmelzung, die gemeinhin bekannt ist als die „Charismatisierung“ des traditionellen Christentums.[3] So können wir grob gesagt von einer erfahrungsorientierten Form des christlichen Glaubens sprechen, in der die Gläubigen sich auf die Gaben des Heiligen Geistes verlassen. Diese werden sichtbar in ekstatischen Erfahrungen wie etwa der Zungenrede, der prophetischen Rede oder der göttlichen Heilung – also Ausformungen des Glaubens, die in unterschiedlichem Masse auch leicht bei den historischen und den Afrikanischen Unabhängigen Kirchen zu finden sind. Schliesslich zeigt es die charakteristische Verknüpfung von christlichem Glauben und Reichtum, die weithin als „Wohlstandsevangelium“ verkündet wird. Dieses zunächst von der Bewegung „Wort des Glaubens“ in Nordamerika propagierte Versprechen wundersamen Reichtums durch Gottes Gnade wurde zum Markenzeichen dessen, was viele als neo-pentekostale Kirchen oder Kirchen der dritten Welle bezeichnen. Seit den 1980er Jahren hat diese Bewegung sich zu einem Merkmal der charismatischen und pfingstkirchlichen Bewegung in Afrika herausgebildet.[4] Die Theologie des Wohlstands verbindet einen erhabenen religiösen Rang mit dem gesellschaftlichen Status, der in materiellem Wohlstand

---

2 Zitiert in einem Aufsatz von Elizabeth Moll Stalcup: „When The Glory Comes Down“, **www.cesnur.org/testi/goXgold_01.htm**. Über dieses übernatürliche Ereignis berichteten der „Daily Telegraph“ und der „Sunday Telegraph“. Es lässt sich zurückverfolgen bis zu ähnlichen Ereignissen in Chile und in Brasilien in den frühen 1970er Jahren. Von dort verbreitete es sich Mitte der 1980er Jahre nach Zentral- und Nordamerika. Vgl. die Sichtweise einer Insiderin: Tricia Tillin: „Gold Dust and Gold Teeth“, **http://newsletters.cephasministry.com/gold8.99.html**.

3 Vgl. Cephas N. Omenyo: „Pentecost Outside Pentecostalism: A Study of the Development of Charismatic Renewal in the Mainline Churches in Ghana“, Zoetemeer 2006.

4 Der „Befreiungsdienst“ folgt unmittelbar nach und in Verbindung mit der Wohlstandsbotschaft als das hervorstechendste Ritual im pfingstkirchlichen Christentum Afrikas. Dieser Aspekt pfingstkirchlicher Praxis steht in engem Zusammenhang mit einem „Teufelskomplex“, vgl. Andreas Heuser: „‚Put on God‘s Armour Now!‘: the Embattled Body in African Pentecostal-type Christianity“, in: Sebastian Jobs und Gesa Mackenthun (Hg.): „Embodiments of Cultural Encounters“, Münster/New York/München/Berlin, 2011, S. 115-140.

seinen Ausdruck findet. Sie suggeriert mit anderen Worten, spirituelle Stärke erwachse aus einer Aura des Wohlstands. Die Botschaft verbreitete sich in Kontexten, in denen wirtschaftliche Krisen durch korrupte Eliten hervorgerufen und durch makroökonomische Strukturanpassungsprogramme verschärft wurden. Die Verheissungen eines materiellen und weltlichen Reichtums waren ursprünglich eng mit den sogenannten „charismatischen Helden“ verbunden, deren selbstsicheres Auftreten dem westlichen Lebensstil huldigt, sie faszinieren aber inzwischen die ganze Bandbreite christlicher Kirchen. Die Grundwerte, einst besonders sichtbar in den „ein-Mann- (oder eine-Frau-)Gemeinden“, die vom Auftreten der Gründerpersönlichkeit abhängen, überschreiten inzwischen nicht nur die Grenzen einer Kirche sondern auch soziale Milieus.[5]

Angesichts der Betonung materiellen Reichtums in den charismatischen und Pfingstkirchen ist das Wohlstandsevangelium alles andere als eine Nebensache in den afrikanischen Gesellschaften. In Verbindung mit der Faszination für die neuen Massenmedien und dem Einsatz moderner Techniken der Selbstdarstellung betrachten einige Beobachterinnen und Beobachter das Wohlstandsevangelium als einen wichtigen neuen Ansatz in den Bemühungen, gesellschaftliche Dynamiken zu beeinflussen. Sie glauben, dass die afrikanische Wohlstandspredigt, die Gottes Segen für die Verwandlung des Lebens eines einzelnen anbietet, in eine Vision für die Veränderung der Gesellschaft abgeändert wurde. Aufgrund ihrer Beobachtung neuerer soziokultureller Strategien in Bezug auf das Wohlstandsevangelium spricht die Sozialanthropologin Birgit Meyer jetzt von einer „Pentekostalisierung des öffentlichen Raums“[6] in afrikanischen Kontexten.

Ein derartiges Verständnis kultureller Vorherrschaft ist nicht unumstritten. Für Jean und John Comaroff ist das Wohlstandsevangelium „verantwortlich für die gegenwärtige Ausbreitung von okkulten Ökonomien und Wohlstandskulten“. Als frühe Erforscher dieses weltweiten Phänomens sehen sie Verheissungen, die materiellen Wohlstand mit Gottes Gnade gleichsetzen, als ein Zelebrieren des Konsums anstatt der Produktion. Des Weiteren – und man muss dabei an das Wunder der Goldzähne denken – preist die Wohlstandstheologie die Unmittelbarkeit des

[5] Darüber hinaus überflutet die Wohlstandslehre praktisch die gesamte religiöse Landschaft Afrikas; vgl. Stephen Ellis und Gerrie Ter Haar: „Worlds of Power: Religious Thought and Political Practice in Africa“, London 2004, 114-140. Eingeführt wurde das Thema durch den seinerzeit führenden afrikanischen Evangelisten Benson Idahosa aus Nigeria, der einen immensen Einfluss auf die jüngere Generation afrikanischer Charismatikerinnen und Charismatiker sowie pfingstkirchliche Christinnen und Christen hatte. Zu einer theologischen Kritik der Wohlstandstheologie vgl. Kwabena Asamoah-Gyadu: „African Charismatics: Current Developments within Independent Indigenous Pentecostalism in Ghana“, Leiden, 2005, S. 201-232.

[6] Vgl. Birgit Meyer: „Going and Making Public: Pentecostalism as Public Religion in Ghana“, in: Harri Englund (Hg.): „Christianity and Public Culture in Africa“, Athens, 2011, S. 149-166, hier: S. 158.

Begehrens; sie versichert, dass unmittelbarer materieller Gewinn ein äusseres Zeichen göttlichen Segens ist. So verstehen die Comaroffs das Wohlstandsevangelium als „heiligen Konsum", „so dass die augenblickliche Anhäufung von Reichtum gleichbedeutend wird mit der unvermittelten Macht Gottes".[7]

Wie sollen wir nun mit derart gegensätzlichen Meinungen über das Wohlstandevangelium umgehen: Mit der ungeheuer einflussreichen „Pentekostalisierung des öffentlichen Raums" einerseits und dem Ausdruck „okkulter Ökonomie" des späten Kapitalismus andererseits? Der französische Philosoph Jacques Derrida warf zur Zeit des Wunders von Pretoria, ziemlich hilflos angesichts des Wiederauftauchens der Religion als solcher im öffentlichen Leben, die Frage auf: Was geht hier vor sich? In seiner Suche nach einleuchtenden Erklärungen dafür, dass die Religion im Gefüge der weltweiten Politik mit Schwung wieder auftaucht, nachdem man gedacht hatte, sie sei im Verlauf der Moderne an den Rand gedrängt worden, stellt Derrida verzweifelt eine Reihe weiterer Fragen wie beispielsweise: „Was geschieht gerade? Was passiert und ist noch dazu so schlimm? Was geschieht unter diesem alten Namen? Was in aller Welt taucht da einmal auf oder wieder auf unter gleichem Namen?"[8]

Derrida sucht verzweifelt nach Erklärungen für die Bedeutung von Religion in einer sich globalisierenden Welt. Der Weg, die Religion als wesentliches Element innerhalb des säkularen Kontexts von Sozialwissenschaften und Entwicklungspolitik wiederzuentdecken, war lang und steinig. Sind wir, im Sinne Derridas, bereits gut genug mit dem notwendigen Vokabular ausgestattet, um mit dem Eingreifen von Pfingsttheologien in wesentliche Begriffe wie „Entwicklung" und „gesellschaftlicher Wandel" Schritt halten zu können? Entwicklung an sich ist ebenfalls ein unscharf definiertes Feld, selbst wenn wir es soweit einengen, dass wir darunter nur Prozesse gesellschaftlichen Wandels verstehen, die „den Betroffenen

---

[7] Vgl. Jean und John L. Comaroff: „Privatizing the Millennium: New Protestant Ethics and Spirits of Capitalism in Africa, and Elsewhere", in: David Chidester, Abdulkadar Tayob und Wolfram Weisse (Hg.): „Religion, Politics, and Identity in a Changing South Africa", Münster, 2004, S. 24-43, hier: S. 37. Zu einer neuen Einschätzung der Wohlstandslehren im Rahmen eines neoliberalen Deutungsschemas vgl. Jean Comaroff: „Pentecostalism, Populism and the New Politics of Affect", in: Dena Freeman (Hg.): „Pentecostalism and Development: Churches, NGOs and Social Change in Africa", Basingstoke/New York, 2012, S. 41-66.

[8] Jacques Derrida: „Faith and Knowledge: The Two Sources of ‚Religion' at the Limits of Reason Alone", in: Jacques Derrida und Gianni Vattimo (Hg.): „Religion", Stanford, 1998, S. 1-78, hier S. 38. Zitiert in James R. Cochrane: „Reframing the Political Economy of the Sacred: Readings of Post-Apartheid Christianity", in: Klaus Koschorke (Hg.): „Falling Walls: The Year 1989/90 as a Turning Point in the History of World Christianity/Einstürzende Mauern: Das Jahr 1989/90 als Epochenjahr in der Geschichte des Weltchristentums", Wiesbaden: 2009, S. 95-116, hier S. 95.

in ganzheitlicher Weise Nutzen bringen“.[9] Wie dringlich derartige Fragen sind, unterstreichen die zusätzlichen Komplexitäten innerhalb des weltweiten Christentums. Aus unserer traditionellen oder „nördlichen“ Sicht haben wir die wachsende Bedeutung des afrikanischen Christentums neben der Schwerpunktverlagerung des weltweiten Christentums auf die südliche Halbkugel höchstwahrscheinlich noch nicht verdaut; und noch verwirrender sind die bevorstehenden Veränderungen hin zu pfingstkirchlichen Ausdrucksformen. Was also geht vor sich, „bei der Umdeutung der politischen Ökonomie des Heiligen?“[10], fragen wir uns. Welche Wirkungen haben die pfingstkirchlichen Akteurinnen und Akteure im sozialen und politischen Leben? Wie wird das alte Konzept „Entwicklung“ durch charismatische und pfingstkirchliche Betrachtungsweisen der Gesellschaft umgeformt?

Während das Wunder der Goldzähne manchen mysteriös oder seltsam vorkommen mag, haben einige Wissenschaftlerinnen und Wissenschaftler auf eine theologische Affinität zwischen den Wohlstandslehren und afrikanischen religiösen Weltbildern im Allgemeinen hingewiesen, welche Gottheiten mit einem Leben im Überfluss in Verbindung bringen. „In Verbindung damit steht die Betonung von Leistung, Fortschritt und Prestige, wo man Status und moralisches Ansehen in der Gemeinschaft mit Erfolgssymbolen assoziiert, die durch religiöse Macht erlangt werden.“[11] Auf diese Weise schaffen sie

---

9 Vgl. J. J. Kritzinger: „The Development of African Independent Churches“, in: Gerhardus C. Oosthuizen und Irving Hexham (Hg.): „Empirical Studies of African Independent/Indigenous Churches“, Lewiston, 1992, S. 291-312, hier S. 291.

10 Cochrane, a. a. O. (Fussnote 8).

11 Richard Burgess: „Freedom from the Past and Faith for the Future: Nigerian Pentecostal Theology in Global Perspective“, in: Véronique Altglas (Hg.): „Religion and Globalization“, Bd. 2: „Westernization of Religion and its Counter-trends“, London/New York, 2010, S. 103-132, hier S. 116 (ursprünglich erschienen in Penteco-Studies 7/2, [2008], S. 29–63.) Haynes geht sogar noch einen Schritt weiter. Auf Jean-Francois Bayarts „politics of the belly“ (Politik des Bauches) bezugnehmend charakterisiert er Wohlstand als ein als ein imminentes/immanentes Merkmal der afrikanischen Religion im Allgemeinen, die damit die aus der afrikanischen Politik bekannte Konsumorientierung kopiert. „Materieller Wohlstand ist eine wesentliche, wenn nicht gar die wichtigste politische Tugend; es handelt sich dabei nicht um etwas, das normale Leute als verwerflich ansehen würden. Religiöse Persönlichkeiten müssen diese Aura des Wohlstands zeigen, wenn sie Anhänger gewinnen wollen; die durch Mahatma Gandhi personifizierte Gestalt des indischen Asketen hat keinen Platz in afrikanischen Kulturen. Erfolgreiche Persönlichkeiten, auf welchem Gebiet auch immer, einschliesslich der Religion, sind notwendigerweise in materieller Hinsicht erfolgreich.“ Jeffrey Haynes: „Religion and Politics in Africa“, London/Nairobi 1996, S. 208. Ich halte dies für eine „essenzialisierende“ Verallgemeinerung der religiösen Komplexität in Afrika, die beispielsweise den asketischen Lebensstil von Wanderpropheten unterschätzt, welche die Bewegung der Afrikanischen Unabhängigen Kirchen ins Leben gerufen haben.

Kontinuität in den religiösen Erwartungen materiellen Reichtums, was die starke Resonanz der Wohlstandstheologie in Afrika begünstigt hat.[12]

Die Beziehung zwischen christlichem Glauben und Wohlstand ist ebenfalls tief in der afrikanischen Missionsgeschichte verwurzelt. Während der Missionstätigkeiten im 19. Jahrhundert förderte das Christentum nachdrücklich den wirtschaftlichen Wohlstand, um Afrika zu „erlösen". Die Missionierenden verbanden die „Religion der Weissen" mit Tugenden wie fleissiger Arbeit; Bekehrung bedeutete, ein gläubiges Mitglied sich selbst versorgender, wirtschaftlich blühender, bäuerlicher und Handel treibender Gemeinschaften zu werden.[13] Die „Zivilisation bringende Mission" verknüpfte „das Evangelium" mit einer neuen Arbeitsethik. Kurz gesagt verehrten die afrikanischen Bekehrten neben der Bibel „den Pflug" als heiligen Gegenstand des Christentums.[14]

Hat aber der „Pflug", der in der afrikanischen Missionsgeschichte im 19. Jahrhundert auftauchte, nicht eine andere symbolische Bedeutung als das neue heilige Symbol christlichen Wohlstands, die „goldenen Zähne"? Wenn wir uns das Epitheton der „okkulten Ökonomie" bewusst machen, ist es dann nicht legitim zu fragen, ob die Förderung einer protestantischen Arbeitsethik, die in einer neuen Gemeinschaft von Bekehrten kultiviert wurde, nicht ersetzt wurde durch Erwartungen eines individuellen und sofortigen Reichtums durch spirituelle Produktionsweisen?

Im Folgenden werde ich einige Varianten afrikanischer pfingstkirchlicher Vorstellungen von Entwicklung beschreiben, indem ich Wohlstandstheologie in verschiedenen sozialen Kontexten umreisse. Das Bahnbrechende der Wohlstandspredigt besteht darin, dass sie existenzielle Anliegen in unsicheren sozioökonomischen und häufig fragilen politischen Kontexten thematisiert. Man sieht Werbung für Wohlstandslehren in ländlichen und verarmten städtischen Gebieten ebenso wie in städtischen Kontexten der Mittelschicht. Diese brisanten Situationen sind es, in denen die pfingst-

---

[12] Trotzdem wurde die Wohlstandstheologie kritisch hinterfragt, da sie den Grundsatz der gegenseitigen Verpflichtung bricht, also die Umverteilung des Wohlstands in der breiteren Gesellschaft. Die Betonung persönlicher Bedürfnisse und des eigenen Segens markiert einen Bruch mit klassischen religiösen Konzepten. Das neue Gesicht der Wohlstandstheologie, die soziales Engagement und soziale Fürsorge fordert (siehe unten), kann als ein Mittel verstanden werden, den Wert der Einkommensumverteilung wieder zu erfassen.

[13] Dabei handelt es sich um eine wohlbekannte Tatsache in der Missionsgeschichte. Vgl. hinsichtlich der Basler Mission in Ghana: Robert Addo-Fenning: „Christian Mission and Nation-Building in Ghana: An Historical Evaluation", in: James L. Cox und Gerrie ter Haar (Hg.): „Uniquely African? African Christian Identity from Cultural and Historical Perspectives", Trenton/New Jersey, 2003, S. 193-212.

[14] Eine Formulierung von Robert Moffat, zitiert nach Chidester, a. a. O. (Fussnote 1), S. 351.

kirchlich-theologische Deutung des Wohlstands eine neue Deutung der Welt insgesamt anbietet, eine neue Deutung dessen, „was des Kaisers ist“. Ich werde diesen theologischen Bereich des Wohlstands hauptsächlich in afrikanischen Pfingstkirchen beleuchten.[15]

Spirituelle Kontrolle über Geld oder Entspiritualisierung der Armut

Ein Buch über den guten Umgang mit Finanzen, „Financial Breakthrough: Discovering God‘s Secrets to Prosperity“, von Apostel Michael Kwabena Ntumi, seinerzeit Leiter der „Church of Pentecost“ in Ghana, einer klassischen Pfingstkirche, ist Beleg für den Paradigmenwechsel der letzten Jahre in pfingstkirchlichen Milieus mit Blick auf materiellen Reichtum. Ntumis Buch ist wichtig, weil er die grösste protestantische Kirche in Ghana vertritt und Vorsitzender des Nationalrates der Pfingstkirchen in Ghana, einer Dachorganisation von mehr als 188 charismatischen und pfingstkirchlichen Glaubensgemeinschaften, war. Ntumi ermutigt seine Kirche, für ihr Handeln in dieser Welt mit finanziellem Überfluss als einem ekklesiologischen Privileg zu rechnen.

> Im Gegensatz zur allgemeinen Überzeugung sind Finanzen ein überaus spirituelles Thema. [...] Unglücklicherweise haben viele christliche Kreise eine Mauer um dieses Thema errichtet. Entweder erwähnt man es überhaupt nicht oder aber man versieht es mit einem sehr negativen Beiklang. Man betrachtet und missversteht Armut als „Spiritualität“ und die wenigen reichen Mitglieder der Gemeinde betrachtet man als „weltlich“.[16]

Ntumi versucht, seiner Kirche eine neue Ausrichtung zu geben: Anstatt sich dem Wohlstand zu widersetzen, soll sie finanzielle Ressourcen zugunsten der „Evangelisierung der Welt“ verwalten.[17] Er fordert seine Kirche dringend auf, dauerhafte wirtschaftliche Strategien zu entwickeln, um Armut zu lindern. Als Weg zur Linderung sozialen Elends schlägt er vor, „Schulen, Kliniken, Kirchengebäude und eine Vielzahl anderer Dienste zum Nutzen der Menschheit bereitzustellen.“[18] „Gott [...] möchte, dass sich unser Geld

[15] Ergänzend und aus der Perspektive der Armutsreduzierung siehe auch Andreas Heuser: „‚Refuse to Die in Poverty!‘ Armutsüberwindung und Varianten des Wohlstandsevangeliums in Afrika“, in: Theologische Zeitschrift 1–2, 69 (2013), S. 146-171.

[16] Michael K. Ntumi: „Financial Breakthrough: Discovering God‘s Secrets to Prosperity“, erschienen bei Pentecost Press, S. 9. Das Buch stammt aus den frühen 2000er Jahren. 2004 erhielt ich ein Exemplar vom Verfasser.

[17] Ebd.

[18] Ebd., S. 13.

VERMEHRT, MULTIPLIZIERT und VERVIELFACHT, weil genug eben nicht genug ist."[19] Vorzugsweise sollen finanzielle Ressourcen zunehmen, indem man Zinsen, welche die Banken anbieten, nutzt, um den Überschuss dann zur Unterstützung der Kirche einzusetzen. Er erzählt von Gemeindegliedern, die zu Reichtum gelangt sind und rät seinen Leserinnen und Lesern, treu den Zehnten zu entrichten und zusätzliche Spenden zu geben. Daraufhin werde Gott dann auch „Wachstum schenken". „Dies ist unser Geheimnis, wie wir die Wasser des Durchbruchs beständig fliessen lassen."[20]

Ntumis Beharren auf Finanzplanung zeigt die dramatische Wende in der Gesellschaftsanalyse der Pfingstkirchen auf der Grundlage des Wohlstandsevangeliums. In der Vergangenheit förderte die pfingstkirchliche Theologie den Rückzug von der Weltlichkeit und redete so einem Eskapismus das Wort, der als Beweggrund für den Aufbau von Gegengesellschaften diente und immun gegen die bösartigen Manöver des Teufels in der Gesellschaft war. Heute findet der materielle Reichtum sich nicht länger in einer Sphäre, die von satanischer Macht verseucht ist. Geld ist neutral; entscheidend ist der Umgang mit dem Geld, da es für Gutes wie für Schlechtes eingesetzt werden kann, allein für die persönliche Bereicherung oder aber für die Förderung kirchlichen Lebens durch persönlichen Wohlstand. In seiner Abhandlung über den Wohlstand ermutigt Ntumi zu finanzieller Verantwortung. Die Gläubigen sollten innerweltlichen Erfolg als einen legitimen Wunsch mit dem Potenzial zum Guten betrachten. Diese Fähigkeit, Gutes zu tun, findet ihren Ausdruck in sozialen Pflichten, die an Gemeindewachstum ausgerichtet sind. Ntumi zielt darauf, einen Sinn für soziale Dienste zu wecken in Bereichen von Erziehung und Gesundheitswesen, die historisch gesehen mit dem aus der Mission entstandenen Christentum verbunden waren. In gewisser Weise steht das Eindringen des Wohlstandsdenkens in die Kirche für eine neue ökumenisch gesinnte Vision. Nur wenn die materielle Begierde vorrangig die Liebe zum Geld ohne den Dienst an Gott und der Gesellschaft hervorruft, hat der Geist des Mammons die Kontrolle übernommen. Um es in einem Bild zusammenzufassen: Wohlstand steht für eine „Theologie des Gewinnens", eine Theologie, die den Kaiser für göttliche Zwecke „gewinnen" möchte.[21]

---

[19] Ebd., S. 102 (Hervorhebung im Original).

[20] Ebd., S. 75 und 78. Ntumi rät seiner Kirche nicht, eine eigene Bank zu gründen. Dies tut beispielsweise gerade „Efata Ministry", eine der grössten charismatisch-pentekostalen Kirchen in Tansania.

[21] Ein Vergleich mit einer Weltsicht vor dem Wohlstandsevangelium unterstreicht diese dramatische theologische Verschiebung in Pfingstkirchen und in charismatischen Kirchen. In seiner Befragung dieses kirchlichen Spektrums stellt Haynes erst in den 1990er Jahren fest, dass ihre Anhänger „sich aus der Politik heraushalten sollten", weil das, was auf der Erde geschieht, Teil eines anhaltenden Kampfes zwischen dem Teufel und Gott um die Vorherrschaft ist". Haynes a. a. O. (Fussnote 11), S. 204.

Theologie des Überlebens im ländlichen/ verarmten städtischen Kontext

An der Basis der Gesellschaft mag die pfingstkirchliche „Theologie des Gewinnens" nicht immer in euphorischem Gewand erscheinen. Wohlstand nimmt in von Unsicherheit geprägten Kontexten die Form einer viel weniger spektakulären Botschaft an. In ländlichen Gebieten wie auch in verarmten Stadtvierteln oder Slums ist es „eher das Streben nach Sicherheit als nach Wohlstand", das „die Fantasie der Pfingstkirchen anregt".[22]

Pfingstkirchliche Studien gibt es selten in ländlichen Gebieten und in informellen Siedlungen oder afrikanischen Slums, die wie Pilze aus dem Boden schiessen.[23] Dennoch haben viele pfingstkirchliche Führungspersonen ihre Wurzeln im ländlichen Raum und die Pfingstkirchen sind in vielerlei Hinsicht ein Phänomen der Zuwanderung in die Städte. Das pfingstkirchliche Christentum auf dem Lande und in den Elendsvierteln wird von eher kleinen Kirchen verkörpert; sie passen nicht zu dem Zahlenspiel der pfingstkirchlichen Megagemeinden und können aus nur zwanzig oder dreissig Mitgliedern bestehen. Ihrer Theologie entsprechend wollen die Mitglieder der Gemeinde angesichts der verschiedenen Lebensprüfungen fest im Glauben und moralischer Standhaftigkeit stehen und darauf vertrauen, dass Gott eine Lösung bereithält. Wie bei Gläubigen aus den Pfingstkirchen zu erwarten, sind die Quelle von Prüfungen und Trübsal, Sorge und Not häufig der Teufel, Dämonen oder böse Geister. Auch Verweise auf Hexerei spielen dabei oft eine wichtige Rolle. Heiligkeit und dauerhaft im Stand der Errettung zu bleiben, betrachtet man als den Weg zu körperlichem, spirituellem und materiellem Wohlstand. Der „Wohlstand", auf den man hofft, fällt bescheiden aus. In ihren Zeugnissen und Gebeten bitten die Gemeindemitglieder um eine Arbeitsstelle, um Heilung, um einen Verkaufsstand oder um Hilfe beim Bezahlen von Schulgebühren. Viele Mitglieder leben von einem Kleinstbetrieb, von dem nur ein Haushalt leben kann und der nur ein sehr eingeschränktes geographisches Gebiet abdeckt. Sie sind Ladenbesitzerinnen und Ladenbesitzer, viele von ihnen Frauen, die einen eine-Person-Betrieb leiten, weil es oft leichter ist, solch eine Kleinfirma zu gründen, als einen Arbeitsplatz zu finden. Auf dem Arbeitsmarkt geniessen die Angehörigen der Pfingstkirchen einen gewissen Wettbewerbsvorteil,

[22] Harri Englund: „Introduction: Rethinking African Christianities. Beyond the Religion-Politics Conundrum", in: Harri Englund (Hg.): „Christianity and Public Culture in Africa", Athens/Ohio, 2011, S. 1-24, hier S. 17.

[23] Vgl. Paul Gifford: „Christianity, Politics and Public Life in Kenya" , London, 2009, S. 103-105. Er bietet eine Zusammenfassung von Colin Smiths Doktorarbeit „A Missiological Study of Pentecostal Churches in an Informal Settlement in Nairobi, Kenya", die 2007 von der Universität Südafrika angenommen wurde.

insbesondere die verarmten Gemeindemitglieder: Sie wahren – zumindest in ihrem öffentlichen Image – Disziplin, arbeiten hart und verbinden dies mit einem modernen Zeitgefühl sowie einem asketischen Lebensstil. Diese Art protestantischer Arbeitsethik hilft ihnen bei der Suche nach einer Arbeitsstelle.[24]

In gewisser Weise kopieren diese Kirchen dieses kleinformatige Programm wirtschaftlicher Tätigkeiten in ihren Gemeindestrukturen. Die Kollekten fallen bescheiden aus, weil ein Grossteil des Einkommens aus dem informellen Gewerbe benötigt wird, um die Miete zu bezahlen. Religiöses Unternehmertum, die Vorstellung, den Lebensunterhalt durch die Aktivitäten der Kirche zu verdienen, kommt nicht in Frage. Jedoch bilden einige Gemeinden neue soziale Netze. Sie bilden Gruppen zur Unterstützung bei Begräbnissen, stellen Stipendienmittel für die Schulbildung ihrer Kinder zur Verfügung und Wohlfahrtsausschüsse sind dafür zuständig, den Nöten mittelloser Gemeindemitglieder mit Nahrung, Kleidung und Unterkunft zu begegnen.[25] Sie schaffen Solidaritätsnetzwerke, helfen Migrantinnen und Migranten, sich in komplizierten städtischen Umgebungen niederzulassen. In seltenen Fällen versucht eine Gemeinde, eine Privatschule zu gründen. Kurzum, diese Wohlstandsbotschaft kleiner Pfingstgemeinden in den Elendsvierteln und an der Basis ländlicher Gesellschaften ist eine stille Theologie des Überlebens.

Progressive Pfingstkirchen oder städtische Transformationstheologie der Mittelschicht

In ihrer Betrachtung der weltweiten Pfingstbewegung aus der Vogelperspektive haben Donald Miller und Tetsunao Yamamori entdeckt, dass

[24] Auf diese Weise interpretiert David Martin, ein führender britischer Soziologe, die pfingstkirchliche Erfolgsgeschichte aus einer Perspektive der Modernisierungstheorie. Kurz gefasst macht er pfingstkirchliche Anpassungen an Modernisierungsprozesse beispielsweise im Bereich von Wirtschaft und Industrialisierung ausfindig; vgl. David Martin: „Pentecostalism: The World Their Parish", Oxford, 2002. Eine kritische Stimme gegen Martins Interpretation kommt von Gifford. Gifford hegt den Verdacht, dass „harte Arbeit" einfach als rhetorisches Codewort benutzt wird, das den grundlegenden Glauben an Gottes übernatürliche Gnadenerweise vernebeln soll. Vgl. Paul Gifford: „Ghana's New Christianity: Pentecostalism in a Globalizing African Economy", Bloomington/Indianapolis, 2004, S. 154.

[25] Diese Besonderheiten sind charakteristisch für kleine Gemeinden im städtischen Umfeld, was im Laufe der Forschungsgeschichte empirisch bestätigt wurde. Vgl. C. Cross, G. C. Oosthuizen, S. Bekker, J. Evans: „Rise Up and Walk: Development and the African Independent Churches in Durban" (unveröffentlichter Bericht der „Rural Urban Studies Unit" und von NERMIC für das Ministerium für Entwicklungshilfe, Durban 1992, S. 21-27); Allan Anderson und Samuel Otwang: „Tumelo: The Faith of African Pentecostals in South Africa", Pretoria, 1993, S. 61.

es eine besondere Kategorie von Gemeinden gibt, die besonderen Wert auf aktive soziale Dienste legen. Diese progressiven Pfingstkirchen sind in der Mittelschicht und im städtischen Christentum angesiedelt. Ihre Mitglieder sind aufstiegsorientiert und relativ gut ausgebildet. Sie bauen Kirchen und organisieren Massenevangelisierung vorwiegend in städtischen Gebieten und nutzen dabei moderne Massenmedien und die neueste technische Ausrüstung. Einige Kirchen pflegen Kontakte zu oder besitzen Rundfunk-und Fernsehsender und -gesellschaften. Ihre Pfarrerinnen und Pfarrer schreiben spirituelle Ratgeber, die man in den Buchläden der Stadt finden kann. Der Verkauf von Büchern und, was noch wichtiger ist, von Aufnahmen von Kirchenmusik sind Teil der wirtschaftlichen Grundlage der Kirchen. Und hier finden sich auch die religiösen Unternehmerinnen und Unternehmer, einer ganz neuen Schicht religiöser Berufstätiger. Diese Kirchen sammeln umfangreiche Spendenmittel und verlassen sich auf das freiwillige Engagement ihrer Mitglieder. Gifford zufolge ist es typisch für Pfingstkirchen der Mittelschicht, dass sie vielfältige Dienste und Strukturen anstreben, die „zweckmässig organisiert“[26] sind, und dass sie ihre organisatorische Stärke beweisen wollen, um sich gesellschaftlich bedeutenden Anliegen zuzuwenden. Progressive Pfingstkirchen „gehen die sozialen Nöte der Menschen in ihrer Gemeinschaft an“[27] und engagieren sich in Sozialdiensten für die Armen.

Den Anspruch der progressiven Pfingstkirchen in Bezug auf gesellschaftliche Verantwortung können wir im „neuen“ Südafrika testen. Während man es früher „als gesellschaftlich unbedeutend und politisch naiv einschätzte“,[28] strebt das pfingstkirchliche Christentum von heute in Südafrika danach, seine neu entdeckte gesellschaftliche Bedeutung sowohl auf der nationalen wie auf der kommunalen Ebene unter Beweis zu stellen. Schauen wir uns diesen Selbstanspruch etwas näher an.

---

[26] Paul Gifford: „Christianity, Politics and Public Life in Kenya“, London, 2009, S. 111.

[27] Donald E. Miller und Tetsunao Yamamori: „Global Pentecostalism. The New Face of Christian Social Engagement“, Berkeley/Los Angeles/London, 2007, S. 2. Miller und Yamamori bereisten innerhalb von vier Jahren zwanzig verschiedene Länder in Asien, Afrika, Lateinamerika und Osteuropa. Diese „Forschungsodyssee“ fand jedes Jahr für zwei Monate statt, in denen sie jeweils mindestens drei Länder besuchten.

[28] Ezekiel M. K. Mathole: „Beyond Common Stereotypes about the Pentecostal-Charismatic Evangelicals in South Africa“, in: Helga Dickow und Andreas Heuser (Hg.): „Religion on the Move: Exploring Passages in South African Christianity“, Lettres de Byblos, 2008, S. 59-75, hier S. 62.

Advocacy-Arbeit mit „biblischen" Grundsätzen auf nationaler Ebene

Auf nationaler Ebene engagieren sich die Pfingstkirchen heute in der Advocacy-Arbeit, um als Akteurinnen gesellschaftlichen Wandels aufzutreten. In einer gemeinsamen Antwort auf gesellschaftliche Herausforderungen haben Pfingstkirchen in Südafrika jüngst begonnen, sich zu Fragen von nationaler Bedeutung mit einer Stimme zu äussern. Von der „Nationalen Initiative für die Reform Südafrikas" (NIRSA, 2008) wurde eine umfangreiche, vierundzwanzig Paragraphen umfassende Erklärung zu den drängendsten politischen Themen herausgegeben. Die gemeinsame Initiative möchte in erster Linie eine verantwortungsvolle Staatsführung fördern, insbesondere den Kampf gegen Korruption, eine gerechte Durchführung der Landreform, verbesserte Planung des Wohnungsbaus usw. Zusammen mit diesem scheinbar allgemeinen Programm, richtet NIRSA einen „prophetischen und dringenden Appell" an die Kirchen, die Regierung und die Gesellschaft im Grossen und Ganzen. Das Strategiepapier nennt einige Schlüsselbereiche, in denen ein „biblisch" orientierter Rahmen in praktische Politik umgesetzt werden sollte. „Biblischen Grundsätzen getreu" zu sein, wird als Strategie zur Überwindung von Armut und dem Aufhalten des moralischen Niedergangs betrachtet, die der pfingstkirchlichen Gesellschaftsanalyse zufolge die südafrikanische Gesellschaft prägen. Einer der genannten Schlüsselbereiche ist das Bildungswesen. Bildung sollte strikt den Vorgaben „biblischer Sexualität, religiöser Erziehung und moralischer Unterweisung" folgen. Diese Prinzipien werden zwar nicht im Detail erläutert, sollen aber den Menschen Orientierung bieten. Der „prophetische Aufruf" mag nicht mehr sein als eine entschlossene Absichtserklärung, deren praktische politische Wirkung uneindeutig bleibt. Als einzige politische Strategie wird das Eintreten bei der Regierung „für die Anwendung biblischer Grundsätze auf aktuell und zukünftig wichtige Fragen in allen Lebensbereichen" genannt.[29] Entscheidend scheint hier jedoch das Selbstbewusstsein zu sein, welches den Wunsch erzeugt, sich auf gesellschaftspolitischer Ebene einzubringen. Die Selbstwahrnehmung als aktive Akteurinnen und Akteure der Gesellschaftspolitik ist so stark, dass jene Kirchen, die sich gesellschaftspolitisch nicht engagieren, als „einige wenige Abweichlerinnen und Abweichler" und „sterbende Stimme zu Beginn des Wandels" bezeichnet werden.[30]

Das pfingstkirchliche Engagement im Bereich der gesellschaftlichen Entwicklung und des sozialen Wandels wird unterstützt von einer neuen empirischen Studie, welche die Forderungen der progressiven Pfingstbewegung untermauert. Eine Umfrage zur Einstellung zu Politik, Gesellschaft und religi-

[29] Die NIRSA-Erklärung findet sich ebd., S. 67-71.

[30] Ebd., S. 73.

ösen Themenzeigt, dass die Mitglieder der „Grace Bible Church", einer neuen pfingstkirchlichen Megakirche, ein überdurchschnittliches soziales Bewusstsein besitzen. Dieser Kirche, die in Soweto und in der Provinz Gauteng vertreten ist, gehören hauptsächlich junge und städtisch geprägte schwarze Südafrikanerinnen und Südafrikaner an.[31] Die Umfrage belegte, dass im Vergleich zu anderen Christinnen und Christen aus der gleichen städtischen Region Mitglieder dieser Gemeinde „mehr Mitgefühl gegenüber den Armen und Bedürftigen empfinden" als die Vergleichsgruppe.[32] Das Bewusstsein für die sozialen Probleme, mit denen Südafrika konfrontiert ist, kommt klar zum Ausdruck. Die Mitglieder der „Grace Bible Church" bezeichnen Arbeitslosigkeit und Verbrechen als drängende Probleme, betrachten Armut jedoch als dringendstes Problem Die Mitglieder der Kirche „halten die Kluft zwischen Arm und Reich für weitaus gravierender als alle anderen Unterschiede in der südafrikanischen Gesellschaft, einschliesslich der rassischen, religiösen und ethnischen".[33] Sie betonen, dass Bildung, Berufsausbildungsprogramme und harte Arbeit wichtige Faktoren darstellen, wenn es darum geht, die Armut zu verringern.

Gemeinschaftliche Dienste für die Armen

Inwiefern gewinnt dieses potenziell hohe soziale Kapital in konkreten Initiativen des Gemeindelebens Gestalt an? Ezekiel Mathole, ein hochrangiger Pfarrer der „Grace Bible Church", erklärt mit Blick auf die verschiedenen Aktivitäten der Gemeinschaft auf lokaler Ebene, dass „sich der Dienst an den Armen heute zu einem wesentlichen Bestandteil im Leben und Wirken" pfingstkirchlicher Gemeinden entwickelt hat.[34] Unter sozialem

[31] Die Umfrage, die vom Arnold-Bergstraesser-Institut in Freiburg/Br. in Auftrag gegeben wurde, wurde 2007 durchgeführt. Die „Grace Bible Church" wurde 1983 gegründet und hat heute etwa 11 000 Gemeindemitglieder. Vgl. Helga Dickow und Valérie Müller: „Let's Face the World! Comparison between Members of a New Pentecostal/Charismatic Church and Other Christians in Gauteng", in: Dickow und Heuser, a. a. O. (Fussnote 28), S. 77-98. Eine eingehendere Analyse und Datensammlung findet sich in einer neuen Veröffentlichung von Helga Dickow: „Religion and Attitudes towards Life in South Africa: Pentecostals, Charismatics and Reborns" , Baden-Baden, 2012. Diese Studie vergleicht Angaben über Einstellungen einer repräsentativen Anzahl von Südafrikanerinnen und Südafrikanern allgemein mit einer Vergleichsgruppe aus Gemeindemitgliedern der „Grace Bible Church". Vgl. auch Helga Dickow: „Strebsam und Gemeinschaftsorientiert. Neue Pfingstkirchen in Südafrika", in: Herder Korrespondenz 65 (2011), S. 475-479.

[32] Dickow und Müller, a.a.O., S. 85, zum Folgenden vgl. S. 85-91.

[33] Dickow, a. a. O. (Fussnote 31), S. 192.

[34] Mathole, a. a. O. (Fussnote 28), S. 73.

Dienst versteht er Projekte der Nachbarschaftshilfe und zählt eine Reihe von Projekten auf, die von den Ortsgemeinden durchgeführt werden und deren Umfang von den zur Verfügung stehenden Ressourcen der jeweiligen Kirche oder Ortsgemeinden abhängt. Bei den meisten Projekten handelt es sich um karitative Projekte (von der Verteilung von Nahrungsmitteln an Arme bis zur Betreuung älterer Menschen und HIV/Aids-Projekten). Andere Projekte sind eher diakonischer Natur, wie zum Beispiel Alphabetisierungsprogrammen oder die Rehabilitation ehemaliger Häftlinge sowie Seelsorge für missbrauchte Frauen und Kindern[35] Ob die Durchführung derartiger Projekte von Erfolg gekrönt ist, bleibt offen.[36]

Bei der Durchführung der unterschiedlichen und vielfältigen Projekte zeigen die progressiven Pfingstkirchen Miller und Yamamori zufolge eine „heroische Tatkraft" und stellen so ihre hohe Motivation für soziales Engagement unter Beweis, selbst wenn sie sich nicht in jeder Hinsicht auf umfangreiche organisatorische und bürokratische Erfahrungen verlassen können.

Dies lässt genügend Spielraum für Interpretation. Miller und Yamamori stellen fest, dass in einer Reihe von Fällen das Engagement in sozialen Hilfsprogrammen noch immer von der Autorität einzelner Personen abhängig ist: „Weil diese Ausdrucksform der Pfingstbewegung noch verhältnismässig neu ist, sind viele der Programme ein Stück weit dadurch gefährdet, dass sie in einem hohen Masse abhängig sind von dem kreativen Tatendrang der Leiterin bzw. des Leiters, der sie ins Leben gerufen hat."[37] Die Störanfälligkeit oder Instabilität von Sozialdiensten der am Wohlfahrtsevangelium orientierten Gemeinden in Afrika ist Gegenstand unterschiedlicher Deutungen. Miller und Yamamori sind beispielsweise der Ansicht, dass die sozialen Hilfsprojekte der progressiven Pfingstkirchen noch immer nach dem Prinzip von Versuch und Irrtum geführt werden. Die Analyse des nigerianischen Soziologen Asonzeh Ukah fällt schärfer aus. Im Gegensatz zu Gifford, der eine effiziente Verwaltung unterstellt, beklagt Ukah die „monetäre Schlagseite" nigerianischer Pfingstkirchen als die Grundursache für Störungen beim Sammeln organisatorischer Erfahrung. Er wirft ihnen vor, in reine „Geschäftsimperien" abzugleiten, denen es an Rechenschaftslegung und finanzieller Transparenz fehlt. Mit Blick auf Betrugsfälle hebt er die „heilige Geheimniskrämerei" hervor, die das Finanzgebaren einer Hierarchie

[35] Vgl. ebd.

[36] Das Gleiche gilt für eine Befragung über Projekte kirchlicher Sozialarbeit, die von den ghanaischen Megakirchen „Lighthouse Chapel International" und „Royal House Chapel International" durchgeführt wurden. Vgl. Michael P. K. Okyerefu: „The Gospel of Public Image in Ghana", in: Harri Englund (Hg.): „Christianity and Public Culture in Africa", Athens/Ohio, 2011, S. 204-216.

[37] Miller und Yamamori, a. a. O. (Fussnote 27), S. 128.

umgibt, die von Leiterinnen und Leitern, welche die Gemeinde gegründet haben, oder von deren Vertreterinnen und Vertretern beherrscht wird.[38] Während Ukah die undurchsichtige Verwaltung finanzieller Ressourcen in wohlhabenden Megagemeinden anspricht, nehmen andere Forscherinnen und Forscher Bezug auf ähnliche Probleme in kleineren Pfingstkirchen. Im Blick auf die praktische Umsetzung der Wohlstandstheologie, die man in kleineren Pfingstgemeinden in städtischen wie in ländlichen Gebieten Südafrikas vorfindet, halten Sozialwissenschaftlerinnen und Sozialwissenschaftler den Mangel an institutionalisierter Kontrolle für höchst problematisch. „Die vielleicht grösste Sorge besteht darin, dass einige der unternehmerischen Pfarrerinnen und Pfarrer von Kirchen in kleineren Gemeinden sich selbst auf Kosten ihrer frommen, aber naiven Anhängerinnen und Anhänger bereichern.“[39] Diese Kritik untersucht gemeindeinterne Machtverhältnisse und weist auf mögliche Bereiche interner Konflikte und Auseinandersetzungen zwischen theologischen Führungspersonen und ihren „unschuldigen“ Anhängerinnen und Anhängern hin, wenn Fragen der Rechenschaftslegung und des Finanzgebarens anstehen.[40]

Doch scheinen auch die Sozialdienste von Pfingstkirchen, die sich am Wohlstandsevangelium orientieren, nicht unbegrenzt zu sein. Basierend auf allgemeinen Annahmen legt Dena Freeman dar, dass Pfingstkirchen offensichtlich „erfolgreicher dabei sind, einen Wandel herbeizuführen, der wirksam, tief verankert und dauerhaft ist“, als die historischen christlichen Kirchen, ja sogar Nichtregierungsorganisationen.[41] Freemans wohl-

[38] Asonzeh F.-K. Ukah: „Those Who Trade With God Never Lose: The Economics of Pentecostal Activism in Nigeria“, in: Toyin Falola (Hg.): „Christianity and Social Change in Africa: Essays in Honor of J.D.Y. Peel“, Durham, 2005, S. 253-274, hier S. 272.

[39] The Centre for Development and Enterprise: „South Africa, Under the Radar: Pentecostalism in South Africa and Its Potential Social and Economic Role“, in: Katherine Attanasi und Amos Yong (Hg.): „Pentecostalism and Prosperity: The Socio-Economics of the Global Charismatic Movement“, Basingstoke/New York, 2012, S. 63–85, hier S. 72. Unter den Autoren finden sich unter anderem Tony Balcomb, Phil Bonner und Tshepo Moloi. Das Projekt, die Auswirkung südafrikanischer Pfingstkirchen auf den sozialen Wandel zu untersuchen, wurde auf Anregung von Peter L. Berger und James Hunter durchgeführt.

[40] Bislang beleuchtet die Forschung nicht die wesentliche Frage, weshalb – um das letzte Zitat zu paraphrasieren – die Herde einfach ihrem Anführer folgt, eine klassische Frage in der Soziologie der Macht, die beispielsweise auf die Aura charismatischer Führungspersonen zu verweisen pflegt, die von Max Weber vorgeschlagen wurde.

[41] Dena Freeman: „The Pentecostal Ethic and the Spirit of Development“, in: Dena Freeman (Hg.): „Pentecostalism and Development: Churches, NGOs and Social Change in Africa“, Basingstoke/New York, 2012, S. 1-38, hier S. 24.

wollendes Ergebnis stützt sich auf eine vergleichende Auswertung von Sekundärquellen zur Pfingstbewegung. Sie untersuchte die pfingstkirchliche Ausformung einer theologischen Ethik, für welche die persönliche Verwandlung der Gläubigen und eine grössere Verlässlichkeit in Bezug auf ihre Mitwirkung charakteristisch sind, was in der Spiritualität gewöhnlich als Nachweis einer Gesinnung des „Wiedergeborenseins" zum Ausdruck gebracht wird. Ihr optimistisches Verständnis scheint eher die idealistische Konstruktion einer pfingstkirchlichen Entwicklungsethik zu sein. Dies steht im Gegensatz zu den Ergebnissen neuerer empirischer Untersuchungen in südafrikanischen Kontexten. Der empirische Nachweis hat ergeben, dass pfingstkirchliche Sozialprojekte keine messbare Auswirkung auf ihr jeweiliges lokales Umfeld haben. Diakonischen Initiativen an der Basis „wird in ihrem sozialen Umfeld kein hohes Mass an Vertrauen entgegengebracht". Daher „neigen sie dazu, sich insbesondere mit ihren Glaubensgeschwistern in der Gemeinde verbunden zu fühlen".[42] So dürfte es den pfingstkirchlichen Sozialdiensten noch immer an Professionalität und an Koordination mit anderen weltlichen und religiösen Einrichtungen fehlen, um das gesellschaftliche Leben wirklich zu verbessern. Ihre innerkirchliche Orientierung mag nicht wirklich die strukturellen Faktoren beeinflussen, die Armut hervorrufen. Offensichtlich ist das Gespräch über eine pfingstkirchliche Sozialethik jedoch eröffnet und sicherlich bedarf es weiterer empirischer Untersuchungen, die in einem grösseren Rahmen und auf verschiedenen Ebenen durchgeführt werden. Eine stärker vergleichende Analyse könnte helfen, pfingstkirchliche Entwicklungskonzepte, die entweder von Einzelgemeinden entwickelt und an unterschiedliche sozioökonomische Gegebenheiten angepasst werden oder die von unterschiedlichen Pfingstgemeinden entwickelt werden, die in einem gleichartigen Kontext wirken, zu diversifizieren. Vergleichende Studien über den gesellschaftlichen Einfluss von Pfingstkirchen können möglicherweise eher die Vielfalt der pfingstkirchlichen Sozialethik zu Tage fördern, als ein systematisch kohärentes Konzept einer pfingstkirchlichen Sozialethik ermitteln. Diese Auffassung möchte ich in diesem Aufsatz jedenfalls nahelegen.

Bemerkenswert ist die einfühlsame Herangehensweise an Fragen der gesellschaftlichen Entwicklung. Für Mathole ist dies Grund genug für die Annahme, dass es theologisch eine Hinwendung zu den historischen Kirchen gibt. Ob solche weitreichenden Behauptungen wirklich realistisch sind, bleibt durch weitere empirische an der Basis ansetzende Studien zu belegen. Die gesellschaftspolitische Absicht, das Armutsproblem durch Initiativen der Einflussnahme auf die politische Elite in Südafrika anzugehen, dürfte unterschiedliche Richtungen anzeigen. Die wortwörtliche Auslegung der Bibel,

[42] Vgl. Dickow, a. a. O. (Fussnote 31), S. 193.

die ein vermeintlich dualistisches Verständnis politischer Prozesse verlangt, das zwischen richtig und falsch unterscheidet,[43] oder die Gesellschaftsanalyse eines moralischen Niedergangs, die als Abweichung von „biblischen Grundsätzen" und Grundursache des Elends definiert wird, kann als höchst umstritten angesehen werden. Die politische Agenda von südafrikanischen „progressiven" Pfingstkirchen, die weithin als liberal anerkannte Verfassung des Landes zu ändern, die beispielsweise gleichgeschlechtliche Ehen sowie Abtreibung erlaubt, könnte sich als ebenso unvereinbar mit den ethischen Massstäben der „ökumenischen" Kirchen herausstellen.

Mathole ist sich dessen bewusst. Er behauptet, dass, wenn auch die Mitglieder der Pfingstbewegung „die radikaleren Ausdrucksformen" der Gesellschaftsanalyse und des sozialen Engagements, die den historischen Kirchen zugeordnet werden, nicht anwenden würden, sie der Ausrichtung, die die historischen Kirchen eingeschlagen haben, dennoch im Wesentlichen zustimmen.[44] Trotz aller Skepsis hinsichtlich der politischen Ausrichtung der progressiven Pfingstkirchen, betrachten die Pfingstkirchen die „ökumenischen" Kirchen offenbar doch als positiven Bezugspunkt, insbesondere bei der Frage, wie die gesellschaftlichen Bestrebungen des pfingstkirchlichen Christentums zu lenken sind. Wenn wir auf Apostel Ntumis oben erwähnte Einschätzung der guten Nutzung von Geld im Gemeindeleben zurückkommen und dabei Matholes implizit positive Bewertung des „sozialen Evangeliums", wie es von den historischen Kirchen formuliert wurde, bedenken, sehen wir eine bemerkenswerte Hinwendung zum „ökumenischen" Christentum. Demzufolge kann man auf den Wettbewerb innerhalb des Christentums anwenden, was man im interreligiösen Dialog als „Dialog des Lebens" bezeichnet hat, nämlich Wege praktischer Zusammenarbeit zwischen Menschen zu finden, deren Glaubensüberzeugungen im Übrigen durch theologische Wahrnehmungen und rituelle Praxis auseinanderdriften. Es scheint möglich zu sein, innerchristliche Gräben zwischen ökumenischen und Pfingstkirchen zumindest in Teilen ihrer sozialen Praxis zu überbrücken.

Ein Aspekt, den empirische Daten belegen, ist recht frappierend. Er korrigiert einige seit Langem bestehende Annahmen hinsichtlich des sozialen Kapitals der Pfingstbewegung in Afrika. In seiner wegweisenden Untersuchung hob der britische Soziologe Paul Gifford bereits im Jahre 1991 die "fundamentalistische" Gleichgültigkeit dieser Bewegung gegenüber Grenzen als Schlüsselelement sozialen Wandels hervor. Im Gegensatz dazu unterstellte Gifford jedoch, der Wohlstandslehre wohne wesenhaft eine entschiedene Ablehnung gesellschaftlicher Entwicklung inne. Die Wohlstandsdoktrin würde jede Vision untergraben, die „Selbsthilfe, Selbständigkeit, Selbstachtung, Selbstbestim-

---

[43] Vgl. Ebd., S. 189.

[44] Mathole, a. a. O. (Fussnote 28), S. 72.

mung, Verantwortung und Autonomie fördere".[45] Obwohl Gifford aufgrund späterer tiefschürfender Studien über die Pfingstbewegung in verschiedenen afrikanischen Ländern einige seiner früheren Auffassungen revidierte, bleibt er gegenüber der Pfingstbewegung skeptisch. Das regionale Beispiel der progressiven Pfingstkirche in Soweto widerspricht seiner Sicht. Im Vergleich zu anderen Befragten in Soweto fühlen sich Mitglieder der „Grace Bible Church" "weniger ohnmächtig, haben weniger Angst vor der Zukunft und sind eher bereit, Veränderung zu akzeptieren".[46] Ein derartiges Gefühl von Selbstachtung mag in der Tat dazu führen, dass man die apolitischen Traditionen im Umfeld der Pfingstkirchen verwirft, und schrittweise eine Politisierung des kirchlichen Lebens einleiten. Indem städtische südafrikanische Pfingstkirchen auf ihr Potenzial vertrauen und sozialen Ehrgeiz entwickeln, akkumulieren sie ein gesellschaftliches Kapital, das in soziopolitischen Übergangsprozessen ebenso dringend benötigt wird wie Studien zum Thema Entwicklung.

Transnationale Zusammenarbeit

Miller und Yamamori nennen verschiedene Gründe, weshalb diese Bewegung der progressiven Pfingstkirchen in den letzten beiden Jahrzehnte an Schwungkraft gewonnen hat. Ein Argument verweist auf den Einfluss gewisser sozial eingestellter evangelikaler Gemeinden – diesmal nicht der oben erwähnten ökumenischen Kirchen –, die dazu beigetragen haben, dass diese Verschiebung der pfingstkirchlichen Ausrichtung von einer klassischen Haltung der Nichteinmischung in weltliche Belange hin zu einem Evangelium der Macht stattfand, das darauf abzielt, die Ausrichtung der Gesellschaftspolitik zu beeinflussen. Paul Freston hatte bereits in einer früheren Befragung von Evangelikalen und Mitgliedern von Pfingstkirchen in verschiedenen Ländern mit dem möglichen Zusammenspiel gewisser Strömungen innerhalb der Pfingstkirchen und der Evangelikalen gerechnet. Wenn Mitglieder von Pfingstkirchen sich als geschickt Handelnde und als überlegte Akteurinnen und Akteure der Gesellschaftspolitik entdecken, könnte dies im Ergebnis zu einer engeren zwischenkirchlichen Zusammenarbeit führen. „Vielleicht könnte die zunehmende Behandlung ‚sozialer Fragen' durch die Lehrerinnen und Lehrer des Wohlstandsevangeliums [...] künftig Gemeinsamkeiten mit den ‚Linksevangelikalen' finden", so Freston.[47]

[45] Paul Gifford: „Christian Fundamentalism and Development in Africa", in: *Review of African Political Economy*, 19/52 (1991), S. 9-20, hier S. 10.
[46] Vgl. Dickow, a. a. O. (Fussnote 31), S. 193.
[47] Paul Freston: „Evangelicals and Politics in Asia, Africa and Latin America", Cambridge, 2001, S. 315.

Versuche amerikanischer Megakirchen in jüngster Vergangenheit, eine transnationale Zusammenarbeit mit den afrikanischen progressiven Pfingstkirchen zu entwickeln, bestätigen Frestons Erwartung. Angesichts der Vernetzung transnationaler Kampagnen und bestehender Verbindungen auf der Ebene der Medien scheint es für nordamerikanische Megakirchen und Sozialdienste der progressiven Pfingstkirchen plausibel, sich bei sozialen Hilfsprojekten in Afrika zu engagieren. Dies trifft besonders auf diejenigen Kirchen zu, die weniger an kurzfristiger Wohltätigkeit interessiert sind und sich eher für langfristige Entwicklungsprojekte engagieren wollen.

Miller und Yamamori zufolge entdecken die progressiven Pfingstkirchen allmählich die Möglichkeit partnerschaftlicher Zusammenarbeit mit (im Allgemeinen aus ihrem Glauben heraus handelnden) Nichtregierungsorganisationen (NGOs). Solche Beziehungen hängen sowohl vom Gesamtkonzept der NGOs als auch von den Kapazitäten der Kirchen bzw. Gemeinden ab. Bereiche der partnerschaftlichen Zusammenarbeit sind Bildung und Finanzierung, insbesondere von Grundschulen, die Unterstützung von Krankenhäusern und landwirtschaftlichen Projekten. Bei anderen Partnerschaftsprojekten geht es um die Vergabe von Mikrokrediten, deren Ziel die Verringerung der Armut ist, sowie um einkommensschaffende Geschäfte – oft unter der Leitung von Gemeinden.[48] Einer der wichtigsten Bereiche von Interesse ist die Ausbildung von Führungspersonen für die Kirchen. Nordamerikanische Megakirchen, „engagieren sich zunehmend, insbesondere mit Blick auf Strategien für die Organisation und die Verwaltung von Kirchen“, versichert Paul Gifford.[49] Ein Beispiel ist das sogenannte PEACE Programm, das Rick Warren von der Saddleback-Gemeinde in Kalifornien im Jahre 2005 ins Leben gerufen hat. Warren ist Autor der beiden Bestseller „Leben mit Vision“ und „Kirche mit Vision“. Darin befürwortet er, Gedanken moderner Managementlehren in Kirchenstrukturen umzusetzen. Daraus ist ein Kurs „Kirche mit Vision“ entstanden, der an theologischen Seminaren und in überkonfessionellen Kirchenkonferenzen in Afrika angeboten wird. Das Studienmaterial dieses Kurses enthält Komponenten von Strategien

---

[48] In diesem Zusammenhang erwähnen sie World Vision in Tansania. Vgl. Miller und Yamamori, a. a. O. (Fussnote 27), S. 123. Im Allgemein können soziale Projekte, die von evangelikalen und von Pfingstkirchen begonnen wurden, in den meisten Ländern nur als Nichtregierungsorganisationen tätig werden, die versuchen, der ganzen Gemeinschaft zu dienen. Ein anderes Beispiel aus Tansania ist „Pamoja Ministries“ in Tengeru, das von kanadischen und US-amerikanischen „Assemblies of God“ betrieben wird.

[49] Gifford, a. a. O. (Fussnote 26), S. 171. Zum Folgenden vgl. S. 146-159. Ähnliche Programme werden von afrikanischen Einwandererkirchen in Europa organisiert, die erfolgreiche afrikanische Geschäftsleute einladen, Seminare zu halten. Vgl. Richard Burgess, a. a. O. (Fussnote 11), S. 120.

des Marketing und der Werbung, die auf den Strategie multinationaler Firmen aufbauen. Es erläutert Grundsätze von Verwaltung und Buchführung, Schuldenverwaltung und Investition, Prinzipien der Delegation und Koordination als grundlegende Elemente von Kirchenstrukturen usw. Der Grundgedanke besteht darin, organisatorische Effizienz, persönliches Know-How und Techniken zu Erreichung von Zielen zu fördern, die für die „Vermarktung" der Botschaft in einer Öffentlichkeit, die in religiöser Hinsicht hochgradig von Konkurrenz geprägt ist, nützlich sein können. Die Kurse haben eine breite Wirkung, weil alle Teilnehmenden den Inhalt des Kurses mehrfach wenigstens 100 anderen Menschen vermitteln sollen. Eine weitere Absicht besteht darin, dass man sich mit anderen vernetzt, indem man an Kursen und Konferenzen teilnimmt. „PEACE" steht für die Anfangsbuchstaben (im englischen Original) des Mottos: „Pflanze eine Gemeinde oder werde Partner einer bereits existierenden; rüste die Führungspersonen vor Ort zu; hilf den Armen; sorge für die Kranken; bilde die nächste Generation aus". Warren besteht darauf, dass nur ein funktionsfähiges weltweites Netz von Kirchen die Probleme „geistlicher Leere, selbstsüchtigen Führungswirkens, Armut, Krankheit und Unwissenheit" lösen kann.[50] Man wählte Ostafrika als Gebiet für eine erste Umsetzung des PEACE-Programms aus.

Die progressiven Pfingstkirchen versuchen, unternehmerische Fertigkeiten auf das Gemeindeleben zu übertragen, um die organisatorische Entwicklung und die Herausbildung funktionaler Ebenen innerhalb der Kirchen zu fördern. Die Kirchen verknüpfen diese Fertigkeiten mit Evangelisationsprogrammen und Missionsstrategien, um neue Gemeinden an unterschiedlichen Orten aufzubauen und sie in Verbindung zu bringen mit der Durchführung von sozialen Hilfsprojekten, die von den Kirchen organisiert werden. Dieses Wechselspiel zwischen religiöser und wirtschaftlicher Welt könnte man durchaus als „betriebswirtschaftliches Christentum" bezeichnen.

ABSCHLIESSENDE BEMERKUNGEN

Bislang wurde die Verbindung zwischen Pfingstbewegung und Entwicklung nur wenig erforscht. Angesichts der Heterogenität und Vielfalt in der charismatischen und der Pfingstbewegung haben wir uns gegen eine verallgemeinernde Betrachtungsweise entschieden. Indem wir verschiedene soziale Kontexte und Trends entfaltet haben, konnten wir die Vielseitigkeit

[50] Zitiert in Gifford, a. a. O. (Fussnote 26), S. 149. Warren bezeichnet diese Probleme als die fünf „globalen Goliaths".

pfingstkirchlicher Sichtweisen auf die Gesellschaft und die praktischen Entwicklungsbemühungen erkennen. Indem wir über gesellschaftliche Dimensionen des weitverbreiteten Wohlstandsevangeliums nachgedacht haben, haben wir uns von einer Überlebensethik im ländlichen Raum sowie in Elendsvierteln hingewandt zu dem erfolgsorientierten urbanen und von der Mittelschicht geprägten „betriebswirtschaftlichen Christentum“. Kirchen, die von den Wohlstandlehren erreicht wurden, haben zunehmend Mittel und Wege gefunden, „breit angelegte soziale Hilfsprogramme ins Leben zu rufen, wohingegen frühere Generationen der Pfingstbewegung dazu neigten, sektiererischer zu sein und ihre Anstrengungen in der sozialen Fürsorge auf die Mitglieder ihrer eigenen Gemeinschaft beschränkten“. [51] Allerdings ist es notwendig, den tatsächlichen Einfluss progressiver Pfingstkirchen auf dem Gebiet der Entwicklung eingehender zu untersuchen. In den meisten Fällen handelt es sich nur um die Behauptung, sich sozial zu engagieren, und um Strategieentwürfe, um in politische Entscheidungsprozesse einzugreifen.

Aber dennoch lenkt der pfingstkirchliche Diskurs über materiellen Reichtum und die Armutsbekämpfung die Aufmerksamkeit auf ein religiöses Repertoire für Theorie und Praxis der Entwicklungsarbeit – und untergräbt damit eine klassische Deprivationstheorie. Pfingstkirchen sehen sich gerade nicht als Opfer sozio-ökonomischer Verelendung, sie rufen vielmehr zum eigenverantwortlichen Handeln in vielfach prekären Umständen auf. Die Wohlstandspredigt der Pfingstkirchen verspricht ein besseres Leben, indem sie dazu aufruft, eine gewisse Kontrolle über die eigene Biographie zu erlangen. In Kontexten des Mangels bieten Pfingstkirchen Moralkodices, um der Verelendungsfalle zu entgehen. In Kontexten gesellschaftlicher Aufstiegsmöglichkeiten suchen sie nach Mitteln und Wegen, um sich an den modernen Lebensstil anzupassen. In jedem Fall handeln sie nicht als Opfer, sondern als kreative Vermittlerinnen und Vermittler des Evangeliums. Jüngst erst hat Ruth Marshall dieses gesellschaftliche Potenzial als den Herzschlag pfingstkirchlicher Selbstwahrnehmung bezeichnet. Sie beschreibt eine „politische Spiritualität“ in der südnigerianischen Pfingstbewegung. Mit einer systematischen Bewegung in Richtung einer Umwälzung des öffentlichen Lebens ziele die Pfingstbewegung auf eine Umgestaltung der nigerianischen Gesellschaft, Politik und Wirtschaft.[52] Meiner Meinung nach fehlen uns noch empirische Forschungsergebnisse, um das pfingstkirchliche Selbstbild als politische Akteurin im öffentlichen

[51] Miller und Yamamori, a. a. O. (Fussnote 27), S. 3.

[52] Vgl. Ruth Marshall: „Political Spiritualities: The Pentecostal Revolution in Nigeria“, Chicago, 2009. Marshall ist eine kanadische Politik- und Religionswissenschaftlerin mit langjähriger Forschungserfahrung in Nigeria.

Raum eingehender prüfen zu können.[53] Diese benötigen wir nach wie vor, um das Thema der afrikanischen Pfingstbewegung und der Entwicklungsarbeit auf differenziertere Weise betrachten zu können.

[53] Zur jüngeren Diskussion über eine pfingstkirchliche Politische Theologie vgl. Andreas Heuser: „Eine Politische Theologie der afrikanischen Pfingstbewegung? Oder: Vom zähen Ende einer ‚Grossen Erzählung'", in: *Schweizerische Zeitschrift für Religions- und Kirchengeschichte*, 106. (2012), S. 281-303. Vgl. insgesamt auch Amos Yong: „In the Days of Caesar: Pentecostalism and Political Theology", Grand Rapids/Cambridge, 2010.

Entstehung, Verankerung und Nachhaltigkeit des Entwicklungsethos: die Rolle von lokaler Kultur und Religion

Karel Th. August

Einführung

Der folgende Beitrag will den Zusammenhang von Entwicklung und Kultur beleuchten. Dazu sollen Definitionen überprüft und ein Konzept endogener Entwicklung erarbeitet werden, das von der Prämisse ausgeht, dass Entwicklung von den Menschen vor Ort initiiert wird. Entscheidend für einen ganzheitlichen Ansatz und eine theologische Perspektive, die sich von dem Paradigma endogener Entwicklung leiten lassen, ist die eingehende Kenntnis der Beziehung zwischen Entwicklung und Kultur.

Ziel soll es sein, das Augenmerk auf die meist kaum beachtete kulturelle Dimension zu richten[1], mit dem Argument, dass Kultur von jeher ein wesentlicher Aspekt für das Verständnis von Entwicklungsprozessen in aller Welt ist.[2] Kultur und Entwicklung gehen von jeher Hand in Hand.[3] Die zentrale Rolle der Kultur und ihre Wechselbeziehung mit ökonomischen, politischen und sozialen Veränderungen werden zunehmend deutlich, beispielsweise in der Entstehung von Bewegungen, die für die Rechte Indigener eintreten, und im wachsenden Ethnonationalismus. Aus neuen Forschungsfeldern wie Kulturwissenschaft und postkoloniale Forschung sowie aus dem postmo-

---

1 Gedacht ist hier an Modernisierungstheorien, die der westlichen Kultur Vorrang vor anderen, geringer bewerteten Kulturen einräumen.

2 Susanne Schech, Jane Haggis: „Culture and Development. A Critical Introduction", Oxford, 2001, S. xi.

3 J. Andrew Dearman: „Religion and Culture in Ancient Israel", Peabody, 1992, S. 3.

dernen Denken sind neue Analyseinstrumente erwachsen, mit deren Hilfe die Beziehung von Kultur und Entwicklung neu betrachtet werden kann.[4]

Kulturelle Faktoren bestimmen den Entwicklungsprozess und bei der wissenschaftlichen Auseinandersetzung mit und der Verwirklichung von Entwicklung sollte die kulturelle Dimension jederzeit berücksichtigt werden. Alle Entwicklungsmodelle sind letztlich kultureller Natur, da sie die Wahrnehmung von und den Umgang mit Problemen der Gesellschaft widerspiegeln.[5] Im Folgenden soll ein ganzheitliches Verständnis von Entwicklung und Kultur dargelegt werden, das für eine endogene Entwicklung von entscheidender Bedeutung ist. Alle Entwicklungsmodelle, so die These, sind kultureller Art, da sie bestimmte Haltungen zum Umgang mit gesellschaftlichen Problemen widerspiegeln. Kultur ist Mittel zum Verständnis und zur Verwirklichung von Entwicklungsformen, aus denen Menschen Sinn und Erfüllung für ihr Leben schöpfen können.

ENTWICKLUNG – EIN ÜBERBLICK ZU GÄNGIGEN KONZEPTEN

Der Begriff Entwicklung ist komplex. Um ihn aus einer weiter gefassten Perspektive zu verstehen, sollen Aspekte der Diskussion in unterschiedlichen Disziplinen berücksichtigt werden. Der Begriff scheint als Formel zu dienen für die Gesamtheit des Strebens der Menschheit nach menschenwürdigeren Lebensbedingungen. Entwicklung ist sozusagen ein Oberbegriff, der eine ganze Bandbreite aufeinander bezogener Begriffe wie Befreiung, Humanisierung, Wachstum, Entfaltung, Erneuerung, Veränderung sowie das eher religiös geprägte Konzept der Verwandlung umfasst. Entwicklung geschieht zudem innerhalb einer kulturellen Tradition mit ihrer je eigenen Vergangenheit, die fortschreitet, sich entwickelt und den Weg zu Veränderungen weist.[6]

Kothari und Minogue[7] argumentieren, der Begriff Entwicklung selbst sei paradox und gebe Raum für unterschiedliche Definitionen. Aus ökonomischer Perspektive sei Entwicklung synonym mit Wirtschaftswachstum zu lesen, als allgemein gesellschaftlicher Prozess wiederum umfasse sie ökonomische, soziale, politische und kulturelle Aspekte.[8]

---

[4] Ebd., S. 3.

[5] Kathryn Tanner: „Theories of Culture. A New Agenda for Theology", Minneapolis, 1997, S. 25.

[6] Gustavo Gutierrez Merino: „The Meaning of Development", in: G. H. Dunne (Hg.): „In Search of a Theology of Development", A Sodepax Report, Genf, 1969, S. 116-179, hier S. 121; vgl. auch die unveröffentlichte deutsche Übersetzung: Gustavo Gutierrez Merino: „Die Bedeutung der Entwicklung (Anmerkungen zu einer Theologie der Befreiung)", S. 8f.

[7] Uma Kothari, Martin Minogue: „Development Theory and Practice", New York, 2002, S. 1.

[8] Ebd., S. 123.

Ziel von Entwicklung ist ein besseres Leben, das heisst, sie ist auf das Wohl des Menschen ausgerichtet.[9] Zugrunde liegt die anthropologische Perspektive, dass allen Menschen die Fähigkeit haben, mehr zu werden, als sie zu einem beliebigen Zeitpunkt sind. Entwicklung bietet also den Mechanismus, damit Menschen wachsen. Carmen[10] geht einen Schritt weiter und ergänzt, dass Entwicklung synonym zu verstehen ist mit dem menschlichen Agens und beschreibt den Prozess bildhaft als Lösung („Auf-Wicklung") einer fesselnden Umhüllung. Entwicklung findet statt, wo Menschen als Subjekte handeln anstatt dass an ihnen als Objekten, Zielgruppen oder Nutzniessenden gehandelt wird oder dass sie manipuliert werden als Mitwirkende an Plänen oder Projekten, deren Urheberinnen und Urheber andere sind. Entwicklung findet statt, wo menschliche Kreativität sich entfalten kann und dem Recht, die eigene Zukunft zu gestalten, Raum gegeben wird.

Der Begriff hat seinen Ursprung in einer negativen Formulierung, wurde eingeführt als Reaktion auf den Ausdruck „Unterentwicklung", der die Situation und Problematik armer im Vergleich zu reichen Ländern bezeichnete. Nach Davids[11] ist das Wissen zur Entwicklungsthematik relativ neu, die wissenschaftlich-theoretische Auseinandersetzung mit dem Konzept Entwicklung begann nach dem Zweiten Weltkrieg in den 1950er/60er Jahren, die vom Modernisierungsgedanken geprägt waren.[12]

---

9 H. C. Marais, Y. Muthien, N. S. Jansen van Rensburg, M. P. Maaga, G. F. De Wet, G. F. & C. J. Coetzee (Hg.): „Sustainable Social Development: Critical Issues", Menlo Park, 2001, S. 122.

10 Raff Carmen: „Autonomous Development. Humanizing the Landscape", London, 1996, S. 2.

11 Ismael Davids, Francois Theron, Kealeboga Maphunye: „Development in South Africa. A Development Management Perspective", Paarl, 2005, S. 4.

12 Die Geschichte der Entwicklung, wie sie in Modernisierungstheorien der nördlichen Hemisphäre dargestellt wird, vernachlässigt bzw. ignoriert weitgehend die Kultur der indigenen Völker des globalen Südens. Seit das moderne Industrie- und Technologiezeitalter im Norden beispielloses Wachstum und unerreichten Wohlstand einläutete, hat der altruistische Gedanke, die Früchte dem Rest der Welt zugänglich zu machen, Staaten, internationale Institutionen und private wohltätige Organisationen (etwa Kirchen und Missionsgesellschaften) dazu motiviert, Entwicklungsarbeit zu leisten. Modernisierungstheorien sollten dazu dienen, durch die Reproduktion des westlichen Prozesses der Industrialisierung und des technikgestützten Wachstums die Früchte des Wohlstands in anderen Teilen der Welt zu verbreiten. Francis Perroux formuliert: „Modernisierung ist die Kombination wechselseitiger und sozialer Veränderungen in einem Volk, die es in die Lage versetzen, die Gesamtproduktion kumulativ und dauerhaft zu steigern." Für Rostow stellte sich der Entwicklungsprozess als Abfolge natürlicher Phasen vom „Traditionellen" zum Modernen dar, in denen sich Gesellschaften durch einen evolutionären Prozess aus einer „rückständigen" Phase hin zum „Start" in das langfristige Wirtschaftswachstum entwickeln. Dieser Prozess, so die Theorie, beschleunige sich durch den Transfer von Wissen, Technik und

Heymans[13] befindet, die Sicht auf Wachstum und Entwicklung habe sich im Verlauf der vergangenen vierzig Jahre deutlich verändert. Das Konzept Entwicklung hat seit Ende des Zweiten Weltkriegs wesentliche Veränderungen erfahren.[14] In den 1950er/60er Jahren wurde Entwicklung gleichgesetzt mit einem steigenden Bruttonationaleinkommen (BNE), Bruttoinlandsprodukt (BIP) und Pro-Kopf-BNE (Pro-Kopf-Einkommen), die bevorzugten Indizes darstellten. Als jedoch deutlich wurde, dass Wirtschaftswachstum nicht notwendigerweise eine Verringerung der Armut und eine Verbesserung der Lebensqualität der Bevölkerung insgesamt nach sich zieht, wurde das geltende Entwicklungskonzept auf den Prüfstand gestellt.[15]

Zu Entwicklung, so zeigte sich, gehört auch eine Verbesserung des Bildungsniveaus, der Gesundheits- und Ernährungslage, eine Verringerung der Armut, sauberere Umwelt, mehr Chancen, grössere Freiheit der/des Einzelnen und ein reicheres kulturelles Leben.[16] Zusätzliche Schwerpunkte sind Freiheit und Selbstwert des/der Einzelnen sowie ihre/seine Freiheit von Unwissen, Wucher und Sklaverei. Diese Faktoren bestimmen die Lebensqualität. Heymans[17] wie auch Burkey[18], Carmen[19] und Korten[20] gehen zudem von der Prämisse aus, dass Entwicklung den Menschen in den Mittelpunkt stellen und als letztes Ziel die nachhaltige Verbesserung der Lebensqualität insbesondere der Armen verfolgen sollte.

Im Folgenden soll die Aussage „der Entwicklung geht es um den Menschen" beleuchtet werden, die zentrales und grundlegendes Ethos endogener Entwicklungskonzepte ist.

Kapital von den „fortschrittlichen" zu den „weniger fortschrittlichen Staaten ... bis die letzten Phasen von hoher Produktionsleistung und Massenkonsum erreicht sind." Wayne G. Bragg: „From Development to Transformation", in: Vinay Samuel und Christopher Sugden: „The Church in Response to Human Need", Grand Rapids, 1987, S. 20-51, hier S. 22 u. 48.

[13] Christ Heymans: „Infrastructure. A Foundation for Development Report", Midrand, 1998, S. 4.

[14] Damien Kingsbury, Joe Remeny, John Mickay, Janet Hunt: „Key Issues in Development", Hampshire, 2004, S. 22.

[15] Heymans, a. a. O. (Fussnote 13), S. 4.

[16] „The IGD guide to the Southern African Development Community", Johannesburg, 2001; Heymans, a. a. O. (Fussnote 13), S. 4.

[17] Heymans, ebd., S. 5.

[18] Stan Burkey: „People First", London, 1996.

[19] Carmen, a. a. O. (Fussnote 10).

[20] David C. Korten: „Getting to the 21st Century. Voluntary Action and the Global Agenda", West Hartford, 1990.

Der Entwicklung geht es um den Menschen (am Menschen ausgerichtete Entwicklung)

David Korten[21], Leiter des People-Centered Development Forum, stellt dem von vielen westlichen Regierungen vertretenen, auf Wirtschaftswachstum ausgerichteten Entwicklungskonzept die „am Menschen ausgerichtete Entwicklung“ [22] gegenüber. Er ist der Überzeugung, dass die Welt am Ende des zwanzigsten Jahrhunderts unter einer dreifachen Krise litt - unter Armut, Umweltzerstörung und sozialem Zerfall. Er definiert Entwicklung als „Prozess, durch den die Mitglieder einer Gesellschaft ihre persönliche und institutionelle Kapazität steigern und ihre Ressourcen so verwalten, dass tragfähige und fair verteilte Verbesserungen in ihrer Lebensqualität erzielt werden, die ihren eigenen Zielen entsprechen.“[23] Dieser (fortlaufende) Prozess, der von den drei Prinzipien Nachhaltigkeit, Gerechtigkeit und Inklusion geleitet wird, erfordert die Übereinstimmung der Entwicklung mit den Zielen der Menschen; das heisst, sie sollten selbst entscheiden, welche Verbesserungen erforderlich und wie sie zu verwirklichen sind.[24]

Dieser Entwicklungsprozess richtet sich auf verbesserte Lebensstandards und Selbstbestimmung. Im Rahmen dieses Prozesses werden Gruppen und Einzelpersonen in die Lage versetzt, die Verantwortung für das eigene Wohl,

---

[21] David C. Korten: „When Corporations Rule the World“, Sterling/San Francisco, 2001, S. 15.

[22] Davids u. a., a. a. O. (Fussnote 11), S. 23, gehen ebenfalls von der Prämisse aus, dass es der Entwicklung um den Menschen gehen muss. Das heisst, im Zentrum der Entwicklungsarbeit sollten die Menschen stehen und diese Arbeit sollte für sie relevant sein. Der Gedanke einer am Menschen orientierten Entwicklung beinhaltet ausserdem, dass Entwicklung die Millionen einbezieht, die in Armut leben und von Ungleichheit hinsichtlich des Zugangs zu ökonomischer, politischer und symbolischer Macht betroffen sind. Sie müssen im Fokus von Entwicklungsarbeit und -massnahmen stehen. Wichtig ist die Feststellung, dass es bei der Entwicklung um den Menschen geht, sie hilft uns, die Kernwerte einer kontextbezogenen Entwicklung zu verstehen. Entwicklung ist Instrument des Wandels zur Schaffung besseren Lebens. Ebd., S. 106. Karel Th. August: „A Curriculum for Community Development in Practical Theology“, unveröffentlichte Master-Arbeit, Universität Stellenbosch, 1999, S. 24, führt seinerseits aus, dass die Mitwirkung von Menschen an ihrer eigenen Entwicklung entscheidendes Element eines am Menschen orientierten Wachstums und eines Prozesses ist, in dessen Rahmen die Menschen selbst Bewusstsein und Verständnis für ihre Probleme und die gesellschaftliche Realität, in der sie leben, entwickeln, um so eigenständig an der Basis dauerhafte Lösungen zu bewirken.

[23] Korten, a. a. O. (Fussnote 20), S. 97.

[24] Bryant L. Meyers: „Walking with the Poor“, New York, 2003, S. 97.

die eigene Existenz und Zukunft zu übernehmen.[25] Dawood[26] stellt fest, dass dies in besonderem Mass für die afrikanische Bevölkerung und afrikanische Staaten gelte, die Empowerment und Selbstbestimmung anstreben.

Es ist zu unterstreichen, dass es bei der Entwicklung um den Menschen geht. Hieraus ergeben sich zwangsläufig die Kernwerte kontextbezogener Entwicklung. Entwicklung ist Instrument für Wandel und Verbesserung der Lebenssituation.[27] August[28] stellt zudem fest, dass die Mitwirkung von Menschen an ihrer eigenen Entwicklung wesentlicher Bestandteil am Menschen orientierten Wachstums und eines Prozesses ist, in dessen Rahmen die Menschen selbst Bewusstsein und Verständnis für ihre Probleme und die gesellschaftliche Realität entwickeln, in der sie leben, um so eigenständig an der Basis dauerhafte Lösungen zu bewirken.

Menschen haben das Potenzial und die Fähigkeit, das eigene Leben zu verbessern, Zielsetzung ist es also, Menschlichkeit zu erreichen, d. h. es geht um das Streben nach sozialer Gerechtigkeit, voller Teilhabe an Entscheidungsprozessen, die Linderung von Leid und nachhaltige Entwicklung.

Entwicklungsinitiativen sollten sich von dem Prinzip leiten lassen, dass Fortschritt von der kontinuierlichen Bestärkung in der Sinnhaftigkeit – dem Willen, ein sinnhaftes Leben zu führen – abhängt. Entwicklung hat also grössere Erfolgschancen, wenn Menschen die Möglichkeit haben, den konkreten Sinn ihrer sozialen Realität (d. h. den Sinn, den sie ihr selbst verleihen) einzubinden in ihr Bestreben, die eigene Situation zu verbessern.[29] Entwicklungsinitiativen, die solche sensiblen Fragestellungen und Kontexte berücksichtigen, werden aller Wahrscheinlichkeit nach legitimer und erfolgreicher sein als andere.

In dieselbe Richtung weist Speckman[30] mit seiner These, dass die Freisetzung menschlichen Potenzials integraler Bestandteil von Entwicklung ist. Weder gibt es erfolgreiches Wirtschaftswachstum ohne Empowerment und Motivation der Menschen, noch kann Empowerment geschehen, ohne dass sich dies in ökonomischen Vorteilen niederschlägt. Zwischen ökonomischer und menschlicher Entwicklung besteht also eine unübersehbare Verbindung.

Schliesslich folgt aus der These, bei der Entwicklung gehe es um den Menschen, dass es grundsätzlich um Beziehungen geht. Menschliche

---

[25] Kingsbury, a. a. O. (Fussnote 14), S. 22.

[26] Zora Dawood: „The New Partnership for Africa's Development (NEPAD)", **http://osf.org.za/wp/wp-content/uploads/2012/09/NEPADINPLAINLANGUAGE1.pdf**, S. 17.

[27] Davids u. a., a. a. O. (Fussnote 11), S. 105.

[28] August, a. a. O. (Fussnote 22), S. 24.

[29] Davids u. a., a. a. O. (Fussnote 11), S. 106.

[30] McGlory T. Speckman: „Biblical Vision for Africa's Development", Pietermaritzburg, 2007, S. 243.

Beziehungen sind eine der Determinanten menschlicher Entwicklung. Normativ betrachtet müssen sie eingebettet sein in ein von Gleichbehandlung, Gerechtigkeit, Menschenwürde, Anpassung an die Kultur, Partizipation, Freiheit, Hoffnung, Nachhaltigkeit, Reziprozität, Umweltverträglichkeit und Spiritualität geprägtes Ethos.[31]

Anderson[32] befindet, bei Entwicklung gehe es wesentlich um Veränderung und Kontinuität. Er geht davon aus, dass Veränderungen nur dann wirksam werden, wenn sie etwas mit den Menschen gemeinsam haben und ihren Werten sowie ihrer Kapazität entsprechen. Entwicklung muss also angemessen sein, d. h. kulturell, gesellschaftlich, ökonomisch, technologisch und psychisch relevant. In diesem Zusammenhang wollen wir den lokalen Entwicklungskontext in Augenschein nehmen.

Der lokale Kontext von Entwicklung

Die Bevölkerung vor Ort organisiert Projekte und führt sie durch. Der lokale Kontext wirkt auf die Entwicklung, die gleichzeitig Rückwirkungen auf den Kontext hat, in dessen Rahmen sie stattfindet. Der Entwicklungskontext besteht aus einer Reihe unterschiedlicher Umfelder bzw. stellt sich in ihnen dar, folglich ist die Einsicht strategisch relevant, dass diese Dimensionen des Umfelds tiefgreifenden Einfluss auf die Kommunikation und folglich auch auf die Entwicklung haben.

Ausgehend von De Beer und Swanepoel[33] sollen hier sieben Dimensionen des Umfelds unterschieden werden, um zu erläutern, was unter „Entwicklung“ und „lokal“ zu verstehen ist.

Politisches Umfeld

Zum politischen Umfeld gehören Verantwortungstragende und politische Gruppierungen samt den politischen Aktivitäten wie Tagungen und Kundgebungen. Politische Kommunikation umfasst Botschaften zu politischer Ausrichtung und politischen Präferenzen. Politische Kräfte wirken in jeder lokalen Bevölkerung. In ländlichen Gebieten haben traditionelle Führungs-

---

[31] Bragg, a. a. O. (Fussnote 12), nennt diese Prinzipien Charakteristika einer auf Transformation ausgerichteten Entwicklung.

[32] Mary B. Anderson: „Development and Social Diversity“, o. O., 1996, **www.developmentinpractice.org/sites/developmentinpractice.org/files/DiP%20Reader%20SocDiv%20text.pdf,** S. 63.

[33] Hennie Swanepoel, Frik de Beer: „Community Development. Breaking the Cycle of Poverty“, Lausdowne, 2006, S. 11.

persönlichkeiten bis heute eine wichtige Funktion bei der Organisation von und Entscheidung über Veranstaltungen und Aktivitäten im Gemeinwesen.

Soziales Umfeld

De Beer und Swanepoel[34] rechnen zum sozialen Umfeld primäre Institutionen wie die Familie sowie sekundäre Institutionen wie Schulen, Kirche, Vereine und Interessengruppen. Dazu kommen informelle Institutionen wie etwa Freundschaften. Die Familien sind in vielen sekundären Institutionen vertreten und kommunizieren in der Regel untereinander. Alle Gemeinwesen sind gut strukturiert und verfügen etwa über Machtstrukturen, Schulen, Interessengruppen und zivilgesellschaftliche Organisationen. Die konkrete Struktur der Organisationen ist hierbei von Bedeutung, ebenso ihre Beziehungen zueinander, da sie das soziale Umfeld bilden, in dem sich Gemeinwesenentwicklung vollzieht.

Kulturelles Umfeld

Das kulturelle Umfeld umfasst die Werte und Moralvorstellungen der Gesellschaft. Sie werden häufig als die Traditionen der Bevölkerung bezeichnet. Die Tradition weist dem/der Einzelnen einen Platz in der Gesellschaft zu und erlegt ihr/ihm gewisse Pflichten gegenüber dieser Gesellschaft auf. Gleichzeitig kann er/sie erwarten, dass die Gesellschaft Wegweisung und ein Lebensumfeld anbietet, solange sie/er die Traditionen wahrt.[35] Darüber hinaus schafft bzw. beinhaltet die Kultur Tabus und bietet den Rahmen, in dem Menschen agieren und auf das tägliche Leben reagieren. Die kulturelle Praxis der meisten Gemeinwesen ist dem Erfolg von Entwicklungsbemühungen förderlich.

Ökonomisches Umfeld

Jede Bevölkerungsgruppe hat ihren eigenen wirtschaftlichen Kontext, der sich weitgehend in einem informellen System verwirklicht, aber auch in der Beschäftigung im formellen System. Der ökonomische Kontext bezieht sich auf die Erwerbstätigenquote sowie das Vorhandensein und die Leistungsfähigkeit von Handel und Industrie. Die Gesellschaft ist auch von einer ökonomischen Schichtung geprägt – von sehr Armen über Arme zu den Wohlhabenderen. Das ökonomische Umfeld ist von sehr grosser Bedeutung für die Gemeinwesenentwicklung und den Umgang mit knappen Ressourcen.

---

[34] Ebd.

[35] Ebd., S. 12.

Ökologisches Umfeld

Die kontextuellen Bedingungen, die sich aus der Natur samt der Verfügbarkeit von Rohstoffen und der Bedrohung durch Katastrophen ergeben, können ebenfalls Rückwirkungen auf die Entwicklung haben.

Psychologisches Umfeld

Die psychologische Dimension variiert je nach Gesellschaft – so ist sie unterschiedlich, je nachdem, ob man ein ländliches oder städtisches Gebiet betrachtet. Die Kenntnis der Geschichte der betreffenden Gruppen ist wichtig, da die Erfahrungen der Vergangenheit zum jeweiligen „ideellen Ökosystem" gehören und Wahrnehmung und Verständnis von Entwicklung sowie die Bereitschaft zur Mitwirkung an Entwicklungsaktivitäten und die Art und Weise dieser Mitwirkung beeinflussen.[36]

Religiöses Umfeld

Im globalen Süden ist der religiöse Faktor als strategische Dimension von Entwicklungstheorie und -praxis anerkannt. Die südafrikanische Regierung hat ausdrücklich betont: „Im Streben nach politischer und wirtschaftlicher Entwicklung ist sich der ANC bewusst, dass sozialer Wandel untrennbar verbunden ist mit spirituellem Wandel."[37] Wird das umfassende Konzept „Religion" angewandt, ist darin die Kirche eingeschlossen, die im globalen Süden eine wichtige Kraft darstellt. 80 Prozent der südafrikanischen Bevölkerung gehören einer Kirche an. Statistiken belegen, dass die Kirche als Institution im globalen Süden hohe Anerkennung geniesst, an der Seite der Armen steht, ja meist Kirche der Armen ist.[38] Entsprechend liegt nahe, dass die religiöse Dimension für die Entwicklungsdebatte im globalen Süden im Zusammenhang mit Fragen des Kontextes strategische Bedeutung hat.

Kulturelle Passform

Entwicklung muss auf die Kultur passen, die Verwandlung erfahren soll. Verfechterinnen und Verfechter der Modernisierung missachten bei dem Versuch, „Rückständigen" materielle Vorteile zu verschaffen, trotzdem

[36] Ebd.

[37] Bezugnehmend auf Mandela machte der Afrikanische Nationalkongress diese Aussage 1998 in: „The Moral Renewal of the Nation", **www.anc.org.za/show.php?id=2666**.

[38] Vgl. Karel Th. August: „Equipping the Saints. God's Measure for Development", Bellville, 2010, S. xiii.

allzu oft Bräuche und soziale Muster. Ihnen gilt die lokale Tradition als Hindernis für Veränderungen und Technologie, ohne dass sie die Logik der gesammelten Weisheit einer Gesellschaft verstehen. Ergebnis ist Kulturimperialismus und die Zerstörung indigener Werte, ja ganzer Kulturen. Hieraus lässt sich ableiten, dass ohne die Kultur keine Form sozialen Wandels zu verwirklichen ist; jede zerstörte Kultur bedeutet gleichzeitig den Verlust von einem Stück Schöpfung und Menschheit.[39]

In diesem Zusammenhang spricht sich Davids[40] dafür aus, die Schwerpunkte von Entwicklungsinitiativen entsprechend den Erfahrungen der Menschen selbst zu setzen. Aktivitäten auf der Mikroebene sollten indigene Wissenssysteme sowie angemessene Entwicklungstechnologie auf der Grundlage des konkreten kulturellen Umfelds einbeziehen. Wichtig ist in diesem Zusammenhang das entsprechende Bewusstsein. Der Mensch sollte sowohl Ziel von Entwicklung als auch Instrument (also Subjekt) zu ihrer Verwirklichung sein. Werden Menschen zum Instrument, das ihre eigene Umwelt formt, ist dies in hohem Masse sinnstiftend und versetzt sie in die Lage, ihre gesellschaftliche Realität zu verstehen. Aus diesem Grund sollte Entwicklung die Wünsche und Bedürfnisse der Menschen, wie sie sie selbst definieren, in den Mittelpunkt stellen. Eine bewusstseinsfördernde Entwicklung impliziert, dass die Menschen, auf die Entwicklung ausgerichtet ist, das Recht haben sollten, selbst zu entscheiden.

Kulturelle Perspektiven

Bell[41] befindet, dass kulturelle Systeme die materiellen Produktionskräfte (Arbeit, Rohstoffe, Technologie) organisieren und reproduzieren, ohne die sie lediglich eine Reihe physischer Möglichkeiten und Zwänge darstellen, denen die Ordnung bzw. der Bezug aufeinander fehlt. Das kulturelle System bestimmt, welche Art Güter produziert werden, auf welche Weise Arbeit organisiert und auf Männer und Frauen verteilt ist.

Zudem erscheinen in Stammeskulturen[42] Ökonomie, Gemeinwesen, Ritual und Ideologie nicht als getrennte Systeme und Beziehungen lassen sich nicht ohne weiteres der einen oder anderen Funktion zuordnen. Die Gesellschaft ordnet sich anhand eines einzigen, kohärenten Beziehungssystems, das auf der Ebene des sozialen Handelns dargestellt werden sollte.

---

39 Samuel und Sugden, a. a. O. (Fussnote 12), S. 45.

40 Davids u. a., a. a. O. (Fussnote 11), S. 106-108.

41 Morag Bell: „Contemporary Africa. Development, Culture and the State“, London/New York, 1986, S. 53.

42 Ebd., S. 52.

Dawood[43] betont, dass Kultur in Afrika ein Kernfaktor von Entwicklung ist. Indigenes Wissen muss geschützt, wirksam zur Anwendung gebracht und zum Wohl der Menschheit weitergegeben werden. Dazu gehören das Verständnis von Traditionen, Kunst und Forschung, Erfindungen und naturwissenschaftliche Entdeckungen, Muster, Namen und Symbole, genetische Ressourcen und Wissen sowie alle anderen auf der Tradition basierenden Schöpfungen geistiger Arbeit in den Bereichen Industrie, Wissenschaft, Literatur und Kunst. Speckman[44] warnt davor, dass, wo Kultur verworfen oder umgestaltet wird, immer die Grundlagen einer Bevölkerung betroffen sind. Diese Warnung hat grosse Bedeutung für Identität und Menschenwürde von Bevölkerungsgruppen. Es liegt also nahe, dass die Preisgabe der eigenen kulturellen Praxis zugunsten fremder Kulturen nicht nur die Lebenden verunsichert, sondern auch das Erscheinungsbild dessen verändert, was den Toten zu Lebzeiten vertraut war.

Der Kulturbegriff

Der Kulturbegriff steht im Mittelpunkt modernen Denkens und moderner Praxis. Seit dem 18. Jahrhundert hat seine Definition erhebliche Veränderungen durchlaufen. Er wird hier im soziologischen und anthropologischen Sinn gebraucht um einen Prozess zu bezeichnen, der spezifische, eigenständige Lebensweisen prägt, und subsumiert folglich die Künste und sämtliche Sinn- und Wertesysteme, die mit der inneren Entwicklung assoziiert werden.[45]

Wird der Begriff in diesem Sinne verwendet, hinterfragt er zudem die marxistische Tendenz, Kultur auf die superstrukturelle Ebene – der reinen Ideen, Überzeugungen, Künste und Sitten - zu reduzieren, die von einer rein materiellen Geschichtsauffassung bestimmt ist, während der anthropologische Kulturbegriff zu den wichtigsten und einflussreichsten Ideen im Denken des 20. Jahrhunderts zählt. Die Verwendung des Begriffs hat auch in anderen geisteswissenschaftlichen Bereichen tiefgreifende Wirkung gezeigt.[46]

Der Kulturbegriff, wie er in der Anthropologie verwendet wird, bezeichnet sicherlich nicht einen kultivierten Umgang im Sinne der Künste und gesellschaftlichen Umgangsformen. Vielmehr geht es um erlernte, kumulierte Erfahrung. Ja, Aspekte von Struktur und Kultur sind eng verquickt und eine strukturierte Analyse der Interessengruppen ist ebenso

---

[43] Dawood, a. a. O. (Fussnote 26), S. 46.

[44] Speckman, a. a. O. (Fussnote 30), S. 42.

[45] Bell, a. a. O. (Fussnote 41), S. 53.

[46] Roger M. Keesing, Andrew J. Strathern: „Cultural Anthropology. A Contemporary Perspective“, London, 1998, S. 14.

relevant für unser Verständnis gesellschaftlicher Prozesse wie die Muster von Loyalitäten und kulturellen Normen, die die Reaktion der Menschen im globalen Süden auf veränderte Umstände beeinflussen, was sich wiederum auf die Mittel auswirkt, mit denen gesellschaftlicher Wandel erreicht werden kann.

Entsprechend wichtig ist die Klarstellung, dass es bei der Rede von Kultur nicht nur um Sitten, Überzeugungen, Haltungen, Werte und Kunst geht, sondern um die gesamte Lebensweise einer Bevölkerung, die auch ein komplexes Bündel von ökonomischen und politischen Aktivitäten, Naturwissenschaft und Technik umfasst.[47]

Baker[48] beschreibt Kultur daher als gelebte Erfahrung, Texte, Praxis und Sinn aller Menschen in ihrer konkreten Lebensführung. Sinn und Praxis in diesem Sinne werden auf einem Feld verwirklicht, dass nicht wir selbst vorgeben, wenn wir auch darum ringen, schöpferisch unser Leben zu gestalten. Kultur ist nicht abgekoppelt von den materiellen Bedingungen des Lebens, im Gegenteil, welchem Zweck die kulturelle Praxis auch dienen mag, ihre Arbeitsmittel sind zwangsläufig materieller Art. Die Bedeutungsebenen des Kulturbegriffs müssen im Kontext ihrer Produktionsbedingungen untersucht werden, Kultur ist also als Lebensstil insgesamt zu verstehen.[49] In diesem Fall können folgende Aspekte als Bausteine von Kultur betrachtet werden:

---

[47] Vgl. Anderson, a. a. O. (Fussnote 32), S. 47. Der Kulturbegriff wird unterschiedlich verstanden. Zum einen bezeichnet er die Lebensmuster innerhalb einer Gemeinschaft – regelmässig wiederkehrende Aktivitäten sowie materielle und soziale Regelungen, die für eine bestimmte Gruppe Menschen charakteristisch sind. In diesem Sinne bezieht sich Kultur auf den Bereich wahrnehmbarer Phänomene, auf Dinge und Ereignisse in der konkreten Welt. Zum anderen wird der Kulturbegriff bezogen auf das organisierte Wissens- und Glaubenssystem, in dessen Rahmen Menschen ihre Erfahrungen und Wahrnehmungen strukturieren, formulieren, handeln und zwischen Alternativen wählen. Dieses Verständnis von Kultur bezieht sich auf die ideelle Ebene (Keesing, Strathern, a. a. O. (Fussnote 46), S. 16). Deborah Eade spricht ihrerseits in „Development and Culture“, Oxford, 2002 (S. 10) von den drei „Dimensionen“ jeder Kultur: der Symbolebene, die Werte, Symbole, Archetypen, Mythen, Spiritualität, Religion bzw. häufig mehrere verschiedene Religionen umfasst, der Gesellschaft, mit den Organisationsmustern von Familien und Gruppen, ihren Verknüpfungen und Unterstützungsformen, Verwaltungssystemen und politischen Systemen zur Entscheidungsfindung und Konfliktbewältigung, und schliesslich der technischen Dimension – Fähigkeiten, Fachwissen, Technologie, Landwirtschaft, Küche und Architektur. Häufig überschneiden sich diese Dimensionen, denken wir etwa an Kunst, Recht und Sprache.

[48] Chris Barker: „Cultural Studies. Theory and Practice“, Neu-Delhi, 2000, S. 40.

[49] Ebd.

- Gesamtheit von Wissen, Haltungen und gewohnten Verhaltensmustern, die die Mitglieder einer bestimmten Gesellschaft gemeinsam haben und tradieren,

- alle historisch entstandenen Lebenskonzepte, expliziter und impliziter, rationaler, irrationaler und nicht-rationaler Art, die zu einer bestimmten Zeit als potenzielle Leitlinien für menschliches Verhalten existieren,

- erlernte und tradierte handlungsmotivierende Reaktionen, Gewohnheiten, Technologien, Ideen und Werte sowie das Verhalten, das sie hervorrufen,

- explizite und implizite Verhaltensmuster, die durch Symbole erworben und tradiert werden und aus den spezifischen Errungenschaften menschlicher Gruppen einschliesslich ihrer Verkörperung in Artefakten bestehen.

Der vorliegende Beitrag setzt in seiner Strategie auf eine weit gefasste Definition von Kultur. Der Begriff wird also nicht im Widerspruch zu Entwicklung gesehen, sondern als etwas sich kontinuierlich Veränderndes und neu Entstehendes, das dem Takt gesellschaftlicher Veränderungsprozesse folgt und gleichzeitig einen gemeinsamen Bezugspunkt auf der Ebene der weltweiten Entwicklung bietet.

So kann Kultur im weiteren Sinne definiert werden als die komplexe Gesamtheit von Wissen, Überzeugungen, Kunst, Ethik, Recht, Sitten und Gebräuchen sowie allen anderen Fähigkeiten und Gewohnheiten, die sich Menschen als Angehörige einer Gesellschaft oder Gruppe aneignen.[50] Kurzum lässt sich der Bezug zwischen Kultur und Entwicklung zusammenfassen und definieren als der Komplex spiritueller, materieller, intellektueller und emotionaler Eigenschaften, die eine Gesellschaft ausmachen. Kultur, das sind die in der jeweiligen Gesellschaftsgruppe vorherrschenden Geistesstrukturen bzw. allgemeinen Verständnismuster, d. h. die Vorstellungen von Welt, Religion, Geschlechterrollen und dem Umgang mit Ressourcen. Zur Kultur gehören jedoch auch konkretere Ausdrucksformen – Werke von künstlerischem bzw. kulturellem Wert.

In der Anwendung folgt aus dieser Doppeldefinition, dass die Arbeit an der kulturellen Dimension Kultur in den Blick nimmt (i) als Summe des sozial Üblichen etwa in Form von Religion, Sprache, Bildung und sozialer Familienpraxis und (ii) als künstlerischen Ausdruck etwa in Form von Literatur, Tanz, Musik und Film. Die kulturelle Dimension bietet besonders gute Möglichkei-

[50] Keesing, a. a. O. (Fussnote 46), S. 14.

ten zu echter Partnerschaft, da sie mehr Optionen für eine gleichberechtigte Zusammenarbeit bietet, als dies auf der Wirtschaftsebene der Fall ist. Häufig stösst der Zusammenhang zwischen Entwicklung und Kultur Prozesse an, in deren Rahmen alle Beteiligten langfristig Einfluss aufeinander ausüben.

DIE KULTURELLE DIMENSION VON ENTWICKLUNG

Serageldin und Taboroff stellen fest, die kulturelle Dimension von Entwicklung „ist ein Konzept, das allmählich über einen langen Zeitraum und in grossem Masse als Folge von Studien entstanden ist, die an der Schnittstelle von Kultur und sozialen Fragen [bzw. von Kultur und Entwicklung] von der UNESCO und anderen Institutionen durchgeführt wurden"[51]. Das Konzept ist letztlich verknüpft mit den breiter gefassten anthropologischen Definitionen von Kultur. Dazu gehört „der gesamte Komplex charakteristischer spiritueller, materieller, intellektueller und emotionaler Merkmale einer Gesellschaft oder Gruppe." Neben Kunst und Literatur zählen hierzu auch Lebensweisen, die Grundrechte des menschlichen Wertesystems, Traditionen und Überzeugungen.

In der Planung der Weltdekade für kulturelle Entwicklung der UNESCO (1988-1997) wurden die folgenden vier Ziele festgelegt:

- Anerkennung der kulturellen Dimension der Entwicklung,
- Stärkung und Bereicherung kultureller Identität,
- breitere kulturelle Teilhabe,
- Förderung der internationalen kulturellen Zusammenarbeit.

Einer der Gründe für den mangelnden Erfolg verschiedener Entwicklungsstrategien liegt in der Tatsache, dass die kulturelle Dimension als Aspekt von Entwicklung lange Zeit vernachlässigt wurde.[52] Menschen identifizieren sich nicht mit Entwicklungsmassnahmen, es sei denn, sie entsprechen ihren tiefempfundenen Bedürfnissen.[53] Menschen sollten in der Lage sein, die Mittel und Motivation für ihre Entwicklung aus den eigenen kulturellen Wurzeln herzuleiten.

---

[51] Ismail Serageldin, June Taboroff: „Culture and Development in Africa", Washington, D. C., 1994, S. 545.

[52] Ebd., S. 9.

[53] Eade, a. a. O. (Fussnote 47), S. 169.

Kultur als Lebensmuster: Lokalkultur und Entwicklung

Menschen im globalen Süden werden selten zu Rate gezogen, was die Art von Entwicklung angeht, die sie wollen. Auf sie werden unterschiedliche Entwicklungsmodelle angewandt, die nur selten ihre Lebensmittelversorgung oder ihren Gesundheitszustand verbessern. Sie sind die Menschen, die andere gern verändern wollen, sei es durch das Christentum, durch Zivilisation, Forschung oder Entwicklungsprojekte. Selten wird in Betracht gezogen, dass sie selbst über eine Religion, Kultur oder ein Handelssystem verfügen. Vielmehr wird von der Annahme ausgegangen, dass sie mit all diesen Dimensionen erst vertraut gemacht werden müssen, dass sie Unterstützung brauchen, ihre Situation evaluiert werden muss und Hilfsgüter für sie bereitgestellt werden müssen.[54]

Im Gegensatz zu diesem entwürdigenden Umgang mit der Kultur des globalen Südens betrachtet Anderson[55] Entwicklung aus der christlich-transformatorischen Perspektive – als Prozess, durch den Indigene die Möglichkeit haben, ihre eigene Lebensweise zu verbessern, indem sie ihr physisches und soziales Umfeld hinterfragen. Zugrunde liegt die Erkenntnis, dass lokale Bevölkerung und Einzelpersonen ihren eigenen Entwicklungsbegriff haben.[56] Dieser Prozess schliesst auch ein, dass die zur Beseitigung solcher Zwänge nötigen Ressourcen zugänglich gemacht werden, und dass den Menschen das Recht zugestanden wird, ihr Schicksal den ihnen zur Verfügung stehenden Ressourcen entsprechend zu planen und zu bestimmen. Der Mensch braucht keine anderen, die seine Bedürfnisse für ihn definieren, er kann das selbst.

Anderson[57] mahnt zudem, da Menschen nicht entwickelt werden, sondern sich selbst entwickeln, müssen sie davon überzeugt werden, dass die vorgesehenen Veränderungen nicht als Experiment an ihrem Leben zu verstehen sind, sondern tatsächlich Verbesserungen bringen werden.

Hier muss auch festgestellt werden, dass Menschen sich dann aktiv einbringen, wenn es um das geht, was sie am besten kennen. Praktisch alle Gruppen im ländlichen Umfeld schätzen auch heute ihre Kultur als Ausdruck ihres traditionellen Wissens, Könnens, ihrer traditionellen Organisation, Werte, Sitten und Gebräuche sowie Verwaltungssysteme und Institutionen. Sie haben den Gruppen das Überleben in einem konkreten physischen und sozialen Umfeld ermöglicht. Sollen Menschen also zur

[54] Ebd., S. 168.
[55] Anderson, a. a. O. (Fussnote 32), S. 69.
[56] Eade, a. a. O. (Fussnote 47), S. 168.
[57] Anderson, a. a. O. (Fussnote 32), S. 69.

Mitwirkung an Entscheidungen motiviert werden, die Auswirkungen auf ihr Leben haben, müssen sie dort abgeholt werden, wo sie stehen, und mit dem anfangen, was sie kennen. Was die meisten kennen, sind die eigene Kultur und die eigenen Werte.[58]

Wird die kulturelle Dimension in Entwicklungsprozesse einbezogen, kann dies dazu führen, dass ein weniger reduktiver, umfassenderer Ansatz zur Anwendung kommt.[59] Das heisst, die Entwicklungspartner und darunter insbesondere die Betroffenen, müssen von Anfang an besondere Anstrengungen unternehmen, um eine solche Berücksichtigung der Kultur zu gewährleisten. Im Zusammenhang mit Entwicklungsarbeit ist es hilfreich, Kultur sowohl als Hilfsmittel und Bewältigungsstrategie im Blick auf negative Einflüsse und Zwänge als auch als kreative, freudige Reaktion auf die Beziehungen zu betrachten, in denen Menschen zu sich selbst, zu Anderen, zur Gruppe und ihrer Umwelt stehen.[60]

Auch ist Kultur nicht einfach der Vergangenheit zugehörig. Sie entwickelt sich durch äussere Einflüsse und aufgrund der Tatsache, dass Menschen Neuerungen schaffen und neue kulturelle Charakteristika einführen. In jeder Kultur existieren folglich ererbte und neu übernommene oder entwickelte Elemente nebeneinander. So ist unter Kultur der gesamte Komplex von Wissen, Weisheit, Werten, Haltungen, Sitten und Gebräuchen sowie vielfältigen Ressourcen zu verstehen, die eine Gruppe von Menschen ererbt, übernommen oder selbst hervorgebracht hat mit dem Ziel, im Kontext ihres jeweiligen sozialen und natürlichen Umfelds zu gedeihen. Sie beinhaltet die vor Ort herrschende Sicht auf den Sinn des Lebens und auf den Inhalt „guten Lebens" für eine lokale Bevölkerung. Kultur vermittelt Sinn und Richtung. Jeder Entwicklungsprozess muss eingebettet sein in die lokale Kultur, sonst findet schlicht keine Entwicklung statt. Die Kultur spielt eine wesentliche Rolle im Leben der Menschen, da sie die Instrumente bietet, um den in der menschlichen Gesellschaft enthaltenen Sinn zu verstehen und zu interpretieren.[61]

---

[58] Ebd., S. 71.

[59] Eade, a. a. O. (Fussnote 47), S. 9.

[60] Ebd., S. 10.

[61] Philip N. Cooke, Luciana Lazzeretti (Hg.): „Creative Cities, Cultural Clusters and Local Economic Development", Cheltenham, 2008, S. 48, stellen fest, dass die jeweilige Kultur eine bestimmte Art und Weise vorgibt, wie eine Gruppe die Welt wahrnimmt und die Realität versteht. Gute Entwicklung muss also auch die kulturellen Werte berücksichtigen, die in der jeweiligen Bevölkerung gelten. In der Kultur beheimatete Überzeugungen bergen die Dynamik, die, werden sie angemessen berücksichtigt, eine Sprungfeder bieten kann für Entwicklungsmodelle, die humaner sind als jene, die sich auf fremde Paradigmen stützen. Matthew Clarke: „Development and Religion. Theology and Practice", Cheltenham, 2011, S. 10.

Kulturelle Tendenzen wie Zusammenarbeit in der Gruppe, Partizipation, Inklusion und Konsens sind also zu berücksichtigen. Baut Entwicklung auf indigenen Werten auf, fordert sie geringere soziale Kosten und verursacht weniger Leid und Zerstörung von Kultur, als wenn sie auswärtige Modelle kopiert. Dies begründet sich darin, dass indigene Werte die Matrix darstellen, aus der die Bevölkerung Lebenssinn, Identität und kulturelle Integrität schöpft.[62]

Eine authentische Auseinandersetzung mit Theologie, Entwicklung und Kultur sollte klären, wie eine Wandel schaffende Entwicklung auszusehen hat. Dabei muss berücksichtigt werden, dass das Wertesystem einer lokalen Bevölkerung inhärente, gottgegebene Stärken hat, die genutzt werden können, um nachhaltige Entwicklung zu ermöglichen. Lokale Werte bieten eine Dynamik, die neuen Entwicklungsansätzen den Weg weist.

Förderung der kulturellen Identität in Entwicklungsprozessen

Serageldin und Taboroff[63] stellen fest, dass die Erfahrung der eigenen Kultur in Menschen tiefe Reaktionen auslöst. Dies rührt unter anderem daher, dass sie aus einer authentischen Tradition schöpfen, die das gemeinsame Selbst- und Gesellschaftsbild mitprägt, was Kollektivität schafft. Eine klare kulturelle Identität und ihre Entwicklung in Kontinuität sind unerlässlich für die Entstehung eines ganzheitlichen, Neues einbindenden kulturellen Rahmens – unabdingbare Voraussetzung für sinnvolle, effiziente Institutionen, die auf Authentizität und Tradition aufbauen, aber offen sind für Veränderungen und Modernität.

Kulturelle Identität ist entscheidend für die Selbstgewissheit, die eine Gesellschaft zur (endogenen) Entwicklung braucht. Ohne solche Institutionen kann sich keine echte Entwicklung vollziehen.

Dies gilt insbesondere für die wirtschaftliche Entwicklung, deren Hauptmotor die Arbeit und schöpferische Kraft der Menschen ist.[64] Entdeckungsdrang und Erfindungsgeist werden angeregt durch ein Klima der Freiheit, das den Menschen das eigene Schicksal bestimmen lässt. Haben Menschen dagegen das Empfinden, dass andere für sie verantwortlich sind, lassen ihre Anstrengungen nach. Wird ihnen vorgegeben, was sie denken und meinen sollen, folgt daraus entweder ein Motivations- und Kreativitätsverlust oder

---

[62] Ebd., S. 11.

[63] Serageldin, Taboroff, a. a. O. (Fussnote 51), S. 19.

[64] Lawrence E. Harrison, Samuel P. Huntington: „Culture Matters. How Values Shape Human Progress", New York, 2000, S. 47; vgl. auch die deutsche Fassung: „Streit um Werte. Wie Kulturen den Fortschritt prägen", Hamburg, 2002.

die Wahl zwischen Unterwerfung und Rebellion. Die Unterwerfung nimmt einer Gesellschaft ihre innovativen Akteure, Rebellionen schöpfen Energien ab, die für konstruktive Bemühungen fehlen und in einen Widerstand fliessen, der Hindernisse aufrichtet und Zerstörung verursacht. Wird dem Menschen Vertrauen entgegengebracht, wird an sie/ihn geglaubt, ist dies ein Element eines Wertesystems, das der Entwicklung förderlich ist.

Ziele von Kultur und Entwicklung

Die Ziele einer bewussten und systematischen Einbindung kultureller Aspekte in die Entwicklungszusammenarbeit lassen sich wie folgt zusammenfassen:

- **Förderung der kulturellen Dimension als wichtige Komponente der Armutsbekämpfung.** Das Bewusstsein für den kulturellen Kontext ist notwendig für Planung und Umsetzung jedweder Entwicklungszusammenarbeit. Zu diesem Zweck muss Kultur als Ressource einbezogen werden und darf nicht als Hindernis des Prozesses wirken. Gleichzeitig müssen lokale Kultur und lokales Wissen berücksichtigt werden als integrale Bestandteile von Entwicklungsprogrammen, sowohl zum Nutzen der Bevölkerung vor Ort als auch im Sinne eines Beitrags zur fortbestehenden weltweiten kulturellen Vielfalt.

- **Förderung von Kultur als aktives Instrument zur Stärkung derjenigen, die in extremer Armut leben.** Kulturelle Projekte können allgemein als aktives Instrument zur Förderung des Verständnisses für Werte wie soziale Gerechtigkeit, Chancengleichheit und Nachhaltigkeit dienen. Zudem können sie die Identität und Würde von Menschen stützen, die in Armut oder unter besonders schwierigen Bedingungen leben. Im Rahmen eines solchen Prozesses muss der Situation von Frauen und Indigenen besondere Aufmerksamkeit gelten.

- **Förderung kultureller Vielfalt auf der Grundlage von Menschenrechten und Toleranz.** Die verstärkte Aufmerksamkeit, die in der endogenen Entwicklungszusammenarbeit auf die kulturelle Dimension gerichtet ist, muss einen Beitrag leisten zur Wahrung und Entwicklung der kulturellen Vielfalt und es sind aktive Bemühungen zur Förderung gegenseitiger kultureller Achtung erforderlich. Toleranz und Achtung vor den Menschenrechten und unterschiedlichen Kulturen müssen gefördert werden als wichtiger Faktor für die Bestrebungen zur Wahrung der kulturellen Identität des globalen Südens.

Endogene Entwicklung

Im folgenden Abschnitt soll es um die endogene Entwicklung gehen, um ihre Unterschiede zu anderen Entwicklungsansätzen und ihre Bedeutung. Die endogene Entwicklung stützt sich auf die Entwicklungskriterien der lokalen Bevölkerung und berücksichtigt das materielle, soziale und spirituelle Wohl der Menschen.[65]

Inzwischen wird die Bedeutung partizipatorischer Ansätze und der Berücksichtigung lokalen Wissens in Entwicklungsmassnahmen weithin anerkannt. Allerdings bestehen bei vielen dieser Ansätze Probleme, was die Überwindung einer impliziten westlichen Prägung angeht. Endogene Entwicklung will eine solche Einseitigkeit dadurch vermeiden, dass sie die Weltsicht und Strategien zur Existenzsicherung der lokalen Bevölkerung zum Ausgangspunkt von Entwicklung macht. Vielfach entsprechen eine solche Weltsicht und solche Strategien dem Grundgedanken der nachhaltigen Entwicklung, streben also ein Gleichgewicht zwischen dem materiellen, sozialen und spirituellen Wohl an.

Der Hauptunterschied zwischen endogener Entwicklung und anderen partizipatorischen Ansätzen liegt in ihrer Schwerpunktsetzung bei der Einbindung religiöser (spiritueller) Aspekte in den Entwicklungsprozess, zusätzlich zur ökologischen, sozialen und ökonomischen Dimension. Endogene Entwicklung stützt sich vorrangig auf lokale Strategien, Werte, Institutionen und Ressourcen. Entsprechend können Prioritäten, Bedürfnisse und Kriterien der Entwicklung je nach lokaler Bevölkerung variieren und unterscheiden sich gegebenenfalls auch von jenen, die Entwicklungsfachleute verfolgen.

Schlüsselkonzepte der endogenen Entwicklung sind die lokale Steuerung des Entwicklungsprozesses, die Achtung kultureller Werte, Würdigung der jeweiligen Weltsicht und das Anstreben eines Gleichgewichts zwischen lokalen und externen Ressourcen. Ziel endogener Entwicklung ist die Befähigung der lokalen Bevölkerung zur Steuerung des eigenen Entwicklungsprozesses.

Hintergrund und Wert endogener Entwicklung

Bemerkenswert an der „alternativen Entwicklung“ ist ihre Schwerpunktsetzung bei der endogenen Entwicklung. Das Konzept wurzelt in den Erfahrungen des globalen Südens und entstand als Antithese zum Abhän-

[65] Antonio Vazquez-Barquero: „Endogenous Development. Networking, Innovation, Institutions and Cities“, London, 2002, S. 73.

gigkeitssyndrom. Bragg[66] verweist auf Erfahrungen im Indien Ghandis, im 19. Jahrhundert in Japan und, in jüngerer Vergangenheit, in Tansania[67], China, Sri Lanka und anderenorts, die den Weg zur Selbstbestimmung zeigen. Befürworterinnen und Befürworter der endogenen Entwicklung sehen Bemühungen um Selbstbestimmung als wichtige politische Strategie gegen die Vorherrschaft des Westens und die Ausbeutung durch ihn. Die Suche nach einer neuen internationalen Wirtschaftsordnung machte eine Neuformulierung der Grundlagen des Beziehungssystems zwischen dem globalen Süden und der Völkergemeinschaft insgesamt erforderlich.

Carmen[68] betont jedoch, dass der Weg von Abhängigkeit zu Autonomie einen grundlegenden Wandel in der Beziehungsstruktur von Staat und Zivilgesellschaft im globalen Süden erfordert. Selbstbestimmung erlangt die südliche Hemisphäre nicht durch die Nachahmung des globalen Nordens, sondern durch die Fähigkeit, eigene Ziele zu setzen und die eigenen Kräfte einschliesslich der ökonomischen aufzuwenden. Weiterhin ist von wesentlicher Bedeutung die Befähigung der Bevölkerung dazu, selbst wirksam an der Schaffung der Strukturen und an der Konzeption von Prinzipien und Programmen mitzuwirken, die dem Interesse aller dienen, effektiv zum Entwicklungsprozess beizutragen und fair an seinen Vorteilen teilzuhaben.[69]

Endogene Entwicklung ist also ein Instrument zur Verwirklichung eines sozialen, kulturellen und ökonomischen Wandels der Gesellschaft auf der Grundlage der Neubelebung von Traditionen, der Bewahrung der Umwelt und fairer Produktionsbeziehungen. Dies schafft Raum für die Herstellung von Produkten aus den natürlichen Ressourcen, die genutzt, vertrieben und in die ganze Welt exportiert werden können. Endogene Entwicklung will Menschen und Gruppen einbinden, die bisher von Bildungs-, Wirtschafts- und Sozialsystem ausgeschlossen waren. Dazu baut sie produktive Netzwerke auf, die einen guten Zugang zu Technologie und Wissen bieten. Durch endogene Entwicklung erhalten organisierte

---

[66] Bragg, a. a. O. (Fussnote 12), S. 34.

[67] Im Jahr 1967 wurden bei einem Parteitag der TANU in Arusha (Tansania) Strategien für das Land entwickelt, das kurz zuvor die Unabhängigkeit erlangt hatte. Die Arusha-Deklaration legte das Ideal des Ujamaa dar: „Um unsere Unabhängigkeit und die Freiheit unseres Volkes zu wahren, sollten wir in jeder Hinsicht selbstbestimmt sein und die Abhängigkeit von der Unterstützung durch andere Länder meiden." Tansania wollte Entwicklung zu seinen eigenen Bedingungen und auf eigene Initiative. Präsident Julius Nyerere sah die Abwendung vom weltweiten kapitalistischen System als einzige Möglichkeit für das Land zur Autonomie und Entwicklung nach den eigenen Bedingungen. Vgl. Samuel und Sugden, a. a. O. (Fussnote 12), S. 34.

[68] Carmen, a. a. O. (Fussnote 10), S. 84.

[69] Ebd., S. 87.

Gruppen und Gemeinwesen die Macht, die Potenziale jeder Region in den Bereichen des sozialen, ökonomischen, kulturellen und spirituellen Gemeinwohls zu entfalten.[70]

Endogene Entwicklung will die Lebensqualität verbessern und ein neues Modell ökonomischer und sozialer Entwicklung schaffen, in dem die von anderen Modellen vernachlässigten Aspekte berücksichtigt werden. Die Zusammenarbeit vieler Institutionen, die gleichermassen dem Prinzip der Solidarität mit der lokalen Bevölkerung verpflichtet sind, wird gefördert. Eine auf endogene Entwicklung ausgerichtete Politik stützt sich auf den Wandlungsprozess und fördert die aktive Mitwirkung der gesamten Bevölkerung am Schicksal der Nation, die Demokratisierung der Ressourcen, die Schaffung einer fairen Gesellschaft und die Verbesserung des Lebensstandards vernachlässigter Gruppen und Gemeinwesen. Die Mitwirkung der Bevölkerung an Gestaltung, Vollzug und Kontrolle öffentlicher Aushandlungsprozesse ist das notwendige Mittel zur Verwirklichung vollständiger Entwicklung.[71]

Diese Befähigung zur Autonomie bedeutet, in den Worten der Erklärung von Cocoyoc, vor allem: „Vertrauen in Menschen und Völker, das Sichverlassen auf die Befähigung von Menschen, selbst neue Ressourcen und Techniken zu erfinden und hervorzubringen, die Erweiterung ihrer Fähigkeit, sie zu rezipieren, sie zum Wohl der Gesellschaft einzusetzen, die Wirtschaft in gewissem Mass zu kontrollieren und einen eigenen Lebensstil hervorzubringen."[72]

Endogene Entwicklung bedeutet einen Entwicklungstyp, der seinen Ursprung im Herzen der jeweiligen Gesellschaft hat, ohne äussere Einmischung oder Nachahmung. Anders gesagt definiert die Gesellschaft, Gruppe oder Einzelperson souverän die eigenen Werte und die eigene Zukunftsvision.[73] Denselben Gedanken formuliert Carmen[74]: Entwicklung werde Menschen nicht auf die übliche interventionistische Art und Weise durch externe Akteure und selbst ernannte Fachleute zugefügt, sondern könne immer nur Produkt eines stets vorhandenen, erfinderischen, kreativen und autonomen menschlichen Agens sein.

Vor diesem Hintergrund sollte Entwicklung zum Projekt des autonomen Agens der Betroffenen werden. Menschen als Subjekte müssen frei sein vom Wandlungsprozess und als Urheberinnen und Urheber eines kulturell eingebetteten, durchwegs genderbewussten ökonomischen und politischen

[70] Vazquez-Barquero, a. a. O. (Fussnote 65), S. 73.
[71] Ebd.
[72] Vgl. Samuel und Sugden, a. a. O. (Fussnote 12), S. 35.
[73] Burkey, a. a. O. (Fussnote 18), S. 30.
[74] Carmen, a. a. O. (Fussnote 10), S. 31.

Prozesses der Veränderung und Humanisierung der von ihnen bewohnten Landschaften ihre eigene Zukunft erfinden.

Der endogene Ansatz ist eine Strategie für eine angemessenere Form von Entwicklung, die nicht auf äusserem Zwang und politischer Abhängigkeit fusst, sondern auf den Strukturen innerer Notwendigkeiten und Kriterien. Endogene Entwicklung gleicht Machtgefälle zwischen Staaten und Menschen aus und verteilt Macht.

Zur endogenen Entwicklung innerhalb eines Staates gehört die Dezentralisierung der Macht, was den Betroffenen auf allen Gesellschaftsebene die Möglichkeit eröffnen würde, alle Macht, derer sie fähig sind, auszuüben. Dies gibt auch der Partizipation aller Mitglieder der Gesellschaft, der Chancengleichheit und dem Recht Raum, über das eigene Schicksal zu bestimmen.[75]

Die Philosophie des Endogenen ist entscheidend für eine am Menschen orientierte Entwicklung, denn sie bildet die nicht verhandelbare Grundlage für Methodik und Prozess der Entwicklung im globalen Süden insgesamt. Hier soll auf der Grundlage der Prämisse argumentiert werden, dass sinnvolle Entwicklung ihrem Wesen nach endogen ist, da sie aus lokalen Initiativen entsteht und die Menschen selbst die eigenen Entwicklungsziele im eigenen kulturellen Kontext und der eigenen Situation vorantreiben.[76]

Dabei ist nicht zu vergessen, dass aus dem Modernisierungsparadigma erwachsene Entwicklungstheorien, wie sie oben dargestellt wurden, enttäuschende Ergebnisse erzielt haben, was die Förderung einer von der örtlichen Bevölkerung vorangetriebenen Entwicklung angeht. Zugunsten der Bereicherung von Eliten waren die Wirkungen auf die meisten Menschen, Gesellschaften, Gruppen und insbesondere den globalen Süden in der einen oder anderen Weise negativ. Jeder Plan zur Veränderung der menschlichen Existenz muss in ausreichendem Mass lebensnotwendige Güter und Dienstleistungen vorsehen, was die meisten Entwicklungsmodelle bisher versäumt haben.

Bragg[77] stellt fest, dass in anderen Entwicklungsmodellen – Modernisierung, Abhängigkeit und globaler Reformismus – Fragen der Partizipation, Würde, Freiheit und Gerechtigkeit von den Menschen getrennt betrachtet werden. Die endogene Entwicklung ihrerseits will insbesondere Menschen dazu ermutigen, an ihrer eigenen Entwicklungsagenda teilzuhaben. Auf allen Ebenen sollen sie an Veranstaltungen mitwirken und neue Ressourcen und Techniken schaffen, die ihre Kapazität zur Rezeption der entsprechenden Erkenntnisse und zur Gestaltung ihres eigenen Lebensstils stärken.

[75] Bragg, a. a. O. (Fussnote 12), S. 35.
[76] Samuel und Sugden, a. a. O. (Fussnote 12), S. 36.
[77] Bragg, a. a. O. (Fussnote 12), S. 44.

Das Konzept endogene Entwicklung betont, dass Kultur und Entwicklung Hand in Hand gehen müssen, aber zu oft haben moderne Theorien bei dem Versuch, den materiellen Nutzen in den Vordergrund zu stellen, Bräuche und soziale Muster ignoriert.[78] Lokale Traditionen werden häufig als Hindernis für Wandel und Technologie gesehen, ohne das nötige Verständnis der hinter den gesammelten Einsichten der Gesellschaft stehenden Logik. Befürworterinnen und Befürworter der Neuen Weltwirtschaftsordnung neigen ebenfalls dazu, nur die Vorteile gesteigerten Wohlstands zu betrachten. Samuel und Sugden[79] stellen dazu fest, in solchen Fällen werde das kulturelle Erbe des eigenen Kontextes dem Fortschritt von Industrialisierung und auf die Rohstoffförderung aufbauenden Ökonomien geopfert. Es darf also nicht vergessen werden, dass jede zerstörte Kultur gleichzeitig den Verlust von einem Stück Schöpfung und Menschheit bedeutet.

Eine transformatorisch und endogen orientierte Entwicklungstheorie anerkennt die entscheidende Bedeutung des kulturellen Erbes und der Kreativität aller Menschen als biblisches (theologisches) Konzept. Geschieht Entwicklung in diesem Sinne, müssen sich die Akteure mit jeder Veränderung identifizieren, denn sie erwächst endogen aus der Kultur. Dies rechtfertigt demnach die Auseinandersetzung mit dem Gedanken einer endogenen, kontextuellen Entwicklung als alternatives Entwicklungskonzept, das Multidimensionalität, Wandel und langfristige Nachhaltigkeit wertschätzt.

Entwicklungsethos – wie geht das?

Zur Frage, wie das Entwicklungsethos im Kontakt mit der lokalen Kultur und Religion entsteht, sich verankert und nachhaltig wirkt, sind die folgenden Wegmarken festzuhalten:

Endogene, selbstbestimmte Entwicklung

Die Erklärung von Cocoyoc stellt fest, autonome Kapazität bedeute Vertrauen in Menschen und Völker, das Sichverlassen auf die Befähigung von Menschen, neue Ressourcen und Techniken zu erfinden und hervorzubringen, die Erweiterung ihrer Fähigkeit, sie zu rezipieren, sie zum Wohl der Gesellschaft einzusetzen, die Wirtschaft in gewissem Mass zu kontrollieren und den eigenen Lebensstil zu gestalten.[80]

[78] David Reid: „Sustainable Development. An Introductory Guide“, London, 1995, S. 71.

[79] Samuel und Sugden, a. a. O. (Fussnote 12), S. 45.

[80] Ebd., S. 35.

Eine der herausragenden Eigenschaften endogener Entwicklung ist, dass sie Selbstbestimmung und menschliche Entwicklung dort fördert, wo Einzelne und Gruppen Subjekte ihres eigenen Entwicklungsprozesses werden. Selbstbestimmung bedeutet, Dinge in die Hand zu nehmen, das eigene Selbstvertrauen zu wahren und unabhängige Entscheidungen zu treffen – entweder als Einzelperson oder im Kontext eines Kollektivs, dem sich jedes einzelne Mitglied freiwillig angeschlossen hat.[81]

Selbstbestimmung kommt von innen, richtet sich aber nach aussen. Sie beruht auf sozialen Beziehungen, in denen gleichgesinnte Personen bzw. Menschen mit gleichen Kernwerten sich treffen, freiwillig ihre Anstrengungen und Ressourcen in kleinen Gruppen bündeln und sich mit anderen kleinen Gruppen zusammenschliessen, die auf dieselben Ziele hinarbeiten. Entsprechend stützen sich Entscheidungen und Aktivitäten auf allen Ebenen auf Selbstvertrauen und Entscheidungsfreiheit. Selbstbestimmung in diesem Sinne soll nicht zur umfassenden Autarkie führen etwa im Sinne der Fähigkeit, ohne Interaktion mit anderen die eigenen Ressourcen vollständig zu kontrollieren. Im ökonomischen Sinne meint sie vielmehr die Fähigkeit der Familie, Gruppe oder des Volkes, das Lebensnotwendige und zusätzliche Überschüsse zu produzieren, gegen die diejenigen Waren und Dienstleistungen eingetauscht werden, die selbst nicht effizient hergestellt werden können.[82]

Keine Entwicklungsmassnahme, egal ob von aussen oder durch die indigene Gruppe selbst initiiert, kann überdies auf Erfolg hoffen, wenn ihr nicht ein starkes Element menschlicher Entwicklung innewohnt. Dazu gehören die Stärkung der Persönlichkeit sowie der Erwerb und die Rezeption von Wissen und Information.[83]

Damit eine indigene Gruppe die eigene Entwicklung bestimmen und kontrollieren kann, muss sie Selbstvertrauen gewinnen, lernen, selbstbewusst aufzutreten, auf die eigenen Fähigkeiten vertrauen und die Fähigkeit erwerben, in der Gruppe und mit anderen zu diskutieren. Eine solche Diskussion umfasst das bereits vorhandene Wissen, insbesondere über Entwicklungsarbeit, die bei den einzelnen Angehörigen der Gruppe vorhandenen Kompetenzen und die Frage, wie diese möglichst produktiv eingesetzt werden können. Darüber hinaus ist der Aspekt des Selbstbewusstseins für den gesamten Prozess der Selbstbestimmung entscheidend. Selbstbewusstsein kann nicht gelehrt werden, vielmehr wird es durch positive Erfahrungen, etwa kleine Erfolgserlebnisse, erworben. Es lässt sich folglich fördern, indem Vertrauen und Ermutigung zum Ausdruck gebracht werden.[84]

[81] Burkey, a. a. O. (Fussnote 18), S. 50.
[82] Ebd., S. 51.
[83] Ebd., S. 52.
[84] Ebd., S. 53.

Ein Entwicklungsansatz, der Selbstbestimmung anstrebt, bietet folglich eine Strategie für eine angemessenere Entwicklung, bei der nicht äussere Zwänge und potenzielle Abhängigkeit im Mittelpunkt stehen, sondern der innere Bedarf als Kriterium zugrunde gelegt wird. Ein solcher Ansatz würde das Machtgefälle zwischen Staaten sowie das Verhältnis von Makro- und Mikroebene im Entwicklungszusammenhang ausgleichen und jeweils eine Umverteilung zur Folge haben. Das Konzept Selbstbestimmung auf das einzelne Staatswesen angewandt erfordert die Dezentralisierung von Macht, wodurch die auf allen Ebenen der Gesellschaft jeweils Betroffenen in die Lage versetzt werden, die Macht auszuüben, die sie auszuüben fähig sind. Selbstbestimmung wird also angestrebt, um die Partizipation aller Mitglieder der Gesellschaft zu fördern.[85]

Eigentum und Kontrolle

Endogene Entwicklung befähigt Menschen dazu, das Eigentum an und die Kontrolle über jene Ressourcen, die ihnen ursprünglich gehörten, und jene, die Ergebnis ihrer eigenen Erfindungsgabe und Kreativität sind, wiederzuerlangen.[86] Entwicklungsinitiativen, einschliesslich solcher, die endogen und nachhaltig orientiert sind, können dauerhaft wirken durch systematischere und umfassendere gesellschaftliche Dialoge von Wissenschaft, Politik, Entwicklungsinstitutionen und lokalen Akteuren, wodurch eine Bandbreite von Werten, Weltanschauungen und Wissensformen eingebunden sind.

Die Reflexion über das Verhältnis der verschiedene Weltanschauungen und der damit verbundenen Wissensformen gibt Menschen die Möglichkeit, gemeinsam zu lernen, dass im Prinzip keine Wissensform universal oder von vornherein besser ist als andere. Wissen wird von Menschen hervorgebracht und ist damit fehlbar und nie vollständig. Erfahrungen und Erkenntnisse der lokalen Bevölkerung in aller Welt zeigen die grosse Vielfalt an Werten, Weltanschauungen und Wissensweisen mit Relevanz für Entwicklung und Wissenschaft.

Unter Verweis auf Manfred Max-Neef[87], einen klassischen Ökonomen und Vertreter der Richtung, die mittlerweile als ökologische Ökonomie bezeichnet wird, stellt Carmen[88] fest, Menschen seien von jeher die eigentlichen Protagonisten ihrer eigenen Entwicklung und Zukunft und sollten

[85] Samuel und Sugden, a. a. O. (Fussnote 12), S. 36.

[86] Carmen, a. a. O. (Fussnote 10), S. 83.

[87] Manfred Max-Neef (1999) nimmt zudem die menschlichen Grundbedürfnisse zum Ausgangspunkt seines Lösungsansatzes.

[88] Carmen, a. a. O. (Fussnote 10), S. 139.

es sein. In diesem Sinne lässt sich Entwicklung nicht aufbauen auf von aussen auferlegte Veränderungen, Transfers, Pläne oder Interaktionen. Das Wesen der Entwicklung liegt im Schöpferischen, nicht im schlichten, vorab geplanten und mit Zielen versehenen Wirtschaftswachstum. Menschen verfügen über ein grosses, unerschlossenes Potenzial, das nur auf den rechten Moment wartet, sich zu entfalten.

Im eigentlichen Sinn impliziert Entwicklung Wachstum, aber ebenso und vor allem auch Kreativität, Kultur und alle Aspekte des autonomen menschlichen Agens.

Lokale Partizipation

Partizipation ist grundlegender Teil menschlichen Wachstums, also der Entwicklung von Selbstvertrauen, Stolz, Eigeninitiative, Kreativität, Verantwortung und Zusammenarbeit. Ohne eine solche Entwicklung in den Menschen selbst gestalten sich die Bemühungen zur Überwindung ihrer Armut um ein vielfaches schwieriger. Der Prozess, durch den Menschen lernen, ihr eigenes Leben in die Hand zu nehmen und die eigenen Probleme zu lösen, ist die Grundlage aller Entwicklung.[89]

Die sinnvolle Partizipation der indigenen Bevölkerung am Entwicklungsprozess beinhaltet den direkten Zugang zu den für Entwicklung nötigen Ressourcen und die aktive Beteiligung an und Einflussnahme auf Entscheidungen über diese. Sinnvolle Partizipation impliziert die Fähigkeit, den weiteren Verlauf positiv zu beeinflussen. Partizipation bewirkt in diesem Zusammenhang also eine verstärkte Kontrolle der eigenen Situation durch die indigene Bevölkerung. Der Erwerb von Wissen über die jeweilige Problematik und die Stärkung des Bewusstseins dafür versetzt sie in die Lage, die Ursachen ihrer Armut besser zu verstehen und verschafft ihnen eine bessere Position zur Mobilisierung und Nutzung der verfügbaren Ressourcen für die Verbesserung ihrer Situation.

Ein Schlüsselelement in diesem Prozess, durch den eine indigene Bevölkerung die Kontrolle über die eigene Lebenssituation gewinnt, sind kollektive Anstrengungen etwa im Sinne der Organisation von Aktivitäten unter Gleichgesinnten. Allgemein gilt die Auffassung, dass Partizipation ausserhalb des Kollektiven ins Leere geht. Menschen müssen gemeinsam aktiv werden, ihre personellen und materiellen Ressourcen (bzw. ihr Kapital) bündeln, um die Ziele zu erreichen, die sie sich selbst setzen. Partizipatorische Entwicklung impliziert einen kollektiven Prozess der Verbesserung der eigenen Situation.[90]

---

[89] Burkey, a. a. O. (Fussnote 18), S. 56.
[90] Ebd., S. 59.

Partizipation ist ein kontinuierlicher Lernprozess, ein Prozess fortschreitender Bewusstmachung (in Anlehnung an die Theorie Paulo Freires). Durch die kollektive Reflexion über persönliche Erfahrungen und Probleme (PLA)[91] wächst bei den Betroffenen das Bewusstsein für die unterschiedlichen Aspekte ihrer Realität und für die Möglichkeiten, die ihnen zu deren Veränderung offenstehen. Sie entscheiden, werden kollektiv aktiv und analysieren die erzielten Ergebnisse, was ihr Bewusstsein weiter stärkt, so dass sie mit vertiefter Kenntnis ihrer sich weiter entwickelnde Realität voranschreiten.

Nachhaltigkeit

Chambers vertritt den Standpunkt: „Nachhaltigkeit bedeutet, dass langfristige Perspektiven auf sämtliche Handlungsprinzipien und -schritte angewendet werden sollten, mit dem Ziel des nachhaltigen Wohls und nachhaltiger Existenzgrundlagen für die heutige und zukünftige Generationen."[92] Jeglicher Plan zur Veränderung menschlicher Existenz muss die Mitglieder der Gesellschaft mit einem ausreichenden Mass an lebensnotwendigen Gütern und Dienstleistungen versorgen. Verfügt eine Gesellschaft über nur minimale Güter und Dienstleistungen, wird, besonders aus religiöser Sicht, das Dasein sublimiert. Dies entspricht nicht Gottes Vorsorge für das Wohl der Menschheit.

Samuel und Sugden[93] vermerken, dass die Vorsorge für das Leben – lebenserhaltender Grundbedarf und generelle Zunahme des Wohlstands – eine qualitative Veränderung schafft. Dies rührt daher, dass nachhaltige Entwicklung als Strategie betrachtet wird, die sämtliche Aktiva – natürliche und personelle wie auch finanzielle und materielle Ressourcen – mit dem Ziel des langfristigen Wohlstands bzw. Gemeinwohls verwaltet. Bei der Nachhaltigkeit geht es um einen kontinuierlichen Fluss von Vorteilen.[94]

Aus religiöser Sicht sind zudem die meisten Gruppen bzw. Gemeinwesen bereits jetzt in gewissem Sinne nachhaltig angelegt, denn Gott war und ist unter ihnen und durch sie am Werk. Dies impliziert bei der jeweiligen Gruppe ein Verständnis und eine Vision von Nachhaltigkeit, die das

[91] *Participatory Learning and Action* (PLA) verschiebt das äussere (Veränderung bewirkenden) Agens und schreibt es den Grundsätzen und Lernerfahrungen zu, die sich im Verlauf der eigenen Reflexion und Praxis der Menschen vollziehen. Vgl. August, a. a. O. (Fussnote 38), S. 9-11.

[92] Robert Chambers: „Whose Reality Counts?", London, 1997, S. 11.

[93] Samuel und Sugden, a. a. O. (Fussnote 12), S. 40.

[94] August, a. a. O. (Fussnote 22), S. 27.

physische, materielle, soziale und spirituelle Wohl umfasst.[95] Physische Nachhaltigkeit erfordert eine Befähigung der Armen zur Schaffung von Wohlstand, psychische Nachhaltigkeit wiederum heisst, dass sie lernen müssen, an sich selbst zu glauben. Im Sinne einer sozialen Nachhaltigkeit müssen Menschen wachsende Beheimatung empfinden, im spirituellen Sinne geht es darum, dass jede Person nicht nur von Gott das zum Leben Notwendige erwartet, sondern ihn auch als dem Geber aller Gaben bekennt.

Empowerment

August[96] betrachtet Empowerment als Prozess, der Gruppen und Gemeinwesen Macht verleiht, damit sie Einfluss nehmen können auf den Zugang zu und die Nutzung von Ressourcen im Sinne der Verwirklichung bestimmter Entwicklungsziele. Empowerment befähigt Menschen dazu, auszudrücken, was Entwicklung für sie bedeutet, und diesen Standpunkt auch zu vertreten.[97] Ein auf Empowerment gestützter Ansatz betont zudem die Entscheidungsfindung auf lokaler Ebene, die Selbstbestimmung, die Partizipation an demokratischen Prozessen und das soziale Lernen. Diese Perspektive betont ebenfalls die Partizipation von Einzelnen sowie Gruppen und Gemeinwesen an der Klärung und Lösung der eigenen Probleme ohne Einmischung von aussen.[98]

Weitere Aspekte von Empowerment sind Kapazitätsaufbau und Evaluierung – die Gruppe bzw. das Gemeinwesen wird befähigt, Veränderungen zu antizipieren und zu beeinflussen, fundierte Entscheidungen zu treffen, Ressourcen zu erschliessen und zu verwalten, Leistung zu evaluieren, Wirkung zu erzielen und zu angemessenen Bewertungen zu gelangen.

Entwicklung: Frauen und Gender[99]

Sprechen wir heute im Kontext des globalen Südens von integrierter, partizipatorischer Entwicklung, ist das Thema Gender integraler Bestandteil der Diskussion über das Entstehen, die Verankerung sowie die Nachhaltigkeit

[95] Bryant L. Myers: „Walking with the Poor“, New York, 2003, S. 128.
[96] August, a. a. O. (Fussnote 22), S. 27.
[97] Myers, a. a. O. (Fussnote 95), S. 141.
[98] Davids u. a., a. a. O. (Fussnote 11), S. 40.
[99] Ein Blick in die Geschichte des Entwicklungskonzepts in den 1980er Jahren zeigt, dass sich die Debatte vom Thema „Frauen und Entwicklung“ (*women and development*, WAD) verlagerte zur Einbindung von Frauen in die Entwicklung (*women in development*, WID). Heute werden Fragen von Gender und Entwicklung diskutiert, Frauen sind also als integraler Bestandteil und gleichberechtigte (wenn gleich nicht die sichtbarsten) Partnerinnen des Entwicklungsprozesses im globalen Süden anerkannt.

von Entwicklung. Genderbeziehungen können in diesem Zusammenhang definiert werden als das soziale (kulturelle) Konstrukt von Rollen und Beziehungen zwischen Frauen und Männern.[100] Besonders im globalen Süden beinhalten diese sozial konstruierten Rollen gewöhnlich Ungleichheit im Sinne von Macht, Entscheidungsfindung, Autonomie, Handlungsfreiheit und Eigentum von Ressourcen. Aus diesem Grund geht es bei der Genderproblematik grundsätzlich um Macht, Unterordnung und Ungleichheit, also auch um Möglichkeiten, diese Aspekte so zu verändern, dass Frauen in allen Bereichen und insbesondere im Entwicklungszusammenhang grössere Gleichstellung erlangen.

Traditionell waren Frauen von Entwicklungsdiskurs und -praxis ausgeschlossen. Wo sie eine Rolle spielten, ging es hauptsächlich um die Vermittlung praktischer Fähigkeiten und die Belehrung, als seien sie gleichsam leere Gefässe ohne Kultur oder Verständnis, die es zu füllen gelte. Der Genderansatz erkennt zwar die gewaltige Vielfalt von Mann-Frau-Beziehungen über die Kulturen hinweg, fordert aber trotzdem die Verringerung (Überwindung) der von Frauen erlebten sozialen Ungleichheit als übergeordnetes Ziel.

Zusammenfassung

Der hier verfochtene Entwicklungstypus kann nur auf der lokalen Ebene und im Bezug auf die Kultur und Religionen vor Ort entstehen. Angesichts unserer Kritik an der von Modernisierungstheorien behaupteten „Rückständigkeit" der Kultur des globalen Südens soll hier eingeräumt werden, dass in der Praxis aller Entwicklungsprojekte und -programme die Überzeugung (meta-theoretischer Rahmen oder Grundsatz) und der Ansatz (die Methode) von Theoretiker/innen und Praktiker/innen geprägt sind von eurozentrischen Prinzipien und Werten (Ethos). Ist jedoch die Rede vom Kontext lokaler Gruppen und Gemeinwesen im globalen Süden, stützen sich die hier vertretenen Positionen auf zwei aufeinander bezogene und miteinander verknüpfte Systeme: den christlich-transformatorischen sowie den partizipatorischen, am Menschen orientierten integrierten Entwicklungsansatz. Beide sind vom Wesen her endogen und auf das Wohl des Menschen ausgerichtet. Entwicklung muss folglich kohärent sein mit dem Streben der Menschen und kontextuelle wie kulturelle Relevanz gewähr-

---

[100] Frank Ellis: „Rural Livelihood and Diversity in Developing Countries", Oxford, 2002, S. 139. Vgl. die Diskussion zum Thema Gender *und* bzw. *in der* Entwicklung bei August, a. a. O. (Fussnote 38), S. 70-86.

leisten. Anders gesagt sollten die Menschen selbst entscheiden, welche Verbesserungen nötig und wie sie herbeizuführen sind.

Aus dieser Überzeugung und den mit ihr einhergehenden Werten erschliesst sich das für Entwicklung am besten geeignete Ethos, sie verankert es, um einer von endogenen Prinzipien getragenen Entwicklung, wie sie hier dargestellt wurde, die nachhaltige Wirkung zu sichern.

Wir befürworten ein Ethos, das von Menschenwürde und Lebensqualität als zentralen Grundsätzen ausgeht und als Ergebnis auf verbesserte Lebensstandards abzielt, die Menschen Möglichkeiten zur Selbstbestimmung und letztlich zur Zufriedenheit erschliessen. Das ist zeitaufwändig und teuer, doch stützt sich dieses Ethos auf eine normative Position, die aus der Kreuzestheologie erwächst – Christus opferte sein Leben, damit die Menschen das Leben und volle Genüge haben sollen (vgl. Joh 10,10).

Zitieren möchte ich zum Schluss James Yen, dessen Worte unsere inkarnatorische (kreuzförmige) Perspektive widerspiegeln (Phil 2,5–8):

> Geht zu den Menschen, lebt bei ihnen,
> liebt sie,
> lernt von ihnen, arbeitet mit ihnen,
> beginnt mit dem, was sie haben,
> baut auf auf dem, was sie wissen
> und zuletzt, wenn die Arbeit getan ist,
> werden sie jubeln:
> „Wir haben das selbst geschafft!“[101]

---

[101] Y. C. James Yen initiierte eine Bewegung, die Analphabetismus, Armut und Hunger in Entwicklungsländern auf drei Kontinenten bekämpfte. 1960 gründete Yen, ein in China geborener Lehrer, der in Yale studierte, das International Institute of Rural Reconstruction, ein Netzwerk, das sein Programm der Hilfe zur Selbsthilfe für Arme in dutzenden Ländern koordiniert. „Wir bieten den Armen keine Hilfe, sondern Befreiung“, so Yens Darstellung bei der Verleihung des Eisenhower Medallion durch People to People, mit der er für seine mehr als sechs Jahrzehnte lange Arbeit an der Seite der Notleidenden weltweit geehrt wurde.

Yen wurde am 16. Oktober 1893 als Yen Yang-ch‘u in der damals entlegenen Provinz Sichuan geboren. Der Sohn einer aristokratischen Familie, deren Angehörige traditionell als Gelehrte und Beamte wirkten, erlernte als Kind die englische Sprache und wurde im Alter von 12 Jahren Christ. Da er nicht Untertan der britischen Krone war, war ihm das Studium in Hongkong verwehrt. So wurde er an die Universität Yale geschickt, wo er sein Stipendium durch die bezahlte Mitwirkung in einem Chor aufbesserte und seinen chinesischen Initialen den Namen James hinzufügte.

Religion, Entwicklung und Mission

Michael Biehl

Beginnen möchte ich diesen Beitrag mit einer Darstellung der Diskussion über die unterschiedlichen Auffassungen von Religion und der Auswirkungen, die dies auf Entwicklung hat. Dabei werde ich den Kontext der religiösen Pluralität nicht ausser Acht lassen, in dem sich der christliche Glaube und die christlichen Kirchen als eine Religion unter vielen verstehen, auch wenn diese Auffassung nicht von allen Theologinnen und Theologen geteilt wird. Aus diesem Grund müssen wir unsere Beziehung zu den anderen Religionen von einer explizit theologischen Position her definieren und nicht aus Sicht der Religionsphilosophie. Ich möchte aufzeigen, dass ein solcher theologischer Ansatz als Dimension einer Missionstheologie verstanden werden kann. Im Schlussteil werde ich diese Diskussion in Bezug setzen zu zwei neueren ökumenischen Dokumenten zur Mission und einer Matrix mit christlichen Ressourcen für Entwicklung und Transformation, und möchte damit die Möglichkeiten und Herausforderungen dieses Ansatzes für Kirchen und Gemeinden aufzeigen.

Was ist Religion?

Der Streit darüber, was Religion ausmacht, hat eine lange Geschichte. Im Folgenden will ich zwei Aspekte beleuchten. Als eine Dimension von Kultur und Gesellschaft ist die Erkundung von Religion zunächst Teil des Versuchs westlicher Gesellschaften, sich selber zu verstehen. Die Erkundung von Religion will verstehen wie Gesellschaft funktioniert und sich dabei auf gemeinsame Überzeugungen stützt. Religion aus philosophischer, soziologischer oder rechtswissenschaftlicher Perspektive zu betrachten, gehört zum Funktionieren heutiger Gesellschaften, die sich selber als säkulare Gesellschaften verstehen, dazu.

Ich bin überzeugt, dass man sagen könnte, dass der Begriff der Religion hier in Europa in polemischer Weise als eine Art von „Exorzismus" geprägt wurde, in dem Sinne, dass der christlichen Religion in Europa viel Gewalt und Unterdrückung zugeschrieben wurde. Es kann nicht geleugnet werden, dass der christliche Glauben eine dunkle Seite hat- Gewalt, Unterdrückung, Verfolgung – und dies muss sehr ernst genommen werden. Doch manchmal scheint es die Tendenz zu geben zu glauben, dass man diese dunklen Zeiten in dem Moment hinter sich lassen kann, in dem man sich von der christlichen Religion befreit. So wurde Entwicklung einst im Sinne einer Modernisierung und Säkularisierung der Gesellschaft verstanden, sozusagen als Befreiung des Geistes von der Religion. Ein schwaches Echo dieses Verständnisses könnte man heute in der kritischen Haltung gegenüber Religion in einigen Entwicklungsdiskussionen entdecken, in der sie vorwiegend für traditionellere Weltsichten verantwortlich gemacht wird, die Entwicklung zu verhindern scheinen. Es gibt also einen von Misstrauen geprägten Strang in der Diskussion über eine positive Rolle von Religion bei der Entwicklung von Gesellschaften. Ich erinnere hier zum Beispiel an die Wahrnehmung von patriarchalen Rollenbildern und anderen Gender-Stereotypen, für die Religionen verantwortlich gemacht werden. Religionen müssen daher erst beweisen, dass sie etwas Positives zu Entwicklung beisteuern können.

Der zweite Aspekt, den ich hervorheben möchte, ist der, dass viele Sozial- und Religionswissenschaftlerinnen und -wissenschaftler und Kulturanthropologinnen und -anthropologen mit Überlegungen zu Religion versucht haben, nicht-westliche Kulturen wie jene in Afrika, Asien oder Australien zu verstehen. Hans Kippenberg erinnert uns in seinem wunderbaren Buch[1] daran, dass Theorien über Religion Teil der europäischen Versuche waren und sind, sich die „anderen“ zu konstruieren und den Unterschied zwischen den verschiedenen Arten von Gesellschaften zu erklären. Die christliche Religion wird in einigen Theorien als Erklärung dafür herangezogen, warum Europa und der Westen sich entwickelt haben und andere Gesellschaften in anderen Regionen der Welt nicht.

Es gibt essentielle und funktionale Definitionen von Religion.[2] Die essentiellen Definitionen versuchen zu bestimmen, was Religion ist, und arbeiten mit Elementen wie dem Glauben an Götter, Geister, eine transzendente Welt und Institutionen wie Priestern und religiösen Gemeinschaften. Dies spiegelt westliche Konzepte von Religion wider. Funktionale Definitionen von Religion beschreiben hingegen was Religion bewirkt, indem sie die Auswirkungen von religiösen Ideen und Ritualen in einem gegebenen Kontext untersuchen. Sie besitzen einen unterschwelligen kritischen Zug,

---

1 Hans G. Kippenberg: „Die Entdeckung der Religionsgeschichte. Religionswissenschaft und Moderne“, München, 1997. Dazu kann man auch auf Edward W. Said verweisen: „Orientalismus“, Frankfurt/M, 2012.

2 Klaus Hock: „Einführung in die Religionswissenschaft“, Darmstadt, 2002.

da der funktionale Ansatz unterstellt, dass nicht der religiöse Glaube per se wichtig ist, sondern, was er bewirkt. Funktionale Ansätze weisen daher mitunter die Tendenz auf zu behaupten, dass die Menschen nicht wirklich wissen was sie tun, wenn sie glauben und aufgrund ihrer Religion handeln.

Ich möchte mich im Folgenden der Religion unter der Verwendung des Bildes einer Landkarte nähern. „Die Landkarte ist nicht das Territorium", erklärt Jonathan Z. Smith uns in seinem Buch über Religion, doch eine Landkarte hilft uns dabei, Raum zu definieren und uns auf dem Gebiet zurechtzufinden.[3] Eine Landkarte unterscheidet sich insofern vom Territorium, als dass sie nur eine Auswahl an Elementen präsentiert und andere weglässt, und ausserdem je nach Verwendungszweck den Massstab der dargestellten Dinge verändert. Das Bild der Landkarte erinnert uns daran, dass eine Landkarte das darstellt, was wir als Gegenstand der Untersuchung auswählen. Eine Landkarte hilft uns, unsere eigene Position zu bestimmen und hilft uns, nicht zu vergessen, woher wir kommen und wohin wir möglicherweise gehen.

Den Begriff Religion metaphorisch wie eine Landkarte zu verstehen, sagt somit auch etwas über den Status des Begriffs „Religion" aus: Es wird behauptet, dass es „Religion" an sich nicht gibt , dass sie eine definierte und definierende Auswahl an „Fakten" ist, die von uns als bedeutsam für Religion angesehen werden. Daher fragen wir nicht so sehr nach religiösen Vorstellungen oder Konzepten, sondern wir beobachten Handlungen, soziale und spirituelle, Systeme von Symbolen, Haltungen und diskursive Strategien, und wie die Handelnden über diese denken. Der Ansatz interessiert sich weniger für Vorstellungen als für Überzeugungen, die die Einstellungen prägen, und hebt die Fähigkeit der Beteiligten zum Agieren in einem Handlungsfeld hervor. Das Bild der Landkarte hebt somit hervor, dass unsere Landkarte der Religion auch einen konstruierenden und nicht nur veranschaulichenden Aspekt umfasst. Was Religion ist oder was religiös bedeutet, kann somit sehr unterschiedlich sein.

Das Bild der Landkarte kann auch dabei hilfreich sein, die Verwendung des Begriffs „Religion" zu beschreiben. Wenn wir Religion als eine Landkarte verstehen, konzentrieren wir uns auf die Orientierung gebende Funktion von Religion. Die ausgewählten Elemente, die auf der Landkarte meiner eigenen Religion dargestellt sind, erklären wer ich bin und wer „die anderen" sind, wie sich meine eigene Position in Relation zu anderen auf der Karte repräsentierten Elementen verhält, zum Beispiel Menschen, Glaubende, die Umwelt, Kultur, Natur oder der Kosmos. Wenn man sich eine solche Landkarte einer bestimmten religiösen Tradition oder Gemeinschaft ansieht, kann dies dabei helfen, die tiefverwurzelten Überzeugungen, Ansichten und Werte zu

[3] Jonathan Z. Smith: „Map is not Territory. Studies in the History of Religions", *Studies in Judaism in Late Antiquity* 23, Leiden, 1978.

erkennen, die deren Anhängerinnen und Anhänger in der Ausübung ihrer Religion anleiten und motivieren. Dies umso mehr, wenn ich die Landkarte meiner eigenen Religion als Ausgangspunkt nutze, um die Positionen der anderen auf meiner Karte zu definieren. Ich werde später darauf zurückkommen, dass ein Verständnis von Mission genau darin besteht, eine christliche Karte von anderen Glaubensrichtungen und Religionen zu zeichnen.

Religion wie eine Landkarte zu sehen, greift einen Aspekt der funktionalen Ansätze auf, nämlich dass Religion praxisorientiert ist: Wir sollten nicht nur Glaubensinhalte, Überzeugungen und Werte entschlüsseln, sondern auch untersuchen, zu welcher Art von Haltung diese motivieren und zu welchen Handlungen sie anregen. Religion ist nur eine Perspektive, doch vielleicht die verlockendste, die die mir sagt, was ich tun soll und was nicht, und wie ich mein Leben führen soll und warum. Der funktionale Ansatz hebt auch hervor, dass Religion gemeinschaftsorientiert ist. Selbst in der stark individualisierten protestantischen Tradition, aus der ich komme und in der der persönliche Glaube und die persönliche Spiritualität hoch geschätzt werden, ist die Gemeinschaft der Glaubenden Teil des religiösen Lebens und selbst Gegenstand des Glaubens.

RELIGION UND ENTWICKLUNG

Entwicklungsorganisationen und Religion

In der jüngeren Vergangenheit konnten wir ein erneuertes Interesse für das Thema Religion und Entwicklung entdecken, das zu einer Reihe von Konsultationen und Publikationen geführt hat. Eine dieser Initiativen wurde interessanterweise von der Weltbank finanziert. Ihr Fokus lag hauptsächlich auf religiösen Gemeinschaften, wie zum Beispiel Organisationen, die aus dem Glauben heraus handeln. 2004 hatten die DEZA in der Schweiz und Kerk in actie/ICCO in den Niederlanden eine Reihe von Workshops über „Religion und Entwicklung" begonnen. Diese befassten sich mit dem möglichen Einfluss von religiösen Überzeugungen und Vorstellungen auf die Entwicklung, sowohl auf positive wie auch auf negative Weise. Sie stellten fest, dass Religion von Entwicklungsorganisationen vorwiegend als traditionell orientiert wahrgenommen werden, sie also den Überzeugungen von Entwicklungsorganisationen entgegenstehen. Sie fragten sich, warum einige Aktivistinnen und Aktivisten auf dem Gebiet der Entwicklung so reserviert gegenüber Religion und Spiritualität eingestellt sind, sogar diejenigen, die für kirchliche Organisationen tätig sind.[4]

---

4 Siehe z. B. Katherine Marshall: „The Ethics of Hunger: Development Institutions and the World of Religion". Ein Beitrag für den Workshop über „Ethik, Globali-

Die Empfehlungen der Konsultationsprozesse lauteten, die eigenen Haltungen zu Spiritualität und Religion zu untersuchen, und sich religiösen Gemeinschaften oder Gemeinschaften, die aus dem Glauben heraus handeln, als Partner für Entwicklungsprojekte zu öffnen.

Religion und Modernisierung

Die Diskussion über nach Religion und Entwicklung ist nicht neu. Einen geeigneten und aufschlussreichen Einstieg in diese Debatte bietet die Religionssoziologie von Max Weber. Weber hatte sich am Anfang des 20. Jahrhunderts die Frage gestellt, warum in Deutschland der vorwiegend protestantische Norden wirtschaftlich weiter entwickelt war als der vorwiegend katholische Süden. Und er meinte einen Grund dafür in der Religion entdeckt zu haben, genauer in den unterschiedlichen Haltungen zu Wohlstand und Wirtschaft, die die beiden Hauptkonfessionen ihren Anhängerinnen und Anhängern als moralisch und ethisch korrekt auferlegen: Während die katholische Religion Weber zufolge Reichtum an sich nicht verurteilte, sondern sogar gelegentlich erlaubte, wirtschaftliches Einkommen zu verprassen, es also zu verbrauchen, wurde dieses Verhalten vor allem in den reformierten Traditionen des Protestantismus nicht gutgeheissen. Protestantinnen und Protestanten betrachteten es als ethischer, nicht zu geniessen und den Versuchungen zu widerstehen, um den erwirtschafteten Reichtum wieder zu investieren. In protestantischen Gebieten stand also mehr Kapital zur Verfügung, das investiert wurde und dadurch half, Wirtschaft und Wohlstand zu entwickeln. Zusammen mit einigen anderen Merkmalen beförderte diese Einstellung Weber zufolge eine Wahlverwandtschaft zwischen dem Geist des Kapitalismus und der Ethik einer Spielart des Protestantismus.[5]

---

sierung und Hunger: Auf der Suche nach geeigneten Policies", Cornell University, Ithaca, New York, November 2004. Siehe ebenso: Deryke Belshaw, Robert Calderisi, Chris Sugden (Hg.): „Faith in Development. Partnership between the World Bank and the Churches of Africa", Oxford, 2001; Anne-Marie Holenstein: „Rolle und Bedeutung von Religion und Spiritualität in der Entwicklungszusammenarbeit. Ein Reflexions- und Arbeitspapier", Bern, 2005; Cordaid, ICCO, ISS (Hg.): „Religion: a source of human rights and development cooperation", 2005.

[5] Max Weber: „Die protestantische Ethik und der Geist des Kapitalismus", in: „Religion und Gesellschaft. Gesammelte Aufsätze zur Religionssoziologie", Frankfurt/M. 2006, S. 11-183. Übrigens hatte Weber nie behauptet, dass der Protestantismus der Ursprung für die Entwicklung des Kapitalismus darstelle, sondern dass eine Spielart des Protestantismus, die er untersucht hat, religiöse und ethische Haltungen hervorbrachte, durch die eine gewisse Rationalität und eine damit verbundene Lebenshaltung gefördert wurden, die besonders gut zu

Durch seine Studien asiatischer Religionen entwickelte Weber später die Theorie, dass andere Religionen (Konfuzianismus, Taoismus, Hinduismus) diese weltlichen Einstellungen und Handlungen anders als der Protestantismus förderten.[6] Auf diese Studien aufbauend versuchte Weber um die Wende vom 19. zum 20. Jahrhundert seine Beobachtung zu erklären, warum der moderne Fortschritt, die Industrie und der gesellschaftliche Reichtum im Westen und nicht in den viel älteren Kulturen Asiens entstanden sind, wo die Modernisierung eher behindert zu werden schien.

Jahrzehntelang hat sich die Wissenschaft über diese Erklärung gestritten, ohne zu einem Ergebnis zu kommen, wie Religion und Entwicklung genau zusammenhängen[7] und wie die unterschiedlichen Entwicklungen in Ost und West erklärt werden können. Beendet wurde die Debatte faktisch dadurch, dass gerade Japan, Südkorea, Indien und China in den letzten Jahrzehnten eine kapitalistische Wirtschaftsordnung entwickelt haben und zu hoch modernen Staaten geworden sind. Dies ist nicht gegen, sondern mit den eigenen Religionen und den von ihnen geförderten Einstellungen geschehen. Die Lösung für das Rätsel liegt auch zum Teil im gewählten Ansatz: Zu versuchen, einen „Geist" oder den Ethos einer bestimmten Religion zu definieren, und zu untersuchen, wie diese in den wirtschaftlichen Aktivitäten der Gläubigen angewandt werden, konzentriert sich auf die normative Lehre. Wenn wir jedoch, wie bereits vorgeschlagen wurde, untersuchen, zu welchen Handlungen und Praktiken die Überzeugungen und Reflexionen der Handelnden führen, kann eine andere Landkarte gezeichnet werden.[8] So finden wir Beispiele vor allem innerhalb ärmerer

---

kapitalistischen Wirtschaftsweisen passte. Protestantische Unternehmer wiederum halfen durch ihren wirtschaftlichen Erfolg den Kapitalismus zu fördern.

6 Siehe Max Weber: „Die Wirtschaftsethik der Weltreligionen I. Konfuzianismus und Taoismus", in: „Religion und Gesellschaft. Gesammelte Aufsätze zur Religionssoziologie", Frankfurt/M., 2006, S. 291-532.

7 Die Studien des amerikanischen Soziologen Bellah, der Weber im Blick auf die Rolle der Religion in der Entwicklung von Südostasien widersprach, waren einflussreich: Robert N. Bellah: „Analogien zur protestantischen Ethik in Asien?", in: Constans Seyfarth, Walter Sprondel (Hg.): „Seminar: Religion und gesellschaftliche Entwicklung. Studien zur Protestantismus-Kapitalismus-These Max Webers", Frankfurt/M., 1973, S. 179-189.

8 Sigrun Kahl hat kürzlich einen solchen Versuch vorgestellt, in dem sie einen Überblick zeichnete, wie Gesellschaften in Europa tatsächlich mit Armen umgingen, und wie die damals (15.-18. Jhd.) erworbenen Haltungen – auch wenn sie sich über die Jahrhundert verändert haben – heute noch in den Grundannahmen der Wohlfahrtssystem der gegenwärtigen Gesellschaften nachgewiesen werden können, auch dort, wo diese sich von ihren religiösen Ursprüngen entfernt haben. Sigrun Kahl: „The Religious Roots of Modern Poverty Policy: Catholic, Lutheran, and Reformed Protestant Traditions Compared", in: „Archives Européennes de Sociologie", Nr. 46, 2005, S. 91-126.

sozialer Gruppen in der Pfingstbewegung, wo die Hinwendung zu einer religiös motivierten und methodischeren Lebensweise – wie regelmässiges Arbeiten und das sich des Alkoholkonsums, der dazu führt, dass man die Familie im Stich lässt, zu enthalten – indirekt und direkt zu einem bescheidenen Wohlstand verhelfen.

Religion funktioniert in Webers Erklärungsversuchen der Welt damit auch wie eine Weltkarte: Auf diese Karte wird ein Unterschied gemacht zwischen „West" und „Ost" und Religion ist die Variable um zu erklären, warum der „Westen" so ist, wie er ist, und warum er sich ausserdem vom „Osten" unterscheidet. Wenn man sich die Theorien Webers und die vieler anderer Soziologinnen und Soziologen oder Religionswissenschaftlerinnen Religionswissenschaftlern ansieht, wird deutlich, dass die Entwicklung des Begriffs „Religion(en)" ein westliches Konstrukt ist: ein theoretisches Konzept, unter dem westliche Wissenschaftlerinnen und Wissenschaftler sehr verschiedene Welten und Phänomene (Hinduismus in Indien, Konfuzianismus und Taoismus in China) so zusammengruppieren, dass sie zu „ismen" wurden und als solche vergleichbar sin. Auf dieser Grundlage lässt sich erklären, warum die untersuchten Hindus, Buddhistinnen und Buddhisten usw. sich nicht so entwickelten wie die Beobachtenden selbst, die meistens einen christlichen Hintergrund hatten[9].

Auch wenn die Diskussion über Religion fortgeschritten ist und sich nach der so genannten kulturellen Wende verändert hat, können wir sehen, dass die Überlegungen zu Religion und Entwicklung in dieser Hinsicht noch immer stark in unseren Weltanschauungen verwurzelt sind. Einige Beobachtende glauben, dass das Kastensystem im Hinduismus oder die angebliche islamische Rückständigkeit erklären, warum bestimmte Gesellschaften, die durch diese Religionen geprägt sind, sich nicht im Sinne der Modernität weiterentwickeln.

---

[9] Ein Soziologe führte im Rahmen eines Forschungsvorhabens über „Religion und Modernisierung in Singapur" ein Interview mit einer dort lebenden jungen Inderin, die aus einer Brahmanen-Familie mit reicher Hindu-Tradition stammte. Am Ende des Interviews sagte die Inderin: „You have asked me to tell you how I understand myself as a Hindu. I have responded to this request to my very best. But, please, do not understand all that as if I have talked to you about my ‚religion'. I have passed through a Western system of education here in Singapore, and I think, I know quite well how you Western people are used to think about man and God and about ‚religion'. So I talked to you as if ‚Hinduism' were my ‚religion', so that you may be able to understand what I mean. If you were a Hindu yourself, I would have talked to you in quite a different fashion, and I am sure both us us would have giggled about the idea that something like ‚Hinduism' does even exist. Please, don't forget this when analyzing all the stuff you have on your tape." Zitiert nach Anne-Marie Holenstein: „Rolle und Bedeutung von Religion und Spiritualität in der Entwicklungszusammenarbeit. Ein Reflexions- und Arbeitspapier", a.a.O. (Fussnote 4), S. 8.

Entwicklungsdebatten

Einen zweiten Aspekt unseres Themas „Religion und Entwicklung" finden wir im Entwicklungsbegriff selbst. Weber hatte sich mit seiner Theorie gegen die marxistische Theorie gewendet, nach der der Klassenkampf eine unausweichliche Folge des Kapitalismus war. Anstatt Religion als „Opium für das Volk" zu kritisieren, wie es die Marxisten seiner Zeit taten, war Religion bei Weber ein entscheidender Faktor für Entwicklung oder für fehlende Entwicklung geworden. In der Nachkriegszeit und während des Kalten Kriegs wurde „Entwicklung" im Sinne von Modernisierung nach Vorbild des Westens ebenfalls zu einem ideologischen Konzept, in dessen Namen die kapitalistischen Länder des Westens gegen den Einfluss des Marxismus und der kommunistischen Staaten in Asien und in afrikanischen Ländern, die nach Unabhängigkeit strebten, kämpften. Entwicklung hiess, andere Gesellschaften zu entwickeln und die Entwicklungsprogramme sollten Völker und Nationen einen Nachholeffekt bieten. Die Konzepte und Verheissungen der Entwicklung sollten gegen den Revolutions-Virus immun machen.[10]

Weltreligionen haben für das Programm „entwickeln statt umstürzen" keine Rolle gespielt. Es zielte vielmehr auf Ideologien ab: Kapitalismus oder Marxismus, Marktwirtschaft oder Planwirtschaft, Industrie oder Landwirtschaft. Seit den 70er Jahren des 20. Jahrhunderts fokussierte sich die Entwicklungsdebatte auf das Bekämpfen der Armut und später dann auf den Rechte-basierten Ansatz, der heute so wichtig für kirchliche Entwicklungsprogramme ist.

Seit dem wirtschaftlichen und politischen Zusammenbruch und dem Ende des Kalten Krieges in den späten 80er Jahren ist dagegen zu beobachten, dass die klassischen ideologischen Gegensätze unwichtiger geworden sind. Stattdessen sind die Religionen weltweit zu grösserer Bedeutung gekommen, diesmal jedoch als Hintergrund für hitzige Politiken der Identitäten,[11] als fruchtbaren Boden für Fundamentalismen, aber auch als Möglichkeit, sich der „eigenen" Religion

---

[10] Gerald Faschingeder: „Entwicklungsproduktive Religiositäten und Entwicklung als religiöse Idee. Zu den zahlreichen Möglichkeiten, das Verhältnis von Religion und Entwicklung zu denken" und Clemens Six (Hg.): „Religion und Entwicklung. Wechselwirkungen in Staat und Gesellschaft", Wien, 2007, S. 16-59, hier S. 18.

[11] Mary Kaldor analysierte in ihrer Studie über die sogenannten Neuen Kriege, wie in diesen Kriegen, wie sie z.B. auf dem Balkan tobten, Gewalt ungezügelt gegenüber der Zivilbevölkerung und nicht gegen feindliche Kämpfer ausgeübt wurde (s. hierzu Mary Kaldor: „Neue und alte Kriege, Organisierte Gewalt im Zeitalter der Globalisierung", Frankfurt/M., 2000, S. 81f.). Diese Form der innerstaatlichen Kriegsführung schürt Nationalismus und benutzt die Religion als Unterscheidungsmerkmal für verfeindete Gruppen. In solchen Konstellationen schaffen es Religions-und Glaubensgemeinschaften nicht mehr, die Erinnerung an lange Zeit friedlicher Koexistenz wach zu halten (etwa 54).

zuzuwenden: nicht als Ursprung einer angeblichen Rückwärtsgewandtheit und ökonomischen Rückständigkeit, sondern um sie stolz und kühn zu nutzen, um sich vom westlichen Model abzuwenden und zu einem andersartigen Modell der Entwicklung hinzuwenden. So war es für den Westen beispielsweise ein Schock, dass im Iran, der auf dem Weg war, sich nach westlichem Vorbild zu entwickeln, eine Revolution im Namen des Islam stattfand.

Fazit

Vor diesem Hintergrund möchte ich die folgenden Punkte hervorheben: Erstens ist die Unterschiedlichkeit der Religionen ein Faktor gewesen, um Entwicklung im Sinne von Modernisierung oder ihr Fehlen in verschiedenen Regionen auf der ideologischen Weltkarte zu erklären. Zweitens meinte Entwicklung die Modernisierung derjenigen jenseits der nordatlantischen Regionen. Und drittens gab es wenigstens eine Religion, nämlich das protestantische Christentum, das als wichtiger Faktor für den ökonomischen Wohlstand im Westen angesehen wurde. Später, als die Debatte über Entwicklung zu einer explizit ideologischen wurde, wurden „Religionen" üblicherweise aus der Perspektive der Säkularisierung beurteilt. Wiederum später betrat Religion (!) die Weltbühne erneut, doch diesmal wurde sie vor allem als rückwärts orientiert wahrgenommen und gleichgesetzt mit einigen spezifischen religiösen Traditionen (!), die die Menschen angeblich in der obskuren Welt der Hexerei, der archaischen Traditionen und Rollenmodellen hielten, die eine Entwicklung der Gesellschaften verhinderten.

Wenn man sich diese Entwicklung der Konzepte vor Augen hält, ist es nicht wirklich überraschend, dass die Debatten über Religion und Entwicklung stillschweigend eine Unterscheidung zwischen so genannten höheren Religionen wie Christentum, Judentum, Islam und Hinduismus und Buddhismus und so genannten primalen Religionen vornehmen. Die Haltung der zuletzt genannten zu Wirtschaft und Geld waren nicht wirklich im Fokus der Aufmerksamkeit dieser Debatten. Dies könnte sich in Zukunft verändern, z. B. durch das Konzept des „Buen vivir", durch das kulturelle und religiöse Konzepte und Haltungen von indigenen Völkern über den indigenen Kontext hinaus in den politischen Diskurs von grösseren Gesellschaften wirken.[12]

[12] Siehe hierzu z. B. wie Politiker in der deutschen Partei der Grünen das Konzept studieren und sich fragen, inwiefern es politische Debatten in Deutschland in Gang bringen kann, Ute Koczy: „Das Gute Leben! Modebegriff oder steckt mehr dahinter", **www.thilo-hoppe.de/fileadmin/media/MdB/thilohoppe_de/thilohoppe_de/Lateinamerikakonferenz/Dokumente/12-11-15_Ute_Koczy_Das_gute_Leben_Version_LA_Konf_plus_Korrektur.pdf**. Oder: Informationsbüro Nicaragua e.V.: „Her mit dem Guten Leben! Gegenentwürfe zur Globalen Krise", Wuppertaler Süd-Nord Kolloquium (nahua Script, 14), Wuppertal 2011.

Warum sollen Religion und Entwicklung heute zum Thema werden?

In einer ersten Annäherung könnte ich folgende Punkte benennen, die *gegen* eine solche Kombination sprechen:

Die Diskussion ist aus dem Schatten der Diskussion über Säkularisierung in den Industriestaaten herausgetreten, in der die Modernisierung als Resultat der Überwindung von Religion oder als „Entzauberung" der Welt (Weber) wahrgenommen wurde. Doch für viele ist die Religion als Art „Wiederverzauberung" zurückgekehrt. Religion wird mit Absolutheitsansprüchen und einer Überlegenheit der eigenen Religion in Verbindung gebracht sowie mit der Bedrohung durch Fundamentalismus. Die dem zugrundeliegende Gleichsetzung scheint zu lauten, dass Religion dann eine „starke" politische Kraft ist, mit der man zurechtkommen muss, wenn sie intolerant, fundamentalistisch und gewalttätig daherkommt, und eine „weiche", wenn sie liberale Ideen propagiert. In letzterem Fall ist sie eine schwache politische Kraft, denn sie spiegelt lediglich Ideale wie Menschenrechte, Gerechtigkeit und Freiheit wider, die auch von anderen Akteuren propagiert wird.

Gleichzeitig wird eine Verschiebung des Schwerpunktes der Religionen in den globalen Süden festgestellt. Zweidrittel der Angehörigen der Weltchristenheit leben heute im globalen Süden und sind Mitglieder von weiterhin wachsenden christlichen Kirchen in Afrika, Asien und Lateinamerika.[13] Diese Kirchen wachsen allerdings überwiegend die Pfingstkirchen, die unter dem Verdacht stehen, in voraufklärerische Positionen zurückzufallen – Geisterglaube, Dämonenglauben, Exorzismen – und ausserdem patriarchale, unterdrückerische Strukturen zu propagieren und zu erzeugen und so zu grösserer Abhängigkeit beizutragen. Der Vorwurf lautet: Diese Kirchen sind unpolitisch, sozial nicht engagiert und eher Sekten, und sie stellen einen Rückfall in voraufklärerische Weltanschauungen dar. Hat Entwicklung im Kontext dieser Kirchen eine Chance? Auch islamisch geprägte Regionen werden als religiös erstarkend beschrieben.

Als ein weiteres Beispiel für die Einschätzung von Religionen kann auch die Diskussion in Deutschland über den Islam begriffen werden. Der öffentliche Vorwurf lautet, dass Migrantinnen und Migranten rückwärtsgerichtete Traditionen aus ihren islamischen Heimatländern mitbringen, die in Deutschland als Integrationshindernisse wirken. Dies wird insbesondere an den angeblich religiös begründeten patriarchalen Strukturen, der angeblichen Unterdrückung der Frauen sowie an einer Neigung zur Gewalt festgemacht. Die logische Schlussfolgerung aus dieser essentialistischen

---

[13] Siehe: Todd M. Johnson, Kenneth R. Ross (Hg.): „Atlas of Global Christianity", Edinburgh, 2009.

Einschätzung des Islam ist, dass nur das Brechen der Macht der Religion in der Gesellschaft zu Gerechtigkeit, Gendergerechtigkeit und Frieden in der Gemeinschaft führt.

Noch ein weiteres Beispiel ist auch das Bild, das Huntington vom sogenannten Kampf der Kulturen präsentierte. Huntington hatte in seinem bekannten Buch „Kampf der Kulturen“ [14] Kulturkreise als essentielle Grössen definiert und den Religionen dabei eine Schlüsselrolle für die Bestimmung der Identität einer Kultur zugeschrieben. Damit stehen Religionen für die Identität der Kulturräume und als Konsequenz daraus steuern sie deren Entwicklungsstand. Da diese Religionen als Kern der Kulturräume im Widerspruch zueinander stehen, müsse es zu einem Kampf der Kulturen zwischen ihnen kommen: Der Westen sei christlich und er stehe darum dem Mittleren Osten gegenüber, der dagegen „islamisch“ sei.

Entwicklung sollte dabei helfen, skandalöse Unterschiede abzubauen, den Armen dabei helfen, sich selbst zu helfen, dem Frieden und der Gerechtigkeit dienen, Grenzen überwinden anstatt neue aufzubauen. Entwicklung muss interkulturell und interreligiös sein. Wenn zum Beispiel europäische Kirchen anderen Kirchen in Afrika helfen, aber nicht islamischen Gemeinschaften oder Andersglaubenden in der gleichen Gegend, stehen sie dort im Verdacht, manipulativ zu sein und die Kräfteverhältnisse verändern zu wollen. Die indische Hindutva-Vorstellung – nur wer Hindu ist kann Inderin bzw. Inder sein – geht z. B. davon aus, dass Christinnen und Christen nicht anders können, als andere für den eigenen Glauben gewinnen zu wollen und daher seien ihre Entwicklungsangebote immer vergiftete Geschenke.[15]

So betrachtet, spricht vieles dafür, Religion aus der Entwicklungszusammenarbeit herauszuhalten. Warum könnte es nun sinnvoll sein, die beiden Gebiete und entsprechenden Akteure dennoch miteinander zu verbinden?

Religionsgemeinschaften sind starke Glaubensgemeinschaften, die eine Ethik der Hilfe, des Mitgefühls und der Verpflichtung formulieren. Den Nächsten zu helfen, Verantwortung für die Armen und für Gerechtigkeit zu übernehmen, sind starke Antriebe für ein Entwicklungshandeln, zumindest

---

[14] Samuel P. Huntington: „Kampf der Kulturen. Die Neugestaltung der Weltpolitik im 21. Jahrhundert“, München, 2002. Es gibt aufschlussreiche historische und theoretische Gründe, warum in Deutschland der Begriff der Kultur dem der Zivilisation vorgezogen wurde. Vgl. Norbert Elias: „Über den Prozess der Zivilisation. Soziogenetische und psychogenetische Untersuchungen. 1. Band: Wandlungen des Verhaltens in den weltlichen Oberschichten des Abendlandes“, Frankfurt/M., 1978, S. 1-64.

[15] Vgl. als ein aufschlussreiches Beispiel den Zeitungsartikel eines Dayanand Saraswathi „Conversion Destroys“, in: *The New Indian Express*, Monday, January 21, 2008, S. 9.

in den drei monotheistischen Gemeinschaften.[16] Für Buddhistinnen und Buddhisten und Hindus müsste das etwas anders formuliert werden, aber auch sie sind sozial engagiert und unterhalten religiöse Hilfswerke.[17] Weiterhin bieten alle Religionen konkrete Ethiken und grundlegende Ausbildung in vielen entwicklungsrelevanten Bereichen wie Ernährung, Fortpflanzung und Sexualität, die Beziehungen zwischen den Generationen, in Wirtschaft und sogar Politik.

Glaubensgemeinschaften sind sehr aktiv in der Entwicklungszusammenarbeit. Einer Studie aus dem Jahr 2008 zufolge leisten die katholische und die protestantischen Kirchen je nach Land zwischen 40 und 60 Prozent der Dienstleistungen in der sozialen Entwicklung.[18]

Die Gemeinschaften der so genannten Weltreligionen sind transnationale Akteure in den Zivilgesellschaften. Teil einer internationalen Gemeinschaft zu sein, die an vielen Orten der Welt präsent ist, wird in einer globalisierten Welt zu einem immer wichtigeren Gut. Diese Gemeinschaften kennen darüber hinaus Entwicklung nicht als ihren einzigen Existenzgrund und können Entwicklungsfragen innerhalb einer viel breiteren Agenda angehen. Und: Alle von ihnen haben lokale und indigene Organisationen an verschiedenen Orten der Welt.

Diese drei Punkte sind ziemlich genau die, die in den Papieren des „World Faiths Development Dialogue" als Grund für den Dialog zwischen der Weltbank und den Religionsgemeinschaften genannt werden.[19] Dieser

---

[16] Vgl. z.B. die Beiträge über unterschiedliche Religionen in Jürgen Wilhelm, Hartmut Ihne (Hg.): „Religion und globale Entwicklung. Der Einfluss der Religionen auf die soziale, politische und wirtschaftliche Entwicklung", Berlin, 2009.

[17] Vgl. z.B. Miriam Weiberg-Salzmann: „Die Rolle des Buddhismus in Entwicklungs- und Transformationsprozessen", in: Jürgen Wilhelm und Hartmut Ihne (Hg.): „Religion und globale Entwicklung. Der Einfluss der Religionen auf die soziale, politische und wirtschaftliche Entwicklung", Berlin, 2009, S. 64-88. Clemens Six: „Hinduismus und Entwicklung. Sozioökonomische Auswirkungen eines religiösen Habitus", im selben Band, S. 52-63.

[18] Auf ihrer Konferenz vom 23. bis 25. Mai 2008 in Nairobi über die Wirksamkeit von Entwicklungsorganisationen stimmten katholische und protestantische Kirchen in Afrika darin überein, dass sie, je nach Land, zwischen 40 und 60 Prozent der Dienste in der sozialen Entwicklung anbieten. Vgl. „Entwicklung wirksam gestalten. Ein Beitrag zur Debatte über die Effektivität der Entwicklungszusammenarbeit", Bonn, S. 5.

[19] Vgl. Katherine Marshall: „The Ethics of Hunger: Development Institutions and the World of Religion". Ein Beitrag für den Workshop über „Ethik, Globalisierung und Hunger: Auf der Suche nach geeigneten Policies", Cornell University, Ithaca, New York, November 2004, S. 1. Als Gründe für solch einen Dialog benennt sie, dass es sich erstens um ein gemeinsames Thema für Akteure in der Entwicklungszusammenarbeit und für Glaubensgemeinschaften handele, das daher Raum für eine Kooperation schaffe; dass es sich zweitens lohnt, sich auf die Lehren der Religionen über Ernährung und Hunger zu beziehen; und dass drittens ein

Dialog begann 1998, ist aber 2004 ins Stocken geraten, weil andere Kräfte innerhalb der Weltbank dagegen waren. Sie haben die politischen Fragen der sehr unterschiedlichen Beziehungen der Religionsgemeinschaften zu den Nationalstaaten anders bewertet. Zudem sahen sie sich mit Gruppen innerhalb der Religionsgemeinschaften konfrontiert, die die Weltbank und die Projekte, die sie durchgesetzt haben, scharf kritisiert hatten.[20]

Religion und Entwicklung: Zwei Seiten einer Medaille – und die Mission?

Bisher ging es um die Rolle von Religion und Religionen. Religionen überwiegend mit Rationalismus oder voraufklärerischen Gedanken und mit der Gefahr von Fundamentalismus und aggressivem Absolutheitsanspruch in Verbindung zu bringen, zeichnet eine Landkarte, die viele Entwicklungen übersieht. Und dies fordert uns als Christinnen und Christen und Kirchen auf, darüber nachzudenken, bis zu welchem Grad wir uns auf dieser Landkarte wiederfinden, die von anderen entworfen wurde, und wie wir damit umgehen wollen.[21] Ausserdem haben neuere Studien Weltkarten

globaler Kampf gegen den Hunger neue strategische Partnerschaften erfordere. „This brings us to the role of religion and faith. Compassion for fellow human beings, a commitment to human dignity, and concern for the downtrodden and outcast, are central tenets of many if not most faith traditions. A core teaching of many religions is concern about hunger, and countless traditions call for people who have the means to feed those who are hungry. Other traditions (including fasting for example) remind those who are sated of what it is like to be hungry and in need. These traditions and the impulses that flow from them have been and remain a vital asset in the global struggle against hunger. They also, though, can be ‚part of the problem', in two senses. First, they often involve some sense that poverty and hunger are a norm, or inevitable, and thus speak more to the impulse to alleviate the problem rather than to go for change at the roots. And second, there can be a tendency to focus on traditions and ancient ideas or wisdom that may not reflect the wisdom of our times and scientific advances. The fight against hunger in 2005 calls for a blend of traditional wisdom and compassion and modern wisdom and compassion informed by what is possible today and our understanding of contemporary roots of poverty and malnutrition."

20 Ebd., S. 14, vgl. auch: Deryke Belshaw, Robert Calderisi und Chris Sugden (Hg.): „Faith in Development. Partnership between the World Bank and the Churches of Africa", Oxford, 2001, zu dem Wolfensohn, damals Präsident der Welt Bank, und George Carey, der frühere Erzbischof von Canterbury ein Vorwort verfasst haben.

21 Ich beziehe mich hier z. B. auf einen Artikel von dem bekannten deutschen Soziologen Ulrich Beck: „Religion ist gefährlich", der 2007 zu Weihnachten in einer grossen deutschen Wochenzeitung publiziert wurde, *Die Zeit* vom 19.12.2007, Nr. 52. EED, Brot für die Welt und EMW veranstalteten 2010 eine Konferenz,

entworfen, auf denen bestimmte Theologien, die als konservativer oder sogar fundamentalistisch eingeschätzt werden, vor allem in der südlichen Hemisphäre lokalisiert wurden, und diese Landkarten müssten kritisch überprüft werden.[22] Und zuletzt: bis zu welchem Ausmass und auf welche Weise bringen wir andere Glaubensgemeinschaften auf unserer eigenen Landkarte von Religion und Entwicklung unter?

Eine Landkarte jedoch, die Religionen vor allem als entwicklungsbedürftig identifiziert statt sie als Akteure der Entwicklung anzusehen, täuscht darüber hinweg, dass auch Entwicklung selbst kein unschuldiger Begriff ist und keinem so eindeutig bestimmten Konzept folgt. Wie wir gesehen haben, hat Entwicklung in einer weiteren Bedeutung Aspekte eines ideologischen Konstrukts, ist mit geo-politischen Interessen verstrickt und ist überhaupt nicht frei von wirtschaftlichen Interessen. Solche Entwicklungskonzepte stehen vielmehr für die Interessen derjenigen, die entwickeln wollen, als für diejenigen, deren Entwicklung gefördert werden soll. Daher sollten Kirchen und andere Religionsgemeinschaften derartige Entwicklungskonzepte kritisch hinterfragen und dagegen ihre eigenen Sichtweisen und Erkenntnisse einbringen. Die Grundlage für eine solche Kritik ist ihr Glaube und ihre kritische Überlegung darüber, wie sie die Welt wahrnehmen und wie sie sein könnte.

Wenn man aufbauend auf dem genannten konstruktiven Aspekt eine solche Landkarte der Religionen und von Religion und Entwicklung erstellt, so sollte diese Landkarte meiner Meinung nach von einem christlichen Blickpunkt aus gezeichnet werden. Ein solch kritischer Ansatz in Bezug auf Entwicklungskonzepte und ein selbstkritischer Zugang zu Religionsgemeinschaften als Akteure in der Entwicklungshilfe könnten eine Dimension einer Missionstheologie darstellen: Gott, der sich selbst in die Welt sendet und der das blendende Licht des Evangeliums ausstrahlt, in dem wir als Christinnen und Christen die Welt sehen können, wie sie ist, und mit dem wir zur gleichen Zeit einen Schimmer der Verheissung sehen, die Gott der ganzen Welt (oikoumene) und seiner gesamten Schöpfung versprochen hat (Missio Dei).

---

auf der einige Tendenzen innerhalb des afrikanischen Christentums untersucht wurden, die als gegen Entwicklung gerichtet betrachtet wurden, wie Spirituelle Kriegsführung, Wohlstandsevangelium und Charismatisierung. Siehe „Encounter beyond routine. Cultural roots, cultural transition, understanding of faith and cooperation in development, Internationale Konsultation an der Missionsakademie Hamburg, 17. bis 23. Januar 2010", Hamburg 2011.

[22] Vgl. vor allem Philip Jenkins: „The New Faces of Christianity. Believing the Bible in the South", Oxford, 2006. Als eine kritische Stimme dazu s. Werner Ustorf: „The Beast from the South" und das „Ende des liberalen Christentums", in: „Transformationsprozesse im globalem Christentum und ihre Auswirkungen auf Europa", *BThZ* 27, 2010, S. 39-69.

Hinter der Frage nach Religion und Entwicklung klingt daher einerseits eine sehr praktische Frage an: Welche Religionsgemeinschaften sind Akteure des Wandels und können daher Partner in der Entwicklungszusammenarbeit werden? Welches sind die Kriterien für die Unterscheidung zwischen diesen Gemeinschaften und denjenigen, die Entwicklung eher behindern? Auf der anderen Seite gibt es eine theoretische Beurteilung: Welche Ideen und Visionen eines würdevollen und gerechten Lebens bieten die religiösen Traditionen? Wo finden wir zwingende und anspornende Motivation für uneigennütziges Verhalten, für Hilfe für den Nächsten, für den Einsatz für andere, sogar gegen das eigene Interesse? Ebenso jedoch auch: woher stammen Überzeugungen, die Entwicklungsanliegen entgegenstehen?

Aus einer christlichen Perspektive heraus lässt sich formulieren, dass die folgenden Aspekte eine Dimension des christlichen Verständnisses von Entwicklung formen: Entwicklungsarbeit lebt von der Fähigkeit, Visionen und Bilder von einem „Leben in Fülle" zu vermitteln, kontrafaktische Überzeugungen zu stärken und sich insbesondere geduldig und auf lange Sicht mit anderen für die Überwindung von Ungerechtigkeit und Hunger usw. einzusetzen, wo eine Realität vorherrscht, in der Leben bedroht und verneint wird. Entwicklung lebt paradoxerweise auch von der Fähigkeit, mit Scheitern, Enttäuschung, der geringen Reichweite und den geringen Effekten einiger Projekte, mit Mutlosigkeit, Perspektivlosigkeit und Hoffnungslosigkeit zu Recht zu kommen und wird angetrieben von unnötigem und vorzeitigem Tod. Ein gutes Beispiel ist das, was als „compassion fatigue" bezeichnet wird. Die Frage ist, wie Menschen wieder gestärkt werden können, die darunter leiden.

Fallstudien

Bevor ich diese Perspektive eines holistischen Verständnisses von Mission weiter ausleuchte, möchte an drei Beispiele kurz aufzeigen, wie Religion(en) und Entwicklung sich gegenseitig beeinflusst haben.

Kulturelle und religiöse Wahrnehmungen und Praktiken bilden den Rahmen, in dem Menschen auf Entwicklungsprojekte reagieren. Ich erinnere mich an ein Beispiel aus dem ländlichen Tansania, wo in den 1990er Jahren in einem Dorf mit Hilfe von Geldern aus norddeutschen Kirchengemeinden eine Wasserversorgung mit Rohren und Pumpen aufgebaut worden war. [23] Der Gedanke war, die Wasserversorgung zu sichern und gleichzeitig die Frauen zu entlasten, die das Wasser von immer weiter

23 Vgl. Rolf und Sybille Wassermann: „Die Entdeckung des Dorfes in Afrika. Neue Wege in der Ökumenischen Partnerschaft", *Christlicher Glaube in der einen Welt 2*, Hamburg, 1996.

herbeitragen mussten. Für die Unterhaltung des Systems von Pumpen und Rohren wurden junge Männer ausgebildet. Das System funktionierte aus mindestens zwei Gründen sehr schnell nicht mehr: Erstens wurde die eher einfache und niedrigschwellige Technik von der lokalen Bevölkerung bald nicht mehr so sehr als Arbeitserleichterung angesehen, sondern als eine, die die Wasserversorgung von einer Frauen- zu einer Männerangelegenheit machte. Zweitens hatte man mit der Technik gleichzeitig die Regeln der Macht und der Entscheidungsfindung in der Gemeinschaft verändert. Diese beruhten auf dem Respekt für die Älteren und ihrer Autorität in der Gemeinschaft. Mit der neuen Technik ging die Macht auf diejenigen über, die neues Wissen erlangt hatten, nämlich die Jüngeren. Da die Alten diesen keine Entscheidungen gemäss den Kenntnissen über die Instandhaltung der Maschinen übertragen wollten, sondern andere Kriterien anlegten, zum Beispiel wie viel Geld ausgegeben werden durfte, führte dies irgendwann dazu, dass das System nicht mehr funktionierte.

Das Beispiel ist in mehrerer Hinsicht lehrreich. Meiner Kenntnis nach wurde die Planung der Wasserversorgung zusammen mit den Menschen vor Ort entwickelt, die sich selbst offensichtlich auch nicht bewusst darüber waren, welche Nebeneffekte diese neue Technologie mit sich bringen würde. Und es verdeutlicht, welche weitreichenden kulturellen Konsequenzen bereits eine solche doch einfache Technologie haben kann. Das Beispiel macht andererseits deutlich, dass kulturelle und damit auch religiöse Vorstellungen einen Fortschritt verhindern können, der der lokale Bevölkerung zunächst sinnvoll erschien: die Versorgung mit frischem Wasser zu sichern.

Ich bin sicher, dass das, was hier geschah, heute bei der Planung von Entwicklungsprojekten bereits beachtet wird, auch wenn es in den Fällen noch hapern kann, in denen Menschen einfach basierend auf der Annahme agieren: Da müssen wir doch etwas tun! Aus der Perspektive einer ganzheitlichen Mission verstehe ich das Beispiel als Mahnung, dass, auch wenn wir hieraus gelernt haben, wir uns erstens darüber bewusst sein müssen, dass wir nicht alle Auswirkungen unser Entscheidungen voraussehen können, vor allem die Auswirkungen auf andere Dimensionen des Gemeinschaftslebens als die avisierten. Und zweitens, dass es wichtig ist, dass die lernende Gemeinschaft identisch mit der sozialen Gemeinschaft ist, die vor Ort weiter bestehen bleibt, und dass sie nicht eine Gemeinschaft ist, die von einem Projekt für eine bestimmte Zeit erschaffen wurde. In dem genannten Beispiel war die Gemeinschaft eine Kirchengemeinde, die dies zusammen mit einer Kirchengemeinde aus Norddeutschland durchgeführt hat.

Und als letzten Punkt will ich anführen, dass es Teil von Mission ist, solche Lernerfahrungen und eine ganzheitliche Perspektive für Entwicklungsprojekte einzubringen, die entweder einseitige Modelle von

Modernisierung aufdrängen wollen oder die kulturellen Effekte der Projekte ignorieren. Ich hebe diesen Aspekt hervor, weil ich davon überzeugt bin, dass vor allem durch die ambivalente Perspektive auf Religionen in einigen Debatten der Entwicklungsarbeit die dargestellten religiösen und kulturellen Vorstellungen als behindernde Kraft wahrgenommen werden, und dass dies als Legitimation dienen könnte, um Veränderungen durchzusetzen, weil sie schlicht als notwendig erachtet werden.

Um diesen Punkt näher zu erklären, möchte ich kurz auf das Beispiel der sogenannten Adivasi eingehen, den ersten Bewohnerinnen und Bewohnern Indiens. Diese leben in bestimmten Gegenden mit Religions- und Kultursystemen, die auf der umfassenden Nutzung von Land und von Wald beruhen. Eine relativ geringe Fläche des Landes ist in Privatbesitz, doch die Menschengruppen benötigen relativ viel Land, um relativ kleine Gemeinschaften zu unterhalten. In ihren religiösen Vorstellungen ist diese Bedeutung von Land und Wald für den Lebensunterhalt als ein Wert festgehalten, der Achtung erfordert ebenso wie eine entsprechende Ethik des Lebens. In vielen Gegenden Indiens kommt es nun zum Streit um das Land, da die Adivasi keine Eigentumsverträge besitzen. Aus ihrer Sicht gehört das Land niemanden und ist vor allem ein Geschenk, das genutzt werden kann. Aus der Perspektive der Regierung gehört das Land niemandem, und daher gehört es dem Staat. Aus diesem Grunde werden Adivasi vertrieben und zwangsumgesiedelt, um die Ressourcen von Land und Wald für Bergbau, Holzrodung, Staudämme und andere Grossindustrien zu nutzen.

Worauf ich hinaus möchte ist, dass die Adivasi in ihrem Kampf um das Land und ihre Rechte auf ein angepasstes und nachhaltiges Leben ihre kulturellen und religiösen Überlieferungen als ökologische Konzepte neu entdeckt haben: Jetzt sprechen sie von einer Harmonie zwischen Natur und Menschen, von sanftem Anbau und von Nachhaltigkeit.[24] Die Religion wird also durch den Konflikt erneuert und eine kulturelle Ressource, die kritisches Hinterfragen und Widerstand fördert. Religion wird zur Kritik an einer Form von Entwicklung, die einseitig technisch oder in Form von technologischen Grossprojekten geplant wird.

Und zuletzt gibt es auch so etwas wie eine ideologische Schlacht. Entwicklung scheint auf den ersten Blick der universale, eher reflektierte und unproblematischere Begriff zu sein, Religion dagegen der problematischere, einer der Weltsichten teilt, die oft zu Konflikten beitragen. Als ein Beispiel dafür zitiere ich einen Auszug aus einem Vortrag des islamischen Gelehrten Farid Esack, der auf einem Symposium zu „Religion: A Source for Human Rights and Development Cooperation," sagte:

[24] Vgl. „Adivasis. Indigene Völker in Indien", *Weltmission heute, Studienhefte, Nr. 58*, Hamburg, 2005.

> I come from a country [South Africa] where, at the end of 2003, an estimated 5.3 mill were infected with HIV, the largest number of individuals living with the virus in a single country. In 2005, 1034 times the number of people who dies [sic] on September 11th 2001, dies [sic] of AIDS...
>
> And this on the other [hand]... The human rights and Islam project has acquired a feverish desperation after the events of September 11th 2001... I am astounded that, notwithstanding my own commitment to working with those living with HIV and dying with AIDS, that it is not the reality of millions of deaths on this continent and millions more dying that gets me speaking invitations from all over the world. I am instead overwhelmed with invitations to address the wounds and fears of the empire and the desperation to turn the Muslim world upside down-inside out to make it more "decent" more compliant with "civilization".[25]

Der islamische Befreiungstheologe Esack[26] klagt hier an, dass im Westen seine Religion, der Islam, mit einem Mangel an Menschenrechten und mit Gewalt in Verbindung gebracht wird. Dass er als kritischer Muslim eingeladen wird, aber nicht um Gebiete für ein gemeinsames Engagement zu sondieren, sondern um diejenigen zu beruhigen und zu besänftigen, die unter den Folgen des Anschlags vom 9. September 2001 leiden. Dass das HIV-Virus in einem viel grösseren Massstab tötet als der Terrorismus, dass es mit Muslimen Allianzen im Kampf gegen HIV/Aids geben könnte, verschwindet dabei völlig aus dem Blickfeld.

Schlussfolgerung

Ausgehend von diesen Fallstudien können wir nicht nur Aspekte von Interaktion der zwei Bereiche Religion und Entwicklung erkennen, sondern auch, dass die in Frage stehenden Religionen – christliche, indigene oder islamische – eigene Position beziehen und dabei konstruktiv und kritisch mit ihrer eigenen Tradition umgehen. Daher möchte ich gerne daran erinnern, dass in den Kirchen selbst in jüngerer Zeit noch radikalere Ansichten zu Entwicklung und den durch sie resultierende Veränderungen formuliert wurden. In der Bekenntnis von Accra[27] sprechen die Kirchen,

---

[25] Farid Esack: „Islam, Human Rights and Development – some underlying Issues", zitiert nach Cordaid, ICCO, ISS (Hg.): „Religion – a Source for human rights and development cooperation", o. J., S. 54-63, hier S. 57.

[26] Vgl. z. B. Farid Esack: „In Search of Progressive Islam beyond 9/11", in: Omid Safi (Hg.): „Progressive Muslims on Justice, Gender, and Pluralism", Oxford, 2003, S. 78-97.

[27] „This process resulted in the Accra Confession, adopted by the 24th General Council in 2004. Equally the World Council of Churches (WCC) launched the Agape process searching for a ‚Globalisation Addressing Peoples and Earth' (AGAPE), which will be one of the main topics of the forthcoming Assembly of the World Council of Churches in Porto Alegre (February 2006)." Vgl. auch:

vor allem solche aus dem globalen Süden, davon, dass der Markt und die entsprechenden Institutionen gestürzt werden müssen, weil der globale Markt Imperien errichtet und Ausbeutung und Zementierung von Armut verursacht. Das Dokument weist darauf hin, dass das Ergebnis von mehr als 50 Jahren Entwicklungsengagement bescheiden ist. Einige Kirchen aus dem nordatlantischen Raum halten diese Auffassung für zu radikal und schlagen daher vor, den Markt zu reformieren und zu humanisieren und die Schäden, die von liberalen Entwicklungsprojekten hervorgerufen wurden, abzuschwächen und ihnen entgegenzuwirken. In dieser Debatte verschränken sich Konzepte von Entwicklung und von Wirtschaft, von Gerechtigkeit, Klimagerechtigkeit und ökologischen Rechten. Dieser Streit ist auch eine theologische Auseinandersetzung darüber, ob religiöse Vorstellungen zu Kriterien des Handelns genommen werden können oder nicht.[28]

Mission, Religionen und Entwicklung

Ich verstehe Entwicklung als ein Ruf nach Transformation und damit auch als Ausdruck der Mission der Kirchen, als Teil ihres Zeugnisses in Wort und Tat. Diese Mission ist allerdings keine, die andere zum Ziel ihrer Konversionsbemühungen macht, sondern eine Mission für und mit den Menschen. Erfahrungen in einigen Ländern zeigen, dass alleine der Verdacht, dass die Hilfe Teil eines Bekehrungsprojektes darstellt, zu Übergriffen und Gewalt führen kann. Ich stimme den Aussagen des ökumenischen Dokumentes „Christliches Zeugnis in einer multireligiösen Welt“[29] zu, dass die Einladung

Konferenz Europäischer Kirchen (Hg.) „European churches living their Faith in the Context of Globalisation“, Brüssel, 2006, S. 5-6.

[28] Ich denke, dass es eine der Folgen der Professionalisierung der Arbeit der kirchlichen Entwicklungswerke ist, dass dieser Aspekt oft übersehen wird. In dem Dokument der „Kammer für nachhaltige Entwicklung“ der EKD zu den Millennium-Zielen der UN wird das Engagement der Kirchen auf eine Schöpfungstheologie gegründet und fokussiert auf den Kampf gegen Armut und darauf, Gesundheit und Ernährung zu sichern. Die deutsche Regierung wird aufgefordert, ihre Verantwortung in diesen Aufgaben zu akzeptieren. Dass andere Religionsgemeinschaften in Deutschland wie die der Muslime dazu beitragen könnten, wird nicht einmal erwähnt. Vgl. Kirchenamt der EKD (Hg.): „Schritte zu einer nachhaltigen Entwicklung. Die Millenniumsentwicklungsziele der Vereinten Nationen. Eine Stellungnahme der Kammer für nachhaltige Entwicklung der EKD zur Sondervollversammlung der Vereinten Nationen im September 2005. EKD-Texte 81“, Hannover, 2005.

[29] Vgl. **www.oikoumene.org/de/resources/documents/wcc-programmes/interreligious-dialogue-and-cooperation/christian-identity-in-pluralistic-societies/christian-witness-in-a-multi-religious-world**.

zum christlichen Glauben nicht vereinbar ist mit Geschenken oder Vorteilsversprechen und dass Hilfe und Unterstützung aus einer christlichen Motivation angeboten werden sollten und nicht als Nötigung oder wie ein Köder für Konvertierung. Im Umkehrschluss heisst dies, dass es eine Mission für die Veränderung von Lebensumständen und Gemeinschaften gibt, die von einer christlichen Motivation genährt wird, ohne auf Bekehrung abzuzielen. Ich sehe dieses Dokument als Beweis für die Fähigkeit der Missionstheologie mit diesen Problemen umzugehen und Reflexionen über den Unterschied zwischen bewussten Versuchen der Evangelisierung oder dem Angebot zu bieten, ein Partner unter anderen bei den Versuchen zu sein, die Gesellschaft weiterzuentwickeln, in der man mit den anderen lebt.

Die neue Missionserklärung „Gemeinsam für das Leben: Mission und Evangelisation in sich wandelnden Kontexten“[30] der Kommission für Weltmission und Evangelisation (CWME) des ÖRK aus 2012 reflektiert unter dem Leitmotiv der Transformation viele Themen und Aspekte, die Gegenstand von Entwicklungsprojekten sein könnten: Gerechtigkeit, Befreiung, Versöhnung, Gesundheit und Heilung, Menschenrechte, Klimagerechtigkeit, gerechte Verteilung von Ressourcen, Bekämpfung von Armut und Unterdrückung usw. Die Bedrohung des Lebens und die Versprechen von Gott gipfeln in einer Theologie des Lebens, die auf der biblischen Verheissung eines Lebens in Fülle aufbaut. So heisst es in der Erklärung:

> § 4.4. Gott sandte den Sohn, um nicht nur die Menschheit zu erlösen oder eine partielle Erlösung zu bringen. Das Evangelium ist vielmehr eine gute Nachricht für jeden Teil der Schöpfung und jeden Aspekt unseres Lebens und unserer Gesellschaft. Es ist daher entscheidend, Gottes Mission in einem kosmischen Sinne zu verstehen und zu bekräftigen, dass alles Leben, die ganze oikoumene, in Gottes Netzwerk des Lebens miteinander verbunden ist. Angesichts der offensichtlichen Bedrohungen für die Zukunft unseres Planeten müssen wir uns fragen, welche Bedeutung sie für unsere Teilnahme an Gottes Mission haben.

> § 77. Lobby- und Advocacy-Arbeit für Gerechtigkeit ist nicht länger das alleinige Vorrecht nationaler Versammlungen und zentraler Dienststellen, sondern eine Form des Zeugnisses, zu dem die Ortskirchen aufgerufen sind. So schloss die ÖRK-Dekade zur Überwindung von Gewalt (2001-2011) auf der Internationalen ökumenischen Friedenskonvokation mit einem Appell: „Die Kirchen müssen dabei

[30] ÖRK-Kommission für Weltmission und Evangelisation: „Gemeinsam für das Leben: Mission und Evangelisation in sich wandelnden Kontexten“, Genf, 2012, **www.oikoumene.org/de/resources/documents/wcc-commissions/mission-and-evangelism/together-towards-life-mission-and-evangelism-in-changing-landscapes.**

> helfen, die Entscheidungen, die täglich getroffen werden müssen, um Missbrauch zu beenden und Menschenrechte, Geschlechtergerechtigkeit, Klimagerechtigkeit, wirtschaftliche Gerechtigkeit, Einheit und Frieden zu stärken, bewusst zu machen". Aus ihrer Verortung im alltäglichen Leben gewinnen die Ortskirchen sowohl Legitimität als auch Motivation im Kampf für Gerechtigkeit und Frieden.

Indem sie die genannten Haltungen und Anliegen als Aufgaben von Ortsgemeinden definiert, die Teil eines internationalen Netzwerkes sind, transzendiert die Missionserklärung ein Konzept von Entwicklung, das mit einer klar definierten Unterscheidung zwischen denjenigen arbeitet, die entwickeln und denjenigen, die entwickelt werden müssen. Verwandlung durch Mission findet überall statt und jede Gemeinschaft bedarf der Entwicklung. Mein Punkt ist hier nicht, dass kirchliche Entwicklungswerke das von der Mission lernen müssen, sondern im Gegenteil, dass Mission und Kirchen diese Lektion mit ihren Entwicklungswerken in ihrem gemeinsamen Engagement für Veränderung gelernt haben. Doch ich bin überzeugt, dass viele Kirchengemeinden in Deutschland Entwicklung immer noch verstehen als „wir müssen ihnen helfen" – und dann könnte es ihnen so ergehen wie mit dem gutgemeinten Projekt in Tansania.[31]

Diese Dimension der christlichen Mission beinhaltet auch ein Konzept des Dialoges mit Menschen anderen Glaubens.

> § 93. In unserer komplexen und pluralistischen Welt begegnen wir Menschen unterschiedlicher Religionen, Ideologien und Überzeugungen. Wir glauben, dass der Geist des Lebens Freude und Leben in Fülle bringt. Aus diesem Grund ist der Geist Gottes in allen Kulturen, die für das Leben eintreten, erfahrbar. Der Heilige Geist wirkt auf geheimnisvolle Weise und wir verstehen sein Wirken in anderen Glaubenstraditionen nicht in vollem Masse. Wir erkennen an, dass verschiedene Formen der Spiritualität, die dem Leben verpflichtet sind, ihren eigenen Wert und ihre eigene Weisheit haben. Daher macht authentische Mission den „Anderen" zum Partner und nicht zum „Objekt" der Mission.

> § 94. Im Dialog bekräftigen wir unser gemeinsames Leben und unsere gemeinsamen Ziele als Ausdruck der Bekräftigung des Lebens und der Bewahrung der Ganzheit der Schöpfung. Dialog ist auf religiöser Ebene nur dann möglich, wenn wir mit der

[31] Die Entwicklungsarbeit weiter zu qualifizieren ist das Anliegen vieler kirchlicher Werke. Das „Zentrum für Mission und Ökumene" der Evangelisch-Lutherischen Kirche in Norddeutschland hat vor kurzem ein Handbuch herausgegeben, um die Gemeinden für und in ihren Entwicklungsaktivitäten fortzubilden. Vgl. „Zukunftsfähige Partnerschaften gestalten. Handbuch für ökumenische Partnerschaftsarbeit in der Nordkirche", Hamburg, 2013.

Erwartung an ihn herangehen, dass wir Gott begegnen, der uns vorausgegangen ist und unter Menschen, in deren jeweiligen Kontexten, gegenwärtig ist. Gott ist da, bevor wir kommen (Apostelgeschichte 17), und unsere Aufgabe ist es nicht, Gott mitzubringen, sondern Gott zu bezeugen, der bereits da ist. Dialog bietet die Möglichkeit einer aufrichtigen Begegnung, bei der jede Seite in einer Atmosphäre der Offenheit, der Geduld und des Respekts alles, was sie ausmacht, offen legt.

Christliche Ressourcen für Transformation

Entsprechend dieser Perspektive geht es bei Mission und Dialog auch um die Zusammenarbeit mit Menschen anderen Glaubens im Bereich der Entwicklung und um ein gemeinsames Engagement in Bezug auf Transformation. Nach meiner Auffassungen sollten Kirchen und die Theologie im Blick auf andere Glaubensrichtungen, Religionen und deren Glaubensgemeinschaften einen eindeutig theologischen Ansatz haben: Sie sollten nicht für sich selbst eine theologische Definition und eine objektivierende theoretische Definition für andere Religionen nutzen. Eine solche theologische Position stellt keine Landkarte von den anderen dar, mit der Kirchen ihnen die eigene Erklärung überstülpen, sondern sie macht ein Angebot zum Dialog, ja auch zur Auseinandersetzung.

Ich möchte in dieser Hinsicht für unsere Diskussion eine Möglichkeit vorschlagen, um die Stärken der christlichen Gemeinschaften für Entwicklung und Transformation als eine Dimension für die ganzheitliche Mission der Kirchen darzustellen. Ich habe dazu ein Raster übernommen, das in einer Studie zu „Religious Health Assets" des Deutschen Institutes für ärztliche Mission (DIFÄM) und vom ÖRK entwickelt wurde.[32] Ich denke, dass die Dimensionen des Rasters hilfreich dabei sind, sich zu vergegenwärtigen, in welch vielfältiger Weise Christinnen und Christen und Kirchen sich für Entwicklung engagieren oder sich für Transformation einsetzen können. Ich verstehe die Angaben der Matrix als einen Ausdruck der christlichen Mission, wie sie in der Missionserklärung des Lutherischen Weltbundes „Mission im Kontext: Transformation, Versöhnung und Bevollmächtigung" entwickelt wurde, und wie sie auch in der neuen Missionserklärung des ÖRK „Gemeinsam für das Leben" mit ihrem Schwerpunkt auf der missionarischen Dimension der Ortsgemeinden vorgestellt wird.

Das vorgeschlagene Raster ordnet die Kombinationen von materiellen und immateriellen Ressourcen, die lokale Kirchengemeinden oder in die-

[32] Dieses Raster wurde ursprünglich von Jim Cochrane entwickelt: „Religious Health Assets (RHAs) – Conceptual and Theoretical Framework", und wird hier nach einem Dokument von DIFÄM zitiert: Peter Bartmann, Beate Jakob, Ulrich Laepple, Dietrich Werner (Hg.): „Gesundheit, Heilung und Spiritualität. Zur Zukunft des heilenden Dienstes in Kirche und Diakonie. Ein Grundsatzpapier aus ökumenischer, diakonischer und missionstheologischer Perspektive", Tübingen, o. J., S. 129.

sem Falle Kirchen nutzen können, in vier Feldern an und verbindet sie mit Überlegungen zu den direkten und indirekten Effekten, die ihre Zuordnung haben könnte. Das Ziel der Matrix besteht nicht darin, eine erschöpfende Übersicht zu geben, sondern sie soll zeigen, dass christlicher Glauben und Gemeindeleben dazu beitragen können, Entwicklung und Transformation als Teil der Mission der Kirche zu fördern und dass den Kirchen und Gemeinden mehr Möglichkeiten zur Verfügung stehen, als oft wahrgenommen wird.

Kirchengemeinden oder auch Kirchen haben materielle Ressourcen für Transformation. So können sie Entwicklungsprojekte in ihrem Kontext durchführen, Projekte an einem anderen Ort unterstützen oder Entwicklungswerke unterstützen. Sie können medizinische Hilfe selber anbieten oder solche Hilfe woanders unterstützen. Sie können sich in Mediation und Friedensarbeit engagieren oder andere dabei unterstützen, solche Hilfe anzubieten. Sie können sich für Menschenrechte einsetzen oder sich gegen Ausgrenzung engagieren.

Doch das, was dieses Stärken-orientierte Raster bewusst machen will, ist, dass Gemeinden oder Kirchen darüber hinaus über immaterielle Ressourcen für Transformation verfügen. Sie feiern Liturgien, die die Gemeinde in eine versöhnende und heilende Gemeinschaft verwandeln können, und die der sie umgebenden grösseren Gemeinschaft angeboten werden können. Sie können Orte sein oder die Zeit anbieten, um Widerstand durch das gemeinsame Lesen der Bibel zu fördern und zu stärken. Sie können Haltungen der Weisheit und von Geduld entwickeln und prophetische Stimmen fördern, um sich selbst und andere in ihren Anstrengungen zu unterstützen. Sie könnten diejenigen sein, die bleiben und ausharren, wenn Naturkatastrophen zuschlagen, wenn es zu gewalttätigen Unruhen kommt oder dort, wo Entwicklungsprojekte scheitern. In all diesem können der Glaube und die Sorge um den anderen reiche Quellen sein, um zu überleben und um mit Herausforderungen des Lebens zurechtzukommen.

All das hat oder kann direkte und indirekte Folgen haben. Gemeinden können Akteure von Transformationen in ihrem unmittelbaren Umfeld oder in der Zivilgesellschaft sein oder dazu werden – sogar auf globaler Ebene. Und sie können diejenigen sein und werden, die aus Sensibilität und einem Bewusstsein, das durch ihren Glauben und ihren Gottesdienst genährt wird, öffentlich Theologie treiben oder den Verstummten eine Stimme leihen.

Herausforderungen

Ein Aspekt, den dieses Raster verdeutlichen soll, ist, dass die Ortskirchen und -gemeinden über ein grosses Potenzial an Stärken verfügen, über das sie sich aber vielleicht gar nicht bewusst sind oder dass sie sich von zu

Das Raster soll nicht dahingehend verstanden werden, als ob jede Gemeinde all das Aufgeführte erfüllen müsste. Der ressourcenorientierte Ansatz kann ihnen ganz im Gegenteil helfen, mehr und andere Charismata zu entdecken als diejenigen, die ihnen bewusst sind, und auch bei der Suche, was in ihrem Kontext Not tut und wie sie darauf in unterschiedlicher Weise antworten können.

Ressourcen		Auswirkungen: Direkte Auswirkungen	Auswirkungen: Indirekte Auswirkungen
	Immaterielle Ressourcen	Beten/Fürsorge für andere Bibellesen Liturgien für Versöhnung und Heilung Offenheit/Sensibilität für Menschen Umgang mit Traumata, die aus Erfahrungen mit Verlust, Leid und Zerstörung entstanden sind Sensibilität für Problemfelder wie Gewalt, Leid, Gerechtigkeit, Klima, usw. Haltungen wie Weisheit, Geduld, Mitgefühl, eine Langzeitperspektive Einsichten aus einer Erziehung für Gerechtigkeit, Frieden, Bewahrung der Schöpfung	Bewusstsein dafür, Teil der Schöpfung/Natur zu sein Visionen einer „besseren Welt" Bewusstsein der eigenen Charismen Bewusstsein der eigenen Endlichkeit Verantwortungsgefühl gegenüber Gott und Menschen/der Menschheit Ganzheitliche Lebenseinstellung Bewusstsein davon, „beauftragt" zu sein Lebensstile, die Transformation fördern Der Öffentlichkeit helfen, spirituell mit schlimmen Ereignissen umzugehen Die eigenen Traditionen im Lichte der frohen Botschaft transformieren und hinterfragen
	Materielle Ressourcen	Partnergruppen/Eine Welt-Läden Entwicklungsprojekte in den lokalen Gemeinden/Regionen organisieren Finanzielle Unterstützung von Entwicklungsorganisationen Entwicklungsorganisationen unterhalten Beistand für diejenigen, die von Ausgrenzung oder Unterentwicklung betroffen sind Katastrophenhilfe Mediation/Friedensarbeit Medizinische Hilfe Programme zur Bildung und zur Bewusstseinsförderung	Öffentliche Theologie Soziale und politische Verantwortung wahrnehmen Religiöse Gemeinschaft als ein Akteur der Zivilgesellschaft Die Grenze zwischen „Akteuren/Experten" und „Empfängern" überwinden Themen der Transformation in Gottesdienste und Rituale integrieren

vielen Herausforderungen überfordert fühlen. Auf diese Weise könnten sie scheitern oder sogar zu Gemeinschaften werden, die nicht Gerechtigkeit, Frieden und die Bewahrung der Schöpfung propagieren, sondern im Gegenteil Selbstgenügsamkeit fördern, Konflikte schüren und ihre Ressourcen nur für die eigene Gemeinschaft verbrauchen. Der Eintritt in einen Dialog und das Engagement für Transformation wird die Gemeinden aber herausfordern und dabei helfen, diesen Gefahren und den anderen negativen Aspekten von Religion entgegenzutreten, die in der Debatte über Religion und Entwicklung hervorgehoben worden sind.

Eine zweite Herausforderung ist die, dass Kirchen und Gemeinden theologische Kompetenz brauchen, um die vielen Dimensionen ihrer Mission zu entwickeln. Sie benötigen sicherlich auch Professionalität in ihrer Arbeit für Transformation, die zur Schaffung von eigenen spezialisierten Werken führen könnte. Doch Organisationen laufen immer Gefahr, ein Eigenleben zu entwickeln. Im Umkehrschluss könnten daher Gemeinden den Eindruck gewinnen, dass Transformation schwierig ist und zu viel Fachwissen erfordert, sodass sie die Aspekte von Transformation übersehen, in denen sie sich engagieren könnten. Vor der Gründung der neuen Organisation in Berlin, in der EED, Brot für die Welt und das Diakonische Hilfswerk fusioniert wurden, waren einige Stimmen zu hören, die nach einer noch deutlicheren Abgrenzung zwischen Mission und Entwicklungsmandat riefen. Doch wonach ruft man, wenn man verlangt, dass Missionswerke die Entwicklung den kirchlichen Entwicklungswerken überlassen: Danach, das Konzept einer ganzheitlichen Mission zu zerreissen.

Wir verfügen in Deutschland über eine Reihe von Programmen, die dabei helfen, das Bewusstsein für verschiedene Aspekte von Entwicklung zu entwickeln. Ich habe allerdings bei einigen Seminaren auf diesem Gebiet die Erfahrung gemacht, dass sie zwar im Hinblick auf Entwicklung sensibilisieren, sich aber in bei der theologischen Reflexion zurückhalten. Einige Teilnehmende waren auch mitunter zurückhaltend, den Bezug zu den Religionsgemeinschaften und zu Dialog überhaupt einzubringen, weil sie fürchten, dass eine solche Debatte unter den angesprochenen Studierenden, die in Deutschland studieren, aber aus unterschiedlichen Ländern kommen und unterschiedlichen Religionsgruppen – muslimische, christliche, hinduistische, buddhistische, atheistische usw. – angehören, zu Konflikten führen könnte. Es gibt sicherlich andere Beispiele, doch die Zurückhaltung, die hier beobachtet werden kann, könnte ein Puzzleteil für das Verständnis eines anderen Problemfeldes sein. Wie könnten Entwicklung und Transformation gefördert werden und Teil der christlichen Orientierung der Gemeinden und Kirchen werden? Und wie kann die Orientierung auf Transformation und Entwicklung innerhalb der Gemeinden, die dort oft nur in einem geringeren Massstab vorhanden ist, mit den spezialisierten Einrichtungen verbunden sein? Wenn wir hier scheitern, so scheitern wir bei der Herausforderung, Transformation so zu verstehen, dass alle verändert werden müssten und dass Entwicklungsaufgaben Aufgaben sind, die zusammen angegangen werden müssen, wenn wir den Anspruch haben, gemäss den Verheissungen und Herausforderungen des Evangeliums zu leben. Dies ist eine der Lektionen, die die Missionstheologie gelernt hat.

Die letzte Herausforderung, die ich hier benennen will, ist diejenige der Beziehung zu den anderen Religionen. Das Raster ist bewusst kein Raster der Religionen, sondern ein christliches für die Orientierung von Kirchengemeinden, die in den Dialog mit Gemeinschaften anderer Religionen eintreten wollen. Hans Jochen Margull, ein Vordenker der ökumenischen Bildung und des Dialogs, hat einmal formuliert, dass der interreligiöse Dialog Wunden heilen muss, die religiöse Gemeinschaften einander zugefügt haben, und gleichzeitig neue Wunden vermeiden muss.

Margull berichtete über das multireligiöse Treffen in Colombo, das 1974 vom Dialog-Referat des ÖRK organisiert worden war. Ziel des Treffens war, einander den Beitrag der verschiedenen religiösen Traditionen zu einer künftigen Weltgemeinschaft mitzuteilen. Margull beschreibt anschaulich, wie jeder einzelne Sprecher nicht den Beitrag seiner jeweiligen Religion darstellte, sondern seine Religion als die Lösung für alle präsentierte: Hier prallten Absolutheitsansprüche aufeinander. Ich sehe allerdings die wirklich ernüchternde Botschaft von Margull darin, dass er sagt: Am Ende wurde sogar die Kategorie der Religion, auf Grund derer die Beteiligten ja überhaupt erst eingeladen worden waren, also als Repräsentanten von Religionsgemeinschaften und nicht zum Beispiel von politischen Parteien, und die die gemeinsame Basis für den Dialog darstellte, letztlich strittig, als die Teilnehmenden versuchten, über die offensichtliche Tatsache hinaus zu gelangen, dass es sich bei allen um Menschen handelte. Er schloss damit, dass sich in diesem Moment die naive Annahme zerschlug, dass alle Teilnehmenden Erfahrungen miteinander teilen könnten, die sie als religiöse Erfahrungen verstehen und dass diese gemeinsame Annahme als Brücke dienen könnte, über die sie miteinander kommunizieren könnten.[33]

Nun liegt dies fast 40 Jahre zurück. Das Thema der Religionstheologie ist in jedem Fall ein brennendes Eisen und wenn wir zu einer gut definierten Beziehung zwischen Religion, Entwicklung und christlicher Mission kommen wollen, ist sie eine Aufgabe, die weiterverfolgt werden muss.

---

[33] Hans Jürgen Margull: „Der Dialog von Colombo. Ein weiteres Kolloquium zwischen Hindus, Buddhisten, Juden, Christen und Muslimen“, in: *ÖR 23* (1974), S. 525-534, hier S. 533-534.

Kapitalismus als Religion: Wann endet der Kreislauf?

Muriel Orevillo-Montenegro

Einleitung

Der Kapitalismus wurde in den unterschiedlichsten Foren und Kontexten ausgiebig diskutiert. In dieser Abhandlung möchte ich in komprimierter Form der Frage nachgehen, ob es sich bei Entwicklung um den „unvermeidlichen" Zwilling des Kapitalismus handelt, ob Kapitalismus eine Religion ist und wie Religion und die Kirchen Entwicklung fördern oder verhindern können.

Auf den Philippinen kann niemand über Kapitalismus sprechen, ohne ihn mit der Erfahrung des Kolonialismus und der Christianisierung in Verbindung zu bringen. Bis heute tragen die Philippinen die schwere Last der neokolonialen Herrschaft und des neoliberalen Kapitalismus. Historisch betrachtet hängt die philippinische Erfahrung des Kolonialismus eng mit Religion zusammen.

Ich lebe in Negros Oriental, einem Teil der Insel, in dem ein Grossteil des Landes im Besitz von weniger als hundert Familien ist. Die Kluft zwischen den reichen Landbesitzenden und den Pächter/innen hat die Insel in ein soziales Pulverfass verwandelt. Armut und Aufruhr sind nur einige der Symptome, die auf das soziale Krebsgeschwür deuten, unter dem die Nation leidet. Dieses Krebsgeschwür hat seine Wurzeln in der philippinischen Erfahrung des Kolonialismus und der Christianisierung. Die erste Welle der Christianisierung – die Spanier kamen mit dem Schwert und dem Kreuz – überrollte das Land kaum drei Jahre nachdem Luther seine 95 Thesen an die Tür der Schlosskirche zu Wittenberg genagelt hatte.[1] Während das vorgebliche Ziel der Kolonialisten darin lag, das Christentum

[1] John Dillenberger (Hg.): „Martin Luther: Selections from His Writings", New York, 1962, S. 490-500.

zu verbreiten, bestand ihre wahre Absicht darin, ihre merkantilistischen Interessen und ihre politische Macht zu verfolgen.[2] Die „Konquistadors" beanspruchten und benannten die Inseln für ihren König und machten das Land und die Menschen zu spanischem Eigentum, was durch die Vergabe spanischer Namen bei der Taufe der Einheimischen ritualisiert wurde.[3] Das zwanzigste Jahrhundert brachte eine neue Welle von Kolonialistinnen und Kolonialisten, die mit Bibeln und Gewehren bewaffnet, eine neue Art des Christentums brachten. Ihr Ziel war es, die „heidnischen Ureinwohnerinnen und Ureinwohner" von den Übeln des Heidentums zu befreien und die antikolonialen Widerstandsbewegungen des Volkes zu befrieden.

Die Ankunft der Kolonialistinnen und Kolonialisten markierte den Beginn des Leidens der Ureinwohnerinnen und Ureinwohner; sie wurden zu Besetzerinnen und Besetzer ihres eigenen Landes. Durch das „Hacienda"-System, das durch die wenigen reichen Landbesitzenden und die Kontrolle der kapitalistischen Politikerinnen und Politiker über Geschäfte und Regierung aufrecht erhalten wurde, setzte sich der Teufelskreis aus Armut, Hunger und Gewalt endlos fort. Die Filipinos erfuhren anthropologische Armut, wie der verstorbene Engelbert Mveng (1930-1995) aus Kamerun es nannte. Nicht nur die Nachfahrinnen und Nachfahren der Kolonialistinnen und Kolonialisten besitzen grosse Teile des Landes und palastartige Häuser, sondern auch Ausländerinnen und Ausländer – Einzelpersonen und Unternehmen – haben riesige Landstriche für die Agrarindustrie, Immobilien, Strände und Ferienresorts erworben. Die Regierung gibt dies als „Entwicklung" aus, nach dem Motto „Auf den Philippinen hat man Spass". Unterdessen strömen viele Missionarinnen und Missionare aus dem Ausland in das Land, um die Rettung der Seele zu predigen. Das sind nur einige der Erfahrungen, die viele Menschen in Asien machen, ausgenommen solche, die in den so genannten asiatischen Tigerstaaten leben.

ENTWICKLUNG: EIN SCHATTEN DES KAPITALISMUS?

Kapitalismus liegt in der Luft; die Menschen atmen ihn ein und ignorieren die Verschmutzung, die er verursacht. Er formt die Werte der Menschen, ihre

---

[2] Renato Constantino: „The Philippines: A Past Revisited", Quezon City, 1975, S. 16-25. Siehe auch M. D. David: „Introduction: The Nature of Western Colonialism – A Handicap to the Growth of Christianity in Asia", in: M. D. David (Hg.): „Western Colonialism in Asia and Christianity", Bombay, 1988, S. 1-19. Jean-Marc Éla aus Kamerun und der nordamerikanische Ureinwohner George E. Tinker teilen diese Beobachtung. Siehe Jean-Marc Éla: „African Cry", New York, 1986, S. 34. Siehe auch George E. Tinker: „Missionary Conquest: The Gospel and Native American Cultural Genocide", Minneapolis, 1993.

[3] Ebd., S. 89.

Träume und Visionen und hat enorme Auswirkungen auf Entwicklungsprozesse und die Leben von Menschen sowohl im globalen Norden als auch im globalen Süden. Auf den Philippinen wird Entwicklung mit Fortschritt gleichgesetzt. Reis muss nicht länger mit einem Mörser gestampft werden; inzwischen wird eine elektrische Mühle verwendet. Entwicklung bedeutet inzwischen, Dinge so zu gestalten, dass das Leben bequemer wird, eine Art Leben aus der Fertigpackung: Instantkaffee, Quickhochzeit, alles sofort und gleich.

In der Komödie „The Gods Must be Crazy“[4] (Die Götter müssen verrückt sein) lebten San Xi und sein Volk behaglich in der Wüste. Sie waren glücklich und zufrieden, da die Götter dafür sorgten, dass ihre Bedürfnisse befriedigt wurden. Eines Tages fiel eine Coca-Cola-Flasche vom Himmel. Das Volk des Xi dachte, sie sei von den Göttern gesandt worden, und so machten sie sich eine Freude daraus, auszuprobieren, auf welch vielfältige Weise die Coca-Cola-Flasche Verwendung finden konnte. Da es nur eine einzige Flasche gab, die sie herumreichen konnten, wurden sie nun mit dem Konzept des Besitzes konfrontiert. Es dauerte nicht lange, bis die Menschen etwas fühlten, was ihnen bis dahin gänzlich unbekannt gewesen war: Eifersucht, Neid, Ärger, Hass und Gewalt. Xi, der glaubte, dass die Coca-Cola-Flasche böse sei, weil sie ihnen Unglück gebracht hatte, reiste bis ans Ende der Welt, um sie loszuwerden. Xi dachte, die Götter müssten verrückt sein, ihnen etwas zu schicken, das das gemeinschaftliche Leben zerstörte.

Ich weiss wovon der Film spricht. Ich habe bei den Aetas[5] gelebt, einem Volk von philippinischen Ureinwohner, und ich erinnere mich, dass ich ihnen Dinge gezeigt habe, die sie bis dahin nicht kannten. Manchmal frage ich mich, ob diese Sachen nicht einfach nur ein falsches Bedürfnis nach unnötigen Dingen geschaffen haben. Während Manche den Film als politisch unkorrekt betrachten, da er das heutige Leben des San-Volkes nicht korrekt darstellt, sehe ich den Film hingegen als eine Metapher dafür, wie sich das Leben von Menschen durch das Aroma des Kapitalismus, hier in Form von Coca-Cola,

---

[4] Ein südafrikanischer Film, produziert von Jamie Uys aus dem Jahre 1980. Wie die in dem Film porträtierten Menschen dachten auch unsere philippinischen Vorfahren zunächst, die spanischen Kolonialherren seien Götter, deren Stöcke (Gewehre) Feuer spuckten.

[5] Die Aeta („Aïta“ ausgesprochen), Agta oder Ayta sind ein Indigenes Volk, das hauptsächlich in den abgesonderten, isolierten Bergregionen der Insel Luzon auf den Philippinen lebt. Sie werden dort den Negritos zugerechnet, einer Personengruppe, die eine dunkelbraune bis schwarze Hautfarbe besitzt und sich durch eine kleine Statur, einen schmalen Körperbau, lockige Haare, schmale Nasen und dunkelbraune Augen auszeichnet. Sie werden als die ersten Einwohner des Archipels angesehen und waren womöglich bereits vor der Zuwanderung austronesischer Menschen auf den Philippinen heimisch. Vgl. **http://de.wikipedia.org/wiki/Aeta**.

verändert. Er zeigt die vorhersehbare Entwicklung, die der Kapitalismus mit sich bringt. Die friedliche Gemeinschaft der San wird durch das Auftauchen der Coca-Cola-Flasche zerstört, und der „göttliche" Kapitalismus führt dazu, dass sich das Schicksal von Menschen und Gemeinschaften immer mehr in Richtung einer Katastrophe entwickelt. Wie der Film zeigt, ruiniert die Coca-Cola-Flasche das wirtschaftliche und spirituelle Leben der Gemeinschaft. Die Werte der Gemeinsamkeit, Zusammenarbeit, Einfachheit, Zufriedenheit und der Sorge füreinander werden zerstört.

Entwicklung ist ein stark umstrittener Begriff und wird im Allgemeinen mit Veränderungen des wirtschaftlichen, sozialen und kulturellen Lebens im globalen Süden in Verbindung gebracht. Fortschritt bedeutet für viele, dass der globale Süden die evolutionären Wege des Westens kopiert. Dieses Konzept wurde von Gruppen, die gegen Abhängigkeit kämpfen, infrage gestellt, und Feministinnen protestierten gegen die Tatsache, dass Frauen in geschlechterblinden Entwicklungsprozessen ignoriert werden. Gleichwohl besteht die dualistische Klassifizierung „entwickelt/unterentwickelt" (zu verstehen als überlegen/unterlegen) weiter fort und die Wurzeln der Ungleichheiten zwischen den Geschlechtern werden nicht wirklich angegangen.[6]

Indem sie die neue Pille mit Namen „Entwicklung" schluckten, versuchen Regierungen im globalen Süden, wie zum Beispiel auf den Philippinen, den Wegen des Westens zu folgen. Sie liehen sich enorme Geldsummen vom Internationalen Währungsfonds (IWF) und der Weltbank (WB) für Entwicklungsprojekte, um nicht nur Infrastrukturen zu schaffen (wie zum Beispiel Autobahnen, Kulturzentren, Touristenziele, Golfplätze und Bewässerungsdämme für grosse Landflächen, die multinationalen Unternehmen gehören), sondern auch, um militärische Ausrüstung zu kaufen. In der Folge musste die Bevölkerung die Last enormer Auslandsschulden tragen. Viele Menschen wurden von ihrem Land vertrieben, die meisten von ihnen blieben ausgegrenzt und arm. Berge verschwanden und Flüsse versiegten, und man fragt sich: Wozu dient diese Entwicklung? Wer profitiert wirklich von dieser Entwicklung?

---

[6] Siehe Alison Blunt: „Development", in: Linda McDowell und Joanne P. Sharp (Hg.): „A Feminist Glossary of Human Geography", London/New York/Sydney/Auckland, 1999, S. 56-58. Geschlechterblinde Entwicklung ignoriert Frauen. Noch immer gelingt es den Ansätzen „Frauen in Entwicklung" (FIE) und „Frauen und Entwicklung" (FUE) nicht, die Wurzeln männlich dominierter Strukturen anzugehen. Obwohl der Ansatz „Geschlechter und Entwicklung" (GUE) angeblich ganzheitlich ist, wenden Kritikerinnen und Kritiker in Hinblick auf die Befähigung ein, dass es sich bei FIE, FUE und GUE um Ansätze aus einer westlichen feministischen Perspektive handelt, die sich durch ethnozentrische Tendenzen auszeichnen und essentialistische und universalistische Kategorien verwenden.

Kapitalismus als Ideologie

Die Aussage „wenn der Preis stimmt" beinhaltet, dass der Wert von allem, seien es Menschen, Ressourcen, Dinge, Kultur oder sogar die Natur, von ihrem Marktwert bestimmt wird. Das zeigt, dass der Geist des Kapitalismus die menschliche Psyche eingenommen hat. Kapitalismus ist ein Wirtschaftssystem, das auf Privateigentum der Produktionsmittel und auf freiem Wettbewerb basiert: „Die Märkte entscheiden, wie viel produziert werden soll und zu welchem Preis."[7] Die beiden entscheidenden Elemente der Produktion sind Kapital (Material, Maschinen, Geld) und Arbeit. Eine Kernidee des Kapitalismus ist, dass die Arbeitenden von den Produktionsmitteln getrennt sind und dass ihre Arbeitskraft auf ein Wirtschaftsgut[8] reduziert wird, das den Kapitalbesitzenden zum gerade gültigen Marktpreis verkauft wird. Das System stellt sicher, dass der/die Kapitaleigner/in den „Mehrwert" oder Gewinn behält, wobei die Löhne weit unter dem Wert der Produkte liegen, die die Arbeitenden geschaffen haben. Da diese Arbeitenden, insbesondere in Asien und im globalen Süden, arbeiten müssen, um zu überleben, ist Arbeitskraft billig. In der Regel können es sich die Arbeiterinnen und Arbeiter nicht leisten, die Produkte zu kaufen, die sie produziert haben. Sie haben Schwierigkeiten, dieses System zu verstehen, dass es ihnen nicht erlaubt, gerechte Löhne frei zu verhandeln. Dieses System verschlimmert die Armut, das Leiden und die Ausbeutung, die als Folge der Geschichte der Kolonisation ihrer Länder ihr Schicksal sind.[9]

Heutzutage ist der Kapitalismus noch stärker ausgeprägt, da er verflochten ist mit einem System der politischen Kontrolle über andere Nationen, indem Macht über andere Staatshoheiten ausgeübt wird. Neue Weltmächte haben sich entwickelt. Kritiker wie zum Beispiel Fredric Jameson nennen die politisch-ökonomische Realität dieses späten Stadiums des Kapitalismus „eine ungeheuerliche Expansion des Kapitals in bisher nicht kommodifizierte Bereiche".[10] Es handelt sich dabei um eine neue „Kolonisierung der Natur und des Unbewussten".[11] Dieses erweiterte kapitalistische System wird im heutigen globalisierten, neoliberalen Kapitalismus offenkundig – einem System des organisierten Besitzes (Investition, Kredite, Handel etc.), das sicherstellt, dass die transnationale Elite wie zum Beispiel die reichen, in

7 Mark Lewis Taylor: „Theology and Global Empire Today", in: „Reformed World", Bd. 56, Nr. 4 (Dezember 2006), S. 415.

8 Linda McDowell: „Capital/Capitalism", in: McDowell und Sharp, a. a. O. (Fussnote 6), S. 23-24.

9 Manuel Ossa: „Capitalism", in: Virginia Fabella und R. S. Sugirtharajah (Hg.): „Dictionary of Third World Theologies", New York, 2000, S. 34.

10 Fredric Jameson: „Postmodernism or the Cultural Logic of Late Capitalism", Durham, 1991, S. 36.

11 Ebd., S. 36.

der Mehrzahl westlichen G8-Länder den Besitz weiterhin unter Kontrolle behält. In der Folge unterliegen Hilfe und Finanzierung von Projekten den Vorgaben und Interessen der Länder, die die Macht haben: wenn der Preis stimmt! Somit bereichern sich die Länder, die die Macht haben, „auf Kosten der Verelendung der globalen Mehrheit“.[12]

Kapitalismus als Religion

Kapitalismus ist sowohl eine wirtschaftliche Ideologie als auch eine Religion. Letztenendes trennt, wenn überhaupt, nur eine sehr dünne Linie Ideologie von Religion. So ist es auch nicht weiter überraschend, wenn Menschen Religion und kapitalistische Ideologie leicht verwechseln. Der Kapitalismus gebärdet sich als „zivile Religion globaler Modernität“[13] und wirkt sich zwangsläufig auf die weltweite Wirtschaft und auf die Umwelt aus.

Wie sehen die religiösen Eigenschaften des Kapitalismus aus? Im Fragment 74 sieht Walter Benjamin, ein deutscher jüdischer Literaturkritiker,[14] den Kapitalismus als eine Art extremen „rein religiösen Kult“. Er forciert nicht nur mechanistische Errungenschaften und hält die Menschen in seinem System gefangen, sondern er kennt auch keine ethische Rechenschaftspflicht. Kapitalismus drängt sich in die menschliche Psyche und verankert sich darin, er impft den Menschen seine kultische Permanenz ein und zeichnet sich durch seine Unbarmherzigkeit aus. Die Menschheit akzeptiert, dass jeder Tag ein Arbeitstag ist, ein Tag, dem Kapitalismus zu huldigen und ihn zu loben. Im Rahmen dieses Erwerbskultes entwickeln die Menschen eine Hassliebe zu diesem System, das eine Welt der Schuld und der Hoffnungslosigkeit hervorbringt. Je mehr ein Mensch in diese Hoffnungslosigkeit eintaucht, desto mehr erscheint ihm der Kapitalismus durch sein System als heilsam und als Rettung.

Benjamins Darlegung der religiösen Struktur des Kapitalismus stimmt nachdenklich und ist sinnvoll. Ich möchte mich jedoch auf den religiösen Charakter des Kapitalismus über Benjamins Ausführungen hinaus konzentrieren und ihn von Rudolf Ottos klassischem Konzept des Göttlichen und des Heiligen aus betrachten. Das Konzept des „göttlichen Wesens“ (lateinisch „numen“) ist eine Linse, durch die wir die Grundelemente religiöser Praktiken und Verehrung betrachten können. Otto betrachtete das Göttliche als

---

[12] Taylor, a. a. O. (Fussnote 7), S. 430.

[13] Francis Ching-Wah Yip: „Capitalism as Religion? A Study of Paul Tillich's Interpretation of Modernity“, Cambridge/Massachusetts, 2010, S. 11.

[14] Walter Benjamin: „Kapitalismus als Religion“, in: Rolf Tiedemann und Hermann Schweppenhäuser (Hg.); „Gesammelte Schriften“, Band VI, Frankfurt am Main, 1991.

„tremendum, mysterium et fascinans".[15] Seiner Ansicht nach hat die göttliche Erfahrung, zusätzlich zum „tremendum", der Tendenz, Furcht und Erschauern hervorzurufen, eine Qualität von „fascinans", die Tendenz der Anziehung, der Faszination und des In-den-Bann-Ziehens. Als solche öffnet sie ein Fenster, durch das man Religion als Gefühl der Macht jenseits des Menschlichen betrachten kann, das sowohl rational als auch emotional, individuell oder gemeinsam angegangen werden kann. Diese Macht wird durch Worte, durch Rituale und Symbole zelebriert und sie wird von Generation zu Generation als Doktrin oder Tradition in einer Reihe von Formen, Glaubensbekenntnissen und theologischen Erklärungen der Erfahrung weitergegeben. Sie eröffnet zudem einen Blick auf die eigene Existenz und gibt eine Richtung vor, wie man sein Leben in dieser Welt zu leben hat.[16] Im Lichte dieser Erkenntnis können wir erkennen, dass der Kapitalismus religiöse Strukturen kultiviert hat und möglicherweise selbst zu einer Religion geworden ist.

Auf den Philippinen pflegte man zu sagen, dass das Dollarzeichen die listige Schlange symbolisiert, die sich den Baum hinauf windet und sowohl Individuen als auch Nationen durch kapitalistische Verlockungen in Versuchung führt. Der „allmächtige" Dollar und der starke Euro haben Gott als universelle Macht verdrängt. Das macht den Kapitalismus zwar zu einer materiellen Religion, jedoch ohne Glaubensbekenntnisse und Doktrinen, wie, Philip Goodchild in Bezug auf die Ausführungen Benjamins bemerkt.[17] Kapitalismus hat kein Gewissen und impft den Menschen seine attraktive Doktrin des Konsums, des Seelenheils und eines Lebens in Fülle durch Geld ein. Er vermittelt die Doktrin der unstillbaren Begierde, zu kaufen und zu horten. Er dreht die goldene Regel mit dem Sprichwort um: „Wer das Gold hat, regiert." Menschenrechte werden von denen, die Geld haben, ganz einfach ignoriert. Gordon Gekko, Konzernleiter in dem Film „Wall Street" aus dem Jahre 1987, der in einer Zeit extrem zunehmender Arbeitslosigkeit Millionen verdiente, erklärte das Credo des Kapitalismus wie folgt:

> Gier ist, in Ermangelung eines besseren Wortes, gut. Gier ist richtig. Gier funktioniert. Gier verdeutlicht, durchdringt und beschreibt das Wesen des evolutionären Geistes. Gier in all ihren Ausprägungen, Gier nach Leben, nach Geld, nach Liebe, nach Wissen hat das Aufstreben der Menschheit [sic] [Anmerkung der

---

[15] Rudolf Otto: „The Idea of the Holy", London, 1923. Einige Wissenschaftlerinnen und Wissenschaftler machen geltend, dass Otto keine erschöpfende Definition von „fascinans" liefert.

[16] Willard Oxtoby (Hg.): „World Religions: Eastern Traditions", Toronto, 2002, S. 454.

[17] Philip Goodchild: „Capitalism and Religion: The Price of Piety", New York, 2002, S. 85. Er betrachtet den Kapitalismus als eine „rein kultische Religion ohne Dogma".

Übersetzerin: Im Englischen steht hier „mankind“ statt „humanity“ oder „humankind“, somit bezieht sich diese Aussage in erster Linie auf den männlichen Teil der Menschheit.] geprägt, und Gier, lassen Sie es sich gesagt sein, wird nicht nur Teldar Paper retten, sondern auch dieses andere, schlecht funktionierende Unternehmen mit Namen USA.[18]

Obwohl Gekko eine fiktionale Figur ist, wurde er zum kulturellen Symbol für die skrupellose Seite des Kapitalismus.

Auf den Philippinen und in anderen so genannten Entwicklungsländern zeigt sich die Kommodifizierung von allem in der Umwandlung von Anbauflächen in Freizeitparks, Golfplätze und Ferienressorts und im Durchkämmen des Erdinneren durch grosse, ausländische Bergbaugesellschaften. Bei der Kommodifizierung des Personals und der Arbeitskraft von Vertragsarbeitskräften in Übersee liegt es nahe, dass insbesondere Haushaltshilfen und Animateurinnen und Animateure auf dem Altar des Kapitalismus geopfert werden. Bei solchen Opfern entstehen auch Kollateralschäden in Form des Verlusts der Selbstachtung des Einzelnen, von zerbrochenen Familien und Umweltzerstörung. Goodchild nennt diesen Zustand „ökonomischen Reduktionismus“, eine Situation, in der „die Welt durch die ökonomische Brille interpretiert wird. Was ihr jedoch fehlt, sind Farbe, Vielfalt, Fruchtbarkeit, Vitalität, Wandel und Nuancen.“[19]

Die wahnsinnige, einflussreiche soziale Praxis des Konsumdenkens, die durch die Religion des Geldes stimuliert wird, manifestiert sich im Phänomen riesiger Einkaufszentren, dem Symbol globalisierten Kapitals. Die Einkaufszentren als Tempel hat, ganz gleich, ob in Manila, Hongkong, Indonesien, Japan, Singapur, den USA oder in Europa, denselben Hauptzweck: die Anbetung des Geldes. Man findet dort alle Elemente der Liturgie: Der Ruf zum Gebet in der Werbung, die Seufzer und Lieder der Lobpreisung der Konsumenten, wenn sie die riesigen Plakatwände und Poster anschauen, die Missionarinnen und Missionare in Form von Verkaufspersonal, die die frohe Botschaft der Ankunft einer neuen Produktlinie verkünden, und Anbieterinnen und Anbieter und Verbraucherinnen und Verbraucher, die gleichermassen den Mammon anbeten, um all ihre Besitzwünsche zu befriedigen: „Geld, Geld, gib mir noch mehr; Geld, Geld, gib mir noch mehr.“[20] Das Einkaufszentrum, ob real oder virtuell, bietet den Ort und die Gelegenheit zu wirtschaftlicher, kultureller und sogar

---

18 Oliver Stone: „Wall Street“. Siehe **www.imdb.com/title/tt0094291/**. Siehe auch Gordon Gekko (Figur) Zitate unter **www.imdb.com/character/ch0012282/quotes**.

19 Goodchild, a. a. O. (Fussnote 17), S. xv.

20 I-toh Loh (Hg.): „New Songs of Asian Cities“, Tainan, 1973, S. 62. Dies ist die erste Zeile des Liedes „Pollution – More and More“ („Verschmutzung – immer mehr“); komponiert von Hiroshi Kinugasa und Taku Izumi, ins Englische übersetzt von Johnny Walker.

politischer Interaktion, sowie zur Heilung vielfältiger „Krankheiten“. Der Gott der biblischen Religionen, der durch die Gestaltung von Kultur und Spiritualität verehrt wird, wird obsolet und somit durch das Mammon ersetzt. Beim Ritual im Einkaufszentrum bringen die Konsumierenden dem Kapital ein Opfer da – man bezahlt für das Produkt, das die eigenen Wünsche befriedigt, ein Akt der „Abbitte“ gegenüber dem kapitalistischen System. Der globalisierte Kapitalismus versucht, eine Uniformität der Kultur zu schaffen und präsentiert sich selbst als der einzig mögliche Weg des ökonomischen und sozialen Lebens, wobei er den Menschen in Wirklichkeit diktiert, wie sie ihr Leben zu leben haben. Goodchild führt hierzu richtig aus: „Der Akt der Tötung Gottes wurde durch das Aufkommen des sich selbst regulierenden Marktes als Organisationsprinzip der sozialen Ordnung vollzogen.“[21] Gewiss ist Geld eher als der Glaube an die Fürsorge eines barmherzigen Gottes das Element und die Kraft, das Menschen und Institutionen in aller Welt eint. Verschwunden sind die Werte des Tauschhandels, der in der Vergangenheit in asiatischen Gesellschaften praktiziert wurde. Grundlage der Einheit ist nicht mehr Menschlichkeit, sondern Geld ist das gemeinsame Band. Ein Lied in Cebuano, das in den 1970er Jahren als „Homeward Bound“, einem Hit von Cliff Richard, bekannt wurde, beklagt diese Situation: „*Wa na gyo'y molingi kay pobre na man*!“, „Niemand achtet mehr auf mich, weil ich jetzt arm bin.“ Goodchild führt hierzu richtig aus: „Die Menschen sind nicht länger in gemeinsamer Liebe, durch eine gemeinsame Vorstellung vereint, sondern durch einen gemeinsamen Preis. Wir stellen heute fest, dass im Gemeinwesen anstelle von Gott nun das Geld zählt.“[22] Diese Situation bedeutet für viele Menschen grosse Verzweiflung und Verzweiflung führt sie auf unterschiedlichste destruktive Wege.

Kapitalismus und die Triebkraft des Christentums

Der Weg, die Triebkraft des Christentums im Zusammenhang mit dem Kapitalismus zu untersuchen, ist – obgleich dies hier nur kurz angeschnitten werden kann – hilfreich für die Selbstkritik der Kirchen und der Nichtregierungsorganisationen, die aus dem Glauben heraus handeln und in Entwicklungsarbeit und -projekten tätig sind. Von nahe betrachtet, erkennen wir so den Ethos der Entwicklungsarbeit, die die Tendenz hat, sich an pseudokapitalistischen Richtlinien zu orientieren. Das bringt möglicherweise auch unsere explizite und implizite Komplizenschaft mit dem System ans Licht und bewegt uns dazu, Reue zu empfinden, Dinge wieder gutzumachen und Wege zu finden, um Entschädigung zu leisten.

---

[21] Goodchild, a. a. O. (Fussnote 17), S. 29.

[22] Ebd., S. 79.

Schliesslich wird es uns vielleicht dazu bringen, dass wir Schritte theoretisch ausarbeiten und ausformulieren, die zu einer Beendigung des zerstörerischen Kreislaufs des Kapitalismus führen.

Es wird behauptet, dass der Protestantismus den Stimulus für die Expansion des Kapitalismus auf der Basis des zuvor üblichen, familiär geprägten Unternehmertums geliefert hat. Hier verweist die Wissenschaft insbesondere auf das Werk von Max Weber.[23] Weber weist in seinem Werk darauf hin, dass der moderne Kapitalismus sich auf der Grundlage der Ideen der protestantischen religiösen Doktrinen und Praxis entwickelt hat, insbesondere auf der Basis des Calvinismus und des Täufertums. Luthers Rechtfertigung durch den Glauben wurde so verdreht interpretiert, dass sie die Lehre untermauerte, es sei nicht gegen den Willen Gottes, Geld für Zinsen zu verleihen (jedoch nicht an Glaubensbrüder). Im Grunde interpretieren Protestantinnen und Protestanten das Gleichnis von den Talenten bis heute so (Mt 25,14-30; Lk 19,12-28). Darüber hinaus betonen Protestantinnen und Protestanten die missionarische Aufgabe, den Willen Gottes zu erfüllen, was eine Orientierung hin zur Arbeit bedeutet. Ein besseres Leben, das gemessen wird an materiellen Belegen, wird als Gottes Belohnung und Segen für harte Arbeit verstanden. Aus dieser Haltung ist die Grundlage für moderne Unternehmensethik entstanden. Die täuferische Tradition des Konsenses wurde zur Grundlage für das Konzept der demokratischen Führung und die Praxis der Erwachsenentaufe führte zu einer reifen Perspektive und Verantwortlichkeit, Aufrichtigkeit und Integrität.

Weber bemerkte jedoch, dass der Geist der protestantischen Tradition hinsichtlich des Wachstums des modernen Kapitalismus nicht ausreicht, um diesen zu erhalten. Weber teilte die Ansicht von Karl Marx, dass die notwendigen Voraussetzungen eines etablierten Banken- und Währungssystems, gesetzlicher Grenzen, Technologie, Erfindungen und eines stabilen Regierungssystems gegeben sein müssten, um die kapitalistische Wirtschaft am Leben zu halten. In der Tat gehören diese Elemente zum Konzept der modernen Weltmächte.

In welche Richtung bewegen wir uns? Wann endet der Kreislauf?

In seiner neuen Form ist der Kapitalismus als Religion zu einem noch grösseren Teufelskreis geworden. Ist es uns möglich, in die vorkapitalistische Zeit zurückzukehren?

---

[23] Max Weber: „Die protestantische Ethik und der Geist des Kapitalismus", in: Max Weber: „Gesammelte Aufsätze zur Religionssoziologie", Band 1, Tübingen, 1986, S. 17. Siehe auch: **www.zeno.org/nid/20011440473**.

Hierzu ist Jamesons Lesart von Marx recht interessant. Er weist darauf hin, dass Marx uns dazu auffordert, das Unmögliche zu tun: zu realisieren, dass Kapitalismus gleichzeitig das Beste und das Schlimmste ist, was der Menschheit je widerfahren ist, das er gleichzeitig Katastrophe und Fortschritt ist.[24] Somit geht es darum, einige „Momente der Wahrheit" unter den offensichtlichen Momenten der Unwahrheit dieses Spätkapitalismus auszumachen. Zudem fragt er, wie wir die Energie nutzen, um nicht gelähmt zu werden und hilflos zu kapitulieren, indem wir die die Möglichkeiten des Widerstands ignorieren oder sogar verdrängen.

Diese Frage stellt sich in der Tat zwingend und es lohnt sich, darüber nachzudenken. Auf die Philippinen bezogen ist zu sagen, dass einige Aktivistinnen und Aktivisten in den vergangenen zwei Jahrzehnten aufgegeben haben. Einige Organisationen, die aus dem Glauben heraus handeln, und andere Nichtregierungsorganisationen (NGOs) führen Projekte im Bereich Sozialarbeit durch und haben die analytischen und theoretischen Dimensionen alternativer Entwicklungsarbeit komplett hinter sich gelassen. Natürlich ist es nicht mehr möglich, in die Vergangenheit zurückzukehren. Jedoch besteht die Herausforderung darin, wie Jameson ausführt, die Existenz des Spätkapitalismus anzuerkennen, und einen Ausweg zu finden, einen „Durchbruch hin zu einem bisher unvorstellbaren Modus, diesem letzten Stadium eine neue Bedeutung zu geben".[25] Es ist wichtig für die Menschen, die Positionen, die sie als Individuen und als kollektive Subjekte einnehmen können, zu verstehen und die Macht zu beanspruchen, zu handeln, zu ringen und dem Zugriff von Kapitalismus und Weltmacht zu widerstehen. Dies ist entscheidend, denn viele von uns sind durch unseren gesellschaftlichen Raum und durch Verwirrung paralysiert.

Dieser Raum ist zudem die Arena, in der Religion und Kirchen sich Gedanken machen können, ob sie alternative Entwicklung, die stattfindet, ohne den Interessen der Weltmacht zu dienen, fördern oder verhindern wollen. Lassen Sie mich in groben Zügen einen kurzen Überblick geben über die Prinzipien, die hoffentlich zu mehr Reflexion und Handeln anregen, um sich den Herausforderungen zu stellen, denen sich die Kirche und die Entwicklungsarbeit angesichts des Kapitalismus gegenüber sieht.

- Zunächst geht es darum, die lebensspendenden, lebensbejahenden und lebenserhaltenden Elemente des kapitalistischen Systems, wenn es sie denn gibt, zu identifizieren. Diese Norm muss für menschliches und nichtmenschliches Leben auf diesem Planeten gelten. Das bedeutet, ein

[24] Jameson, a. a. O. (Fussnote 10), S. 47.

[25] Ebd., S. 54.

biozentrisches Prinzip als Grundlage zu nehmen und Anthorpozentrismus, Androzentrismus und Sexismus aus diesem System zu entfernen.

- Zweitens müssen die Ressourcen der Religion des Einzelnen nutzbar gemacht werden, um alle lebensspendenden, lebensbejahenden und lebenserhaltenden Mechanismen zum Wohle der Gemeinschaft zu fördern, insbesondere für die, die arm und an den Rand der Gesellschaft gedrängt sind, wie zum Beispiel Frauen, Homosexuelle, Behinderte, Ältere und Kranke. Dies erfordert ein erneutes Lesen der heiligen Texte, eine Überprüfung der Theologien und eine Neuformulierung von Strukturen in Hinblick auf eine biozentrische Gemeinschaft. Für Christinnen und Christen ist es wichtig, sich das Konzept wieder zueigen zu machen, dass die Menschen nach Gottes Ebenbild geschaffen sind, und Menschen nicht als „isoliert zu betrachtende mechanistische Maschinen zur Anhäufung von Reichtum und Macht" zu verstehen sind, sondern als „lebende Organismen in Beziehung".[26]

- Drittens geht es darum, eine Spiritualität des engagierten Eintretens für die Werte Gerechtigkeit und Rechtschaffenheit gegenüber allen Menschen und der Natur zu kultivieren. Dem Mammon zu widerstehen, erfordert eine Spiritualität, die von Liebe und Fürsorge geprägte Beziehungen, Gegenseitigkeit und Wechselseitigkeit sowie Solidarität in der Gemeinschaft wertschätzt. Dies bedeutet, der Versuchung zu widerstehen, Macht über physisch, sozial, wirtschaftlich und kulturell Schwache auszuüben.

- Viertens ist es wichtig, die befreienden Elemente von Religionen zu fördern und sich im Bereich interreligiöser Zusammenarbeit für eine gerechte und friedliche Welt zu engagieren. Die Kirchen dürfen nicht weiterhin selbstgefällig innerhalb ihrer jeweiligen konfessionellen Welt oder in religiöser Engstirnigkeit verharren. Die Kirche muss Raum schaffen für Friedensarbeit in den Gemeinwesen und für eine Umgebung, die Raum für Bildung bietet und in der Menschen lernen können, wahrhaftig menschlich zu sein.

- Fünftens sollten die Kirchen, wenn die Globalisierung des Kapitalismus möglich ist, energisch und konkret für ihre Vision der AGAPE eintreten, die Idee einer Alternativen Globalisierung im Dienst von Menschen

[26] Ulrich Duchrow: „An Ecumenical Vision for a Community of Life in Europe", in: „Reformed World", Bd. 56, Nr. 4 (Dezember 2006), S. 391-403.

und Erde[27], die für die von göttlicher Liebe geprägte Ökonomie des Lebens, gerechten Handel, ein gerechtes Finanzwesen, transformatives Handeln und alternative Lebensweisen eintritt. Diesen Prozess muss jedoch jede und jeder Einzelnen beginnen, indem er/sie eine alternative Lebensweise praktiziert und sich dieser verschreibt. Dies bedeutet, dass man vom Paradigma des Haushalterschaft der Erde zum Beispiel von „oikodomos" (v. οίκοδομέω) kommen muss, was bedeutet, den Haushalt, den Planeten aufzubauen und zu stärken, indem man dazu beiträgt, die Fähigkeit eines jeden Mitglieds zu verbessern, verantwortlich und effektiv zu handeln. Ich halte dieses Konzept für eine Alternative zum Modell des „oikonomos", dem Verwalter oder Haushalter, der die Geschäfte eines grossen Haushalts im Namen des Meisters kontrolliert. Wir haben schliesslich gesehen, wie die Welt ins Chaos gestürzt worden ist von Verwalterinnen und Verwaltern und Haushalterinnen und Haushaltern des Haushaltes Gottes, die Gott spielen und die Macht, mit der sie betraut wurden, missbrauchen.

- Sechstens müsen wir uns man sich dem Ethos der Ehrlichkeit verschreiben sollte. Der Kapitalismus sorgt für seine Erhaltung, indem er seine Lügen als Wahrheit erscheinen lässt, indem er die Leute glauben macht, er sei die Antwort auf all ihre Träume und die Erfüllung ihrer Existenz. Jemand sagte zu mir, der Kapitalismus wird mit zu viel Ehrlichkeit nicht überleben. Und genau das ist die Herausforderung, der wir uns stellen müssen.

Abschliessende Bemerkungen

Ich bin der Überzeugung, dass die vorstehend dargelegten Prinzipien uns helfen werden, den Klauen des Kapitalismus zu widerstehen. Sie werden als Wegweiser dienen auf dem Weg zur Beendigung des Kreislaufs aus Ausbeutung, Gewalt und Hoffnungslosigkeit, den der Kapitalismus mit sich bringt. Es obliegt jedem und jeder Einzelnen von uns, uns dafür einzusetzen, dass dieser Kreislauf beendet wird, und an seine Stelle einen anderen zu setzen, für eine bessere und gerechtere Welt. Das ist eine Herausforderung für alle wohlmeinenden Menschen auf der Welt. Grosse Dinge resultieren

[27] Ökumenischer Rat der Kirchen: „Alternative Globalisierung im Dienst von Menschen und Erde – AGAPE", **www.oikoumene.org/de/resources/documents/wcc-programmes/public-witness-addressing-power-affirming-peace/poverty-wealth-and-ecology/agape-background-document**.

aus kleinen Dingen. Daher sollten wir uns nicht entmutigen lassen, wie auch das folgende Lied sagt:

> Maybe you and I can't do great things,
> We may not change the world in one day;
> But we still can change some things today,
> In our small way.
>
> [Vielleicht können du und ich nichts Grosses vollbringen,
> wir können die Welt nicht in einem Tag verändern,
> doch wir können immerhin heute ein paar Dinge ändern,
> mit unseren kleinen Schritten.][28]

---

[28] Michael Jackson: „In our Small Way!", siehe **www.metrolyrics.com/in-our-small-way-lyrics-michael-jackson.html**.

Staat, Religion und Entwicklung in China

Theresa Carino

Staat und Religion: Formalisierung und Modernisierung von Religion

In China wird Religion generell als modernes Konzept betrachtet und mit westlicher Dominanz gleichgesetzt, mit der Schaffung des modernen Nationalstaates und sie wird für ein Ergebnis der kolonialen Interaktionen gegen Ende des 19. Jahrhunderts gehalten.[1] Die Religion, die von westlichen Missionarinnen und Missionaren ins Land gebracht wurde, trennte Staat und Religion; der Staat behielt die politische Autorität während die Religion eine private Angelegenheit war. Für die aufgeklärten Eliten in nichteuropäischen Ländern bedeutete „modern" zu sein, die Praktiken der indigenen Bevölkerung zu reformieren und Religion als eine Kategorie im Rahmen der Verfassung des Staates und der Verwaltung zu institutionalisieren.

Dieses Verständnis von Religion geht am Problem vorbei, da der Kontext in Asien und insbesondere in China, bevor es zum Kontakt mit der Welt ausserhalb dieser Bereiche kam, ein durchaus religiöser war. Der einzige Unterschied war, dass Religion nicht als etwas betrachtet wurde, über das man objektiv nachdenken musste, sondern als etwas, das gelebt werden musste. Wie Richard Madsen ausführt,

> entwickelten chinesische Reformerinnen und Reformer zu Beginn des 20. Jahrhunderts aufgrund des wettbewerblichen Dialogs mit westlichen christlichen Nationen Kategorien, um über die Beziehung zwischen der Welt der materiellen und der Welt der spirituellen Kräfte nachzudenken. An diesem Punkt entwickelten sie die Kategorie der „Religion" selbst. Das dafür verwendete Wort war „zongjiao",

[1] Yoshiko Ashiwa und David L. Wank (Hg.): „Making Religion, Making the State", Stanford, 2009, S. 2.

das aus dem Japanischen abgeleitet war, wobei das japanische wiederum aus der europäischen Wissenschaft übernommen worden war.[2]

Die modernsten Formen der Religion (wie in den Schriften der europäischen liberalen Theologie zum Ausdruck gebracht), gingen in der Tat weit über die traditionelle Religion hinaus, indem sie sämtlichen Glauben an göttliche Kräfte abspalteten und lediglich die zentralen Morallehren beibehielten. Der Konfuzianismus passte gut zu diesem Konzept. Mit anderen Worten unterschied sich die Religion erheblich vom Aberglauben oder Glauben an das Göttliche und Übernatürliche.

Seit sie an der Macht ist, war das Ziel der kommunistischen Partei Chinas die wissenschaftliche Entwicklung. Im Volk verankerte religiöse Praktiken wurden als Aberglaube betrachtet. Die simple Interpretation des berühmten Ausspruchs von Karl Marx, „Religion ist das Opium des Volkes“ war der Grundpfeiler der Religionspolitik der Partei. Dies führte zu einer extremen Politik während der Kulturrevolution (1966-1976), während der Religion systematisch unterdrückt wurde und man sich bemühte, sie auszurotten. Zu dieser Zeit dachten viele Beobachterinnen und Beobachter, die Religion würde die Kulturrevolution nicht überleben, doch erstaunlicherweise täuschten sie sich. In der Tat begann 1978, als China die „vier Modernisierungen“ beschoss, ein phänomenales Widererstarken der Religion.

Das Aufkommen der Marktwirtschaft und das Wiedererstarken von Religion

Heute sind in China der weltweit grösste buddhistische Bevölkerungsanteil, schnell wachsende katholische und protestantische Glaubensgemeinschaften, expandierende muslimische Gemeinden und aktive daoistische Tempel zu finden.[3] Gemäss offiziellen Statistiken gab es im Jahr 1997 in China mehr als 13 000 buddhistische Tempel, 1 500 daoistische Tempel, 30 000 Moscheen, 4 000 katholische Kirchen und 12 000 protestantische Kirchen (Staatsratsbüro, 1997). Im Oktober 2012 wurde in einer Presseerklärung der staatlichen Behörden für religiöse Angelegenheiten verlautbart, dass es in China fast 5 500 religiöse Gruppierungen gibt, etwa 130 000 religiöse Kultstätten, 360 000 Geistliche und mehr als 100 Millionen religiös gläubige Menschen. Wie aus diesen, in der Regel konservativen offiziellen Daten ersichtlich wird, haben sich die Zahlen in den vergangenen fünfzehn Jahren verdoppelt. Einige Wissenschaftlerinnen

[2] Richard Madsen: „Signs and Wonders: Christianity and Hybrid Modernity in China“, unveröffentlichte Schrift (2010).

[3] Ashiwa und Wank, a. a. O. (Fussnote 1), S. 1.

und Wissenschaftler schätzen, dass die tatsächliche Anzahl von Gläubigen in China bereits auf 200 Millionen Menschen angewachsen ist. Niemand bestreitet die Tatsache, dass Religion im Aufwind ist, es gibt lediglich Unstimmigkeiten bezüglich des Ausmasses.

Für diesen enormen Anstieg gibt es verschiedene Gründe. Im Falle des Christentums, bei dem es sich um eine der sich am schnellsten verbreitenden Religionen in China handelt, wurde das Aufkommen ländlicher Gemeinden insbesondere in den 1980er und 1990er Jahren häufig mit Wundern und Heilungserfahrungen in Zusammenhang gebracht. Mit dem Zusammenbruch der Gesundheitskooperativen und aufgrund von Armut suchte die Landbevölkerung verstärkt Trost in religiösen Praktiken.

Gleichzeitig fiel, wie Madsen erläutert, die pfingstkirchliche Bewegung im „verzauberten Garten der chinesischen Kultur" auf besonders fruchtbaren Boden. Er beobachtete, dass die chinesische Version des in der Bevölkerung sich ausbreitenden Christentums durchzogen ist von der magischen Aura einer von einem Gott und Geist durchdrungenen Welt.

In den 1980er und 1990er Jahren bekamen die verbreiteten Kulte und traditionellen Formen der Übungen und auch des Qigong, zunehmend religiöse Dimensionen. Das Erstarken dieser Kulte und ihre wachsende Anzahl an Anhängerinnen und Anhängern führte in offiziellen Kreisen zu Bestürzung und Besorgnis. Das führte dazu, dass diese Kulte verboten, geächtet und in den Untergrund verbannt wurden. In den letzten Jahren gab es weniger Berichte über Kulte und Sekten und die Ausbreitung zumindest des Christentums scheint sich auf dem Land verlangsamt zu haben.

Allerdings zeigen die jüngsten Statistiken, dass die Religion in den wohlhabenden Küstengebieten wie Fujian und Zhenjiang floriert. Bauern, die vom Land in die Stadt umgesiedelt sind, haben ihre Religion dorthin mitgenommen. In Kunshan, in der Provinz Zhejiang, einem besonders beliebten Ziel für Wanderarbeiterinnen und Wanderarbeiter aus Westchina, bestehen mehr als achtzig Prozent der Gemeinden aus Migrantinnen und Migranten, wobei viele von diesen Zugewanderten bereits in ihren Dörfern getauft wurden.

Wanderarbeiterinnen und Wanderarbeiter sind jedoch nicht die einzigen, die dazu beitragen, dass die Anzahl der Kirchenmitglieder schnell steigt. Kirchen im urbanen Raum ziehen auch Studierende, Berufstätige und Intellektuelle an, von denen viele nach einem Sinn in einer aggressiv materialistischen Welt suchen.

Yang Fenggang von der Universität Purdue ist der Auffassung, dass das Wiedererstarken der Religion in China als Antwort auf das Aufkommen der Marktwirtschaft zu sehen ist.

> In diesem Prozess gehen Industrialisierung und Informationsrevolution Hand in Hand; Urbanisierung geht einher mit Suburbanisierung, Markttransformation

> mit Globalisierung und die schnelle Modernisierung wird begleitet von einer Post-Modernisierung. Inmitten dieser schnellen, dramatischen und tiefgreifenden Umbrüche gehen soziale Normen und Verbindungen verloren, widersprüchliche moralische Werte sind auf chaotische Weise miteinander verknüpft und Korruption nimmt überhand. Diese sozialen Strömungen sind für viele Menschen beunruhigend und verwirrend, was so Manchen veranlasst, sich einer Theodizee zuzuwenden oder einen religiösen Blickwinkel auf die Welt einzunehmen, um Sinn und Ordnung in sein Leben zu bringen [...] Durch den Kampf in der freien Marktwirtschaft, der verbunden ist mit existentiellen Ängsten, beginnen viele Menschen, Frieden, Sicherheit und Sinn in der Religion zu suchen. Einige Menschen finden ihr Heil im Christentum.[4]

Religion bietet in diesem Fall Schutz vor den Ängsten, Unsicherheiten und Zweifeln, die mit der Marktwirtschaft einhergehen. Für Chinesinnen und Chinesen, die sich zum Christentum bekennen, ist ihre Religion ein Glaube, der Frieden, Sicherheit und Befreiung inmitten einer verwirrenden, von den Kräften des Marktes bestimmten Welt und in einem von Unterdrückung gekennzeichneten politischen Klima bringt.

Die Marktwirtschaft hat jedoch auch zu dem Phänomen der „Chef-Christinnen und -Christen“ geführt: christliche Unternehmerinnen und Unternehmer, die in christlichen Gemeinden eine einflussreiche Gruppe bilden. Sie sehen sich selbst als Evangelistinnen und Evangelisten und Kirchenerbauerinnen und -erbauer, verteilen Bibeln an ihre Angestellten und Arbeiterinnen und Arbeiter, organisieren Gottesdienste am Arbeitsplatz und versuchen ihr Personal dazu zu bewegen, zum Christentum zu konvertieren. Diese christlichen Unternehmerinnen und Unternehmer, die oft ziemlich erfolgreich sind und grosszügig für den Bau von Kirchen spenden, sind Mitglieder einer besonderen „Gemeinschaft“ von Menschen, die einen ähnlichen Hintergrund haben und in den Ausschüssen der Kirchen sitzen. Sie tragen enorm zum Wachstum der Gemeinden und dem Bau von Kirchen bei.

Als Folge der wachsenden urbanen Gemeinden werden riesige, mehrstöckige Megakirchen erbaut, die jeden Sonntag mehrere tausend Gottesdienstbesuchende aufnehmen. Die Kirchengemeinden und die Kirchenleitungen bevorzugen es, ihre Gebäude in Anlehnung an einen westlichen Architekturstil zu errichten: je gewaltiger sie wirken, desto besser. Diese urbanen Megakirchen sind in China zu einem Symbol für die Moderne (die mit dem Westen assoziiert wird) und für Wohlstand geworden.

Für westlich orientierte Chinesinnen und Chinesen haftet dem Christentum nichts Traditionelles, Konservatives oder Restriktives an. Es wird vielmehr als progressiv, emanzipatorisch, modern und universell betrach-

---

[4] Yang Fenggang: „Lost in the Market, Saved at McDonald's: Conversion to Christianity in Urban China“, in: *Journal for the Scientific Study of Religion* (2005) 44 (4), S. 423-441.

tet.[5] In der chinesischen Marktwirtschaft wird urbanes Christentum mit Vermögen, Wohlstand und Moderne assoziiert.

Wachsende Ressourcen und soziales Engagement

Die offizielle Haltung gegenüber der Religion variiert von Regierungsbezirk zu Regierungsbezirk und von Provinz zu Provinz stark. Zwar ist die Politik in China zentralisiert, doch ihre Umsetzung ist von Ort zu Ort unterschiedlich. Sehr oft hängt der Status von Tempeln, Moscheen und Kirchen vor allem von den Beziehungen der religiösen Führungspersonen zu den örtlichen Behörden ab. Für Christinnen und Christen existiert eine grosse Grauzone zwischen Kirchen, die offiziell anerkannt und registriert sind, und solchen, bei denen dies nicht der Fall ist. In dieser Grauzone findet jedoch ein grosses Wachstum religiöser Gruppierungen statt.

Angesichts der wachsenden Anzahl von Gläubigen und des grossen, unbezwingbaren Interesses an Religion haben die chinesischen Behörden ihre Strategie geändert. Anstatt weiterhin zu versuchen, religiöse Aktivitäten zu begrenzen, versuchen sie nun, Religion zu „verwalten", indem sie die Registrierung und Institutionalisierung von religiösen Gruppierungen fördern.

Vor dem Hintergrund der Marktwirtschaft haben die Behörden begonnen, die wachsende wirtschaftliche Macht religiöser Organisationen und ihre Möglichkeiten, soziale Dienste zu leisten, in Betracht zu ziehen. Sie erkennen an, dass Religionen eine Quelle zur Generierung von Einkommen und sozialen Diensten sein können. Tempel ziehen Gläubige und Spenden an. Kirchen ist es gelungen, sowohl nationale als auch ausländische Spenden zu Wohltätigkeitszwecken zu generieren.

In den letzten Jahren haben Spenden aus dem religiösen Bereich stark zugenommen und religiös geprägte Wohltätigkeitsorganisationen haben einen wesentlichen Beitrag zur Katastrophenhilfe geleistet. Laut Daten, die die staatliche Behörde für religiöse Angelegenheiten bereitgestellt hat, haben religiöse Gruppierungen innerhalb von zwei Wochen nach dem Erdbeben in Sichuan im Jahre 2008 insgesamt 400 Millionen Yuan in Geld- und Sachspenden aufgebracht, und in den zwei Monaten nach dem Erdbeben in der Provinz Qinghai im April 2009 gaben religiöse Gruppen fast 100 Millionen Yuan in Geld- und Sachspenden.

Nach den im September 2012 von der Behörde für religiöse Angelegenheiten veröffentlichten Daten beliefen sich die Spenden für Wohlfahrtszwecke aus dem religiösen Bereich in den letzten fünf Jahren auf drei Milliarden

[5] Ebd.

Yuan (475 Millionen US-Dollar). Das ist für den religiösen Bereich in China ein beträchtlicher Betrag.

Im Februar 2011 spendete die buddhistische Mount-Putuo-Vereinigung in der Provinz Zhejiang 450 Millionen Yuan (71 Millionen US-Dollar) an die Stadtregierung von Zhoushan für den Bau der Zhujiajian-Brücke und setzte damit eine neue Rekordmarke für die höchste Einzelspende seitens einer religiösen Gruppierung. Was aber noch wichtiger ist: Diese Spende trug dazu bei, die öffentliche Wahrnehmung religiöser Wohltätigkeit zu verändern, die bis dato als zersplittert und ineffizient galt.

Über ihre Hilfseinsätze hinaus erhalten Tempel Gaben und Spenden von reichen ebenso wie von armen Menschen und leisten soziale Arbeit. Christliche Kirchen in urbanen und stadtnahen Gebieten betreiben Kindergärten, Seniorenheime und Waisenhäuser. Sie arbeiten mit behinderten Kindern und Leprakranken, leisten HIV- und AIDS-Prävention und arbeiten daran, das Umweltbewusstsein der Bevölkerung zu stärken.

Laut den Statistiken einer katholischen Forschungsgesellschaft gab es Ende 2009 insgesamt 422 katholische Wohltätigkeits- und Kulturorganisationen in China, darunter 220 Kliniken, 81 Pflegeheime, 44 Kindergärten, 22 Kinderkrankenhäuser oder Reha-Einrichtungen und 35 regionale oder gemeindliche Sozialeinrichtungen. Grosse, hochspezialisierte Institutionen sind zum Beispiel Jinde Charities in der Provinz Hebei, Shengjing Ren'ai in der Provinz Liaoning und das Zentrum für soziale Dienste der Xi'an-Diözese in der Provinz Shaanxi.[6]

Im Falle der Amity-Stiftung, einer von Christinnen und Christen gegründeten Nichtregierungsorganisation (NGO), die inzwischen zu den grössten tatsächlichen Nichtregierungsorganisationen in China zählt, haben die Behörden gesehen, wie es dank des Netzwerks der Organisation mit christlichen Partnern in Übersee möglich war, Lehrpersonal, professionelle Sozialarbeiterinnen und Sozialarbeiter, Ärztinnen und Ärzte sowie Fachleute wie Personal, das dazu beitragen kann, die beruflichen Standards im Gesundheitswesen, im Bildungswesen und in der Sozialarbeit erheblich verbessern, nach China zu bringen.

In den letzten Jahren ist von Seiten der Behörden eine zunehmende Anerkennung der Beiträge religiöser Organisationen zu erkennen. Diese Anerkennung kommt auch in einer kürzlich veröffentlichen Pressemitteilung von der staatlichen Behörde für religiöse Angelegenheiten zum Ausdruck, der zufolge

> ...[die religiösen Organisationen] sich immer mehr verändert haben und sich nicht mehr nur auf die rein materiellen Bedürfnisse der Menschen, die ihre Dienste in

[6] Zuo Lin und Bai Yajing: „New Regulations Open the Door for Religious Charities", siehe: **http://english.caijing.com.cn/2012-03-27/111778619.html**.

> Anspruch nehmen, konzentrieren, sondern nun auch psychologische, spirituelle und soziale Bedürfnisse berücksichtigen; sie haben sich aus einem zersplitterten, spontanen und eingleisigen Stadium heraus hin zu systematischen, organisierten und auf vielen Gebieten tätigen Organisationen entwickelt.[7]

Im Februar 2012 kündigte die Regierung an, dass gewisse Begünstigungen nun auch für religiöse Gruppierungen gelten sollten und dass ihnen von nun an dieselbe Anerkennung und bevorzugte Behandlung zuteilwerden solle wie anderen Nichtregierungsorganisationen. Sechs Ministerien und Kommissionen – die Behörde für religiöse Angelegenheiten, die Einheitsfrontabteilung des Zentralkomitees der Kommunistischen Partei Chinas, die Nationalen Entwicklungs- und Reformkommission, das Ministerium für zivile Angelegenheiten, das Finanzministerium und die Steuerverwaltungsbehörde – haben ein gemeinsames Dokument herausgegeben, in dem religiöse Gruppierungen zu karitativen Aktivitäten ermuntert werden.

Die neuen Regelungen legen Formen, Prinzipien und Begünstigungen im Zusammenhang mit der Durchführung karitativer Massnahmen durch religiöse Gruppierungen fest.

Gefolgt wurde dieser Schritt von einer von der Behörde für religiöse Angelegenheiten offiziell ausgerufenen „Woche religiöser Wohltätigkeit“ am 17. September 2012[8], anlässlich derer rund 200 Regierungsvertreterinnen und -vertreter buddhistische, katholische, islamische, protestantische und taoistische Gruppen anerkannten und bei der sowohl Behördenvertreterinnen und -vertreter als auch Wissenschaftlerinnen und Wissenschaftler zugegen waren. Diese religiösen Gruppierungen wurden ermutigt, Spenden von ihren Mitgliedern und den Gemeinden für karitative Zwecke zu sammeln. Einige merkten an, dass die verschiedenen Religionen bereits im Sozialbereich engagiert seien und dass es insbesondere darum gehe, die Vorschriften weiter zu lockern, um die Arbeit zu verbessern, die bereits geleistet wird, anstatt die Menschen dazu anzuhalten, noch mehr zu geben. Gemäss einer vom Forschungszentrum der Behörde für religiöse Angelegenheiten durchgeführten Studie können die meisten Sozialeinrichtungen, die von religiösen Gruppierungen geleitet werden, den Anforderungen der „Vorläufigen Massnahmen zur Verwaltung von Wohlfahrtseinrichtungen“ nicht erfüllen, so dass sie keinen Rechtsstatus erhalten und in einer Grauzone agieren müssen. Das Gesetz legt fest, dass diese Institutionen, wenn ihre Gemeinnützigkeit gewährleistet ist und sie über eine Geschäftseinheit verfügen, die religiöse Aktivitäten von

[7] Zitiert in „State Launches Religious Charity Campaign: Faith Groups Urged to Provide ‚Standardized Support‘“, in: *UCANews* (Union of Catholic Asian News), 18. September 2012.

[8] Ebd.

karitativen Massnahmen trennt, gleichwertig behandelt werden sollen. Doch in der Realität hat das sensible Thema Religion dazu geführt, dass die Abteilung für zivile Angelegenheiten weiterhin verhalten bleibt. Eine Konsequenz aus dem schwierigen Registrierungsprozess besteht darin, dass religiöse Wohltätigkeitsorganisationen nicht von Steuervergünstigungen, staatlichen Fördermitteln und weiteren Vergünstigungen profitieren können.[9]

Es ist eindeutig, dass die Regierung bestrebt ist, die Ressourcen des religiösen Sektors zur Bereitstellung sozialer Dienste, für Hilfseinsätze und zur Abschwächung einiger der „sozialen Katastrophen" zu nutzen, die mit dem schnellen Wirtschaftswachstum und der Urbanisierung einhergehen.

Die Marktwirtschaft und ihre Konsequenzen

Die Welt ist besorgt über die aufstrebende wirtschaftliche und militärische Macht Chinas. Es ist vielleicht für viele Menschen, insbesondere für jene, die nicht in China selbst leben, nicht so deutlich, dass die wirtschaftliche Entwicklung des Landes in den vergangenen Jahrzehnten auf Kosten der Gesellschaft und der Umwelt geschehen ist. Viele chinesische Flüsse und Seen sind aufgrund industrieller und landwirtschaftlicher Verschmutzung stark verseucht. Viele Wälder wurden abgeholzt und erst in den letzten Jahren wurden einige davon nach und nach wieder aufgeforstet. Das schnelle Wirtschaftswachstum Chinas erfolgte in hohem Masse auf Kosten der Umwelt, führte zu Vertreibung und zur Migration hunderter Millionen bäuerlicher Familien und dem Zusammenbruch der traditionellen ländlichen Gemeinschaften.

Mehr und mehr Menschen aus den Bergregionen und aus Gegenden, die von einer zunehmenden Versteppung gekennzeichnet sind, werden aufgrund enormen Wassermangels umgesiedelt. Bäuerliche Familien in den an Peking grenzenden Provinzen wurden aufgefordert, Mais anstatt Reis anzubauen, damit für die explosionsartig zunehmende Bevölkerung der Hauptstadt (fast 20 Millionen Menschen) mehr Wasser zur Verfügung steht. Ein grosses Wasserversorgungsprojekt ist im Bau, das Wasser aus dem im Süden gelegenen Yangtze-Fluss in den Norden nach Peking bringen soll. Dieses Mammutprojekt übersteigt sogar die Grösse und Kosten des Dreischluchtendamms und wird möglicherweise zu enormen Umweltschäden führen.

Die sich weiterhin vergrössernde Kluft zwischen Arm und Reich wird zu einer Quelle sozialer Unruhen und bietet Anlass zu grosser Besorgnis. Man geht davon aus, dass mindestens 100 Millionen Menschen in China Millionärinnen und Millionäre sind, während 150 Millionen bäuerliche Familie, die in Armut leben, immer noch keinen Zugang zu sauberem Trinkwasser haben. Der Giniko-

[9] Vgl. Ebd.

effizient lag im Jahr 2005 bei 0,47 und im Jahr 2010 bei 0,438. Regierungskritiker bemängeln, dass der Koeffizient weniger als 0,5 Punkte davon entfernt ist, aus China eine der ungerechtesten Gesellschaften der Welt zu machen.

Der Aufbau einer harmonischen Gesellschaft

Im Laufe des letzten Jahrzehnts ist sich die chinesische Regierung über die explosionsartige Zunahme des wirtschaftlichen und sozialen Ungleichgewichts innerhalb der chinesischen Gesellschaft zunehmend bewusst geworden. In vielen Städten und Metropolen macht sich zunehmende soziale Unzufriedenheit und Unruhe breit.

Als Antwort betont die Regierung die Notwendigkeit, sich stärker auf die Schaffung einer harmonischen Gesellschaft und einer am Menschen orientierten Entwicklung zu konzentrieren. Der elfte chinesische Fünfjahresplan (2006-2010) legte einen Schwerpunkt auf die Bedeutung der umweltpolitischen und sozialen Entwicklung des Landes. China hat sich nicht nur den Millennium-Entwicklungszielen (Millennium Development Goals, MDG) verschrieben, sondern es bemüht sich auch, einige dieser Ziele vor 2015 zu erreichen.

Die Regierung sieht jedoch, dass sie die Ziele ohne die Beteiligung und Unterstützung der Bevölkerung nicht erreichen kann. Während der vergangenen fünf Jahre haben lokale Regierungen die Entwicklung der chinesischen Nichtregierungsorganisationen als Dienstleisterinnen für Behinderte, Ältere und Waisen gefördert und finanziell unterstützt. In den vergangenen Jahren hat die Nationale Entwicklungs- und Reformkommission mit finanzieller Unterstützung durch die Weltbank Stadtverwaltungen finanzielle Mittel zur Einrichtung von Entwicklungszentren für Nichtregierungsorganisationen zur Verfügung gestellt, um deren Kapazitäten im Dienstleistungsbereich verbessern.

Bei vielen dieser Organisationen handelt es sich jedoch um von der Regierung organisierte Nichtregierungsorganisationen in Form von Nachbarschaftskomitees oder Organisationen, die ursprünglich von der Regierung als ausgegliederte Nichtregierungsorganisationen gegründet wurden. Lokale Behörden haben weder die Erfahrung noch das Bedürfnis, eine NGO zu leiten, stehen jedoch unter dem Druck, genau dies zu tun. Das politische Umfeld für tatsächliche Nichtregierungsorganisationen ist jedoch immer noch sehr restriktiv. Die Registrierungsgebühren sind weiterhin hoch und strenge Anforderungen für eine Registrierung wirken abschreckend. Trotz dieser Situation haben sich viele Nichtregierungsorganisationen an der Basis unabhängig und spontan gebildet. Viele sind jedoch als Unternehmen registriert und nicht als NGO.

Im vergangenen Jahrzehnt haben sowohl der Wirtschaftssektor als auch die Nichtregierungsorganisationen immer stärker die Entwicklung einer „Zivilgesellschaft" in China gefordert. Reiche Unternehmerinnen und Unternehmer gründen private Familienstiftungen, die karitative Arbeit unterstützen und Stipendien und Mittel für Waisen und benachteilige Kinder bereitstellen. Einige sind sogar bereit, die Entwicklung und den Kapazitätsaufbau von Nichtregierungsorganisationen und von sozialen Unternehmen zu fördern.

Religiöse Identität

Wie gehen religiöse Organisationen jetzt, wo der Raum für Nichtregierungsorganisationen und eine „Zivilgesellschaft" wächst, mit ihrer Identität im Kontext ihres sozialen Engagements um? Die Regierung fordert entschieden, dass religiöse Organisationen ihre karitative Arbeit von ihren religiösen Praktiken getrennt halten. Es ist ihnen nicht gestattet, zu missionieren oder ihre karitative Arbeit als Kanal zur Evangelisierung zu nutzen.

Die Kirchen verstecken ihre religiöse Identität zwar nicht, doch gleichzeitig missionieren sie im Rahmen ihrer sozialen Arbeit auch nicht. Zwar ist das Christentum heute weitgehend als eine der vielen chinesischen Religionen akzeptiert, doch religiöse Identität bleibt auch heute noch ein eher sensibles Thema in China. Die chinesischen Medien haben eine ambivalente Haltung gegenüber der Religion und warten auf Signale der Regierung. Nach dem Erdbeben von Sichuan versuchten einige christliche evangelikale Gruppen, die Verteilung von Hilfsgütern als Kanal für die Missionierung zu nutzen. Sie wurden nicht nur der Region verwiesen, sondern bescherten durch ihr Verhalten auch anderen religiösen Gruppen Probleme.

Die Amity-Stiftung verbirgt ihren religiösen Hintergrund zwar nicht, doch manchmal hat das Personal den Eindruck, dass die Arbeit effizienter durchgeführt werden könnte, wenn man versucht, möglichst nicht auf seine Glaubenszugehörigkeit aufmerksam zu machen. Hin und wieder kann die Glaubenszugehörigkeit von Amity auch konkret von Nachteil sein. Der chinesische Name der Stiftung, „Ai De" (Liebe und Tugend) besitzt eine religiöse Konnotation. In einigen Fällen haben es die chinesischen Medien vermieden, den Namen von Amity öffentlich zu nennen, auch wenn die Arbeit der Organisation hoch gelobt wurde. Zum Beispiel wurde vor einigen Jahren viel über die HIV- und AIDS-Prävention von Amity berichtet, jedoch ohne den Namen der Organisation zu nennen.

Fechten die chinesischen Organisationen, die aus dem Glauben heraus handeln, die Entwicklungsagenda an?

In China arbeiten die meisten Nichtregierungsorganisationen mit der Regierung insofern zusammen, als dass sie die Regierungspolitik unterstützen.

Nichtregierungsorganisationen werden toleriert und sogar begrüsst. Amity hat sich bemüht, innerhalb der politischen Grenzen zu arbeiten und „Raum“ für „alternative“ Entwicklungsstrategien zu schaffen, anstatt sie offensiv zu propagieren. Im gegenwärtigen chinesischen Kontext bietet die Zusammenarbeit von Amity mit dem staatlichen Sektor, insbesondere an der Basis, Möglichkeiten, neue Herangehensweisen an und Einstellungen gegenüber Entwicklung ins Spiel zu bringen. Der Beitrag von Amity besteht unter anderem darin, dass die Organisation auf einen partizipatorischen Management-Ansatz, auf die Gleichstellung der Geschlechter, die Förderung von Führungskräften und die Nachhaltigkeit von Projekten besteht. Erfolgreiche Projekte können zu Modellen für mögliche Nachahmung werden, als Multiplikatoren wirken und möglicherweise Einfluss auf die Festlegung der Politik haben.

Das „bottom-up“-Prinzip von Amity und der partizipatorische Ansatz waren für die Behörden zunächst schwierig, da sie an einen hierarchischen Arbeitsstil gewöhnt sind. Ein örtlicher Beamter, der im Rahmen von Projekten zur Linderung von Armut dreizehn Jahre lang mit Amity zusammengearbeitet hat, lobt jedoch den partizipatorischen Ansatz der Organisation. Im Jahr 2000 hat Yu Wen Youyu, der Direktor des Büros zur Armutslinderung der Präfektur Jinzhong in Shanxi zugegeben, dass viele seiner Bemühungen in der Vergangenheit aufgrund des hierarchisch geprägten Ansatzes gescheitert sind und weil es zu wenig Austausch mit den Dorfbewohner/innen gab. Als Amity einen Workshop zur partizipatorischen Informationsgewinnung organisiert hat, an dem Teams aus dem Bereich technischer Support, aus Verwaltung und Wissenschaft sowie Bauern teilnahmen, konnte Yu Wen sich nicht vorstellen, wie eine solche gemischte Gruppe gemeinsam geschult werden könnte. Nach der Teilnahme an dem Workshop änderte er seine Haltung und sagte anerkennend, dass „sogar Bauern, die Analphabeten waren, gute Fragen gestellt haben!“[10]

Von Anfang an hat Amity die Notwendigkeit zum Ausdruck gebracht, das demokratische Bewusstsein zu stärken und ein partizipatorisches Management zu fördern. Für Amity ist die Förderung bürgerschaftlichen Engagements Teil ihrer Entwicklungsarbeit, und Projektmanagement ist ein Lernprozess, der zu einer gemeinschaftlichen Verwaltung und partizipatorischen Regierung führt.

Entwicklungszusammenarbeit

Die Förderung von Werten durch Zusammenarbeit anstatt durch Konfrontation ist der bevorzugte Weg für die meisten Nichtregierungsorganisatio-

---

[10] Theresa Carino: „Big Push for Participatory Development“, in: Amity Newsletter *ANL* 52/1 (2000), S. 1-3.

nen und religiösen Organisationen in China. Das Konfliktmodell oder der konfrontative Ansatz funktionieren nicht, wenn Machtbeziehungen stark asymmetrisch sind. Zudem sind Ausgewogenheit und Harmonie Konzepte, die in der chinesischen Kultur stark verankert sind. Das Konzept, eine harmonische Gesellschaft zu schaffen, ist keine Erfindung von Präsident Hu Jintao. Der Konfuzianismus ist in China tief verwurzelt und die Furcht vor politischen und sozialen Unruhen ist gross. Im 20. Jahrhundert hat die chinesische Bevölkerung soziale Umwälzungen und die Turbulenzen zweier Weltkriege erlebt, den Jahrzehnte andauernden chinesischen Bürgerkrieg, die Extreme der Kulturrevolution und die tiefgreifenden Veränderungen, die der Weg hin zur Marktwirtschaft mit sich brachte. Dies hat dazu geführt, dass die Menschen der Idee von „luan“ (Umwälzungen, Turbulenzen und extreme Veränderungen) negativ gegenüber stehen.

Die chinesische Regierung bleibt weiter misstrauisch gegenüber „ausländischer Einmischung“, ist aber inzwischen wesentlich aufnahmebereiter für internationale Nichtregierungs- oder gemeinnützige Organisationen. Der Umfang der Zusammenarbeit zwischen ausländischen gemeinnützigen Organisationen und chinesischen Nichtregierungsorganisationen ist innerhalb der letzten zwanzig Jahre enorm gewachsen. Die Palette reicht von Umwelt-, Natur- und Tierschutz über Nothilfe und Projekte im Bereich sozialer Entwicklung bis hin zu Hilfe für Behinderte, Unterstützung im öffentlichen Gesundheitssektor und berufliche Bildung. Die chinesische Regierung ist besonders interessiert an Programmen, die den Transfer wissenschaftlichen und technologischen Know-hows und die Fähigkeit, stärkere gemeinnützige Organisationen in China aufzubauen, einschliessen.[11]

In vielerlei Hinsicht wendet die chinesische Regierung nach wie vor das „ti-yong“-Konzept an, um vom Westen zu lernen. Dabei geht es darum, für die praktische Anwendung zu lernen, jedoch im Kern einen chinesischen Weg zu gehen. Im 19. Jahrhundert glaubten chinesische Reformer, sie könnten Wissenschaft und Technik aus dem Westen nach China bringen, jedoch ohne die westlichen Institutionen und Werte zu importieren, die sie für unangemessen und für weniger entwickelt als die chinesischen hielten. Das ist ein Grund, weshalb das Beharren auf den Menschenrechten als sozialem und politischem Massstab vom chinesischen Staat mit solch grossen Vorbehalten betrachtet wird.

In ihrem Buch „Civilizing Missions: International Religious Agencies in China“,[12] führt Miwa Hirono aus, dass christliche Missionarinnen und Missionare im 19. Jahrhundert sich selbst als Überbringer einer „zivili-

[11] Ye Zhang: „China‘s Emerging Civil Society“, Peking, 2003.

[12] Miwa Hirono: „Civilizing Missions: International Religious Agencies in China“, New York, 2008.

satorischen Mission“ sahen, bei der es nicht nur darum ging, das Volk zu evangelisieren und die europäische Kultur zu exportieren, sondern auch darum, die koloniale und wirtschaftliche Expansion zu fördern.

In den 1920er Jahren begann der Säkularisierungsprozess der christlichen Missionen mit einem stärkeren Engagement von Missionarinnen und Missionaren in den Bereichen Bildung und Gesundheit. Technologie, Medizin und Wissenschaft trugen jedoch zu einer erneuten Stärkung des höheren Status der christlichen Missionarinnen und Missionaren bei den Mitgliedern der ethnischen Gemeinschaften, die evangelisiert werden sollten, bei.

Hirono macht zudem deutlich, dass sich zeitgleich zwei unterschiedliche Arten „zivilisatorischer Mission“ in China breit machten: eine, die vom chinesischen Staat ausging und an die eigene Bevölkerung gerichtet war, und eine andere, die ihren Ursprung im Westen hatte und ebenfalls China gerichtet war. Während der chinesische Staat Religion und seine zivilisatorische Identität jedoch trennte, gingen diese beiden Aspekte bei den christlichen Missionarinnen und Missionaren Hand in Hand.

Zwar hat der imperialistische Ansatz des 19. Jahrhunderts heute keine Bedeutung mehr, doch geht man davon aus, dass durch die Aktivitäten von Entwicklungsorganisationen eine neue Art von „zivilisatorischer Mission“ entsteht. Nichtregierungsorganisationen stehen im Bereich Entwicklung an vorderster Front und haben so die Tendenz, ihre Werte und Überzeugungen zu propagieren, die auf einer Sichtweise ihrer eigenen Überlegenheit basieren, gepaart mit der Unterlegenheit jener, die die Empfangenden ihrer Entwicklungshilfe sind. Hirono legt dar, dass ungeachtet der Tatsache, ob Nichtregierungsorganisationen säkular sind oder nicht, sie immer noch eine Zivilisationsideologie propagieren, die auf einer Kombination materieller Aspekte der Zivilisation mit dem Christentum basiert.[13] Ob das gut ist oder schlecht und wie internationale Nichtregierungsorganisationen in China vorgehen sollten, bleibt noch zu erörtern.

Schlussfolgerung

Der Kontext der Entwicklungsarbeit in China hat sich in den vergangenen fünfundzwanzig Jahren stark verändert. Anfangs war es noch undenkbar, dass Kirchen, Tempel und Moscheen sich aktiv in die soziale Entwicklungsarbeit einbringen könnten und von der Regierung sogar ermutigt würden, dies zu tun. Das Wiedererstarken der Religion mag als Kritik an den störenden Konsequenzen von Entwicklung interpretiert werden, doch das auf dem religiösen Sektor zu verzeichnende Wachstum hat der

[13] Ebd., S. 194.

Entwicklungsarbeit zu einer grösseren Sichtbarkeit und mehr Respekt in der Gesellschaft verholfen.

Vom Staat geförderte Philanthropie und ehrenamtliche Arbeit führen dazu, dass den religiösen Organisationen eine höhere öffentliche Aufmerksamkeit zuteilwird. Während sie es in der Vergangenheit gewöhnt waren, eher im Verborgenen zu agieren, sind sie nun in der Öffentlichkeit präsenter, wodurch Religion von der Privatsphäre in den öffentlichen Raum gerückt ist.

Die Unterstützung durch internationale Organisationen, die aus dem Glauben heraus handeln, hat sowohl protestantischen als auch katholischen christlichen Organisationen geholfen, ihre Leistungen zu verbessern und ihre soziale Entwicklungsarbeit professioneller zu gestalten.

Es wird inzwischen anerkannt, dass die Beteiligung internationaler Nichtregierungsorganisationen in China dazu beigetragen hat, den Rahmen der Arbeit und des politischen Raums sowohl für ausländische als auch für chinesische Nichtregierungsorganisationen auszudehnen. Der ständige Austausch mit ausländischen Partnern sowie Reisen und Schulungen im Ausland haben Amity darin bestärkt, innovative Projekte zu entwickeln, sei es im Bereich gemeinschaftsbasierter Rehabilitationsarbeit, dem Einsatz von Ehrenamtlichen, HIV- und AIDS-Prävention oder im Bereich ländliche Entwicklung.

In gewisser Hinsicht spielt die Amity-Stiftung als chinesische Nichtregierungsorganisation mit internationalen christlichen Partnern die Rolle einer Mediatorin, indem sie die Werte, die sie mit ihren Partnern teilt, und die Zusammenarbeit mit der chinesischen Regierung zur Schliessung der Kluft zwischen Arm und Reich zusammenführt. Trotz und vielleicht auch wegen des wachsenden Wohlstands und der zunehmenden Macht Chinas ist es notwendig, die Entwicklungszusammenarbeit fortzusetzen. Mehr denn je sollte der Westen China als Dialogpartner betrachten anstatt als Gegner.

Multireligiöser Kontext und Entwicklung

Samuel Ngun Ling

Kontextabhängige Realitäten

Der asiatische Kontinent wurde von imperialen Mächten des Westens wie auch von Asiatinnen und Asiaten selbst kolonisiert. Bittere Erinnerungen und schmerzhafte Wunden und Narben, die von früheren Erfahrungen mit der Kolonialherrschaft herrühren, klingen im Geist und in der Seele der asiatischen Völker nach. Asiens Geschichte ist eine Geschichte des Leidens, der Militarisierung, der Invasion, der Unterdrückung, der Unterjochung und des Misserfolgs. Asien hat Jahrhunderte lang Diskriminierung, Marginalisierung, Entfremdung, Ausbeutung und Kulturimperialismus erlitten. In der Folge haben die asiatischen Menschen ihre Selbstachtung, ihr Selbstwertgefühl, ihre Menschenwürde und ihre kulturelle Eigenheit verloren.

Asien ist ein multireligiöser Kontinent. Völker und Gemeinschaften sind aufgrund ihrer Weltanschauung, Religion, Kultur, Tradition, Sprache, Rasse und ihres Geschlechts tief gespalten. Mit Ausnahme der Philippinen sind christliche Gläubige in allen asiatischen Ländern in der Minderheit und machen etwa drei Prozent der gesamten asiatischen Bevölkerung aus. Jahrzehntelang waren die Menschen Gewalt oder Konflikten aufgrund von Religion/Weltanschauung, Volk/Rasse, Kaste, Hautfarbe, Klasse und Geschlecht ausgesetzt. Aus diesem Grund haben die Menschen in Asien das Gefühl von Sicherheit, Frieden, Harmonie und Freiheit verloren.

In geographischer Hinsicht ist Asien ein riesiger Kontinent mit reichen natürlichen Ressourcen. Seine Menschen und Gemeinschaften erleben weiterhin die Zerstörung ihrer Heimatländer, ihrer Ressourcen und ihrer Umwelt; eingeborene Völker wurden ungerechter Weise gewaltsam aus ihrem Dörfern und dem Land ihrer Vorfahren vertrieben. Die Armen wurden ihrer Lebensgrundlagen beraubt und durch verschiedene Krankheiten zugrunde gerichtet. Angesichts der aufstrebenden globalen wirtschaftlichen und politischen Mächte sehen sich indigene Asiatinnen und Asiaten Unterdrückung und Marginalisierung ausgesetzt. Darüber hinaus ist ihr Leben bedroht. Im Namen von Entwicklungsprojekten wie grossen Wasserreservoirs, Bewässerungsanlagen, Dämmen, Wildschutzgebieten, Minen, Abholzung und vielen anderen wurden die Armen Asiens Opfer systemischer Ausbeutung. Die Mehrheit von ihnen wurde des Allernötigsten wie Nahrungsmittel, Unterkunft, sauberes Trinkwasser, Land, Arbeits- und Bildungsmöglichkeiten beraubt.

Soziopolitisch ist Asien ein Kontinent mit hoher Bevölkerungsdichte, der billige Arbeitskräfte produziert und exportiert. Das Ergebnis sind Wanderarbeiterinnen und Wanderarbeiter, Menschenhandel und viele andere Menschenrechtsverletzungen einschliesslich Drogenhandel. Aufgrund der Auswirkung des globalen Systems der freien Marktwirtschaft werden einige asiatische Staaten wieder aufgebaut. Die meisten asiatischen Demokratien bleiben gleichwohl fragil und gross angelegte Militärapparate sowie nukleare Kapazitäten werden auf Kosten der Alltagsbedürfnisse der Menschen entwickelt. Die sogenannte interne Kolonisation bzw. geopolitische Dominanz innerhalb von Asien hat sich während der letzten Jahrzehnte signifikant beschleunigt, was sich negativ auf die schwächeren Nationen in Südostasien wie zum Beispiel Myanmar ausgewirkt hat und die nationale Sicherheit und die soziale Integrität bedroht. Chinas einflussreiche Rolle und kolonisierende Mentalität gegenüber den asiatischen Nachbarländern muss in den kommenden Jahren sehr sorgfältig beobachtet werden.

DIE AUSWIRKUNG DER GLOBALISIERUNG

Die Globalisierung stellt eine organische wirtschaftliche Kraft dar, die systematisch neue soziale Werte fördert. Sie kann die Kluft zwischen Arm und Reich weiter und tiefer machen und die armen Länder hinter sich und verletzbar durch nicht vorhersagbare Zusammenbrüche der Staatswerdung und der demokratischen Strukturen, des Wirtschaftslebens und der Beziehungen innerhalb des Gemeinschaften lassen.[1] Trotz des raschen Wirtschaftswachstums, von dem überwiegend den sogenannten entwickelten Ländern profitiert haben, wirkt sich die Globalisierung negativ auf die Entwicklungsländer und ihre Umwelt aus.[2] Mit anderen Worten: Während die Weltwirtschaft allen Bürgerinnen und Bürgern der Welt Wohlstand verspricht, profitieren nur die reichen und mächtigen Länder der nördlichen Hemisphäre von ihr, während die armen und schwachen Nationen der südlichen Hemisphäre durch die negativen Auswirkungen verwundbar bleiben. Die negativen Auswirkun-

---

1 Wolfgang R. Schmidt: „Globalization – Universality – Utopia", in: *Theology and Cultures*, Vol. 1, Nr. 1, Chung Jung Christian University und Tainan Theological College and Seminary, Tainan 2004, S. 11.

2 Ebd.

gen der Globalisierung stehen in engem Zusammenhang mit den ethischen und moralischen Fragen der globalen Gerechtigkeit und des Friedens auf nationaler wie internationaler Ebene. Stanley J. Samartha schrieb dazu:

> Exklusivismus ablehnen und Pluralität akzeptieren, dem eigenen Glauben verpflichtet und offen gegenüber den Glaubensgemeinschaften unserer Nächsten sein, sich für ein Leben in einer weltweiten Gemeinschaft von Gemeinschaften entscheiden und die Ambiguität der Geschichte und das Geheimnis des Lebens teilen - das sind die Imperative unserer Zeit.[3]

Religiöser Pluralismus gehört zum Gewebe der asiatischen Kultur; er bereichert das gemeinsame Leben, Beziehungen in der Gemeinschaft und die weltweite Solidarität. Eine Globalisierung, die allein auf der kapitalistischen Wirtschaft aufbaut - dem kapitalistische Wert, eigenen Raum und Besitz zu privatisieren und eifrig zu bewachen -, steht in deutlichem Gegensatz zu dem multireligiösen und multikulturellen Asien, welches der Globalisierung gegenüber kritisch bleibt. Im multireligiösen Kontext Asiens wird die bzw. der andere in die eigene Privatsphäre eingeladen, wo man eifersüchtig Gott oder Religion oder Kultur bewacht. Dies erfordert eine völlig neue Orientierung und schafft eine Atmosphäre, die offen ist für Freiheit und Gleichheit und die das Leben und die Würde aller bekräftigt. Diese asiatischen Wertsysteme, die als machtvolle kulturelle und religiöse Kontexte für die Identität der Menschen dienen, sind sehr kritisch gegenüber globalen kapitalistischen Systemen.

Die Vision besteht nicht darin, eine neue Religion für Asien zu konstruieren, sondern eher eine neue Welt zu bauen - eine Welt, in der Personen mehr bedeuten als Systeme, Lehren und Traditionen, eine Welt, in der es Gleichheit, Frieden und Gerechtigkeit gibt. Der reiche multireligiöse Kontext Asiens hat zu unverkennbaren spirituellen und moralischen Werten und Kräften inspiriert, um Asiatinnen und Asiaten kulturell zu bereichern und sie beziehungsorientiert und kooperativ zu machen. Beim kapitalistischen Konzept wirtschaftlicher Macht geht es nicht nur um selbstsüchtiges Haben, Konsumorientierung und Dominanz, sondern auch um die wirtschaftlichen Versprechungen der Globalisierung, die mit den Verheissungen und Hoffnungen der Religionen konkurrieren.

Die Globalisierung, die „Religion des Marktes"[4], um es mit den Worten des indischen Theologen M. P. Joseph auszudrücken, hat ihr menschliches Gesicht

---

[3] Stanley J. Samartha: „Globalization and its Cultural Consequences", in: M. P. Joseph und Daniel D. Chetti (Hg.): „Ethical Issues in the Struggle for Justice", Tiruvalla, 1998, S. 193.

[4] M. P. Joseph (Hg.):„Theologies and Cultures", Chang Jung Christian University und Tainan Theological College and Seminary, Tainan, 2004, S. 3.

verloren und eine Kluft zwischen Reich und Arm, zwischen den Mächtigen und den Unterdrückten, zwischen den sozialen Klassen und den unmittelbaren Nächsten aufgerissen. In diesem Kontext sorgen die Reichen nicht länger für ihre armen Nächsten. Während die Globalisierung uns einander in der Informationstechnik näher gebracht hat, hat sie auch eine unüberbrückbare Kluft zwischen Freundinnen und Freunden sowie Nachbarinnen und Nachbarn geschaffen. Im Gegensatz zu derartigen wachsenden weltweiten Trends der Marktreligion bekräftigen viele religiöse Traditionen die Macht des Lebens – die Macht, den Kräften der Marktreligion entgegen zu treten und es zu wagen, sie herauszufordern, ihr zu widerstehen, zu leben und mit anderen zu teilen. Religionen können Menschen stärken, den harten Realitäten des Lebens ins Auge zu sehen. Dass Jesus seinen Jüngern in der Bibel die Füsse wusch, ist ein Symbol für die dynamische Macht von Religion, die Menschen befähigt, den Bedürftigen zu dienen. Entsprechend lehrte Gautama Buddha, dass sogar „der Happen in der Schale des Bettlers zu teilen sei". Die buddhistische Philosophie des Teilens ist das grundlegende Kriterium für ein befreites Leben.

Die historische und multireligiöse Situation in Myanmar

Wenn man über Myanmar, das frühere Birma, spricht, kann man nicht umhin, auf die drei „B" Bezug zu nehmen – Birma, baptistisch und Buddhismus. Birma, das 1989 in Myanmar umbenannt wurde, wird als ein extrem armes Land betrachtet, als ein Land, das über viele Jahrzehnte hinweg um Freiheit, Gerechtigkeit und Frieden gefleht hat, ein baptistisches Missionsgebiet und ein grosses buddhistisches Land, in dem der Theravada-Buddhismus dominiert. Myanmar ist in allen Lebensbereichen „rückständig" und wird oft als eine Einsiedlernation, eine vergessene Halbinsel und als ein einsamer Planet in Südostasien beschrieben. Das frühere politische System von Myanmar, der sogenannte birmanische Weg zum Sozialismus, wurde von Kosuke Koyama, einem japanischen Theologen, lapidar als „der birmanische Weg zur Einsamkeit" beschrieben. Während die meisten Menschen den Theravada-Buddhismus praktizieren, kann die multikulturelle Situation Myanmars als ein Schmelztiegel beschrieben werden, in dem 135 Gruppen unterschiedlicher Sprache und Kultur miteinander leben. Der christliche Bevölkerungsanteil wird auf nur sechs Prozent der etwa 60 Millionen Einwohnerinnen bzw. Einwohner geschätzt, von denen die Mehrheit der baptistischen Konfession angehören, was Myanmar zu einem der grössten baptistischen Länder des Südens macht.

Myanmar hat fünf Stadien der politischen Entwicklung durchlaufen: Zuerst die Monarchie vom frühen 11. Jahrhundert bis zur Zeit des britischen Kolonialismus im späten 19. Jahrhundert. Drei anglo-birmanische Kriege fanden zwischen 1824 und 1885 statt, dem Jahr, in dem der letzte birmanische König,

König Thibaw, abgesetzt wurde. Die protestantische Mission, insbesondere die amerikanischen baptistischen Missionsbemühungen unter Leitung von Adoniram und Ann Judson, gelangte am 13. Juli 1813 nach Myanmar, sechs Jahre, nachdem 1807 die britischen baptistischen Missionsbemühungen unter Leitung von Felix Carey, dem Sohn von William Carey, in Myanmar begonnen hatten.

Zweitens durchlebte Myanmar von 1824 bis 1947 die Kolonialherrschaft im britisch-indischen Imperium. Die buddhistische Nationalbewegung entstand aus diesem langen Leiden unter der Kolonialherrschaft und wurde später zu einer starken antichristlichen Stimme. Die lange Opposition der buddhistischen Nationalbewegung gegen die christlichen ethnischen Minderheiten in Myanmar hat ihre Wurzeln in der Kolonialzeit. Das Christentum wird als ein Relikt der politischen Dominanz und kulturellen Expansion des Westens betrachtet.

Drittens erlebte Myanmar zwischen 1948 und 1962 eine kurze parlamentarische Demokratie. Während dieser Zeit versuchte der damalige Ministerpräsident U Nu, die parlamentarische Demokratie in eine Theokratie zu verwandeln. Dem Versuch, den Buddhismus zur offiziellen Staatsreligion zu erheben, setzten christliche ethnische Gruppen wie die Karen, Kachin und Chin heftigen Widerstand entgegen.

Viertens führte General Ne Win den „birmanischen Weg zum Sozialismus" ein. Dieser wurde von 1962 bis 1988 umgesetzt. Das sozialistische System scheiterte jedoch, die Wirtschaft des Landes am Leben zu erhalten. Infolgedessen wurde Myanmar bald eines der ärmsten Länder in der Welt.

Fünftens haben seit 1988 verschiedene Militärregierungen nacheinander das Land unter einem militärischen Kapitalismus kontrolliert. Soziale und politische Restriktionsmassnahmen, wirtschaftlicher Druck und religiöse Unterdrückung wurden zum Alltag der Menschen und der Kirche.

Heute ringt Myanmar weiterhin mit zwei schwerwiegenden politischen Problemen: der Errichtung demokratischer Institutionen und der Wiederherstellung nationaler Versöhnung sowie der Förderung und dem Schutz der Rechte und der Freiheit ethnischer Minderheiten. Jahrzehntlange Kämpfe, die politische Unterdrückung, Menschenrechtsverletzungen, die Wirtschaftskrise, fehlende medizinische Versorgung und Bildung haben bereits unermessliches Leid verursacht, das bei religiösen Minderheiten am deutlichsten zum Ausdruck kommt. und zu massiven Problemen der Vertreibung von Menschen innerhalb des Landes sowie zu Flüchtlingen/Asylsuchenden ausserhalb des Landes geführt hat.

Sozialistische Wirtschaft

Myanmar erfreute sich für eine kurze Zeit unter der parlamentarischen Herrschaft, die der Unabhängigkeit des Landes am 4. Januar 1948 folgte, relativen wirtschaftlichen Wohlstands. Bis zur Machtergreifung des Militärs im Jahre 1962 war Myanmar als die Reisschale Asiens bekannt, es war weltweit der führende Reisexporteur. Die gravierende ökonomische Misswirtschaft von General Ne Wins birmanischem Weg zum Sozialismus mit seiner isolationistischen Wirtschaftspolitik hat Myanmar seit 1962 schrittweise in eines der ärmsten Länder in der heutigen Welt verwandelt.

Dieser sozialistischen Ökonomie lag das folgende Motto zugrunde:

> In der birmanischen sozialistischen Gesellschaft ist Gleichheit unmöglich. Da die Menschen nicht gleich sind, sei es in physischer oder intellektueller Hinsicht oder im Blick auf die Menge und Qualität ihrer Dienste, die sie der Gesellschaft leisten, sind Unterschiede vorprogrammiert. Gleichzeitig aber verlangt es die soziale Gerechtigkeit, dass die Unterschiede im Einkommen vertretbar sind und die richtigen Massnahmen ergriffen werden, um diese Unterschiede zu verkleinern. Wenn man eine Wirtschaft einem sozialistischen Plan entsprechend aufbaut, wird jedes Individuum seiner Fähigkeit gemäss arbeiten müssen. Die materiellen und kulturellen Werte, die entstehen, werden in Übereinstimmung mit der Menge und der Qualität der Arbeit verteilt, die von jedem Individuum in gesellschaftlicher Produktion geleistet wird.[5]

Das sozialistische Wirtschaftssystem ist bei der Umsetzung seiner Strategien und Ideologien nach drei Jahrzehnten politischen Missmanagements unter Ne Win kläglich gescheitert. Die schlecht umgesetzte wirtschaftliche Strategie und der praktische ökonomische Zusammenbruch – Bankenkrise, dürftige Infrastruktur und Kommunikationssysteme, Mangel an wirtschaftlicher Erfahrung und beruflichen Fertigkeiten, Unterversorgung mit Strom und Erdöl, Inflation usw. – mündeten insbesondere seit 1988 in eine Reihe von Konflikten, Demonstrationen und Aufständen gegen die Zentralregierung.

Die Wirtschaftslage nach 1988

Viele Menschen, insbesondere jene, die arm, ohnmächtig und an den Rand der Gesellschaft gedrängt sind, haben beträchtliches ökonomisches Elend über Jahrzehnte wirtschaftlicher Unterdrückung unter der Militärherrschaft erlebt. Dieses wirtschaftliche Elend hat in Verbindung mit korrupter moralischer, sozialer und politischer Unterdrückung viele Menschen in Angst und Furcht gefangen gehalten. Um zu überleben, haben die Menschen einen Bewältigungsmechanismus entwickelt, den man als „korruptionsangepassten allgemeinen Lebensstil“

[5] „The Burma Socialist Program Party, the Union of Burma“, „The System of Correlation of Man and His Environment: The Philosophy of the Burma Socialist Program Party“, Rangun, 1964, S. 46.

bezeichnet. Dementsprechend hat das wirtschaftliche Elend die moralische Pflicht des Volkes eingeschränkt, Wahrheit und Gerechtigkeit zu achten.

Das Potenzial Myanmars kann für die Entwicklung Asiens und der Wirtschaften weltweit nutzbar gemacht werden. In der Vergangenheit haben die internationalen Wirtschaftssanktionen, die Myanmar auferlegt wurden, das Land gezwungen, ausländische Investitionen und den Rohstoffexport in entwickelte Länder, insbesondere in den Westen zu beschränken. Wegen dieser Wirtschaftssanktionen sah Myanmar sich mit zahlreichen soziopolitischen und wirtschaftlichen Problemen konfrontiert, die eine wachsende Anzahl junger Menschen in benachbarte asiatische und in westliche Länder als illegale Immigrantinnen und Immigranten oder Arbeitskräfte ohne Papiere trieben. Diese Wirtschaftssanktionen wurden allerdings in jüngster Zeit aufgehoben.

Gegenwärtig befindet sich Myanmar auf dem Weg des Wiederaufbaus und sieht sich zahlreichen politischen Veränderungen gegenüber. Die Parole von heute lautet „der birmanische Weg zur Demokratie." Unter der vorigen Militärregierung führte der Staatliche Rat für Frieden und Entwicklung (State Peace and Development Council, SPDC) 1989 eine am freien Markt orientierte Wirtschaftspolitik ein, die vier ökonomische Ziele verfolgte: (1) die Entwicklung der Landwirtschaft als wirtschaftliche Basis ebenso wie die Entwicklung anderer Wirtschaftsbereiche, (2) die ordnungsgemässe Entwicklung des marktwirtschaftlichen Systems, (3) die Entwicklung der Wirtschaft, indem Beteiligung durch technisches Know-how und Investitionen aus dem In- und Ausland gefördert wird und (4) sicherzustellen, dass Initiativen zur Gestaltung der Volkswirtschaft in der Hand des Staates bzw. der Staatsbürgerinnen und Staatsbürger verbleiben.[6] Auf der Grundlage dieser vier Ziele versucht die Regierung, eine allseitige Entwicklung des Landes in verschiedenen wirtschaftlichen Bereichen umzusetzen, wie etwa in der Landwirtschaft, dem Bergbau, der Industrieproduktion, im Bauwesen, in der Stromversorgung, im Handel, im Kommunikationsbereich, im Hotelwesen, Tourismus und diversen Sozialdiensten.[7]

Wirtschaftssanktionen gegen Myanmar, die etwa einhundert ausländische Handelsgesellschaften betreffen, sind seit März 2002 wirksam.[8] Firmen, die in Myanmar tätig sind, dürfen sich nicht ausschliesslich im Besitz von Ausländerinnen und Ausländern befinden und deshalb wird der grösste Teil ausländischer Investitionen durch Kooperationen

[6] Dr. Thet Lwin und Daw Khin May Aung: „A Population Profile of Myanmar", in: *Human Resource Development and Nation Building in Myanmar.* Vorträge, gehalten beim Symposium im International Business Center, Rangun, 18. - 20. November 1997, Yangon, 1998, S. 41.

[7] Ebd., S. 42.

[8] Siehe „Burma: Country in Crisis: Foreign Investment", Open Society Institute, Burma Project, 2001, **http://burmaproject.org**

mit der Militärregierung getätigt. Die schädlichsten Auswirkungen der Wirtschaftssanktionen trafen und treffen die Armen, während die Elite weithin verschont bleibt. Als Antwort auf die Sanktionen des Westens hat sich Myanmar seinen Nachbarländern wie etwa China, Thailand, Singapur, Malaysia und Indien mit dem Ziel regionaler wirtschaftlicher Kooperation zugewandt. Die Wirtschaftskrise ist die grösste Herausforderung, mit der sich die kürzlich gebildete demokratische Regierung konfrontiert sieht.

Buddhismus

In Myanmar sind buddhistische Philosophie und Denkmuster zutiefst mit frühreligiösen und hinduistischen Elementen vermischt. In der Regel praktizieren die Buddhistinnen und Buddhisten in Myanmar noch immer *Nat*-(Geister-) Verehrung, um sich gegen Schaden durch böse Geister zu schützen, und sie bitten ihren brahmanischen Hindupriester in wirtschaftlichen oder geschäftlichen Fragen wie auch um Orientierung für ihre Zukunft um Rat. Frühreligiöse und hinduistische Vorstellungen beherrschen auch weiterhin die Gedankenwelt, die Weltanschauungen und das moralische Verhalten der Buddhistinnen und Buddhisten Myanmars. Historische Aufzeichnungen belegen, dass brahmanische Hindupriester in der Vergangenheit am Königshof als politische und wirtschaftliche Berater (Gurus) dienten, so dass diese jahrhundertealte Tradition der Religionsvermischung weiterhin die moderne Gesellschaft und insbesondere die herrschende und die arbeitende Klasse, dominiert. Hindupriester der Brahmanenkaste werden gelegentlich heimlich um Rat gebeten, wenn Leute das vielversprechende Datum und den günstigsten Ort für gewisse geschäftliche Abschlüsse oder für das Abhalten bedeutsamer religiöser Zeremonien oder sogar für die Führung der Staatsgeschäfte auswählen möchten. Kaufleute, Händlerinnen und Händler sowie Unternehmerinnen und Unternehmer bitten heimlich um Rat, insbesondere von brahmanischen Astrologen, wenn sie ein erfolgreiches Geschäft abschliessen wollen, während Normalbürgerinnen und Normalbürger sich von einer Astrologin oder einem Astrologen aufgrund ihres Horoskops beraten lassen. Die Tatsache, dass die grosse Mehrheit der Buddhistinnen und Buddhisten in Myanmar astrologisch glücksverheissende Namen trägt, zeigt ganz klar, dass der kulturelle hinduistische Einfluss bewusst oder unbewusst das Leben und die Angelegenheiten des Alltags der Buddhistinnen und Buddhisten Myanmars von der Wiege bis zur Bahre bestimmt.[9]

---

[9] Dr. Khin Maung Nyunt: „Myanmar Culture, Human Resource Development and Nation Building in Myanmar", a. a. O. (Fussnote 6), S. 164.

Die buddhistische Philosophie des Karmas und ihre Auswirkung auf das Wirtschaftsleben

Die Mehrheit der Buddhistinnen und Buddhisten in Myanmar investiert mehr in Religion und Kultur als in das Geschäft. Ihre grosszügigen Spenden unterstützen diverse religiöse und kulturelle Aktivitäten wie beispielsweise die Feier eines Noviziats, die Finanzierung besonderer Festivitäten, die Speisung von Mönchen oder den Bau von Pagoden. Der Grund dafür liegt in der Überzeugung, dass das Spenden für religiöse Zwecke verdienstlicher als wirtschaftliches Investieren ist. Ein weiterer Grund ist die Auswirkung der buddhistischen Karmalehre auf Konsum und Verhalten des Menschen.[10] Melford. E. Spiro[11], ein weithin bekannter amerikanischer Anthropologe und Autorität auf dem Gebiet des myanmarischen Buddhismus, stellt fest, dass der myanmarische karmaorientierte Buddhismus Anreize für weltliches Handeln (wirtschaftlich und politisch) liefert, da wirtschaftlicher Erfolg ein notwendiges Mittel für erlösendes Handeln im Buddhismus darstellt, was wiederum wichtige weltliche Konsequenzen hat – gleichermassen in sozialer wie wirtschaftlicher Hinsicht. Im *karmischen* Buddhismus hält man eine angenehme Wiedergeburt für das Ergebnis eines hervorragenden *Karmas*, welches als Resultat verdienstlicher Handlungen gesammelt wurde. So ist es für myanmarische Buddhistinnen und Buddhisten sehr wichtig, ihren Vorrat an Verdiensten zu vermehren. Infolgedessen betrachtet der *karmische* Buddhismus weltliches Tun als neutral im Blick auf Erlösung. Da der buddhistische Glaube besagt, dass Heil durch Verdienst erworben wird, muss Verdienst durch weltliches Tun erworben werden. Der Buddhismus lehnt menschliche Begierde (*ta-hna*), die als eine Folge des Vertrauens auf weltliche Habe, Ansehen und Lust betrachtet wird, ab. Mit anderen Worten ermutigt die Erlösungslehre des *karmischen* Buddhismus weder zum weltlichen Handeln noch rät sie davon ab. Während wirtschaftliches Handeln indirekt eine unerlässliche Bedingung für Erlösung darstellt, kann man wiederum nur durch dieses Tun darauf hoffen, im Blick auf Erlösung wertvolle Verdienst (*kutho*) zu erwerben – ein Verdienst, der durch Geben (*dana*) und Moralität (*sila*) erreicht werden kann. Der buddhistische Glaube an *kutho, dana* und *sila*, die primären Mittel zur Erlösung, liefert ein starkes Motiv für wirtschaftliches Handeln.

In der myanmarischen buddhistischen Kultur betrachtet man den Reichtum als die Ernte guter Taten aus einem früheren Leben, die nun in der Realität des gegenwärtigen Lebens eingelöst wird. Er stellt *karmische* Belohnungen für Verdienste dar, die durch *dana*, durch Geben, in früheren Existenzformen gesammelt

---

[10] Dingrin La Seng: „Kammic Buddhism and Economic Action in Myanmar: A Christian Perspective", in: *RAYS MIT Journal of Theology*, Bd. 7 (Januar 2006), S. 24-28.

[11] Melford E. Spiro: „Buddhism and Society: A Great Tradition and Its Burmese Vicissitudes", Berkeley, 1982, S. 453-454.

wurden. Ein Buddhist, der reich ist, wird daher als eine sehr tugendhafte Person mit vielfältigen Verdiensten angesehen – Verdienste, die in früheren Wiedergeburten einer Person erworben wurden und die nun in das Prestige des Reichtums in ihrer gegenwärtigen Wiedergeburt umgewandelt werden. Wirtschaftlicher Reichtum kann also durch Taten im gegenwärtigen Leben Verdienste anhäufen, um bessere Wiedergeburten im künftigen Leben sicherzustellen. Je grösser der Verdienst, den man anhäuft, desto grösser sind die Chancen, dass man spirituell erlöst wird. Die Verdienste, die man durch Geben erwirbt, sind das Mittel par excellence hinsichtlich spiritueller Erlösung und infolgedessen liefert das Streben nach Verdienst als einem edlen Weg zur Erreichung spirituellen Heils die mächtigste Motivation für wirtschaftliche Tätigkeiten und die Steigerung des Reichtums.[12]

Spende versus Investition

Für eine typische Buddhistin und einen typischen Buddhisten in Myanmar bedeutet der Erwerb von Verdienst durch *dana* eine der nobelsten religiösen Handlungen. Religiöse Werke wie etwa das Almosengeben, die Errichtung einer Pagode oder eines Klosters, die Finanzierung der Einführung in die Novizenschaft sowie die Weihe und die Speisung der Mönchen sind gewöhnlich öffentliche Ereignisse, die auffälliges öffentliches Zurschaustellen, Konsum und das Austeilen von Reichtum beinhalten. Je mehr Spender oder Geber für solche religiösen Handlungen spenden, desto höher ist das Ansehen. Verdienst zu akkumulieren und gesellschaftliches Ansehen zu gewinnen, bilden die wesentlichsten religiösen Werke und gesellschaftlichen Tugenden. Beides erfordert wirtschaftliches Investieren und liefert eine starke Motivation für wirtschaftliches Handeln (Arbeiten und Sparen).

Diese buddhistische Tradition religiöser Verdienstlichkeit durch *dana* verstärkt die Unterschiede des Lebensstandards in Myanmar, da die Reichen mehr für religiösen Konsum (Geben) ausgeben können. In diesem Sinne scheint die buddhistische Tradition der Verdienstlichkeit durch *dana* die Menschen auf verschiedene Stufen zu heben. Es ist unklar, ob das myanmarische Verständnis von *dana* dabei hilft, die Wirtschaftstätigkeit zu stärken oder nicht. Spiro schrieb beispielweise; „... man kann wahrscheinlich mit Sicherheit voraussagen, dass [...] die Fortsetzung dieses soteriologischen Musters von Verdienst-durch-*dana* weiterhin ein ernsthaftes Hindernis für das künftige Wirtschaftswachstum in Birma darstellen wird.“[13] Spiro weist darauf hin, dass, obgleich die Buddhistinnen und Buddhisten Myanmars materiellen Reichtum benötigen, um ihre Verdienste durch Spenden zu vermehren, derlei Reichtum sie nicht zu einer kapitalistischen

[12] Ebd., S. 454.
[13] Ebd., S. 463-468.

Investition veranlassen dürfte, die mehr Reichtum hervorbringen kann. Mya Maung unterstützte diesen Gedanken, indem sie argumentiert, dass die kulturellen buddhistischen Werte Myanmars zusammen mit seinen politischen und wirtschaftlichen Strategien und Grundsätze sowie seinem Traditionalismus dem wirtschaftlichen Fortschritt des Landes Widerstand entgegensetzten, und bestätigt den grossen Einfluss des Buddhismus auf die wirtschaftlichen Aktivitäten der grossen Bevölkerungsmehrheit, insbesondere der bäuerlichen Landbevölkerung.[14]

Im Licht des oben Ausgeführten kann man folgern, dass, obwohl wirtschaftliche Aktivität durch jemandes Wunsch, Gewinn zu machen, stimuliert werden kann, die herkömmliche myanmarische buddhistische Kultur des „Spendens" eine myanmarische Buddhistin und einen myanmarischen Buddhisten nicht zu einer kapitalistischen Investition veranlasst . Dies dürfte sich so verhalten, weil Buddhistinnen und Buddhisten, anstatt ihren täglichen Gewinn und ihre wirtschaftlichen Profite in gewinnbringende Unternehmen zu stecken, sie hauptsächliche für religiöse Zwecke ausgegeben werden, in der Hoffnung, dass sie gute Werke (*karma*) und Verdienste (*kutho*) akkumulieren, die über eine glückliche Wiedergeburt in der Zukunft bestimmen.[15] Im Rückblick auf das wirtschaftliche Verhalten myanmarischer Buddhistinnen und Buddhisten im vorbritischen Birma argumentierte Manuel Sarkisyanz, dass die myanmarischen Buddhistinnen und Buddhisten im vorbritischen Birma nicht aus Gründen wirtschaftlicher Sicherheit sparten und dass in der buddhistischen Tradition das Anhäufen von Reichtum nur gestattet ist, wenn es in Bezug auf verdienstliche Werke geschieht. Hierdurch hat sich die Kultur, zu spenden anstatt zu investieren, im myanmarischen Buddhismus entwickelt, eine Angewohnheit, die für die ärmsten der Armen charakteristisch ist. „Hat man wenig, sollte man wenig geben, hat man mittelmässig, sollte man mittelmässig spenden. Besitzt man viel, sollte man viel spenden", lautet eine buddhistische Maxime.[16] Während verdienstliche Werke bis zu einem gewissen Grad weiterhin als Motivation für wirtschaftliches Handeln dienen, betrachtet man buddhistische Lehren über die Akkumulation von Verdiensten als ein Hindernis für Wirtschaftswachstum und Kapitalinvestition in Myanmar.[17] U Tin Soe ermittelte zwei wichtige Ursachen für die ökonomische Krise in Myanmar: Die eine ist das buddhistische Verständnis von *karma*, die andere *lawba* (Gier oder Geiz). Er erläutert, dass die Buddhistinnen

[14] Mya Maung: „Culture Value and Economic Change", in: *Asian Survey*, Vol. 4, Nr. 3 (März 1964), S. 757-764. Für weitere Informationen über Faktoren, welche die dürftige Wirtschaftsleistung Myanmas beeinflussen, siehe Mya Maung: „The Burma Road to Poverty", New York, 1991, S. 205, 210-215, 275, 292-299.

[15] Peter Harvey: „An Introduction to Buddhist Ethics: Foundations, Values and Issues", Cambridge 2000, S. 192-193; 206-207.

[16] Manuel Sarkisyanz: „Buddhist Backgrounds of the Burmese Revolution", Den Haag, 1965, S. 142.

[17] Ebd.

und Buddhisten in Myanmar glaubten, dass ein gutes Schicksal, eine grosse Autorität und gehobener gesellschaftlicher Status in diesem Leben Gegebenheiten darstellen und an die Verdienste, die in einem früheren (vergangenen) Leben akkumuliert wurden, gebunden sind, sodass alle Angelegenheiten des Lebens einschliesslich wirtschaftlichen Wohlstands und sogar Armut zuallererst durch *karma* und dann durch *lawba* verursacht werden.[18]

Im Gegensatz dazu bringt Padmasiri De Silva einen anderen Aspekt der positiven Auswirkungen von Karma auf das ökonomische Handeln der Menschen von Myanmar ins Spiel. Im Gegensatz zur Vorstellung Max Webers (1864-1920), der den Buddhismus als das jenseitige, monastische Ideal verstand, das die absolute Aufgabe der Welt und ihrer Triebe verlangt, betont De Silva eindringlich die Bedeutung der buddhistischen Sozialethik und bestritt infolgedessen jegliche rationale Handlung, welche die Aktivität konzentrierter Kontemplation erschweren würde. Für Weber gibt es keinen Weg, der aus dieser „weltflüchtigen" Religion zu „irgendeiner Wirtschafts- oder rationalen Sozialethik" führt.[19] Deshalb kritisiert De Silva Max Weber, weil er behauptet, der Buddhismus sei keine Quelle für eine diesseitige Sozialethik. Er hält dagegen, dass der Buddhismus eine authentische Sozialethik hat und infolgedessen eine wichtige Rolle im sozialen Wandel spielt, auch wenn er auf die andere Welt ausgerichtet ist. Ergänzend schreibt er, dass die buddhistische Lehre des „Nicht-Selbst" (*anatta*) einen gesunden Drang zur Integration, zur Gesellschaftsreform oder sogar zur Staatswerdung nicht schwäche. Vielmehr habe der Buddhismus Zusammenarbeit und soziale Integration gefördert, indem er die Ichbezogenheit, die Selbsttäuschung und Habgier reduziert habe.

Nach De Silvas Ansicht hat Webers Theorie die Bedeutung der Wechselbeziehung zwischen Laienbuddhismus und klösterlichem Buddhismus nicht beachtet.[20] Manuel Sarkisyanz wiederum ist überzeugt, dass Max Weber den Buddhismus zu eng versteht, weil er sich nur auf den kanonischen Theravada-Buddhismus beschränkt und Weber ein volles Verständnis des „politischen Ashoka-Buddhismus" fehlt.[21] Dieser politische Ashoka-Buddhismus war es, der

---

[18] Tin Soe: „An Economic Interpretation of Some Myanmar Traditional Concepts in the Context of Globalization", in: *Traditions of Knowledge in Southeast Asia*, Teil 3, veröffentlicht von der Historischen Kommission von Myanmar beim Bildungsministerium der Union of Myanmar, Rangun, 2005, S. 147-148.

[19] Max Weber: „Wirtschaft und Gesellschaft. Die Wirtschaft und die gesellschaftlichen Ordnungen und Mächte". Nachlass. Teilband 2: Hans G. Kippenberg in Zusammenarbeit mit Petra Schilm unter Mitwirkung von Jutta Niemeier (Hg.): „Religiöse Gemeinschaften", Tübingen, 2001, S. 439.

[20] Ebd.

[21] La Seng Dingrin: „Kammatic Buddhism and Economic Action in Myanmar: A Christian Perspective", in: Samuel Ngun Ling (Hg.): *RAYS MIT Journal of Theology*, Bd. 7 (Januar 2006), S. 12-36.

Indien seiner Zeit dazu bewegte, eine blühende Nation zu schaffen als eine Voraussetzung für die Unterstützung des Sangha und für „die Flucht aus dem Leiden und die Verwirklichung des moralischen Gesetzes (*dharma*) in dieser Gesellschaft als ganzer“[22]. Frank E. Reynolds behauptet, das buddhistische Gesetz des *karma* gewährleiste, dass Frömmigkeit, moralisches Verhalten und Reichtum „einander unterstützen“ und dass ein Speicher voller Verdienste, die durch Spenden gewonnen wurden, so glaubt man, für glückliche Wiedergeburten in der Zukunft sorgt.[23] Dem Buddhismus ist also das Motiv der Kapitalinvestition nicht vollkommen fremd, sondern er lehrt mit Nachdruck „eine Ethik des fleissigen Arbeitens“ für die Laien und dementsprechend, die unternehmerische Energie zu unterstützen, die auf Investition und Re-Investition ausgerichtet ist.[24]

Soziale Beziehungen und wirtschaftliche Entwicklung

Die Gesellschaft von Myanmar ist eine typisch buddhistische Gesellschaft, bei der sich jeder Versuch, die wirtschaftlichen Trends und Motive des Landes zu verstehen, als unmöglich erweist, wenn nicht das Grundwissen über die traditionellen buddhistischen Kulturen, Sitten, moralischen Vorstellungen und das soziale Verhalten ernsthaft Berücksichtigung finden. Der Tradition nach besteht die Gesellschaft von Myanmar aus fünf sozialen Klassen:[25] (1) Bauern (oder Landwirte), (2) Kaufleute (oder Händler), (3) Unternehmer, (4) gut informierte und angesehene *hmu-matts* (königliche Beamte) und (5) studierte ehrwürdige Mönche. Vier der fünf Klassen wurden als wirtschaftlich produktive Klassen und deshalb als die Hauptquellen des Reichtums, des Wohlstandes und des staatlichen Wohlergehens betrachtet.[26] Um in Myanmar ein Geschäft erfolgreich zu führen, muss man die Bedeutung sozialer Werte verstehen und wissen, was in Myanmar ein gesundes soziales Umfeld darstellt. Es gibt ein myanmarisches Sprichwort, „pokko-khin hmah, taya mein“, wörtlich „eine Person wird nur für verantwortungsfähig

---

[22] Manuel Sarkisyanz: „Buddhist Backgrounds of Burmese Socialism“, in: Bardwell L. Smith (Hg.): „Religion and Legitimation of Power in Thailand, Laos and Burma“ Chambersberg P.A., 1978. Siehe auch Stanley J. Tambiah: „Buddhism and This Worldly Activity“, in: *Modern Asian Studies*, Bd. 7, Nr.1 (1973), S. 5.

[23] Frank E. Reynolds: „Ethics and Wealth in Theravada Buddhism: A Study in Comparative Religious Ethics“, in: Russell F. Sizemore und Donald K. Swearer (Hg.): „Ethics, Wealth, and Salvation: A Study in Buddhist Social Ethics“, Columbia, South Carolina/USA, 1990, S. 59-76.

[24] Harvey, a. a. O. (Fussnote 15), S. 207-209.

[25] Hman-Nan Yazawin: „The Glass Palace Chronicle of the Kings of Burma“, Rangun, 1960.

[26] Maung Htin (Hg.): „Raja Dhamma Singaha Kyann“, Rangun, 1992, S. 138.

gehalten, wenn er oder sie sich hoher sozialer Wertschätzung erfreut“[27]. Dies erklärt die Bedeutung sozialer Beziehungen, wenn es darum geht, ein rechenschaftspflichtiges Gemeinwesen in der religiösen und kulturellen Gesellschaft Myanmars herzustellen.[28]

Den Firmenchefs bringt man Hochachtung als Betreuerinnen und Betreuer oder Eltern einer familienähnlichen Gruppe und geschwisterlicher Beziehungen entgegen, soziale Fürsorge und Respekt im Umgang miteinander sind integrale Bestandteile des Geschäftslebens in Myanmar. In der Kultur von Myanmar kann man Unverblümtheit, Offenherzigkeit und Kritik nur bescheiden üben, während dies in der westlichen Kultur durchaus verbreitet ist. [29] Einer erfolgreichen geschäftlichen Transaktion geht immer eine gesunde zwischenmenschliche Beziehung voraus. In dieser Hinsicht spielt das „menschliche Gesicht“ eine entscheidende Rolle, wenn es um den Abschluss eines Geschäfts welcher Art auch immer geht. Kurz gefasst ist soziale Kompetenz also grundlegend für das Führen besserer und grösserer Geschäfte im buddhistischen Kontext Myanmars.

SCHLUSSBEMERKUNG

Myanmar befindet sich in einem Übergangsstadium, es entwickelt sich hin zu einer freien und demokratischen Gesellschaft, in der wirtschaftliche Entwicklung ein wichtiges Anliegen darstellt. Der gesamte Kontext wird durch die neuen Kräfte der Demokratisierung und der wirtschaftlichen Globalisierung hinterfragt. Während man davon ausgeht, dem traditionellen Buddhismus fehle die kapitalistische Motivation für wirtschaftliche Entwicklung, sollten die ökonomischen Chancen nicht unterschätzt werden. Der künftige Erfolg wird nicht nur vom Potenzial der Kapitalinvestition, sondern auch vom eigenen Verständnis der Kultur und der Werte Myanmars abhängen, davon, wie erfolgreich man grundlegende soziale Kontakte zu den Leuten vor Ort herstellt und in kultureller Hinsicht investiert, bevor man in Myanmar geschäftlich tätig wird. Es ist wichtig zu verstehen, dass man in Myanmar kein Geschäft erfolgreich führen kann, wenn man nicht bereit ist, sich in die religiöse, kulturelle und soziale Situation der Leute zu integrieren.

---

[27] Hla Thamein: „Myanmar Proverbs“ (in Myanmar und English), Rangun, 2000, S. 88.

[28] Samuel Ngun Ling: „Communicating Christ in Myanmar: Issues, Interactions and Perspectives“, Rangun, 2005, S. 228.

[29] Saw Myat Yin: „Culture Shock: A Guide to Customs and Etiquette, Burma“, Singapore, 1994, S. 188-189.

Religion, Konflikt und Entwicklung im multireligiösen Kontext

Johnson Mbillah

Einleitung

Afrika ist hinsichtlich der Fläche und Bevölkerungszahl der zweitgrösste Kontinent der Welt. Die Bevölkerung von einer Milliarde Menschen[1] ist religiös, sprachlich und kulturell pluralistisch. Der Kontinent bedeckt sechs Prozent der gesamten Erdoberfläche und 20,4 Prozent der gesamten Landoberfläche[2]. Verschiedene Religionen sehen Afrika als reichen Nährboden: ein Ort, an dem Menschen leicht dazu bewegt werden können, zu konvertieren. Über die Jahre hat diese Wahrnehmung zur Ausbreitung verschiedenster Konfessionen auf dem Kontinent geführt und mittlerweile sind fast alle religiösen Systeme, die es auf der Welt gibt, in der einen oder anderen Form in Afrika vorzufinden sind. Dadurch ist der Kontinent zu einem Mosaik der Religionen oder einem „Zoo der Religionen" geworden, wie ein Religionsstudent die Situation in Ghana beschrieb.[3]

Trotz der Präsenz vieler religiöser Systeme auf dem Kontinent und abgesehen von den Besonderheiten einzelner religiöser Persönlichkeiten, die mitunter politisiert werden, ist man sich einig, dass sich über 400 Millionen Afrikanerinnen und Afrikaner zum Christentum und über 400 Millionen zum Islam bekennen. Diese Zahlen bestätigen, dass das soziale Gefüge in Afrika religiös geprägt ist und zeigen klar, dass das Christentum und der Islam gegenwärtig die grösste Anhängerschaft in der religiösen Landschaft des Kontinents haben.

Durch die wachsende religiöse Pluralität auf dem afrikanischen Kontinent, haben Afrikanerinnen und Afrikaner verschiedene Identitäten. Früher

---

[1] Siehe **www.worldometers.info/world-population**.

[2] Siehe **http://en.wikipedia.org/wiki/Africa**.

[3] *Trinity Journal of Church and Theology*, Vol. 1, Nr. 1 (Juni 1991), S. 8.

sprach man zum Beispiel über ethnische Identitäten oder Stammesidentitäten, wie es manche nannten. In der gegenwärtigen Situation, könnte jemand jedoch sagen, „Ich bin Nigerianerin, eine Ibo und eine Katholikin", genauso wie jemand anderes sagen könnte, „Ich bin Nigerianer, ein Hausa und ein Muslim in der Tradition der Ahlu Sunna Wal Jama'a Reformisten". Diese verwirrende Vielfalt der afrikanischen Persönlichkeit findet man nicht nur in einem bestimmten Land. Im Gegenteil, es ist ein Phänomen, das sich über ganz Afrika südlich der Sahara erstreckt. Somit ist Kooperation, Zusammenarbeit, Toleranz und konstruktives Engagement von christlichen und muslimischen Gläubigen gefordert, um zu ermöglichen, dass sich der Kontinent selbst und seine Menschen als in Verschiedenheit vereint sehen kann und als in der gemeinsamen Menschlichkeit verbunden mit der menschlichen Familie auf der ganzen Welt.

Die Präsenz von Christentum und Islam in Afrika (unter anderen) demonstriert, dass religiöse Diversität sich behauptet hat und uns wahrscheinlich bis ans Ende der Zeit begleiten wird – „bis Jesus zurückkehrt". Interessant an religiöser Diversität ist, dass weder die christliche noch die muslimische theologische Denkweise dies als Zufall der Religionsgeschichte sieht, der für Gott überraschend kam. Das christlich-theologische Verständnis von Gott als allwissend macht den Gedanken, dass religiöse Vielfalt ohne Gottes Wissen entstanden ist, unmöglich. Während christliche Gläubige sicher nicht behaupten würden, dass Gott die religiöse Vielfalt geschaffen hat, werden sie doch bejahen, dass diese Vielfalt mit Gottes Wissen entstanden ist – bestenfalls mit Gottes Erlaubnis und schlimmstenfalls gegen Gottes Willen. Der Islam besagt hingegen, dass wenn Gott es so gewollt hätte, er uns zu einer Gemeinschaft geformt hätte, aber dass Gott dies nicht gewollt habe. Der Koran erkennt die Wirklichkeit der unterschiedlichen Religionen an, wenn es heisst: „Euch eure Religion und mir die meine". (Sure 109,6).[4]

Angesichts dieser christlichen und muslimischen theologischen Ansichten zu religiöser Vielfalt, könnte man behaupten, dass es theologisch und grundsätzlich für die einzelne Person oder eine religiöse Gruppe absurd scheint, mit dem bestehenden religiösen Pluralismus ungeduldig zu sein, da religiöse Pluralität wohl das Los der Afrikanerinnen und Afrikaner bis zum Ende der Zeit sein wird. Die Frage ist nicht, wie religiöser Pluralismus abgeschafft werden kann – dies zu tun würde den Versuch bedeuten, die von Gott gegebene Freiheit der Menschen, die eigene Religion zu wählen und für die Entscheidungen, die sie treffen, verantwortlich zu sein, abzuschaffen – sondern vielmehr muss gefragt werden, wie wir eine konstruktive Beziehung zu religiöser Vielfalt aufbauen können, damit wir es religiösen Völkern und ihrer Gesellschaft ermöglichen, in Frieden

[4] Vgl. „Der Koran", neu übertragen von Hartmut Bobzin, München, 2010.

zu leben, und dabei an ihrer spirituellen, moralischen, physischen und umweltfreundlichen Entwicklung zu arbeiten.

Christliche und muslimische Gläubige in Afrika und weltweit werden sich einigen schwierigen Problemen stellen und mit ihnen fertig werden müssen, wenn wir in einem Kontext gegenseitiger Toleranz und in Frieden leben wollen und nicht in gespaltenen Gemeinschaften.

Unethische religiöse Expansionspolitik

In Anbetracht der Tatsache, dass das Christentum und der Islam heutzutage die beiden grossen missionierenden Religionen auf der Welt sind, die beide versuchen, Menschen davon zu überzeugen, zu konvertieren, sich aber beide auch davor fürchten, dass ihre Mitglieder zu einer anderen Religion konvertieren könnten, kämpfen die beiden Religionen miteinander um Mitglieder und den Raum, ihren jeweiligen Glauben auszuüben. Das Afrika südlich der Sahara scheint die Region zu sein, in der beide Religionen schneller wachsen als irgendwo sonst auf der Welt. Den für die Konvertierung von Menschen angewendeten Methoden liegt jedoch keine Richtung weisende Ethik zugrunde und lassen deshalb manchen Predigerinnen und Prediger auf beiden Seiten der religiösen Kluft ausreichend Spielraum für unüberlegte und in einigen Fällen beleidigende Sprache, mit der sie ihre Religion propagieren.

Die negative Wahrnehmung der Religion des oder der Anderen, die auf mittelalterlicher Polemik zwischen christlichen und muslimischen Gläubigen beruht, wird von provokativen Predigerinnen und Prediger erneuert und verstärkt. Dies schürt einen Konflikt, der in vielen Fällen in gewalttägige Konfrontationen ausartet. In manchen Teilen Afrikas stellen Wanderpredigerinnen und -prediger die Bibel und den Koran in öffentlichen Predigten wertend gegenüber, während andere einfach die andere Religion verurteilen. Diese Art des provokativen Predigens schafft Feindseligkeiten, vergiftet Beziehungen und führt zu gewalttätigen Konflikten. Anderorts verdammen religiöse Radiosender offen die andere Religion und lassen Predigerinnen und Prediger sprechen, die, statt die eigene Religion zu loben, die andere Religion verurteilen. Wenn wir Konflikte vermeiden und Frieden und Entwicklung fördern wollen, können sich christliche und muslimische Führungspersonen und alle jene, die sich zu einer der beiden Religionen bekennen, nicht die Augen verschliessen. Der christlichen und muslimischen Führung in Ländern wie Kenia oder Tansania, in denen öffentliche Dispute, Debatten und Diskurse dieser Art stattfinden – Mihadharas auf Swahili – wurde von PROCMURA, dem Programm für christlich-muslimische Beziehungen in Afrika, wieder und wieder gesagt, dass sie sich Wege und Mittel überlegen müssten, um ihre eigenen provokativen Predigerinnen und Prediger zu zensieren und ihnen einen Verhaltenskodex aufzuerlegen, der es ihnen nur erlaubt über das Gute ihrer Religion und nicht über das Schlechte der Religion der Anderen zu sprechen.

Die Tendenz der christlichen und muslimischen Führung zu argumentieren, dass diese provokativen Predigenden Extremistinnen und Extremisten und damit unkontrollierbar seien, ist in mindestens zweierlei Hinsicht inakzeptabel: Zum einen führen diese provakanten Predigten zu gewalttätigen Reaktionen, unter denen sowohl die schuldigen Predigenden als auch ihre unschuldigen Glaubensbrüder und -schwestern leiden. Zum anderen wird es sehr schwierig, die vergifteten Beziehungen wiederherzustellen.

Es gab verschiedene Vorfälle, bei denen Predigende aus dem Ausland mit ihren Predigten Gewalt provozierten und dann schnell das Land verliessen, sobald die Gewalt ausbrach. In solchen Situation wird normalerweise die christliche und muslimische Führung gebeten, den Frieden wiederherzustellen. Die Frage, die sich viele stellen, ist, warum christliche und muslimische Führungspersonen nicht proaktiv versuchen, derartige Aktionen zu verhindern, die Konflikt und Gewalt verursachen, statt im Nachhinein zu reagieren und zu versuchen, den Frieden wiederherzustellen, sobald die Gewalt ausgebrochen ist.

Die Herausforderung gute religiöse Grundsätze in die alltägliche Praxis zu übertragen

Wenn es um Konfliktprävention und Frieden geht, sind Priester, Pastoren und Pastorinnen, Scheiche und Imame stets darum bemüht, alle anderen davon zu überzeugen, dass das Christentum und der Islam Religionen des Shaloms und Salaams – des Friedens – seien. Das Christentum argumentiert zum Beispiel, dass die Ankunft Christi mit dem Gesang der Engel, „Ehre sei Gott in der Höhe und Friede auf Erden bei den Menschen seines Wohlgefallens“ (Lk 2,14) angekündigt wurde. Dies weist darauf hin, dass der Christus, der geboren wurde, den Menschen Frieden gebracht hat. Tatsächlich wird Jesus als „Friede-Fürst“ (Jes 9,5) bezeichnet.

Muslimische Gläubige haben andererseits stets leidenschaftlich erklärt, dass das Wort Islam, das übersetzt „Unterwerfung“ heisst, auch das Wort „Salaam“ enthält, das Frieden bedeutet. Sie argumentieren, dass die normale Grussformel von Musliminnen und Muslimen, das „Salaam Aleikum“ (Friede sei mit Dir) und die Antwort „Aleikum Salaam“, das wörtlich „Friede auch mit Dir “ heisst, dies symbolisieren.

Es wird häufig angemerkt, dass, wenn die beiden Religionen mit den grössten Anhängerschaften in Afrika Religionen des Friedens sind, auf dem Kontinent Frieden und damit eine Entwicklung zu erwarten sei, die ohne die Unterbrechung durch gewalttätige Konflikte voranschreiten könnte. Das ist aber nicht der Fall, da Konflikte in vielen Teilen Afrikas aufflammen. Dies lässt vermuten, dass die Gebote des Friedens, die im Islam und im Christentum verwurzelt sind, es nicht schaffen, das Leben und die Führung der Kirchen und Moscheen zu beeinflussen und darüber hinaus, dass christliche und muslimische Gläubige nicht genug dafür getan haben, um sicherzustellen, dass die Ideale ihrer Religionen nicht blosse theoretische Konzepte bleiben, sondern im Alltag praktiziert werden.

Die Globalisierung/Internationalisierung/ der Import und Export von Konflikten

Die Universalität des Christentums manifestiert sich durch die Tatsache, dass auf der ganzen Welt Christinnen und Christen leben. Im spirituellen Sinn ist die Universalität des Christentums jedoch in dem christlichen Verständnis sichtbar, dass alle Christen und Christinnen dem Leib Christi angehören – der Kirche. Dadurch gehören alle Christen und Christinnen einer mystischen Union an, einer christlichen Solidaritätsgemeinschaft, die nationale und politische Grenzen, Hautfarbe oder Rasse überschreitet. In Christus gibt es keinen Osten, keinen Westen, keinen Norden, keinen Süden, kein Weiss, kein Schwarz, usw.

Die Universalität des Islams manifestiert sich durch die Tatsache, dass auf der ganzen Welt Musliminnen und Muslime leben. Die Einheit der muslimischen Gläubigen wird jedoch im islamischen Konzept der universalen „Umma" (Gemeinschaft)verstanden, der alle Muslime und Musliminnen angehören. Diese Form der Einheit ist sowohl weltlich als auch spirituell und überwindet damit gesetzte geographische oder politische Grenzen. In der Umma gibt es keinen Osten, keinen Westen, keinen Norden, keinen Süden, kein Weiss, kein Schwarz, usw.

Das christliche Verständnis, dass alle Christinnen und Christen dem Leib Christi angehören, und das muslimische Verständnis, dass alle Musliminnen und Muslime der muslimischen Umma angehören, hat in Afrika (wie in vielen anderen Teilen der Welt) zu dem geführt, was wir oft als negative Solidarität bezeichnen.

Negative Solidarität

Ein vermehrtes Auftreten von religiösem Partikularismus, beeinflusst von dem Konzept, dass alle Christinnen und Christen Teil des Leibes Christi und alle Musliminnen und Muslime Teil der universalen Umma sind, verhindert die Einheit von Nationen und das Streben nach einer gemeinsamen Staatsbürgerschaft, die es Nachbarn ermöglichen würde, friedlich zusammenzuleben. Die Wahrnehmung, dass der europäische Westen christlich und der arabische Osten muslimisch ist, hat eine Situation entstehen lassen, in der der Konflikt zwischen West und Ost als Konflikt zwischen den Mitgliedern des Leibes Christi (Christinnen und Christen) und den Mitgliedern der Umma (Musliminnen und Muslime) wahrgenommen wird.

Dies wurde in einigen Teilen Afrikas während des 1. Golfkriegs 1991, der Invasion des Iraks 2003, des Skandals um die dänischen Mohammed-Karikaturen 2006 und vor kurzem wegen des US-amerikanischen Films von 2012 über Mohammed, den Propheten des Islams, der den Islam und somit die muslimischen Gläubigen beleidigt, deutlich und fast zur Norm. Im Verlauf des Skandals um die dänischen Mohammed-Karikaturen verhärteten sich die Fronten zwischen muslimischen und christlichen Gläubigen in Nigeria, was schliesslich dazu führte, dass Kultstätten niedergebrannt wurden. In einigen Teilen Afrikas demonstrierten muslimischen Gemeinschaften während des Golfkriegs gegen Amerika und vor kurzem gegen den Film über Mohammed.

Negative Solidarität wird auch dadurch deutlich, dass christliche und muslimische Gläubige einander wegen Ereignissen an die Kehle gehen, die jenseits des Kontinents stattfanden und mit denen sie nichts zu tun hatten. Solidarisch mit einer Person zu sein, die Unrecht tut, nur weil sie die gleiche Religion, Ethnizität, usw. hat, ist ein Beispiel negativer Solidarität. Bis an den Punkt solidarisch mit den Glaubensschwestern und -brüdern zu sein, an dem man gegenseitig die Grenzen des anderen bekämpft, ist gelinde gesagt absurd. Denn, indem dies geschieht, importieren die Anhängerinnen und Anhänger beider Religionen Konflikte von ausserhalb Afrikas auf den Kontinent. Wenn diese negative Solidarität zur Norm würde, könnte jeder Konflikt in Länder exportiert oder von Ländern importiert werden, die geografisch weit von der Konfliktzone entfernt liegen. Dies ist mit Sicherheit nicht förderlich für den Entwicklungsprozess.

Der Anstieg von Gewalt zwischen muslimischen und christlichen Gläubigen wirft die kritische Frage bezüglich der ausschlaggebenden Identität von Afrikanerinnen und Afrikanern vis-à-vis ihrer religiösen Zugehörigkeit auf. Die kritische Frage, die in diesem Kontext oft gestellt wird, ist, ob muslimische und christliche Gläubige in Afrika sich selbst als afrikanische Christinnen und Christen und afrikanische Musliminnen und Muslime sehen oder als christliche Afrikanerinnen und Afrikaner und muslimische Afrikanerinnen und Afrikaner. Wir müssen uns die gleiche Frage stellen, wenn es um unsere eigenen Länder geht. Sind wir zum Beispiel kenianische Musliminnen und Muslime oder muslimische Kenianerinnen und Kenianer, bzw. kenianische Christinnen und Christen oder christliche Kenianerinnen und Kenianer?

Obwohl hier tiefgründige theologische Überlegungen auf dem Spiel stehen, bleibt die Frage, ob wir Afrikanerinnen und Afrikaner sind, die zufällig Christinnen und Christen oder Musliminnen und Muslime sind; oder ob wir Christinnen und Christen und Musliminnen und Muslime sind, die zufällig in Afrika leben. Im weiteren Sinne müssen wir die Frage stellen, ob wir Christinnen und Christen und Musliminnen und Muslime sind, die zufällig Menschen sind, oder ob wir Menschen sind, die zufällig christlichen oder muslimischen Glaubens sind. Die Antwort von muslimischen und christlichen Gläubigen auf diese Fragen wird ihnen in jedem Fall dabei helfen, ihre Gemeinsamkeiten zu sehen, wenn sie das Gespräch suchen, zusammen leben und gewalttägige Konflikte verhindern und den Frieden miteinander und in der Gesellschaft allgemein fördern. Wird von Religionen nicht erwartet, dass sie Leben zum Guten ändern statt Leben zum Schlechten zu wenden?

Wir brauchen ein tiefergehendes Verständnis von religiösen Unterschieden, um zu verstehen, dass es möglich ist gleichzeitig echte Afrikanerinnen und Afrikaner und echte Musliminnen und Muslime bzw. echte Christinnen und Christen zu sein, genauso wie wir echte Kenianerinnen und Kenianer und echte Christinnen und Christen oder Musliminnen und Muslime sein können. Wenn wir uns dies zu Herzen nehmen, können wir in Frieden miteinander leben und bei der Konfliktprävention und Entwicklung zusammenarbeiten.

Der Irrtum des sich verbreitenden Trends des religiösen Partikularismus, der Afrikanerinnen und Afrikaner im Namen des Leib Christi und der Umma gegeneinander aufbringt, ist, dass Christinnen und Christen im Westen Kriege gegen andere Christinnen und Christen (der Leib Christi gegen den Leib Christi) geführt haben, wie die beiden Weltkriegen belegen, und Musliminnen und Muslime Kriege gegen andere Musliminnen und Muslime (die Umma gegen die Umma) geführt haben, wie der Iran-Irak-Krieg in den 1980ern belegt.

Christliche und muslimische Führungspersonen in Afrika müssen offen den universellen Charakter ihrer Religionen diskutieren, um sicherzugehen, dass Afrika nicht vorgeworfen wird, Konflikte zu importieren und Stellvertreterkriege zu führen – wir müssen Konflikte entglobalisieren.

Ethnizismus: Verbündete in der Religion finden

Ethnizismus ist bekannt dafür, gegen die Einheit von Nationen und Gemeinschaften zu wirken. Während in Afrika Anstrengungen unternommen werden, um Ethnizismus oder „Tribalismus“ abzubauen und den nationalen Zusammenhalt zu fördern, lässt die aktuelle Situation in Afrika vermuten, dass es ein Monster gibt, das sich breitmacht und das PROCMURA als „religiösen Tribalismus“ bezeichnet. Religiöser Tribalismus wird als jene Form der religiösen Systeme beschrieben, die nur die Anhängerinnen und Anhänger der eigenen Religion als „gute Nächste“ anerkennt und alle anderen als „schlechte Nächste“ sehen, mit denen man nichts zu tun haben will, ausser sie zur eigenen Religion oder religiösen Ideologie zu konvertieren. Wenn sie nicht konvertieren wollen, dann muss etwas unternommen werden, um sie zu dämonisieren und in Feinde zu verwandeln – Feinde, die nichts ausser Unterjochung und Vernichtung verdienen.

In Afrika gehören die meisten christlichen Gläubigen einer spezifischen ethnischen Gruppe an. Dasselbe gilt für muslimische Gläubige. Die Gründe dafür sind sozusagen ein zufälliges Ergebnis der Geschichte. Der Islam zog in ein Territorium ein und dominierte dieses Gebiet und das Christentum zog in ein anderes Territorium ein und dominierte dieses Gebiet. Zum Beispiel sind die Hausa in Nigeria, die Mandingo in Liberia und die Yao in Malawi vor allem muslimisch und die Igbo in Nigeria, die Lorma in Liberia und die Chewa in Malawi vor allem christlich. Wenn zwischen diesen Gruppen Gewalt ausbricht, wird dieser Konflikt schnell als christlich-muslimisch bezeichnet statt als ethnisch – obwohl die richtige Bezeichnung wohl ethnisch-religiös wäre. Ethnizismus, in Kombination mit religiösem Eifer, verursacht im Normalfall Gewalt grossen Ausmasses. Für die wirtschaftliche Entwicklung der betroffenen Länder war und ist dies äusserst schädlich.

Politische Manipulation

Die Staatsoberhäupter Afrikas werden oft nach ihrer religiösen Zugehörigkeit eingeordnet. Das ist eine gefährliche Entwicklung, durch die der „religiöser Tribalismus“ leicht Wurzeln schlagen kann. Wenn er wie in manchen Ländern Normalität ist, wählen die Anhängerinnen und Anhänger der einen oder anderen Religion einen bestimmten Präsidentschafts- oder Parlamentskandidaten oder -kandidatin, weil er oder sie der gleichen Religion angehören und nicht weil diese Person kompetent ist und allen Volksgruppen gerecht und gleich dienen wird.

Die Vorfahren auf dem Kontinent sahen sich als Afrikanerinnen und Afrikaner, unabhängig von ihrer religiösen Zugehörigkeit. Zum Beispiel wurde Leopold Senghor, ein frommer Katholik, zum Präsidenten Senegals gewählt, einem hauptsächlich muslimischen Land. In jüngerer Zeit wurde Präsident Bakili Muluzi zum Präsidenten Malawis gewählt, einem hauptsächlich christlichen Land. Wenn dieser positive Trend weitergeht, müssen christliche und muslimische Gläubige lernen, sich auf Zweck-

und Entwicklungsgemeinschaft einzulassen, obwohl man verschiedenen Glaubensgemeinschaften angehört. Politikerinnen und Politiker sollten ihrerseits vor religiös-parteiischer Politik gewarnt sein, die in einigen Teilen des Kontinents im Kommen zu sein scheint.

Wie kann es weitergehen?

Oft werden gewalttätige religiöse Konflikte analysiert, um passende Lösungen zu finden. Christliche und muslimische Führungspersonen treffen sich mit der politischen Führung, um die Gründe für den Konflikt auszuwerten. Soziale, wirtschaftliche, ethnische und politische Faktoren, sowie der Kampf um Ressourcen stehen oft im Mittelpunkt des Konflikts. Christliche und muslimische Führungspersonen sollten sich nicht davor scheuen, zu fragen, warum solche Konflikte manchmal eine religiöse Einfärbung annehmen, was dazu führt, dass christliche und muslimische Gläubige gegeneinander kämpfen und zuweilen Moscheen und Kirchen in Brand setzen. Es muss unbedingt anerkannt werden, dass religiöse Unterschiede oft einer der Gründe für solche Konflikte sind. Wir müssen objektiv und offen sein, da die Identifikation der tatsächlichen Ursachen eines jeden Konflikts ein Teil der Lösung ist.

Wir laufen Gefahr, eine ganze religiöse Gemeinschaft zu stereotypisieren, dämonisieren und kriminalisieren. Dies kann einen Konflikt auslösen. „Schau, was die Christen machen...“, „Schau was die Muslime machen...“. Die Täter/innen stellen nur einen kleinen Teil der religiösen Gruppen dar und ihre Handlungen sind vielleicht gar nicht durch ihre religiösen Weltanschauungen motiviert oder werden von anderen Mitgliedern ihrer religiösen Gruppen nicht gut geheissen.

Globalisierung unserer Handlungen

Die universelle Bedeutung des Christentums und des Islams, die durch die Tatsache untermauert wird, dass christliche und muslimische Gläubige auf der ganzen Welt verbreitet sind, gekoppelt mit den theologischen und ideologischen Aussagen aller Christinnen und Christen, die dem Leib Christi angehören, und aller Musliminnen und Muslime, die der Umma angehören, bedeutet, dass Konflikte an irgendeinem Ort auf der Welt überall zu Konflikten führen können. In der Praxis bedeutet dies, dass die Massnahmen, die einzelne Personen oder Nationen ergreifen, aus einer globalen Perspektive betrachtet werden müssen, bevor wir lokal handeln. Denn unser lokales Verhalten könnte globale Konsequenzen haben.

Advocacy für Frieden und Konfliktvermeidung durch Vorbildverhalten

Damit sich christliche und muslimische Gläubige für Frieden einsetzen können, muss zwischen den beiden Religionsgruppen Frieden herrschen, bevor andere, zum Beispiel Vertreterinnen und Vertreter des Staates miteinbezogen werden können. So schwelte zum Beispiel in den späten 1990ern in Ghana zwischen der machthabenden Partei des früheren Präsidenten, Jerry John Rawlings, und der von John Agyekum Kufuor angeführten Opposition ein Konflikt. Zur selben Zeit verursachten christliche und muslimische Wanderprediger in manchen Teilen des Landes gewalttätige Konfrontationen zwischen christlichen und muslimischen Gläubigen. Die politische Situation im Land war so angespannt, dass der Rat der Christen Ghanas und der Rat der Muslime Ghanas den politischen Führungspersonen anboten, um des Friedens willen zwischen den beiden sich bekämpfenden politischen Lagern zu vermitteln.

In seinen Eröffnungsworten fragte Jerry John Rawlings die religiösen Führungspersonen, ob sie und ihre Mitglieder selbst gegenseitig im Frieden wären. Er bat die religiösen Führungspersonen dorthin zurückzukehren, wo sie hergekommen waren und sich und ihre Anhängerinnen und Anhänger, die an den gewalttätigen Konflikten beteiligt gewesen waren, mit der Gegenpartei auszusöhnen. Danach sollten sie wiederkommen und den politischen Führungspersonen etwas über Frieden beibringen. Bevor sie das nicht getan hätten, so argumentierte er, hätten sie kein moralisches Recht, für Frieden zwischen den politischen Parteien zu vermitteln.

Dieses Beispiel zeigt, dass christliche und muslimische Gläubige, solange sie nicht bewusst in Frieden miteinander sprechen und leben, kein moralisches Recht dazu haben, Frieden in der Politik und zwischen sich bekämpfenden Lagern zu vermitteln. Mit anderen Worten: Solange christliche und muslimische Gläubige nicht als religiöse Gemeinschaften miteinander in Frieden leben, haben sie kein Recht, sich am Friedensprozess und der Konfliktbewältigung anderer zu beteiligen.

Fazit

In vielen afrikanischen Ländern sind von allen Teilen der Gesellschaft grosse Anstrengungen notwendig, um ein friedliches und harmonisches Umfeld schaffen zu können; nur dann wird Entwicklung nachhaltig sein. Es kann nicht genug betont werden, wie wichtig der Beitrag der religiösen Führungskräfte und religiösen Gruppen ist, um gemeinsam mit Regierungen und der Zivilbevölkerung mit speziellen Entwicklungsprojekten auf dieses Ziel hinzuarbeiten.

Es ist allen bekannt, dass in einigen Ländern Afrikas die politische Klasse auf die religiösen Führungspersonen hört und sie sogar manchmal zu Rate zieht. Religiöse Führungspersonen werden auch oft dazu angehalten, etwas zu den sozioökonomischen Entwicklungsplänen von Nationen beizutragen. Beim ersten Forum des interreligiösen Dialogs der Afrikanische Union (AU) in Abuja, 15. 17. Juni 2010 – der Generalsekretär von PROCMURA war ein Mitglied des Lenkungsausschusses, der geholfen hat, das Forum zu organisieren – betonte die AU, wie wichtig es sei, die religiösen Führungspersonen Afrikas in die Friedens- und Entwicklungspläne des Kontinents miteinzubeziehen. Diese Erkenntnis war mit ein Grund für die Wahl des Themas des Forums „Gerechtigkeit, Frieden, Sicherheit und Entwicklung fördern: die Macht der religiösen Gemeinschaften in Afrika nutzen."

Die Erklärung, die am Ende des Forums abgegeben wurde, betonte nochmals die bedeutsame Rolle der religiösen Führungspersonen und Gemeinschaften dabei, die Geschwindigkeit der Integration und Entwicklung Afrikas zu erhöhen und die Notwendigkeit, dass sie der politischen Elite und Zivilbevölkerung zur Seite stehen, um für Gerechtigkeit, Frieden, Sicherheit und Entwicklung zu arbeiten.

Das Forum betonte erneut die Verantwortung der religiösen Führungspersonen, als moralische und ethische Garanten für Frieden und gesellschaftlichen Wandel zu stehen. Viele Beispiele anführend, erinnerte das Forum an Situationen, in denen religiösen Führungspersonen als Vermittlerinnen und Vermittler des Wandels bei der Prävention, Vermittlung und Bewältigung von Konflikten hilfreich waren, indem sie die enormen spirituellen, moralischen und sozialen Ressourcen einsetzten, die religiösen Führungspersonen und Gemeinschaften zur Verfügung stehen. Es wurde während des Forums zugesagt, einen permanenten Lenkungskreis einzurichten, der dabei helfen würde, Pläne für ein gemeinsames Engagement mit der AU zu entwickeln, um das Streben nach nachhaltigem Frieden, Sicherheit und Entwicklung voranzubringen und zu stärken.

Religiöse Führungspersonen sind unverzichtbare Vermittlerinnen und Vermittler von Frieden und umweltfreundlicher Entwicklung. All das wird in Afrika gebraucht, um die religiösen Institutionen zu nutzen und ein Partner in einem ganzheitlichen Kontext zu werden, der der Entwicklung Wert verleiht.

Es ist die spirituelle, moralische, wirtschaftliche und umweltgerechte Entwicklung des afrikanischen Kontinents, die die Grundlage für das zweite Handlungsprinzip des PROCMURA darstellt, die Zusammenarbeit von christlichen und muslimischen Gläubige für eine friedliche Koexistenz hin zu einer ganzheitlichen Entwicklung der menschlichen Familie.

Die zukünftige Rolle der Kirche in der Entwicklungszusammenarbeit

Madipoane Masenya (ngwan'aMphahlele)

> Entwicklung ist ein Prozess, durch den die Mitglieder einer Gesellschaft ihre persönlichen und institutionellen Kapazitäten zur Mobilisierung und Verwaltung von Ressourcen so stärken, dass sie die ihren eigenen Wünschen entsprechende nachhaltige und gerecht verteilte Verbesserungen ihrer Lebensqualität herbeiführen können.[1]

> „Entwicklung" bedeutet nicht nur Linderung von Armut und Beseitigung von Hunger. Vielmehr geht es darum, eine Welt zu schaffen, in der jede Person ungeachtet ihres sozialen Status ein erfülltes menschliches Leben führen kann, das von jeglicher durch andere Menschen [sic][2] auferlegten Knechtschaft befreit ist, eine Welt, in der Freiheit kein leeres Wort ist.[3]

Einleitung

Gleich am Anfang der christlichen Bibel im Ersten Buch Mose (Genesis) drängt sich der Eindruck auf, dass nach Auffassung der Erzählenden/Autoren/Herausgebenden der Bibel ein Mensch (vgl. die Verwendung des Wortes ʾādām [Mensch] im hebräischen Text der Genesis 1,26-27) ungeachtet seiner Hautfarbe

---

1 David C. Korten: „Getting to the 21st Century: Voluntary Action and the Global Agenda", West Hartford, 1990, S. 67.

2 Fussnote d. Übers.: [sic] bezieht sich auf das Wortspiel im englischen Originaltext, wo „men" sowohl Menschen als auch Männer bedeuten kann.

3 Francis Gichia: „Christian and Human Liberation", in: Jesse N. K. Mugambi (Hg.): „Christian Mission and Social Transformation. A Kenya Perspective", Nairobi, 1989, S. 94-102, hier S. 100.

oder seines Geschlechts mit der Aufgabe der „Entwicklung“ betraut wurde.[4] Gegenstand der Entwicklung waren zumindest laut der Schöpfungsgeschichte nicht die anderen Menschen, sondern die Erde (vgl. Gen 1,28; Gen 2,15). Auch der Auftrag an die Menschen, die Erde zu „entwickeln“, wurde nicht im Sinne der Ausbeutung zu eigennützigen Zwecken (Gen 1,28), sondern im Sinne einer Haushalterschaft erteilt, bei der die Haushalterinnen und Haushalter für das Hegen und Pflegen der Erde verantwortlich sind. Wie die Menschen gehört auch die Erde zum Haushalt Gottes. So heisst es in Genesis 1,26-28:

> Und Gott sprach: „Lasset uns Menschen (ʻādām) machen, ein Bild, das uns gleich sei, die da herrschen über die Fische im Meer und über die Vögel unter dem Himmel und über das Vieh und über alle Tiere des Feldes und über alles Gewürm, das auf Erden kriecht.“ Und Gott schuf den Menschen (ʻādām) zu seinem Bilde, zum Bilde Gottes schuf er ihn; und schuf sie als Mann und Frau. Und Gott segnete sie und sprach zu ihnen: „Seid fruchtbar und mehret euch und füllet die Erde und machet sie euch untertan und herrschet über die Fische im Meer und über die Vögel unter dem Himmel und über das Vieh und über alles Getier, das auf Erden kriecht.“

Alle Menschen waren und sind ungeachtet ihrer ethnischen Zugehörigkeit, ihrer Rasse oder ihres Geschlechts zum Bilde Gottes geschaffen worden. Laut Bourke und Elliot beleuchtet die Schöpfungsgeschichte in der Bibel genau dieses Gleichsein (Gleichheit). Sie argumentieren wie folgt:

> Die Schöpfungsgeschichte in der Bibel erzählt uns, dass Gott ein Paar geschaffen hat, das das Elternpaar aller Menschen auf Erden ist. Im krassen Gegensatz zu anderen Schöpfungsgeschichten aus dem Nahen Osten des Altertums kommen „am Anfang“ weder Könige oder Throne noch ummauerte Städte vor. Nicht nur tragen die ersten Menschen keinerlei Zeichen ethnischer Zugehörigkeit – laut der Bibel haben alle Völker ein und dieselbe Abstammung – sie haben auch keine Nationalität („nationality“). In der Apostelgeschichte wird Paulus später erklären, dass Gott die Existenz aller Menschengeschlechter („nations“) zeitlich und räumlich begrenzt hat (Apg 17,26); alle haben in der Geschichte ihren Aufstieg und ihren Fall, und keines währt ewiglich. Während in der königlichen Symbolik anderer

---

[4] Ich fühle mich Pfr. Dr. Hulisana Ramantswana zu tiefem Dank dafür verpflichtet, den Begriff der Entwicklung auf das Thema der Schöpfung angewendet zu haben, wie sie in der Schöpfungsgeschichte der Priesterschrift offenbart wird. Er schreibt: „Dem proto-israelischen Adam und Eva als Gottes Vize-Regenten wurde im Alten Testament befohlen, sich die Erde ‚untertan‘ zu machen, was implizit bedeutet, dass die Schöpfung am Ende des Schöpfungsprozesses ‚nicht vollkommen entwickelt, kein ein-für-alle-mal Gegebenes war‘.“ Vgl. Terence E. Fretheim: „God and the World in the Old Testament. A Relational Theology of Creation“, Nashville, 2005, S. 14.

Kulturen des Altertums im Nahen Osten die Götter in vollem königlichen Ornat, auf Thronen sitzend und wie Monarchen Befehle erteilend beschrieben werden, treten in Genesis als Gottes Abbild zwei Menschen auf, die nackt und schutzlos in einem Garten stehen. Wie passend, dass eine bekannte israelische Menschenrechtsorganisation den Namen B'tselem – „Ebenbild"– gewählt hat.[5]

In den folgen Absätzen werde ich über meine Begegnungen mit Christinnen und Christen an der Basis in drei „afrikanischen"[6] Kontexten berichten, nämlich Ghana, Kenia und Jamaika, die den Arbeitsrahmen und zugleich den Kontext für das Thema des vorliegenden Beitrags bilden.

Das souveräne Handeln der Kirche an der Basis: Ausgewählte „afrikanische" (pfingstkirchliche) Kontexte

Die Aussage von John Mbiti über das unheilbar religiöse Wesen der Afrikanerinnen und Afrikaner ist nach wie vor für Religionswissenschaftlerinnen und -wissenschaftler, einschliesslich für Mbiti selbst, von Interesse.[7] Im Jahr 2000 machte sich eine Gruppe von 18 „afrikanischen" Religionswissenschaftlerinnen und -wissenschaftler daran, die Wechselbeziehungen zwischen „Afrikanität", Religion und Armut in fünf „afrikanischen" Kontexten (Ghana, Kenia, Südafrika, Jamaika und den USA) zu untersuchen. Um ihr Hauptforschungsziel zu erreichen, mussten sie fünf Jahre hintereinander jeweils zwei Wochen in einem spezifischen „afrikanischen" Kontext verbringen. In dieser Zeit führten sie nicht nur Gespräche über das Forschungsthema mit Expertinnen und Experten vor Ort, sondern – was für den Zweck des vorliegenden Beitrags noch viel wichtiger ist – begegneten den (mehrheitlich christlichen) Glaubensgemeinschaften an der Basis. Ziel war es zu ermitteln, wie die Gläubigen ausgehend von ihren religiösen Überzeugungen mit der Herausforderung der Armut umgehen.[8] Oder anders formuliert: Was ist es, das in Armut lebende gläubige Menschen

[5] David G. Burke und Neil Elliot: „Study Notes on Genesis 2", in: *The People's Bible Commentary, New Revised Standard Version with Apocrypha*, Minneapolis, 2009, S. 135.

[6] Das im Rahmen des vorliegenden Textes verwendete Adjektiv „africana" (im deutschen Text direkt übersetzt und in Anführungszeichen) bezeichnet Kontexte auf dem afrikanischen Kontinent oder in der Diaspora, in denen Menschen afrikanischer Abstammung leben.

[7] Diese Aussage machte John S. Mbiti im Juli 2012 während eines Vortrags anlässlich der Tagung der „African Association for the Study of Religion" in Edgerton (Kenia).

[8] Das Endprodukt dieser wissenschaftlichen Arbeit ist das durch den Hauptkoordinator des Projektes Peter Paris herausgegebene Buch „Religion and Poverty: Pan African Perspectives", Durham/NC, 2009.

befähigt, unter schwierigsten Bedingungen zu überleben? An dieser Stelle drängen sich die Worte von Ellis und ter Haar auf:

> Ferner hat es sich in der Entwicklungszusammenarbeit durchgesetzt, die Bedeutung echter Partnerschaften zu betonen, indem eine Zusammenarbeit gefördert wird, deren Bindungskräfte als „Solidarität und gegenseitiger Respekt" bezeichnet werden können (Commission for Africa, 2005, S. 89). Wenn dies tatsächlich so ist, dann muss die jeweilige Weltanschauung der Menschen ernsthaft berücksichtigt und es muss geprüft werden, welches Potenzial sie für den Entwicklungsprozess als Ganzes hat.[9]

Nürnberger scheint diesem Gedanken der Souveränität der Armen zuzustimmen, denn er schreibt:

> Anstatt den Armen aus ihrer Not zu helfen, führt der ständige Kontakt zwischen so ungleichen Partnern einschliesslich der sogenannten „Entwicklungshilfe" nur dazu, ihre Lage noch weiter zu verschlimmern. Daher sollten die Armen ihre Verbindungen mit den Reichen kappen und beginnen, sich gemäss ihren eigenen Grundsätzen und mit ihren eigenen Mitteln zu entwickeln...[10]

Aufgrund meiner Teilnahme an dem panafrikanischen Seminar zu Religion und Armut „Pan-African Seminar on Religion and Poverty" sind in den vorliegenden Beitrag einige der Erkenntnisse eingeflossen, die ich aus meinen Gesprächen mit lokalen afrikanischen Christinnen und Christen in ausgewählten Kontexten gewonnen habe. Der Standort/Kontext dieser Christinnen und Christen wird bis zum heutigen Tage von Aussenstehenden als Entwicklungsobjekt betrachtet. Nicht nur der Kontext sondern auch die dort lebenden Menschen gelten als entwicklungsbedürftig. Für mich sind sowohl der Begriff als auch der Gedanke an sich problematisch.

Überlegungen zu meinen Erfahrungen in Ghana

Bei meinen Kontakten mit Christinnen und Christen der Pfingstbewegung in Ghana habe ich fasziniert beobachtet, dass die Pastorinnen und Pastoren dort

---

[9] Stephen Ellis und Gerrie ter Haar: „Religion and Development in Africa", unter **https://openaccess.leidenuniv.nl/bitstream/handle/1887/12909/ASC-071342346-174-01.pdf?sequence=2**, S. 353; siehe auch Ignatius Swart: „Church, Mission and Development: Revisiting the Pragmatic Debate", in: *Missionalia* 31:3 (Nov. 2003), S. 405-426.

[10] Nürnberger zitiert von J. Kritzinger: „Church and Development", in: *Scriptura* 39 (1991), S. 15-24, hier S. 18.

nicht um ihren Lebensunterhalt kämpfen müssen. Die Gemeindemitglieder teilen ihre Ernte mit den Pastoren, was an die sehr auf die Gemeinschaft ausgerichtete afrikanische Mentalität erinnert.[11] Wie Maleke Kondemo beobachtet hat, spielen auch in der Demokratischen Republik Kongo (DRK) die Kirchen eine entscheidende Rolle bei der Versorgung der Armen. Sie schreibt:

> Die Ortsgemeinde besteht häufig selbst aus armen Menschen, d. h. die Mitglieder teilen das gleiche Leid. Die Kirche nimmt sich der Grundbedürfnisse der Armen an, bietet ihnen spirituellen Beistand und gibt ihnen so ihr Selbstwertgefühl, ihre Würde und ihre Hoffnung zurück.[12]

Wie die Kirchen in Ghana mit der Armut umgehen, möchte ich an zwei praktischen Beispielen zeigen, die ich bei meinem Besuch bei einer Kirche der „Assemblies of God" miterleben durfte. Die Jugendlichen hatten Mittel beschafft, um für die Kirche Computer zu kaufen. Die drei Computer wurden an dem Sonntag, an dem ich zu Besuch war, in der Kirche vorgestellt. Dank der Computer sollten arbeitslose Kirchenmitglieder die notwendigen Fertigkeiten erwerben, um eine Arbeit zu finden. Auf dem Gelände derselben Kirche befand sich auch eine Schneidereischule für die Ausbildung bedürftiger Kirchenmitglieder. Diese Projekte rufen die Aussage mancher Entwicklungsbefürworter in Erinnerung, wonach „...Bemühungen mehr Sinn machen, wenn die Mittel für das Erlernen der für eine Erwerbstätigkeit notwendigen Fertigkeiten eingesetzt werden"[13].

Auf ähnliche Weise lobt McGlory Speckman in seinem biblischen Modell der menschlichen Entwicklung, wie Petrus und Johannes an der „Schönen Tür" des Tempels mit dem gelähmten Bettler umgehen (vgl. Apg 3,1-10).

---

[11] Bei der Hochzeit von Pfarrer Dr. Lechion Peter Kimilike, einem meiner ehemaligen Doktoranden, im Juli 2012 in Njombe (Tansania) war ich zugleich fasziniert und peinlich berührt (vergleicht man die sozioökonomische Lage Tansanias mit der von Südafrika), wie viele Geschenke dem Brautpaar von der fröhlich singenden Schar Hochzeitsgäste überreicht wurden. Eine sehr aufschlussreiche Erfahrung, wenn man bedenkt, dass Tansania (mit) das ärmste Land auf dem afrikanischen Kontinent ist. Zwei afrikanische Sprichwörter kamen mir in den Sinn: „Eine Hand wäscht die andere" und das Sprichwort in (Fussnote d. Übers.: der Bantusprache) Nord-Sotho (oder Pedi): *Go fa ke go fega*, wörtlich, Geben ist Speichern, was bedeutet, dass Geben niemals eine überflüssige Handlung ist. Selbst mitten im Elend haben arme afrikanische Menschen ihre eigene Art, Klippen erfolgreich zu umschiffen. Könnte man nicht vielleicht sogar sagen, dass sie ihre eigene Art haben, sich selbst zu entwickeln?

[12] Maleke M. Kondemo in privaten E-Mails vom 16. Oktober 2012.

[13] Vgl. James Midgley: „Growth, Redistribution, and Welfare: Toward Social Investment", in: *Social Service Review*, vol. 73, no. 1 (1999), S. 3-21, hier S. 9. Erhältlich bei **www.jstor.org/stable/10.1086/515795**.

Indem die Apostel bewusst auf Almosen (sprich „Entwicklungshilfe" oder „milde Gaben") verzichten und ihn stattdessen im Namen Jesu Christi von Nazareth heilen, geben sie diesem Mann, der sich Zeit seines Lebens für sein Betteln schämen musste, die Kraft aufzustehen und unter das Volk zu gehen. Der Mann war nun in der Lage zu gehen, zu arbeiten und seinen Lebensunterhalt zu verdienen. Speckman schreibt:

> Da der Mann geheilt wurde, ist er nicht mehr von Almosen abhängig. Er wird seine Hände benutzen müssen, um seinen Lebensunterhalt zu verdienen. Statt Almosen gaben die Apostel ihm den Gebrauch seiner Beine zurück. Bezeichnenderweise wird er danach nicht zur wichtigsten Person erhoben; er wird lediglich ein Teil der aktiven und „gut organisierten" Menge.[14]

Bei meinen Begegnungen mit Christinnen und Christen in Ghana stellte sich heraus, dass in Armut lebende gläubige Menschen die Fähigkeit besitzen, selbst die Akteure positiver Veränderungen in ihrem Leben zu sein. Es zeigte sich aber auch, dass in der Pfingstkirche eine wichtige Verlagerung von der traditionellen Betonung des geistigen Lebens hin zur Konzentration auf die materiellen Bedürfnisse der armen Gemeindemitglieder stattgefunden hatte. Die Tendenz, sich auf die geistigen Bedürfnisse der Gläubigen zu konzentrieren, ist nicht nur eine Schwäche der traditionellen Pfingstkirchen. Meiner Ansicht nach handelt es sich um eine weitverbreitete „Erkrankung" der Universalkirche. Die Kirche im Südafrika der Apartheid ist ein perfektes Beispiel für die Neigung der Mächtigen, die Aufmerksamkeit der Unterdrückten auf die himmlischen Reichtümer im *Eschaton* zu lenken, während die Predigenden selbst bereits im Hier und Jetzt die irdischen Reichtümer geniessen.[15] Auf diese Weise kann die Unterdrückung der Schwachen im Namen Gottes und mit Hilfe der Bibel ewig fortgesetzt werden. Ein weiteres Beispiel ist die Tatsache, dass inmitten

[14] McGlory T. Speckman: „The Bible and Human Development in Africa", Nairobi, 2001, S. 241.

[15] Laut Ramantswana kommt der Gedanke der Entwicklungszusammenarbeit am Besten in dem von Jesus in Mt 25,32-46 geschilderten Weltgericht zum Ausdruck. Der wirtschaftliche Aspekt der Entwicklung bildet im obenstehenden Text den Vordergrund, weil es um die Tatsache geht, dass Ressourcen auf die Bedürfnisse der Armen, Kranken, Gefangenen und Fremden ausgerichtet werden sollten. Ramantswana fährt fort: „Es kann von der Kirche nicht behauptet werden, sie erfülle ihre Rolle in der Entwicklung der Schöpfung, so lange sie sich nur um spirituelle Belange kümmert – die Sehnsucht nach persönlicher Erlösung, der Wunsch, nach unserem Tod in den Himmel zu kommen usw. Eine in Zukunft vollkommene Kirche ist eine, die sich heute durch ihr Engagement für menschliche und soziale Anliegen profiliert." H. Ramantswana, private E-Mails vom 16.10.2012.

der todbringenden Situationen und harten Realitäten, die durch HIV und AIDS entstanden sind, die Kirche immer noch keinen Diskurs zu HIV und AIDS in Predigten, Bibelstudien und Praxis integriert hat.

Begegnung mit Christen in Mathare (Kenia)

In den Elendsvierteln am Stadtrand von Nairobi, wo uns die grausame Realität bitterer Armut ins Gesicht starrte, wurden wir von den Kirchenmitgliedern des Dorfes Mathare aufs Wärmste empfangen. Wir fanden uns inmitten lebendiger, fröhlicher Menschen wieder, deren Art den Gottesdienst zu feiern kaum etwas von der sie umgebenden Armut erahnen liess. Verblüffend und aufschlussreich hinsichtlich der souveränen Handlungsfähigkeit armer Christinnen und Christen war für mich die Tatsache, dass die Hütte, die als Kirche diente, unter der Woche als Hort für Waisen und Kinder armer Familien genutzt wurde.

Wie in vielen Pfingstkirchen auf dem afrikanischen Kontinent und anderswo auf der Welt ist die zentrale Bedeutung der Bibel im Gottesdienst offensichtlich. Aus den Berichten der Kirchenmitglieder über die Rolle Jesu in ihrem Leben geht klar hervor, dass die Bibel (und der in der Bibel verkündete Gott) in ihrem täglichen Kampf ums Überleben eine wichtige spirituelle Quelle für sie ist. Wir können die positiven Auswirkungen von Predigten und Bibelstudien in solchen Kontexten nicht vernachlässigen. Noch mehr Kraft schöpfen könnten solche Gemeinschaften vielleicht aus der Geschichte der beiden Witwen Noomi und Rut im Alten Testament, auf die wir später noch zu sprechen kommen. Aber wie sieht es in einem afrikanischen Kontext in der afrikanischen Diaspora aus? Wenden wir uns nun meinen Begegnungen mit Christinnen und Christen in Jamaika zu.

Ausgewählte Erfahrungen des panafrikanischen Seminars in Jamaika

Jamaika ist eine wunderschöne Insel mit mehr Kirchen pro Quadratkilometer als irgendein anderes Land auf der Welt.[16] Die neo-charismatischen Kirchen, von denen die meisten amerikanische Wurzeln haben, machen dreissig Prozent der Kirchenlandschaft aus und es ist nicht klar, ob die Kirche in Jamaika in der Lage ist, auf die Bedürfnisse der Christinnen und Christen an der Basis

[16] M. Evans: „The Church's Responsibility in the Struggle for Sustainable Development", Vortrag anlässlich des „Pan-African Seminar on Religion and Poverty" in Kingston (Jamaika).

einzugehen oder nicht. Wo steht die Kirche in Sachen Entwicklung? Oder, anders formuliert, inwiefern ist die christliche Spiritualität eine Hilfe für das Leben der Jamaikanerinnen und Jamaikaner im Allgemeinen und für die Frauen in Jamaika im Besonderen? Laut Roper drückt sich der Glaube in Jamaika nicht durch sozialen Dienst aus, denn er bleibt Privatsache. Die Kirche ist nicht kontextuell, weil sie nach wie vor ein importiertes Gewächs ist.

An anderer Stelle warnt Speckman: „Würde Entwicklung nach der allgemeinen Annahme durchgeführt, dass „Afrikanerinnen und Afrikaner“ Entwicklung benötigen, so wäre die Umsetzung ein Problem. Jede kulturelle Gruppe macht die Dinge auf ihre Weise und mit unterschiedlichen Prioritäten; diese müssen zur Kenntnis genommen werden.“[17]

Ein Redner beschrieb Jamaika als ein Land mit wunderschönen Kirchen aber leidenden Gemeinschaften.[18] Ebenso rügt Ian Boyne das Christentum (die Kirche) in Jamaika für ihr Versagen, sich der Bedürfnisse der Nation anzunehmen. Es ist ihr nicht gelungen, die Anforderungen einer ausgewogenen Verkündigung des Evangeliums zu erfüllen, weil das Wohlstandsevangelium insbesondere in den Kirchen der charismatischen und der Pfingstbewegung die Oberhand gewonnen hat. Die jamaikanische Kirche ist von den Bedürfnissen der Menschen losgelöst. Diese Loslösung konnte ich auch bei meinem Besuch in der *United Pentecostal Church* bzw. der *Bethel Tabernacle United Pentecostal Church* in Ocho Rios beobachten. Während der Bibelstudie trug die Lehrerin eine „frauenversklavende“ Bibelstudie zum Text im Ersten Brief des Paulus an die Korinther (1.Kor 11,1-16) vor. Sie tat dies trotz der affirmativen Worte *„Let my people go“* – Lass mein Volk gehen – auf der Tafel an der Stirnwand der Kirche. Ist diese Art von Kirchen – die nicht nur für Jamaika, sondern für die afrikanische christliche (Pfingst)gemeinschaft in Afrika und in der Diaspora typisch sind – eine Hilfe bei unseren Bemühungen um menschliche Entwicklung?

Die oben erwähnten Beispiele meiner persönlichen Begegnungen mit gläubigen Menschen haben, so hoffe ich, gezeigt, dass Religion, Spiritualität und die Kirche die Fähigkeit besitzen, den Boden für alle Menschen und insbesondere für die Schwächeren fruchtbar zu machen, so dass sie sich selbst helfen und ein nachhaltiges Entwicklungsniveau erreichen können. Wie bereits erwähnt, scheint die zentrale Bedeutung der Bibel und Jesu Christi Christinnen und Christen individuell und in Gemeinschaft zu helfen, in schwierigen Zeiten nicht aufzugeben. Angesichts der zentralen Rolle der christlichen Bibel in solchen Kontexten ist es sicher nicht übertrieben anzunehmen, dass Christinnen und Christen sich von manchen Bibeltexten inspirieren lassen.

---

[17] Speckman, a. a. O. (Fussnote 13), S. 288.

[18] Simpson-Miller, unveröffentlichter Beitrag zur Sitzung des „Pan-African Seminar on Religion and Poverty“, Ocho Rios (Jamaica), 2003.

Unzählige Auslegungen, doch nur eine Geschichte: Das Buch Rut

Das Buch Rut wird nach wie vor von verschiedenen Autorinnen unterschiedlich ausgelegt. Es wurde als eine Erzählung interpretiert, welche die Zusammenarbeit zweier Frauen in einem unfreundlichen und leeren Umfeld aufzeigt.[19] Es kann als die Geschichte von Ruts Unabhängigkeit gelesen werden[20] oder als die durch menschliches Handeln offenbarte Verkündigung von Gottes Treue.[21] Das Buch kann durch die Linse afrikanischer Kultur begutachtet werden und Ähnlichkeiten mit vergleichbaren Begebenheiten in afrikanischen Kulturen zutage fördern.[22] Es wurde gelesen als eine Geschichte über die den Frauen inhärente Kraft, gegen Armut und Leere in ihrem Leben anzukämpfen,[23] und als eine Erzählung über die Entführung von Frauen, um sie zu verheiraten.[24] Für den Zweck des vorliegenden Beitrags wird das Buch Rut als die Geschichte „machtloser" Frauen interpretiert, durch deren souveränes Handeln Dinge geschehen. Sie stehen für die Souveränität in Armut lebender Christinnen und Christen, denen ich in Accra und in Nairobi begegnet bin, und für ihresgleichen anderswo auf dem afrikanischen Kontinent und in der Diaspora.

---

[19] Vgl. Denise Lardner Carmody: „Biblical Woman: Contemporary Reflections on Biblical Texts", New York, 1998, S. 32-37; Judette Gallares: „Images of Faith: Spirituality of Women in the Old Testament", Maryknoll, 1994, S. 77-111; Renita J. Weems: „Just a Sister Away: A Womanist Vision of Women's Relationships in the Bible", San Diego, 1988, S. 23-24; Phyllis Trible: „God and the Rhetoric of Sexuality", Philadelphia, 1978, S. 166-199.

[20] Vgl. Sarojini Nadar: „A South African Indian Womanist Reading of the Character of Ruth", in: Musa W. Dube (Hg.): „Other Ways of Reading: African Women and the Bible", Genf, 2001, S. 159-175; Madipoane Masenya (ngwan'Mphahlele): „For Better, For Worse?", in: *The (Christian) Bible, Women and Africana Reality. Old Testament Essays*, 22 Vol. 1 (2009), S. 126-150.

[21] Vgl. Katherine Doob Sakenveld: „Ruth: Interpretation: A Bible Commentary for Teaching and Preaching", Louiseville, 1999; Madipoane Masenya (ngwan'Mphahlele): „A Commentary on the Book of Ruth", in: Daniel Patte et al (Hg.): „Global Bible Commentary", Nashville, 2004, S. 86-91.

[22] Musimbi R. A. Kanyoro: „Introducing Feminist Cultural Hermeneutics: An African Perceptive", New York, 2002, S. 35-57; Madipoane Masenya (ngwan'Mphahlele): „Ngwetöi (Bride): The Naomi-Ruth Story from an African-South African Woman's Perspective", in: *Journal of Feminist Studies in Religion*, vol. 14, no. 2 (Herbst 1998), S. 81-90.

[23] Vgl. Madipoane Masenya (ngwana' Mphahlele): „A Commentary on the Book of Ruth", in: Patte, a. a. O. (Fussnote 20), S. 46-59.

[24] Wilda C. Gafney: „Ruth", in: Hugh R. Page et al (Hg.): „The Africana Bible: Reading Israel's Scriptures from Africa and the African Diaspora", Minneapolis, 2010, S. 249-254, hier S. 250-252.

Die Souveränität der beiden Witwen

Das Buch Rut erzählt die Geschichte zweier Witwen, die sich weigern, sich durch einen Umstand wie ihr Geschlecht geschlagen zu geben – ein Umstand, der an sich bereits den Willen oder den Wunsch sich selbst zu befähigen hätte mindern können.[25] Die beiden Frauen lebten in einer patriarchalischen Welt, in der weibliche Macht bis heute nicht legitimiert ist und in der ihr Erfolg bzw. ihre Fähigkeit, etwas oder sich selbst zu „entwickeln" immer stark von einem männlichen Oberhaupt abhing. Damals war eine Frau entweder Jungfrau im Haushalt ihres Vaters oder Ehefrau im Hause ihres *ba'al* (sprich „Ehemann"). Vor diesem Hintergrund machen Noomis Worte an ihre verwitweten Schwiegertöchter in Rut 1,8-9 Sinn:

> ...sprach sie zu ihren beiden Schwiegertöchtern: Geht hin und kehrt um, eine jede ins Haus ihrer Mutter. Der Herr tue an euch Barmherzigkeit, wie ihr an den Toten und an mir getan habt. Der Herr gebe euch, dass ihre Ruhe findet, eine jede in ihres Mannes Hause! Und sie küsste sie. Da erhoben sie ihre Stimme und weinten.

Da ihr soziales, religiöses, wirtschaftliches und kulturelles Leben an das der Männer in ihrem Leben gebunden war, erwies sich die Institution der heterosexuellen Ehe für Frauen, insbesondere für jüngere Frauen, natürlich als besonders wichtig. Es ist daher nicht überraschend, dass Witwen arm waren. Die Hauptfiguren im Buch Rut sind weiblich, verwitwet und arm.

---

[25] Speckmans Bemerkungen über die Bedeutung der menschlichen Entwicklung sind erwähnenswert: „Die Art, wie die Apostel mit dem gelähmten Bettler umgehen, ist eine Lehre für die Kirche und andere christliche karitative Gruppen, dass materielle Hilfe kein Selbstzweck ist. Ebenso wenig ist sie eine dauerhafte Lösung für das Problem der Armut. *Die Entwicklung des Menschen könnte eine langfristige Lösung darstellen, ist aber mehr von Dauer als gelegentliche Almosen*", (a. a. O. [Fussnote 13], S. 268; Hervorhebung durch den Autor selbst). Swart vertritt eine ähnliche Meinung in seiner Aussage, dass die Rolle der Kirche in der Entwicklung weniger in der Durchführung von Projekten sondern vielmehr darin besteht, eine tiefgreifende Veränderung in der inneren Ausrichtung der Menschen, in den Machtinstitutionen und den die Gesellschaft regierenden Machtsystemen herbeizuführen (Ignatius Swart: „Church, Mission and Development: Revisiting the Pragmatic Debate", in: *Missionalia* 31:3 [Nov. 2003], S. 405-426, hier S. 418). Auch ter Haar und Ellis befürworten den Gedanken einer ganzheitlichen Entwicklung, wenn sie schreiben: „Weder Wirtschaftswachstum und nicht einmal ‚state-building' sollten als Selbstzweck betrachtet werden, auch wenn beide für eine bessere Zukunft der Afrikaner entscheidend sind. Jedes Entwicklungsvorhaben muss damit beginnen zu prüfen, wie die Ressourcen der Menschen in ihrer gesamten Bandbreite einschliesslich ihrer spirituellen oder religiösen Ressourcen für ihr allgemeines Wohlergehen genutzt werden können." A. a. O. (Fussnote 8), S. 1-11.

Die Frauen, insbesondere Rut und Noomi, deren Geschichte dem Leser bekannt ist, hätten allen Grund Yahweh gegenüber verbittert zu sein, in Verzweiflung und Selbstmitleid zu versinken und vielleicht ungeduldig ihres Schicksals zu harren. Noomi und Rut jedoch nicht! Möglicherweise motiviert durch ihren gottgegebenen Widerstandsgeist, durch ihren Glauben an Gott, den die verbitterte Noomi anfangs noch mit Abscheu erwähnt (Rut 1,20-21), gelang es den beiden letztlich, nicht nur sich selbst spirituell, sozial, kulturell, politisch und wirtschaftlich zu „entwickeln", sondern sogar Boas zu „entwickeln". Dies erinnert an die Worte von Swart: Der Entwicklungsbedarf ist nicht einseitig.

> In der pragmatischen Debatte, die überwiegend noch als radikale Sicht gilt, wird eine solche Einseitigkeit verworfen und eine Doppelbewegung gefordert. Aufgrund dieser neuen Erkenntnis beschränkt sich das Gebot der Erneuerung, der Veränderung nicht mehr auf die Armen und Fremden „da draussen" sondern wird vollkommen umgeleitet auf die Reichen (oder Privilegierten) und ihre Lebenswelten, zu denen natürlich die im Entwicklungsdienst tätigen Christinnen und Christen und Kirchen auch gehören. Entwicklung wird nicht mehr ausschliesslich als Problem oder Anliegen der Armen, sondern ebenso grundlegend der Reichen und Privilegierten betrachtet. Was von letzteren verlangt wird ist nichts weniger als ein neuartiges Bewusstsein.[26]

Boas wird letztlich weder von Seinesgleichen noch von Mächtigeren sozial, materiell und politisch „entwickelt". Der angesehene Mann wird schliesslich durch zwei Witwen „entwickelt", von denen die eine Moabiterin, also im Land Juda Ausländerin, und die andere eine alte Frau ist.

Als Leser der Geschichte über diese beiden selbstbewussten und – unfreiwillig – alleinstehenden Frauen begegnen wir Rut, einer kinderlosen Witwe aus dem Moabiterland, die entgegen allen Erwartungen beschliesst, sich nicht an einen Mann sondern an ihre alte Schwiegermutter Noomi zu hängen (*davaq* – (fest) anhängen) (Rut 1,15–17). Die deutlichen Worte, mit denen sich die junge Frau der alten Witwe anschliesst, hätten nicht von jemandem mit einem schwachen Selbstbewusstsein kommen können. Sie kommen von einer unabhängigen Frau, die in einer prekären Situation beschliesst zu sich selbst zu stehen (sogar gegen den Willen ihrer Schwiegermutter).

> Rut antwortete: Rede mir nicht ein, dass ich dich verlassen und von dir umkehren sollte. Wo du hingehst, da will ich auch hingehen; wo du bleibst, da bleibe ich auch. Dein Volk ist mein Volk, und dein Gott ist mein Gott. Wo du stirbst, da sterbe ich

[26] Swart, ebd., S. 418-419.

> auch, da will ich auch begraben werden. Der Herr tue mir dies und das, nur der Tod wird mich und dich scheiden. (Rut 1,16–17).

Rut beschliesst, den ihr bekannten Kontext des Moabiterlandes, in dem sie sich auskennt, zu verlassen, obwohl es ihre Heimat und möglicherweise weiter entwickelt ist als Juda. Sie zieht in ein fremdes Land, von dem sie wahrscheinlich zum ersten Mal von ihrem verstorbenen Ehemann gehört hatte. Erwähnenswert ist, dass die bahnbrechende Entscheidung der beiden Frauen, das Moabiterland zu verlassen, nicht durch eine göttliche Gestalt veranlasst wurde (vgl. z. B. Abraham, dem Gott erschienen ist). Gemäss dem Erzählenden handeln Noomi und Rut aus eigenem Antrieb. Trotz ihrer prekären Situation als Witwe ohne Sohn, Fremde und zu allem Überfluss auch noch Moabiterin zögert Rut nicht, Boas, einem angesehenen Mann, einen Heiratsantrag zu machen (Rut 3,9). Es gelingt ihr schliesslich für sich selbst, Noomi und Boas ein neues Leben zu beginnen. Dank des witwenfreundlichen „Entwicklungssystems" in Israel (das es Witwen erlaubte, von den Feldern einen Rest zu bekommen) konnte Rut ihrer Schwiegermutter ihre *botho/ubuntu/hesed* erweisen – zunächst durch das, was sie auf den Feldern auflas (Rut 2). Später stellt sie ihr Engagement für die „Entwicklung" von Noomi unter Beweis, indem sie ihr einen Sohn gebärt (Rut 4,14). Ermutigt durch ihre beharrliche, nicht zu bremsende Schwiegertochter hält auch Noomi an ihrem Plan fest, sich durch Verheiratung (Rut 2,20; 3,1-2) um Ruts Wohlergehen zu kümmern (sprich Rut zu „entwickeln"). Den beiden Frauen ist es gelungen, die Klippen ihres patriarchalischen Kontextes zu umschiffen und sich letztlich selbst zu befähigen. Indem sie das erreichten, was sie wollten, wandelte sich ihr Leben zum Besseren.

ENTWICKLUNGSZUSAMMENARBEIT: LEHREN FÜR DIE KIRCHE?

Selbstentwicklung: Wenn sie schwach sind, sind sie stark

Ter Haar und Ellis schreiben, dass

> die meisten politischen Entscheidungsträger [inzwischen anerkennen], dass nachhaltige Entwicklung nur möglich ist, wenn die Menschen auf ihre eigenen Ressourcen bauen. Logischerweise sollten zu diesen Gütern nicht nur intellektuelle und gesellschaftliche, sondern auch spirituelle Ressourcen gehören, sofern sie vorhanden sind.[27]

[27] Stephen Ellis und Gerrie ter Haar: „The Role of Religion in Development: Towards a New Relationship between the European Union and Africa", in: *The European Journal of Development Research*, 18:3 (2006), S. 351-367, hier S. 353.

Die oben beschriebenen Beispiele meiner Kontakte mit „afrikanischen" Christinnen und Christen haben, so hoffe ich, gezeigt, dass viele der in Armut lebenden Menschen auf unseren Kirchenbänken weder hilflos noch machtlos oder hoffnungslos sind. Wie Rut und Noomi lassen sie sich von keiner noch so prekären Situation klein kriegen. Ganz gleich in welche Kategorie andere sie einordnen, wurden - wie bereits erwähnt - alle Menschen gleichermassen zum Bilde Gottes geschaffen. Möglicherweise ist der gemeinsame Glaube an diesen Gott für viele unserer Kirchenmitglieder auch eine Quelle für ihr Selbstwertgefühl und ihr positives Selbstbild.

Lunns Ansicht:

> Dank des Selbstbestimmungsprozesses werden sich die Gemeinschaften von den heutigen herkömmlichen Entwicklungsmodellen emanzipieren und sich für eine angemessene und nachhaltige Entwicklung engagieren. Im Gegensatz zu der dirigistischen von oben nach unten verordneten Entwicklung in der Vergangenheit wird es sich hierbei um vor Ort relevante, in der Gemeinschaft verankerte Entwicklungsalternativen handeln, die von unten nach oben erfolgen. In diesem Kontext meine ich, dass religiöse Organisationen, religiöse Werte und religiöse Weltanschauungen alle ein bedeutendes Potenzial für die Emanzipation und für eine alternative Zukunft der Entwicklung besitzen.[28]

In Armut lebende Menschen sind in der Lage, zu ihrer eigenen Befähigung beizutragen. Geistlichen und Kirchenleitenden auf verschiedenen Ebenen obliegt es, diese menschlichen Ressourcen zu nutzen, um die Entwicklungsbestrebungen in Armut lebender Einzelpersonen oder die von den Reichen in ihrer Kirche unternommenen Bemühungen zu unterstützen. Auf diese Weise machen sie einen Schritt in die richtige Richtung, die in vielen afrikanischen Kontexten stark verbreitete Schmach des Bettelns zu beseitigen. Dazu ist eine befähigende biblische Hermeneutik und/oder Rede von Gott notwendig.

Eine bejahende/befähigende biblische Hermeneutik und/oder Rede von Gott anbieten

Um die Ressourcen ihrer Mitglieder - also der Gläubigen, insbesondere jener, die sich an den Rändern ihrer Glaubensgemeinschaften befinden - nutzen zu können, müssen Kirchenleitende eine befreiende, transformierende Rede von Gott und/oder biblische Hermeneutik verkündigen. So ist es beispielsweise im Zusammenhang mit ehelicher Untreue wohl kaum

---

[28] Jenny Lunn: „The Role of Religion, Spirituality and Faith in Development: A Critical Theory Approach", in: *Third World Quarterly* 30 (2009), S. 937-951, hier S. 948.

entwicklungsfördernd, wenn Prediger die bedingungslose Unterordnung der Frau predigen. Kann es denn als hilfreich betrachtet werden, wenn in einem kulturellen Kontext (z. B. im alten Israel oder in Afrika), in dem die Kontrolle der Sexualität einer verheirateten Frau das Vorrecht des Mannes war/ist, Prediger/Berater weiterhin betonen, dass sich die Frau dem Mann als Oberhaupt unterzuordnen hat (vgl. Eph 5,22-29)? Wie nützlich ist angesichts der todbringenden HIV- und AIDS-Pandemie eine Theologie, welche die Ehe idealisiert, eine Theologie, die alleinstehenden Frauen mitzuteilen scheint, ganzheitliche Entwicklung sei nur möglich, wenn sie sich einen Boas zulegen? Auch eine anthropozentrische Theologie/biblische Hermeneutik, die den Menschen über alle anderen Mitglieder des Haushalts Gottes stellt und grossen Wert auf Hierarchien legt, ist angesichts unserer Bemühungen umweltbewusst zu handeln möglicherweise nicht besonders hilfreich.

Der Trugschluss einer Pauschallösung

Der kirchliche Kontext in Ghana und in der Demokratischen Republik Kongo, wo die Kirchen sich der Bedürftigen annehmen, ebenso wie die Grosszügigkeit der Armen in Tansania, lassen sich möglicherweise darauf zurückführen, dass die Christinnen und Christen dort von der afrikanischen Kultur positiv beeinflusst wurden. Dies hat mir bei meinen Kontakten mit Christinnen und Christen in Jamaika gefehlt. Die Kirche sollte mit kinderlosen Frauen und mit den enormen Herausforderungen alleinerziehender Mütter anders umgehen als mit verheirateten Frauen, die Kinder haben. Auch sollte die Entwicklungsstrategie der Kirchen für einen kriegsgebeutelten Kontext nicht unbedingt dieselbe sein wie für einen relativ friedlichen Kontext. Würde die Kirche sich der spezifischen Bedürfnisse ihrer einzelnen Mitglieder annehmen, indem sie die Prioritäten von den Ausgegrenzten selbst setzen liesse,[29] befände sie sich auf dem richtigen Weg, um das Leben der Gläubigen zu erneuern.

Statt Pauschallösungen anzuwenden, obliegt es der Kirche Entwicklungsstrategien auszuarbeiten, bei denen die Jugendarbeitslosigkeit oberste Priorität haben muss. In Südafrika beispielsweise liegt diese Ziffer bei schwindelerregenden 3,2 Millionen. Ist es angesichts dessen nicht höchste Zeit für die Kirchen, junge Menschen in den Vordergrund zu rücken? Vielleicht sollten die Kirchen die nachfolgenden von Mabotja, Mangqalaza, Mdluli und Ramphalile formulierten Fragen beherzigen:[30]

[29] Im pragmatischen Modell, so Swart, wird von den Reichen verlangt, dass sie die Interessen der Armen aus der Perspektive der Armen priorisieren. Swart, a. a. O. (Fussnote 24), S. 419-420.

[30] Die vier Forscher gehören dem *Human Sciences Research Council* in Pretoria (Südafrika) an.

- Wie könnte angesichts der anhaltenden globalen Instabilität ein alternatives integratives Entwicklungsmodell aussehen, mit dem sich die Probleme eines allzu kapitalistischen Modells vermeiden lassen?

- Inwiefern bietet - nachdem die Jugend von der Krise unverhältnismässig schwer getroffen wurde - ein jugendorientiertes Modell Lösungsansätze, die es uns erlauben, vom konsumzentrierten zu einem umweltzentrierten Entwicklungsmodell überzugehen?

Das Gewissen der Kirche und der Gesellschaft

Jede Regierung ist dafür verantwortlich, die Bedürfnisse ihrer Bevölkerung zu sichern und Dienstleistungen zu erbringen. Das afrikanische Sprichwort „*lešaka la pelo ga le tlale*", wörtlich übersetzt „der Kral eines Herzens wird nie voll", betont die menschliche Neigung zur Habgier. Je mehr Macht jemand bekommt, desto mehr gelüstet ihn nach Macht, und Macht korrumpiert in der Regel. Korruption und politische Macht sind in vielen Kontexten heutzutage Bettgenossen. Auch in kirchlichen Entwicklungsprojekten ist Korruption kein ungewöhnlicher Gast. Angesichts der Tatsache, dass afrikanische (und andere) Gemeinschaften die Wahrheit des sprichwörtlichen „Herzenskrals" Tag für Tag am eigenen Leib erleben, darf die Kirche ihre prophetische Rolle - nämlich den Mächtigen gegenüber die Wahrheit auszusprechen - nicht aus den Augen verlieren. In diesem Zusammenhang sei an den verstorbenen Mzee Jomo Kenyatta erinnert, der von der bewusstseinsbildenden Rolle der Kirche sprach:

> ...Die Kirche ist das Gewissen der Gesellschaft und die Gesellschaft braucht heute ein Gewissen. Fürchtet euch nicht zu sprechen. Wenn wir etwas falsch machen und ihr nichts sagt, werdet vielleicht ihr eines Tages für unsere Fehler gerade stehen müssen.[31]

Schlussfolgerung

Abschliessend kommt mir ein Sprichwort aus Nord-Sotho (oder Pedi) in den Sinn: *serokolwana se sennyane, se ikoketšaka go nkga,* „ein kleines (aber wirksames) Kraut verstärkt seine Wirkung (Einfluss) durch starken Geruch". Alle jene, die in unserer Mitte möglicherweise für „schwach"

[31] So zitiert von Francis Gichia: „Christian and Human Liberation", in: Jesse N. K. Mugambi (Hg.): „Christian Mission and Social Transformation. A Kenyan Perspective", Nairobi, 1989, S. 94-102, hier S. 100.

gehalten werden, verfügen über wirksame Mittel, um in feindlichen, lebensverneinenden Kontexten zu überleben. Doch werden dadurch die nach innen und aussen hin mächtigen Mitglieder unserer Kirchen von ihrer Verantwortung enthoben? Können sie ihre Pflicht, ihres Bruders und ihrer Schwester Hüter zu sein, einfach ignorieren? Wer dieser Ansicht ist, sei an die Worte in Jakobus 2,14-17 erinnert:

> Was hilft's, liebe Brüder, wenn jemand sagt, er habe Glauben, und hat doch keine Werke? Kann denn der Glaube ihn selig machen? Wenn ein Bruder oder eine Schwester Mangel hätte an Kleidung und an der täglichen Nahrung und jemand unter euch spräche zu ihnen: Geht hin in Frieden, wärmt euch und sättigt euch!, ihr gäbet ihnen aber nicht, was der Leib nötig hat – was könnte ihnen das helfen? So ist auch der Glaube, wenn er nicht Werke hat, tot in sich selber.

Ein lebendiger Glaube befähigt, nach Recht und Gerechtigkeit zu trachten. In der Überzeugung dieses Glaubens werden wir stets daran erinnert, dass so lange ein Teil von Gottes Menschheit (auf die eine oder andere Weise) unterdrückt ist, wir alle unterdrückt sind. Als eine gemeinsame Menschheit, die von derselben Quelle abstammt, müssen wir unsere überwiegend lebensfeindlichen Kontexte (so gut wir können) nach Leben durchsuchen und mit Leben füllen. Die vor über zwanzig Jahren von Pfarrer Samuel Kobia verfassten Worte haben nichts von ihrer Gültigkeit verloren:

> Bei der anfänglichen Arbeit der Kirche umfasste die Mission beinahe alles, was die Kirche tat – Evangelisation, Schulbildung, Gesundheitsarbeit, Sozialarbeit, landwirtschaftliche und gewerbliche Arbeit. Dieser Ansatz wurde Anfang der 1960er-Jahre aufgegeben, als Entwicklung zu einer Disziplin und einem Beruf geworden war. Wir müssen den früheren Begriff und die Methode der Missionsarbeit neu überdenken. Das Konzept des Lebens, oder besser noch, der Fülle des Lebens, wird uns bei der Beschreibung der Mission der Kirche am meisten weiterhelfen. Beim Streben nach der Fülle des Lebens für alle stellt sich die Frage der Gerechtigkeit und der Nachhaltigkeit.[32]

---

[32] Samuel Kobia: „NCCK as Enabler for Church Mission", in: Mugambi, ebd., S. 9-25, hier S. 14. Hervorhebung durch den Autor.

Fallstudie I
Religion und Entwicklung: Die Praxis der Evangelisch-Lutherischen Kirche Costa Ricas

Carlos Bonilla

Über welche Form der Religion sprechen wir in der Evangelisch-Lutherischen Kirche Costa Ricas?

Der nationale Kontext: ein Entwicklungsland

Soziale Bewegung in den 1940er-Jahren

Zwischen 1940 und 1947 führte Rafael Angel Calderon Guardia, der in Leuven (Belgien) studiert hatte und Parlamentskandidat für die Oligarchie der Kaffeeerzeuger war, eine Reihe erheblicher Neuerungen ein. Er gründete die Universität von Costa Rica, die costa-ricanische Sozialversicherungskasse und brachte ein für die Zeit sehr fortschrittliches und bedeutsames Arbeitnehmergesetz auf den Weg. Bei diesem wichtigen institutionellen Prozess unterstützten ihn die kommunistische Partei und die römisch-katholische Kirche, an deren Spitze damals der sozial eingestellte Bischof Monsignore Victor Manuel Sanabria stand.

In jenen Jahren schlug eine Gruppe junger Geschäftsmänner und Intellektueller Änderungen zum vorherrschenden Wirtschaftsmodel vor und forderten ein Ende des Monopols der Kaffeeerzeuger, der *Cafetaleros*, sowie mehr Raum für neue industrielle Ideen. Einer dieser jungen Geschäftsleute, Jose Figueres Ferrer, nutzte einen Wahlbetrug zu seinen Gunsten, rief den Bürgerkrieg gegen die Regierung aus, riss die Macht an sich und traf so einige clevere Entscheidungen: Er löste das Militär auf, um einem Militärputsch vorzubeugen; er verbot die kommunistische Partei (die von der römisch-katholischen Kirche unter der Voraussetzung, ihren Namen in „Vanguardia Popular" zu ändern, akzeptiert worden war); er entschied sich, die sozialen Errungenschaften, die vom Volk und der Regierung unter Calderon Guardia in den frühen 1940er Jahren erreicht worden waren, beizubehalten und förderte die Gründung verschiedener Institutionen zur Bekämpfung von Armut, beispielsweise ein Amt für Wohnungsbau, ein Sozialamt, eine Behörde für Landnutzung und Besiedelung, eine Anlaufstelle für Elektrizität und Energie sowie des nationalen Bankensystems.

Während der folgenden dreissig Jahre entwickelte sich Costa Rica zu einer starken, sozialistischen Demokratie und ging ein klares Bündnis mit den USA ein. Dies verhinderte eine offene Intervention der USA und erlaubte es dem Land, als „Entwicklungsland“ weiter zu wachsen.

Ein Land in der Abwärtsspirale

Die 1980er- und 1990er-Jahre waren von struktureller Anpassung und Kriegen in Nicaragua und El Salvador gekennzeichnet. Der Verfall des echten Sozialismus in Europa und aufkeimende Forderungen verschiedener Gruppierungen, wie beispielsweise von kleinbäuerlichen Betrieben, Frauen (feministische Bewegung), Umweltaktivistinnen und -aktivisten führten zu beachtlichen, rechtlichen Fortschritten.

Die Zeit zwischen 2000 und 2012 war die Zeit des rasanten, technologischen Wandels, der Unterzeichnung des Freihandelsabkommens zwischen den USA, der Dominikanischen Republik und Zentralamerika (CAFTA), der Privatisierung und Restrukturierung von Institutionen, die sich für grundlegende Menschenrechte (Gesundheit, Bildung) engagieren, und der Entstehung neuer Bewegungen, die für sexuelle Diversität und die Rechte der vierten Generation eintraten.

Ein Land im politischen und ideologischen Rückwärtsgang.
Aufleben einer sich in die Politik einmischenden Religion

Justo Orozco und die katholischen Bischöfe: Justo Orozco, ein costa-ricanischer Kongressabgeordneter, wurde von den evangelikalen Christinnen und Christen gewählt. Seine „christliche“ Partei, die von den wohlhabenden Megakirchen unterstützt wird, stellt sich gegen sexuelle Diversität und künstliche Befruchtung. Orozco ist der Ansicht, dass HIV und AIDS die von Gott gesandte Strafe für Homosexualität sei, und beharrt darauf, dass Costa Rica ein konfessioneller Staat bleiben müsse – auch wenn diese Konfession der römische Katholizismus ist. Er war gegen das „Affektivitäts- und Sexualitätsprogramm“, da es seiner Überzeugung nach Abtreibung, Homosexualität und Feminismus Tür und Tor öffnet. In der Mitte des Jahres 2012 wurde er in den Gesetzgebungsausschuss für Menschenrechte berufen. Dieser evangelikale Kongressabgeordnete geniesst in aller Öffentlichkeit die breite Unterstützung der katholischen Bischöfe Costa Ricas.

Affektivitäts- und Sexualitätsprogramm des Bildungsministeriums: Eine unvoreingenommene Lesart dieses Programmes zeigt deutlich, dass es auf Werten basiert, die wir Christinnen und Christen teilen können: Respekt für den Mitmenschen; eine verantwortungsvolle Auffassung der Vater- und Mutterrolle; Liebe und Zuneigung in allen menschlichen Beziehungen, nicht nur in den sexuellen. Und dennoch versuchen die römisch-katholische Kirche und evangelischen Kirchen dieses Programm zu stoppen.

Ein säkularer Staat/säkulares Konkordat: In den letzten Jahren wurde immer wieder gefordert, dass Costa Rica ein säkularer Staat werden solle. Dieser Ruf wurde von einigen, dem Vatikan nahestehenden Priestern unterstützt, unter der Voraussetzung, dass eine konstitutionelle Reform von einem Konkordat mit dem Vatikan begleitet wird. Somit versucht die römisch-katholische Kirche nicht nur ihre Privilegien zu behalten, sondern noch auszuweiten.

Dies ist der Kontext, in dem die Evangelisch-Lutherische Kirche Costa Ricas ihre Praxis entwickelt hat und Menschen und Gemeinschaften auf ihrer Reise zu Gott begleitet – zu einem Gott, der uns mit der Zärtlichkeit eines guten Vaters und der Stärke einer guten Mutter liebt.

Über welche Art von Entwicklung sprechen wir in der Evangelisch-Lutherischen Kirche Costa Ricas?

Eine ganzheitliche Entwicklung: eine kulturelle, politische, wirtschaftliche und spirituelle Perspektive

Integrative Entwicklung: der Einsatz für die Rechte sexueller Minderheiten, indigener Völker, von Migrantinnen und Migranten, Frauen, an den Rand gedrängten oder anderen, diskriminierten Gruppen (HIV und AIDS) mit einer starken ökologischen und agro-ökologischen Komponente. Obwohl die Kirche, wenn sie sich auf ihr Wirken und Schaffen bezieht, den Begriff ‚Entwicklung' bis heute nicht verwendet, ist es offensichtlich, dass sie stark vom Konzept der nachhaltigen Entwicklung beeinflusst wird.

Wie trägt Religion zu Entwicklung bei?

Eine ethische Perspektive: Gemeinwohl, Inklusion, Würde und die zentrale Bedeutung des Menschen; Transparenz und Rechenschaftspflicht (Wahrheit); Haushalterschaft (kritischer Ansatz); Relativität der Erfolge und Misserfolge; historische Geduld/Geduld Gottes: Nichtlinearität des Prozesses; eine utopische (teleologische) Perspektive: das Reich Gottes –

eine Perspektive, die Hoffnung und Energie bringt, eine Lebensperspektive, eine systematische Vorgehensweise.

Was sind die religiösen Ressourcen für Entwicklung?

- Professionelles und gut ausgebildetes Personal, einschliesslich Juristinnen, Psychologen, Soziologinnen, Buchhalter, Geschäftsleitungen, Theologen, Architektinnen, Agro-Ökologinnen und Musiker.

- Tage der offenen Tür, Mehrzweckräume, Zugang zu sozialen Netzwerken

- Führungsrolle als moralische Instanz.

Wird Religion einfach für die Entwicklungsarbeit instrumentalisiert, ohne dabei die geäusserte Kritik an dem aktuellen Entwicklungsparadigma ernst zu nehmen?

- Religion ermöglicht die Verbindung zwischen Wissen und Empfindlichkeiten – den Dialog zwischen der alten Kultur und den Auffassungen der indigenen Völker und den auf dem christlichen Glauben beruhenden, alternativen Solidaritätsmodellen. Dies steht im Gegensatz zur Aussage, dass sie instrumentalisiert wird.

- Die Kirche nimmt die Kritik am vorherrschenden Entwicklungsparadigma ernst und führt diese mit anderen kritischen Trends aus der Theologie zusammen: Anti-Götzenverehrung im Kontext kapitalistischer Entwicklung; die Würde des Menschen; die befreiende Neuauslegung von Genesis über die Beziehung zwischen Mensch und Natur.

Sind dies bedeutende Ressourcen für die Expertinnen und Expertem und Empfangende der Entwicklungshilfe?

„Empfängerinnen und Empfänger" (wir sprechen lieber von Partnerinnen und Partnern) sind hauptsächlich in Armut lebende Gläubige. Die humanen und infrastrukturellen Ressourcen der Religion schaffen die Voraussetzungen, ihre Situation nicht nur im materialistischen Sinnen, sondern - viel wichtiger - im spirituellen und kulturellen Sinne zu verbessern, was zu einem tieferen und ganzheitlicheren Wandel führt.

Im Falle der costa-ricanischen Kirche sind die Fachleute meist Pfarrerinnen und Pfarrer der Kirche. In einigen Fällen sind es aber auch Laien oder Menschen, die nicht Mitglied der Kirche sind, die aber dieselbe Philosophie, dieselben Prinzipien und Werte wie die Kirche verfolgen, eine gerechtere, inklusivere, sozial und politisch ausgeglichenere Gemeinschaft und kirchliche Strukturen aufzubauen.

Die Beziehung zwischen der costa-ricanischen Auffassung von der pastoralen Funktion in der Entwicklung von Glaubensgemeinschaften und der diakonischen Funktion in Projekten zur Integration solcher Glaubensgemeinschaften ist nicht ohne ein gewisses Mass an Reibungen und Missverhältnissen. Die Kirche versucht Massnahmen zur Schlichtung anzuwenden und den nötigen Wandel herbeizuführen, ohne dabei den Kern ihres Konzeptes einer integrativen Mission aus den Augen zu verlieren.

Unterschiede zwischen dem neuen Konzept von Religion und Entwicklung und früheren Verbindungen zwischen Entwicklung und christlicher Mission

Neues Konzept von Religion und Entwicklung	Christliche Mission (traditionelles Konzept)
Respektiere die Kultur des Partners	Zumeist basierend auf kulturell bedingter Auferlegung (pädagogische Modelle, Gesundheitsmodelle, architektonische Kriterien, Kleidung)
Das Streben, die Realität durch die Überwindung der Ursachen für die ausbleibende Entwicklung zu transformieren	Streben, anderen zu helfen und für Arme und Kranke zu sorgen ohne die grundlegenden Ursachen dieser Missstände zu verstehen
Die Partner nehmen sich aktiv des Lebenskampfes an und entwickeln Talente und Begabungen	Die „Empfangenden" werden als Opfer angesehen (ohne zu verdeutlichen wer die Akteure sind und mit wenig Aussicht, etwas für sich tun zu können)
Schwerpunkt auf kollektive Ansätze durch die Gemeinschaft, ohne die individuelle Dimension zu vernachlässigen	Schwerpunkt auf dem Dienst am Einzelnen, während der Gemeinschaftsaspekt nicht berücksichtigt wird
Umfassend und ganzheitlich in allen Dimensionen (spirituell, wirtschaftlich, ökologisch, politisch, kulturell, etc.)	Beschränkt ganzheitlich. Augenmerk wird üblicherweise auf spirituelle Bedürfnisse und materielle Aspekte, die den Empfängern fehlen, gelegt.
Keine Missionierung. Streben nach Gleichheit und Gerechtigkeit. Öffnet die Tür für Kompromisse und bietet die Möglichkeit, in der Kirchengemeinschaft den Glauben und das Leben miteinander zu leben	Häufige Missionierung: „ein Zeugnis der Liebe für die Bekehrung der Empfangenden"

Was sind die Herausforderungen für den Entwicklungsdiskurs?

Eine Herausforderung ist es die aktuelle Entwicklungstheorie zu überwinden (einschliesslich der „alternativen Entwicklung"), nach Alternativen zu suchen und den Fokus in der Entwicklung, der derzeit auf der Trennung zwischen Kultur und Natur liegt, zu verschieben. Dies führt zur Ausbeutung der Natur und Unterdrückung von Millionen von Menschen.

„El buen vivir" als Alternative zur Entwicklung

Dieses Konzept kann nicht einfach nur als „gutes Leben" oder „Lebensqualität" übersetzt werden. Eduardo Gudyans und Alberto Acostas ideale Vision einer Gesellschaft basiert auf dem zugrundeliegenden Prinzip des „buen vivir", das voraussetzt, dass sich Wohlbefinden und Erfüllung nur in einer sozialen, die Natur umfassenden Gesellschaft ausbreiten können. Das Konzept des „buen vivir" könnte in ein gesundes und nachhaltiges Entwicklungsmodel eingegliedert werden, welches das jetzige Paradigma ersetzt. In Bolivien und Ecuador ist das Konzept des „buen vivir" bereits in der Verfassung enthalten.

Gegenwärtige Entwicklungsvorstellungen wurden erstmals in den 1940er Jahren formuliert. Es wird oft Bezug genommen auf die 1949 vom damaligen Präsidenten Harry Truman gehaltene Rede, für den Entwicklung eine Abfolge von linearen Fortschritten war.

Entwicklung wird auch in Relation zu „Unterentwicklung" definiert. Die Situation in den industrialisierten Ländern war der Goldstandard und die Regierungssysteme und kulturellen Muster wurden Beispiele für den globalen Süden.[1] So sollten Lateinamerika und andere Regionen im globalen Süden auf eine Reihe von politischen Massnahmen, Instrumenten und Indikatoren einführen, um der Unterentwicklung zu entkommen und das erwünschte Entwicklungsstadium zu erreichen.

Obwohl die meisten Länder im Laufe der letzten Jahrzehnte versuchten, den vorgegebenen und oft sogar auferlegten Weg in Richtung Entwicklung zu gehen, ist es nur den wenigsten gelungen. Vielmehr können wir auch heute noch beobachten, wie weit verbreitet schlechte Entwicklung ist, auch im globalen Norden.

José Maria Tortosa zufolge spiegelt das heutige globale System die „schlechte" Seite der Entwicklung wider, da es auf der Idee fusst, „Effizienz und Ergebnisse zu maximieren, Kosten zu reduzieren, um letztendlich endlos Kapital anzuhäufen".[2]

Seit den 1960er Jahren sind aufgrund der Unzufriedenheit mi den linear verlaufenden Entwicklungsprozess, der auf dem Rücken der Menschen und Umwelt ausgetragen wird, immer wieder neue Entwicklungsmodelle entstanden.[3]

---

[1] Wolfgang Sachs (Hg.): „The Development Dictionary: A Guide to Knowledge as Power", London, 1992; Gilbert Rist: „The History of Development: From Western Origins to Global Faith", London, 2002.

[2] José Maria Tortosa: „Maldesarrollo inestable: un diagnóstico", in: „Actuel Marx/ Intervenciones", 7/2008, Santiago de Chile, 2008, S. 121-138.

[3] Koldo Unceta Satrœstegui: „Desarrollo, Subdesarrollo, Maldesarrollo y Post-desarrollo. Una Mirada transdisciplinar sobre el debate y sus implicaciones", in: „Carta Latinoamericana 7", **www.cartalatinoamericana.com**.

Die angestrebten Ziele und eingesetzten Mittel für Entwicklung voranzutreiben, sind je nach Denkschule sehr unterschiedlich. Seit den 1980er-Jahren gab es verschiedene Ansätze, wie beispielsweise den ökologischen und nachhaltigen Entwicklungsansatz. Obwohl Nachhaltigkeit eigentlich einer wesentlichen Umformulierung des Entwicklungsbegriffes bedarf, hat sich dieses Konzept über die Jahre in mehrere Strömungen weiterentwickelt, einschliesslich instrumenteller Reformen mit dem Ziel, Entwicklung und Wirtschaftswachstum wiederanzukurbeln.

In Lateinamerika gehen die Ansichten zu Entwicklung sehr auseinander. Deswegen wechselten in dieser Region oft die Anschauungen zwischen einem konsequenten, wirtschaftlichen Reduktionismus und beharrlichen Forderungen aller gesellschaftlichen Schichten oder wie Anibal Quijano es formuliert, „zwischen unterschiedlichen Machtinteressen". Quijano fügt hinzu, dass „anfängliche Versuche von einem immer schwerer zu fassenden Horizont überschattet wurden, und dass Träger wie Nachfolger von Ernüchterung eingeholt wurden."[4]

Die Region spielte bei der Äusserung von Kritik am konventionellen Entwicklungsbegriff eine tragende Rolle, wie u.a. bekannt durch Raul Prebischs anfänglichen Strukturalismus, die andere Schwerpunktsetzung auf die Abhängigkeitstheorie oder bis jüngst der Neo-Strukturalismus der Wirtschaftskommission für Lateinamerika und die Karibik der UN (ECLAC). Während diese heterodoxen Positionen sehr wichtig waren, zeigten sie doch auch Grenzen auf. Auf der einen Seite konnten die Fragestellungen die Kernkonzepte des konventionellen Entwicklungsparadigmas insbesondere im Zusammenhang mit Wirtschaftswachstum nicht eingehend überprüfen. Diese Fragen lösten zwar eine Welle der Kritik aus, verstanden es aber nicht zusammenzuführen, verloren an Kraft und wurden bald wieder von konventionellen Ideen in den Hintergrund gerückt.

Dies erklärt weshalb trotz des Aufkommens unterschiedlicher Anschauungen in den 1970er-Jahren die momentan vorherrschenden Entwicklungsparadigmen bestehen blieben und sich sogar noch unter den neoliberalen Marktreformen der 1980er- und 1990er Jahre verschärften. Am Anfang des 21. Jahrhunderts wurden erneut Warnungen vor der durch westliches Konsumverhalten hervorgerufenen Umweltzerstörung immer lauter und Zeichen für den Raubbau an der Erde immer sichtbarer. Das konventionelle Entwicklungsparadigma konnte keine zufriedenstellenden Antworten auf diese alarmierenden Fragestellungen finden. Und so wurde nach alternativen Modellen gesucht, die mit den kulturellen und ideolo-

4 Anibal Quijano: „El fantasma del Desarrollo en América Latina", in: Alberto Acosta (Hg.): „El Desarrollo en la Globalización. El resto de América Latina, Nueva Sociedad", Caracas, 2000, S. 1127.

gischen Grundlagen des gegenwärtigen Entwicklungskonzeptes brechen wollten, und andere Bilder, Ziele und Praktiken verfolgen.

In diesem Kontext konnten sich manche, in der traditionellen Weisheit der Anden-Völker wurzelnde Ideen, die auf das Wohlbefinden der Menschen und die Beziehung zwischen Mensch und Natur ausgerichtet sind, in der Entwicklungsdebatte schnell durchsetzen und Alternativen vorschlagen. Dies ist der Raum, der von den Ideen im Geiste des „buen vivir" besetzt wird – einem „Konzept im Aufbau", das von einer Reihe anderer Ideen aus der akademischen Welt bis hin zu Praktiken der sozialen Bewegung geprägt wird. Teilweise gestützt auf die Wiederentdeckung indigenen Wissens entfernte es sich von der konventionellen, westlichen Deutung von Fortschritt und richtete sich nach einem anderen Verständnis von „gutem Leben", einschliesslich eines starken Fokus auf Natur. Obwohl „buen vivir" nicht einfach mit dem gleichgesetzt werden kann, was in der westlichen Welt „gutes Leben" genannt wird, lehnt es westliches Wissen nicht per se ab, insbesondere nicht kritische Strömungen aus dem Bereich des Umweltschutzes und des Feminismus. Somit ist es keine Form indigener Mystik oder der Wunsch, in die Vergangenheit zurückzukehren. Es fördert vielmehr die Interaktion, den Austausch und die Vermischung von Wissen und wird von alternativen, ethischen Ansichten beeinflusst, wie beispielsweise die Anerkennung der Rechte der Natur, feministischer Beiträge und neu entstehender Konzepte auf dem Gebiet der Gerechtigkeit und des menschlichen Wohlergehens.

„Buen vivir" ist der Raum, in dem sich die unterschiedlichen Kulturen – die Anhängerinnen und Anhänger des Sumac Kawsay, Feministinnen und Feministen oder Biozentrikerinnen und Biozentriker – treffen. Es ist nicht nur blosse Abbildung multikultureller Gegenüberstellungen, sondern ein kulturelles Zusammentreffen mit einem Verständnis für die Gleichwertigkeit verschiedener Kulturen, bei dem kolonialistische Kriterien und das Konzept der Überlegenheit des auferlegten, westlichen, hegemonialen Wissens keine Berücksichtigung finden.

Kennzeichen des „buen vivir" sind eine andere Beziehung zur Natur, die Dekolonialisierung von Wissen, ein anderes ethisches Gerüst zur Anerkennung und Übertragung von Werten, die Ablehnung von Manipulationen der Umwelt, ein Geist der Begegnung, des Dialogs und der Interaktion zwischen unterschiedlichem „Wissen".

Im Zusammenhang mit der Evangelisch-Lutherischen Kirche Costa Ricas ermöglicht uns das Konzept des „buen vivir" zuallererst, den Teufelskreis des vorherrschenden Entwicklungsverständnisses zu durchbrechen und bietet uns eine biblische und theologische Herangehensweise, die auf Konzepten, wie dem des Reich Gottes, der Haushalterschaft der Schöpfung und eines Lebens in Fülle, beruht. Ich denke, es steht dem biblischen Schalom sehr nahe, insoweit dass Friede aus Gerechtigkeit und Aussöhnung hervorgeht.

Fallstudie II
Der Wandel der Gesellschaft: Der Beitrag der Frauen zum Frieden

Lindora Howard-Diawara

Einführung

In schwierigen Zeiten wie diesen, in denen Religion und Entwicklung aufgrund der sich momentan vollziehenden globalen Veränderungen und Trends, einschliesslich konjunkturellen Abschwüngen, auf verschiedenen Ebenen der Gesellschaft mehr und mehr hinterfragt werden, beeinflusst der Fortschritt in Technologie und Kommunikation unsere Werte und Denkweisen. Religiöse Institutionen müssen wie alle anderen Institutionen – Regierungen eingeschlossen – ihre Positionen kritisch überdenken und möglicherweise strategisch ändern, um relevant zu bleiben und überzeugt ihr Mandat verfolgen zu können. Im Folgenden möchte über meine Erfahrungen berichten, welchen entscheidenden Beitrag Frauen leisten, um die Gesellschaft zu verändern.

Über das Frauennetzwerk zur Friedenskonsolidierung „Women in Peace Building Network" (WIPNET)

Das WIPNET-Programm des westafrikanischen Netzwerks zur Friedenskonsolidierung in Liberia „West Africa Network for Peace building (WANEP) – Liberia" wurde 2001 als Instrument für das Gender-Mainstreaming mit dem Ziel gegründet, Frauen zu ermutigen, sich mehr in den Prozess zur Schaffung von Frieden einzubringen. Die Schaffung von Frieden definiert WANEP als den Prozess, bei dem soziale Beziehungen entwickelt und gestärkt und funktionale Strukturen gesichert werden damit die Menschen das Gefühl haben, ihre Grundbedürfnisse nach Sicherheit, Beziehungen, Liebe und Freiheit stillen zu können.

Das WIPNET-Programm wurde im Juli 2002 in Liberia ins Leben gerufen. Leymah R. Gbowee, die erste Koordinatorin des Programmes, war aktives Mitglied der lutherischen Kirche und Präsidentin der Frauenorganisation der St. Peter's Lutheran Church. Für ihr Engagement und ihre Führungsstärke bei der Mobilisierung von Frauen für den Friedensaufbau in Liberia und den Erfolg der gewaltlosen und friedlichen Kampagne „Women of Liberia Mass Action for Peace", die sich für ein Ende des zivilen Konfliktes in Liberia stark machte, bekam sie zusammen mit der Präsidentin Liberias, Ellen Johnson Sirleaf, und der Jemenitin Tawakkol Karman 2011 den Friedensnobelpreis.

Die Kampagne brachte Frauen aus unterschiedlichen Kontexten zusammen: reiche und arme Frauen, traditionelle Frauen, Christinnen und Musliminnen, junge und alte Frauen. Jeden Tag zwischen April 2003 und Dezember 2005 wurden von 6 Uhr morgens bis 18 Uhr abends im ganzen Land gewaltige Sitzproteste organisiert, die nicht eher stoppen sollten, bis die Kampfhandlungen ein Ende nahmen.

Die Rolle der Frauen und aktuelle Trends

Während des langwierigen, liberischen Bürgerkrieges von 1989 bis 2003 entdeckten die liberischen Frauen ihre Rolle und Verantwortung in der Gesellschaft. Vor dem Krieg wurden die unterschiedlichen Rollen der Frau in der Gesellschaft nicht diskutiert. Meist wurde die Männer als Geldverdiener und Ernährer sowie als Entscheidungsträger angesehen. Während der Krieg kein komplett neues Rollenverständnis mit sich brachte, führte er doch dazu, dass der zentrale Beitrag der Frauen für eine Veränderung der liberischen Gesellschaft anerkannt wurde.

Die Zeit des Konflikts: Dies war eine Zeit massiver Zerstörung, des Zusammenbruchs des sozialen Gefüges und des Zerfalls der Familie. Töchter und Mütter wurden als Sexsklavinnen oder Köchinnen entführt, während Söhne und Väter in der Armee zwangsverpflichtet wurden oder von den sogenannten Freiheitskämpfern, Befreiern und Erlösern getötet wurden. Auf allen Seiten wurde Macht schwerwiegend missbraucht. Dies führte zu einem neuen Rollenbild der Männer, von denen viele tot waren oder nicht mehr als Beschützer der Familie auftreten konnten oder sich an geschützten Orten aufhalten mussten, um zu überleben.

So wurden viele Frauen und Mädchen die Geldverdiener und sicherten so das Überleben der Familie. In einigen Fällen versuchten sie ihre Männer, Söhne oder andere männliche Verwandte davor zu bewahren, getötet zu werden. Eine Möglichkeit, dies zu tun, war, sich zum Schutz der eigenen Familienmit Angehörige der Opposition anzufreunden und ihre Gunst zu erlangen, was ein riskantes Unterfangen war.

Trotz zahlreicher Friedensgespräche wurden die Kämpfe fortgesetzt und verschmolzen zu einem scheinbar nie enden wollenden Teufelskreis aus Gewalt und Krieg. Frauengruppen wie das Netzwerk „Mano River Women's Peace Network“ (MARWOPNET) oder Initiativen wie die „Liberian Women Initiatives“ (LWI) und andere versuchten alles in ihrer Macht stehende, um sich für Frieden einzusetzen. Versuche, Beziehungen auf einer höheren, politischen Ebene zu verbessern, waren nur mässig erfolgreich. Darauf baute die Kampagne „Mass Action Campaign“ 2002, eine von Frauen ins Leben gerufene Bewegung der Basis, auf. Mit dem Slogan „Genug ist Genug“ forderten sie, dass (a) alle Parteien an den für Juni 2003 in Accra (Ghana) geplanten Friedensgesprächen teilnehmen, (b) es einen sofortigen und bedingungslosen Waffenstillstand gibt und (c) eine Eingreiftruppe ins Land gelassen wird.

Trotz einiger Hindernisse wurde ihren Forderungen Folge geleistet und alle Parteien nahmen an den Gesprächen teil. Anfangs vermutete man, die Gespräche würden ein paar Wochen dauern. Tatsächlich dauerten sie rund drei Monate. Mit der Unterzeichnung des Abkommens trat ein stufenweiser Waffenstillstand in Kraft. Die Mission der Vereinten Nationen in Liberia (UNMIL) ist auch heute noch zur Friedenswahrung in Liberia präsent.

Die Übergangszeit: Obgleich Morde weitestgehend nicht mehr verübt wurden, gab es immer mehr sexuell motivierte und geschlechtsspezifische Gewalt zusätzlich zur ohnehin schon massiven Unterdrückung und den Entbehrungen, unter denen die Menschen litten seit die Rädelsführer der Zerstörungen und selbst ernannten Freiheitskämpfer, Befreier und Erlöser durch das Unterzeichnen des umfassenden Friedensabkommens zu den politischen Führungspersonen des Landes gemacht wurden. Von ihnen wurde jetzt erwartet, mit der Hilfe internationaler Partner die politische Linie festzulegen und Programme und Prozesse zu entwickeln, die das Land stabilisieren sollen.

Vereint unter dem Banner von WIPNET übernahmen Frauen bei der Umstrukturierung der Gesellschaft und Advocacy folgende Rollen:

- Als Aktivistinnen und Lobbyistinnen nutzten sie Slogans wie beispielsweise „Wir wollen Frieden, nicht noch mehr Krieg“ oder „Nie wieder Gewalt“

- Als Trainerinnen – bauen sie durch Schulungen, wie beispielsweise Vertrauensbildung von Frauen für Frauen, Advocacy usw. Kapazitäten auf

- Sie waren Informantinnen und „Frühwarnerinnen“[1]

- Als Vermittlerinnen sind sie für Schutz- und Sicherheit zuständig – sie verknüpfen Initiativen der „Friedenshütten“ (peace huts) mit polizeilichen Initiativen in der Gemeinschaft

- Als Brückenbauerinnen vermitteln sie zwischen den Kämpfenden und Gemeinschaften

- Als Erzieherinnen sensibilisieren sie und schaffen Bewusstsein (Frauen sind einflussreich: Wir können unsere Ehemänner, Söhne und Verwandten kontrollieren, denn wenn wir es nicht tun, tut es keiner.)

- Sie waren Gebetskriegerinnen[2] und Fürbittensprecherinnen – „Sie hatten die Waffen, wir hatten Gott und so gab es nichts zu befürchten!“ Das ist keinesfalls als Klischee zu verstehen, da wir wirklich daran glaubten.

Die Zeit nach dem Konflikt: Mit der Einführung einer neu gewählten Regierung durch die Übergangsregierung im Jahre 2005 begann Liberia den Wind der ersten Präsidentin, Ellen Johnson Sirleaf, zu spüren, die zugleich auch die erste Frau an der Spitze eines afrikanischen Landes war. Für viele Frauen innerhalb und ausserhalb Liberias war dies ein Erfolg und der Anfang des Endes vieler ihrer Probleme. Jedoch begriffen einige, wie viel Arbeit vor ihnen lag, denn ein Scheitern der Präsidentin würde die neu gewonnene Stellung der Frauen in der Gesellschaft enorm gefährden. WIPNET erkannte die Notwendigkeit, achtsam zu bleiben und sich weiterhin auf seine Tagesordnung und Vision zu konzentrieren. Die Frauen waren selbst dafür verantwortlich, dass sie weiterhin eine Schlüsselrolle in der Gesellschaft spielten. Es gab eigentlich keine besondere Agenda. Die anfängliche Idee war während der Zeit des Konflikts die Annahmegewesen, dass das Leben wieder in gewohnten Bahnen zurückkehren würde und Frauen ihre neu erlangte Rolle und Verantwortung annehmen würden, sobald die Waffen schweigen und Anfeindungen aufhören würden. Dies trat allerdings nicht ein.

Erneut hörte WIPNET immer öfter von binnenvertriebenen Frauen, die in ihre Häuser und Dörfer zurückgekehrt waren, dass sie Opfer von

[1] „Frühwarnerinnen“ sind geschulte Kräfte, die Konflikttendenzen beobachten und Warnungen aussprechen oder beratend auftreten, um Konflikten vorzubeugen.

[2] Obwohl der Begriff ‚Kämpfer im Gebet‘ nicht in der Bibel auftaucht, versteht man unter dem Begriff einen Christen oder eine Christin, der/die unablässig und inbrünstig für Andere betet, ganz so wie es die Bibel lehrt. **www.gotquestions.org/prayer-warrior.html#ixzz2Z7pc5sRi**

gemeinschaftlichen Gewalttaten, einschliesslich sexuell motivierter und geschlechtsspezifischer Gewalt sowie tätlicher Angriffe, Körperverletzungen und Vergewaltigungen wurden. Einige der Opfer waren gerade einmal zwischen einem Tag und sechs Jahre alt. In der zentralliberianischen Region Bong gab es Berichte über Frauen, die getötet und gehäutet, entstellt oder zerstückelt wurden. Angesichts dieser grausamen Berichte erkannte WIPNET, dass es zurück ans Reissbrett musste, um eine Strategie zu erarbeiten. Im Jahr 2006 organisierte WIPNET seine erste nationale Frauenkonferenz, um eine Friedens-, Sicherheits- und Entwicklungsagenda zu erstellen. Da die Agenda ein politisches Werkzeug für die diplomatische Ebene war, musste es ständig verändert werden, da die Probleme immer grösser wurden. Eine steigende Zahl von Frauen und Mädchen wurde in einer Umgebung, die als sicher galt, von Polizisten oder sogar von ihren Ehemännern und Vätern angegriffen. Daher wurde Advocacy wieder in den Mittelpunkt gerückt, während gleichzeitig die konkreten Mandate gemäss des Programms der WANEP verfolgt wurden. So wurden die meisten der oben genannten Rollen zwar ausgeführt, aber mit anderen Schwerpunkten:

- Advocacy und Lobbyarbeit sollte die Politik beeinflussen, bei der es um Themen ging, die mit Frauen zu tun hatten

- Aufbau von Kapazitäten durch Schulungen, wie beispielsweise Vertrauensbildung, Advocacy, Friedenskonsolidierung, Entwicklung von Führungskapazitäten, usw.

- Bildung und Aufklärung (Sensibilisierungs- und Bewusstseinsbildung)

- Bauen von Brücken, um gemeinschaftliche Frauengruppen für solidarische Zwecke zu verbinden

- Gebetskriegerinnen und Fürbittensprecherinnen

Waffen kennen keine Religion

Während der Kämpfe und des ganzen Sensibilisierungsprozesses kam die Frage auf, warum christliche und muslimische Frauen getrennt werden sollten. WIPNET rief das Projekt „Peace Outreach Project“ (POP) ins Leben, das sich über einen Zeitraum von sechs Monaten montags bis donnerstags an Schulen und Gemeinschaften wandte, freitags in Moscheen ging, samstags auf die Märkte und sonntags in die Kirchen. Der Slogan „Women Awake for Peace“ (Frauen sind wachsam für Frieden) war einfach und richtete sich an alle Frauen, egal welchem

Stamm oder welcher Religion sie angehörten. In ihrer Eigenschaft als Präsidentin der Frauenorganisation der St. Peter's Lutheran Church nutzte die Präsidentin des Landes ihren Einfluss, um bei christlichen und muslimischen Frauen für Toleranz zu werben. Dies war die Geburtsstunde zweier Initiativen: der „Christian Women's Peace Initiative" (CWPI) und der „Liberian Muslim Women for Peace" (LIMWOP), die zu Themen wie Frieden, Sicherheit und Entwicklung während des Konflikts und in der Übergangszeit zusammenarbeiteten. In mehrheitlich muslimischen Gegenden leiteten Musliminnen die Treffen und Aktivitäten und umgekehrt. Während dieser Phase des Lernens und Entdeckens, beteten, sangen und assen sie gemeinsam. Der Schwerpunkt lag auf den Einflussmöglichkeiten in einem von Männern dominierten Kontext und auf dem Beitrag, den Frauen für eine nachhaltige Entwicklung leisten können.

Sieben Jahre nach Liberias ersten Nachkriegswahlen wurden zahlreiche Versuche unternommen, wie die nachhaltige Entwicklung der Gesellschaft, insbesondere die von Frauen für Frauen gesichert werden kann. So wurde der Schwerpunkt einiger Programme und Projekte auf die Sicherung der Existenzgrundlagen, insbesondere in landwirtschaftlich geprägten Gegenden, auf den Zugang zu finanziellen Mitteln und Qualifikationen, wie Mikrokredite, Geschäftskredite, die Entwicklung von Geschäftsideen und Schulungen gelegt. Die meisten sind projektbezogen (kurzfristig) und nicht institutionalisiert, und legen den Schwerpunkt eher auf die Verteilung von Almosen anstatt Schulung von Fertigkeiten und Wissenstransfer. Meines Erachtens schadet dies mehr, als es hilft, da es nicht nachhaltig ist. Ein Beispiel hierfür sind die Mikrokredite. Die Zinsen sind in einem gewissen Zeitraum zu zahlen. Laufzeiten und Zinsraten variieren und es kommt vor, dass der/die Gläubiger/in das Darlehen nicht zurückzahlen kann. Manche Lektion wurde gelernt. So hat sich ein Wandel vollzogen weg von den Mikrokrediten auf Gemeinschaftsebene hin zu Bankwesen auf Dorfebene. Frauen werden Kenntnisse zum richtigen Sparen, zum Bankwesen im Allgemeinen und dem Finanzmanagement, zur gegenseitigen Rechenschaftspflicht und Führungsstärke vermittelt. Frauen scheinen sich über diese Programm zu freuen.

Auch wenn Frauen versucht haben sich Verhör zu verschaffen und für eine erfolgreiche nachhaltige Entwicklung einzutreten, ist es nicht sicher, ob und wie Entwicklung angesichts der hohen Armutsrate, des Analphabetentums, der Abhängigkeit und Arbeitslosigkeit, der Korruption, der Macht, der Habgier, der schwachen Regierungsstrukturen und -systeme, der begrenzten institutionellen Kapazitäten und in Anbetracht des starken Zustroms von nationalen und internationalen Nichtregierungsorganisationen mit begrenzt koordinierten Aufgaben und schlecht abgestimmten Entwicklungsprinzipien, die alle die Lorbeeren für die getane Arbeit pflücken wollen, nachhaltig sein kann. Wie kann es eine nachhaltige Entwicklung geben, wenn die Bevölkerung Liberias noch nicht einmal das Fischen gelernt hat?

Mehr Frauen denn je sitzen in Führungspositionen, habe politische Ämter inne und machen Einfluss geltend. Leider handelt es sich bei der Mehrheit um kurzfristige politische Aufgaben, die sich nicht um Genderfragen kümmern.

Angesichts dieser Realität kam WIPNET zu dem Entschluss, dass es zwar eine gute Sache ist, sich für Frieden und Wandel einzusetzen, dies aber ein Prozess und eine Bürde ist, die von allen Liberianerinnen und Liberianern getragen werden muss.

Gelernte Lektion

- Religion und Entwicklung spielen eine wichtige Rolle für den Wandel der Gesellschaft und haben einen beachtlichen Einfluss darauf. Die auf beiden Ebenen initiierten, unterschiedlichen Prozesse sollten weniger politisiert und kontextualisierter sein, um erfolgreich zu sein.

- Religiöse Führungspersonen oder Vertreterinnen und Vertreter der religiösen Institutionen können der Regierung massgeblich helfen, die Wünsche der Bevölkerung innerhalb eines bestimmten Kontexts zu verstehen. Dies kann bei der Aufsetzung nationaler Agenden sehr hilfreich sein.

- Frauen hätten ohne die Unterstützung von Männern und religiösen Institutionen nicht so erfolgreich und aktiv sein können. Der damalige lutherische Bischof Sumowood Harris nahm auf Anfrage an vielen Treffen und Programmen teil und trat als Berater auf. Ähnliche Rollen kamen dem katholischen Erzbischof Michael Francis, dem liberischen Kirchenrat und dem höchsten Imam des Nationalen Rates der Muslime zu. Religiöse Führungspersonen unterstützten bestimmte Aktivitäten von Frauengruppen und öffneten für diese Programme ihre Moscheen und Kirchen. Imame und Pfarrerinnen und Pfarrer nutzen ihre Predigten um sich dem Prozess anzuschliessen, sie predigten Friedensbotschaften und ermutigten ihre Mitglieder, sich einzubringen. Andere Kirchen und Moscheen sandten Vertreterinnen oder Vertreter zu Fastenaktionen, Gebetsstunden und andere Programme, da sie der Ansicht waren, dass dies nicht nur ein Anliegen einer einzigen Gruppe, sondern aller Liberianerinnen und Liberianern sein sollte.

- Geschlechterrollen ändern sich je nach Ort und Situation im Laufe der Zeit.

- Wenn das lernende Umfeld die Lebensrealität der Frauen widerspiegelt und sie in ihrem Handeln unterstützt werden, können kreative und innovative Ansätze zur Lösungsfindung entwickelt werden, wie beispielsweise das WIPNET-Konzept der Friedenshütten.

- Der Wandel der Gesellschaft erfordert den Wandel aller Beteiligten. Es wäre also für den Prozess förderlich, wenn die wichtige Rolle eines jeden Akteurs anerkannt wird.

- Solidaritätsgemeinschaften dürfen nicht aufgeben. Manche Politiker haben die Frauen während der Krise unterstützt, aber als sich die Wogen glätteten, zogen sie ihre Unterstützung für deren Advocacy-Initiativen zurück. Während einer Phase der Advocacy sagte ein Abgeordneter zum Beispiel: „Wir befinden uns nicht im Krieg oder in einer Übergangszeit, wenn wir uns neu organisieren. Jetzt, wo wir eine legitime Regierung haben, müssen Frauen lernen, die Regeln einzuhalten."

Herausforderungen

- Die Herausforderungen, denen sich WIPNET gegenübersieht, sind unter anderem die eingeschränkte Kommunikation und das begrenztes Verständnis der Kampagne „The Women of Liberia Mass Action Campaign"; die Politisierung; die Missverständnisse und fehlerhafte Deutungen beider Religionen und das mangelnde Verständnis im Umgang mit speziellen Themen wie Genderfragen und Schwesternschaft; begrenzte Ressourcen und Kapazitäten (personelle und finanzielle) für die Umsetzung bestimmter Programme; der Umgang mit Erwartungen; die konstante Infragestellung männlich dominierter Systeme und Strukturen; die Zusammenarbeit mit Frauen aus unterschiedlichen Kontexten; das Engagement jüngerer Frauen eine sehr beschränkte Recherchearbeit und Dokumentation zu existierenden Fragestellungen, Erfahrungen und Aufgaben; die Herstellung einer Verbindung zwischen der Schaffung von Frieden und wirtschaftlicher Entwicklung; die Erstellung einer Übersicht von Konflikten in der Wahrnehmung und Organisation bezüglich der Aktivitäten von WIPNET und WANEP.

Chancen

- Die Wahl von Ellen Johnson-Sirleaf zur ersten Präsidentin des Landes, die jetzt in ihrer zweiten Amtszeit ist; ein starker nationaler und internationaler politischer Wille und eine wachsende Unterstützung für die Ermächtigung der Frauen; wachsende weltweite Advocacy für die Ermächtigung der Frauen, die zu politischen Massnahmen und Umsetzungsmechanismen führt; die vielen Dialogplattformen zu aktuellen Fragen der Entwicklung zukunftsgerichteter Strategien, wie das ACT-Bündnis, der Lutherische Weltbund (LWB) und interreligiöse Räte; ein wachsendes Bewusstsein und wachsende Kenntnisse der Subjekte, die manchmal aus der Entwicklungsperspektive als „marginalisierte Gruppen“ bezeichnet werden und als „Bruderschaften“ oder „Mitglieder“ der Religionssparte; praktische Lektionen zu bestimmten Erfahrungen mit Religion und Entwicklung.

Empfehlungen

Religiöse Institutionen, hauptsächlich im globalen Süden, müssen:

- Sich angesichts grosser und Tod bringender Konflikte einbringen und Initiativen nicht nur zum Konfliktmanagement und zur Konfliktschlichtung fördern, sondern Initiativen zum allgemeinen Wandel, insbesondere zur Konfliktprävention. Die Kirche muss beispielweise strukturelle Probleme angehen und sich nicht nur derer, die an der Oberfläche kratzen, annehmen.

- Bildungsprogramme und -systeme überprüfen und sicherstellen, dass Programme standardisiert werden und diese im sich wandelnden Kontext im Vergleich zu anderen Programmen an Relevanz und Schlagkraft gewinnen. Dies würde zum Beispiel auch die Rolle der religiösen Institutionen beim Thema Gender-Mainstreaming umfassen und gäbe ihnen einen Grund, mehr Raum oder Chancen für die Ermächtigung von Frauen und der Jugend bereitzustellen.

- Bereits bestehende Initiativen oder Programme zum Thema Führungskompetenz weiterentwickeln , die nicht nur die Entwicklung von Führungskompetenz innerhalb existierender Institutionen fördern, sondern auch andere Lebenskompetenzen und Programmkomponenten enthalten, die ihren Mitgliedern und Gemeinden helfen, Führungsstärke sowohl innerhalb als auch ausserhalb der religiösen Einheiten zu entwickeln.

- Sich an Forschungsprogrammen beteiligen, die Einfluss auf nationale politische Massnahmen und Programme haben, die im Zusammenhang stehen mit den strukturellen Problemen in der Gesellschaft. Dies könnte die Politisierung bestimmter Fragestellungen einschränken.

- Man sollte außerhalb der üblichen Schemata denken und grenzüberschreitende interreligiöse Partnerschaften erforschen, die das Networking, Lernerfahrungen von aussen und die Entdeckung des Anderen fördern, was wiederum hilft, Toleranz- und Frieden zu fördern und den Repositionierungsprozess unterstützt. Kurzum sollte man sich besser kennen und verstehen lernen.

- Jeder Möglichkeit zu Wachstum, Entwicklung und Nachhaltigkeit nachgehen, mit dem Ziel finanziell tragbar und relevant zu werden.

Entwicklungsorganisationen sollten:

- Die Schlüsselrolle von Religion bei der Schaffung einer für die Umsetzung von Programmen und Projekten förderlichen Umwelt anerkennen, insbesondere in der Zusammenarbeit mit Menschen, die ihre Führungsrolle für die Entwicklung ihrer selbst und ihrer Gemeinschaften akzeptieren und annehmen müssen,

- Das Prinzip, keinen Schaden anzurichten, und das operationelle Mandat überprüfen und ähnliche Werte, die andere Religionen teilen, als Ausgangspunkt für partnerschaftliches Engagement und partnerschaftlichen Dialog herausarbeiten. Dies kann sich auch auf religiöse Organisationen und Gemeinschaften beziehen.

Religion leistet einen beachtlichen Beitrag zur Sinngebung und legt traditionelle oder kulturelle Massstäbe für die Sicherstellung der gesellschaftlichen Ordnung fest. Entwicklung, die Wachstum und Fortschritt ankurbeln möchte, wird von der Religion beeinflusst und umgekehrt. Daher können Religion und Entwicklung nicht voneinander getrennt werden.

Fallstudie III
Religion und Frieden: Gedanken über die in Simbabwes Friedensprojekt engagierten ökumenischen Kirchenleitenden

Ambrose Moyo

Einleitung

Während der letzten Jahrzehnte hat Simbabwe den Verfall und Zusammenbruch der gesamten Wirtschaft und aller moralischen, sozialen und politischen Grundlagen des Landes erlebt. Die Demokratisierung Simbabwes war begleitet von heftiger, politisch motivierter Gewalt, insbesondere vor, während und nach Wahlen. Dies hat viele Menschen und Gemeinschaften traumatisiert und verbittert. Zudem scheint es, dass die Kultur der Gewalt ein beständiger Teil der simbabwischen Kultur geworden ist und dringend Schritte notwendig sind, dieser Kultur der Gewalt ein Ende zu setzen.

Angesichts dieses weiterverbreiteten Schmerzes, der Wut, Verbitterung und des Traumas, ist es unbedingt erforderlich, dass die Kirche über ihre Rolle in der polarisierten Gesellschaft nachdenkt. Während der unruhigen Jahre nach der Unabhängigkeit Simbabwes war die Kirche nicht in der Lage mit einer Stimme zu sprechen. Sie ist nicht mehr so sichtbar wie sie es während des Kampfs gegen den Kolonialismus war und verliert zunehmend an Bedeutung, da sie es nicht schafft, sich den sozialen, wirtschaftlichen und politischen Problemen zu stellen, die die normalen Simbabwerinnen und Simbabwer heute beschäftigen. Eine kleine Gruppe von Kirchenleitenden hat daher beschlossen, die gesamte Führung der Kirche in Simbabwe herauszufordern, sich konstruktiv und positiv miteinander, mit dem Land und dessen Führung auseinanderzusetzen, um bestimmte Probleme zu lösen.

Zusätzlich erkannte die Gruppe, dass die Kirche in Zimbabwe mit Blick auf ihr Verständnis von Kirchenführung umdenken muss, um ein effektives Instrument zu werden. Sie erkannte, dass die Kirche alle Personen in führenden Positionen in den Kirchen miteinbeziehen muss, d. h. sowohl Ordinierte als auch Laien, anstatt sich auf die Führungspersonen der einzelnen Konfessionen zu beschränken. Des Weiteren betonte die Gruppe die Notwendigkeit, alle Mitglieder der Kirche dafür gewinnen zu müssen, eine gerechte, friedliche und tolerante Gesellschaft zu schaffen, und alle Kirchenleitende, insbesondere die Führungspersonen der einzelnen Konfessionen, dafür zu gewinnen, sich aktiv an einem solchen Prozess zu beteiligen.

In diesem Kontext hat sich im Oktober 2008 das Ökumenische Forum Kirchenleitender (Ecumenical Church Leaders' Forum, ECLF) geformt und wurde im August 2010 offiziell als Verband registriert. Es begann als kleine Gruppe besorgter Kirchenleitender der grösseren ökumenischen Organisationen, darunter der Kirchenrat von Simbabwe, die katholische Bischofskonferenz von Simbabwe, die „Union of the Development of Apostolic Churches in Zimbabwe and Africa“ und die „Evangelical Fellowship of Zimbabwe“, die die Notwendigkeit erkannt hatten, sich bei gesellschaftlichen, wirtschaftlichen und politischen Problemen sinnvoll einzubringen. 2009 hielten die Kirchenleitenden mehrere Konsultationen ab, um über die Rolle der Kirche im Kontext eines kritischen Umfelds nachzudenken, dessen politische und sozioökonomische Umstände eine verletzte und traumatisierte Nation hinterlassen hatten.

Das ECLF ist eine christliche Organisation, in der sich Kirchenleitende freiwillig engagieren können und die allen Kirchenleitenden aller christlichen Glaubensrichtungen offensteht, unabhängig von Herkunft und Hintergrund. Das Forum ist überzeugt, dass sich Religion auf das wirkliche Leben beziehen und durch Frieden, Gerechtigkeit, Befreiung, Freiheit, Einheit und Rechtschaffenheit im Land zum Ausdruck kommen sollte. Es bringt simbabwische Kirchenleitende zusammen, um über die Probleme zu sprechen, die das Land betreffen, wie zum Beispiel die Rolle der Kirche im Friedensprozess und im Aufbau des Landes, und um gemeinsam Strategien und Programme für soziale Massnahmen in ihren Kirchen zu entwickeln. In ihren Überlegungen und Gesprächen gelangten die Kirchenleitenden zu der Überzeugung, dass „Entwicklung ohne Frieden nicht nachhaltig ist und Frieden ohne Entwicklung nicht haltbar“. (Motto des Entwicklungsprogramms der Vereinten Nationen UNDP). In diesem Sinne beschloss das Forum sein Engagement darauf zu konzentrieren, die Kapazitäten der Führungspersonen in Kirchen- und Gemeinschaften mit Blick auf ihre Verhandlungskompetenz für Konfliktprävention, -bearbeitung, -lösung und -bewältigung (CPMRT) sowie für den Dialog der Gemeinden zu stärken.

Das übergreifende Ziel war nicht nur einfach, eine unabhängige Organisation zu schaffen, die mit den ökumenischen Dachverbänden konkurriert, sondern vielmehr die prophetische Stimme der Kirche zu verstärken und als Katalysator zu dienen und die Kirchen aus den Dachverbänden heraus zu stärken, zu ermutigen und zu beeinflussen und es ihnen so zu ermöglichen, ihre prophetische und soziale Verantwortung ernst zu nehmen und sich mit einer gemeinsamen Stimme zu den gemeinsamen Problemen zu äussern. Ziel war es, ein Unwohlsein bei jenen Kirchenleitenden auszulösen, die sich mit der Situation im Lande wohl fühlten, und sie dazu zu ermutigen, Fragen über die Relevanz der Kirche in Simbabwe heute zu stellen. Das ECLF wurde demnach aus dem Bedürfnis geboren, dass die Kirche in Simbabwe kontextuell denkt und handelt, um so einen positiven und konstruktiven Beitrag zur Lösungen der Fragen zu leisten, vor denen das Land heute steht. Die Gruppe der besorgten Kirchenleitenden beschloss letztendlich, dem Friedensprozess als unerlässlichem Teil im Aufbauprozess eines Staates Priorität zu geben. Heute ist das Forum in jeder der zehn Provinzen Simbabwes tätig und die Kirchen und Gemeinschaften nehmen die lange überfällige Botschaft freudig auf.

Warum war das Projekt notwendig?

- Über die Jahre hatte politisch motivierte Gewalt viele verletzte und polarisierte Gemeinschaften und Einzelpersonen zurückgelassen, die auf eine Gelegenheit warteten, sich zu rächen. Es musste etwas unternommen werden, um die Spannung zu entschärfen und den Menschen in Simbabwe dabei zu helfen, sich auf einen positiven Frieden zuzubewegen.

- Gewalt als Mittel zur Lösung von Konflikten, einschliesslich häuslicher Gewalt, geschlechtsspezifischer Gewalt, Gewalt gegen Kinder, sexueller Gewalt usw. waren Teil der simbabwischen Kultur geworden. Ein ernsthaftes Aufklärungsprogramm auf allen Ebenen der Gesellschaft, das alle Institutionen miteinbezog, war notwendig, um eine gewaltfreie Kultur zu schaffen.

- Der Teufelskreis politisch motivierter Gewalt, vor, während und nach jeder Wahl, der dazu führt, dass Wahlergebnisse in Frage gestellt werden, und eine schwache Regierung, wie die aktuelle Mehrparteienregierung, zu Folge hat, musste unterbrochen werden.

- Angesichts von weiterverbreiteten Schmerz, Wut, Verbitterung und Trauma wurde es unerlässlich, dass die Kirche über ihre Rolle im Friedensprozess und im Aufbauprozess eines Staates in dieser polarisierten Gesellschaft nachdachte, und dass konkrete Massnahmen ergriffen wurden, um die Situation zu verbessern.

- Die Schlüsselfiguren in der Gesellschaft, d.h. in der Kirche und in der Zivilgesellschaft, waren zunehmend paralysiert.

- Die Kirche hatte aufgrund ihres Schweigens und ihrer Untätigkeit angesichts der gegenwärtigen sozialen, wirtschaftlichen und politischen Probleme, die die normalen SimbabwerInnen beschäftigen, immer mehr an Bedeutung verloren.

- Es gab Bedenken, dass trotz der Milliarden Dollar, die von der Regierung und Geldgebern seit der Unabhängigkeit in Entwicklungsprojekte investiert worden waren, keine nachhaltige Entwicklung einer Gesellschaft möglich zu sein schien. Die Simbabwerinnen und Simbabwer wurden immer ärmer. Die Entwicklungsgelder wurden erschreckend schnell aufgebraucht, da Konflikte fast alle Entwicklungsergebnisse seit der Unabhängigkeit wieder zunichte gemacht hatten. Das zeigt, dass Entwicklung ohne Frieden nicht nachhaltig ist. Daher befand die kleine Gruppe von Kirchenleitenden, dass die Regierung, die Kirchen- und Spendengemeinschaften in die Pflicht genommen werden mussten und man gemeinsam über die Notwendigkeit nachdenken musste, in den Frieden und die Staatenbildung zu investieren, um eine nachhaltige Entwicklung zu sehen.

- Einige der besorgten Kirchenleitenden waren selbst Opfer von politischer Gewalt geworden und waren deshalb der Überzeugung, dass die Kirche Strategien entwickeln müsse, das simbabwische Volk aufzuklären.

Warum muss sich die Kirche in Zimbabwe engagieren?

- Die Kirche ist eine der einflussreichsten Institutionen des Landes und in jedem Dorf oder Gemeinschaft präsent. Die grosse Mehrheit der simbabwischen Bevölkerung ist christlichen Glaubens und sieht die Kirche als einziges Zeichen der Hoffnung. Letztendlich bedeutet das auch, dass die meisten Täterinnen und Täter sowie die Opfer der Gewalt Christinnen und Christen sind. Die Kirche muss sich also daran beteiligen, eine gewaltfreie Gesellschaft in Zimbabwe zu schaffen.

- Die Kirche ist an der Basis der Gesellschaft und teilt daher die tägliche Erfahrung des Leids, der Armut und der Traumata wenn sie dem traumatisierten Volk dient.

- Sie hat das Potential, die politische Spaltung und Polarisierung zu überwinden, indem sie unparteiisch agiert. Das ECLF hat den Respekt aller gewinnen können und wird aufgrund seiner unparteiischen Haltung als glaubhafte Friedensorganisation gesehen.

- Frieden hat einen festen Platz in der Religion.

- Religion hat die theologischen und spirituellen Ressourcen, die für die Schaffung von Frieden notwendig sind, d. h. die Botschaft von Versöhnung, der Vergebung, des Heils, des Wandels, der Integration, usw. Frieden zu schaffen steht im Mittelpunkt des Auftrags der Kirche.

- Angesichts dessen, was das Land durchgemacht hat, kann man nur zu dem Schluss kommen, dass die Kirche selbst die Verantwortung für einige der Missstände, die in dem Land herrschen, und die Unterentwicklung übernehmen muss. Sie muss sich daher aktiv daran beteiligen, Lösungsansätze zu suchen, wenn sie ihre Bedeutung in Simbabwe nicht verlieren will.

Massnahmen

- Führungspersonen in Kirche und Gemeinwesen wurden mit Mediationsfertigkeiten **ausgestattet** werden, um als Instrument zur Konfliktprävention, zum Konfliktmanagement, zur Konfliktlösung und Konfliktbewältigung (CPRMT) sowie bei der Durchführung von Dialogen in der Gemeinschaft eingesetzt zu werden.

- Trainer wurden **ausgebildet**, um die Zahl der Mediatorinnen und Mediatoren in den Gemeinwesen zu erhöhen und das Programm landesweit einzuführen.

- Teams für das Mediationsprogramm wurden **organisiert** und koordiniert.

- In jedem Gemeinwesen wurden zwei- bis dreitägige Veranstaltungen als Startschuss für das Mediationsprogramm **durchgeführt**, an denen Häuptlinge, Stammesführer, lokale Politikerinnen und Politiker, Kral-Älteste, die Jugend, Männer und Frauen teilnahmen.

- **Einführung** in die Traumatherapie für Mediatorinnen und Mediatoren und Traumatisierte.

- Für einige Mitglieder des Sicherheitssektors wurden Sensibilisierungsworkshops in CPMRT **angeboten**.

- Für die politische Führung wurden auf Bezirks- und Distriktebene CPMRT-Workshops **angeboten**.

- In den Gemeinschaften wurden Dialoge **gefördert**.

- In Konfliktsituationen wurde durch Mediation **vermittelt**.

- In den Programmen wurden Zeremonien zur Heilung der Erinnerungen **durchgeführt**. Die meisten Teilnehmenden brachen zusammen, als sie ihre Geschichte aufschrieben oder anderen davon berichteten.

- Es war wichtig, sich mit anderen Organisationen und Institutionen, die in Friedensprozesse und Traumatherapie involviert sind, zu **vernetzen**, um die Ausbildung der eigenen Mediatorinnen und Mediatoren zu unterstützen.

- Für die Mediatorinnen und Mediatoren gab es Möglichkeiten zur Aufarbeitung des Gehörten, da sie selbst von den Geschichten der traumatisierten Workshopteilnehmenden traumatisiert waren.

- Sportveranstaltungen wurden **durchgeführt**, denen ein dreitägiges Trainingsprogramm für die örtliche Vereinsführung vorausging. Diese Vereinsführungen führten dann Sensibilisierungsworkshops in CPMRT für die Spielerinnen und Spieler und ihre Gemeinwesen durch, wobei das ECLF Unterstützung leistete kann. Die meisten Teilnehmenden dieser Sportveranstaltungen waren Jugendliche, von denen manche aufgrund von Arbeitslosigkeit, die sie gegenüber Ausbeutung schutzlos lässt, an politisch motivierter Gewalt beteiligt gewesen waren.

- Professionelle Traumatherapeutinnen und -therapeuten wurden **engagiert**, um bei den Programmen in den Gemeinden Therapiesitzungen für die Mediatorinnen und Mediatoren und die traumatisierten Mitglieder der Gemeinschaft anzubieten.

- Der Sicherheitssektor – der simbabwische Gefängnisdienst und die Polizei der Republik Simbabwe – wurden durch die christliche Gemeinschaft und Polizeinetzwerke **sensibilisiert**.

- Es mussten **finanzielle Mittel für das Programm** aufgebracht werden.

Zielgruppen

Direkte Zielgruppen

- Führungspersonen in Kirchen und Gemeinwesen auf allen Ebenen
- Traditionelle Führungspersonen (Häuptlinge, Stammesführer, Dorfälteste)
- Staatliche Sicherheitsbeamtinnen und -beamte (Polizei und Gefängniswärterinnen und Gefängniswärter)
- Gemeindemitglieder, die an den Sensibilisierungs- und Einführungsworkshops für CPMRT, den Dialogen auf Ebene der Gemeinwesen und Mediationsprogrammen teilnehmen. Diese stehen auch Teilnehmenden anderer Religionen offen, einschliesslich muslimischen Gläubigen (z. B. im Township St. Mary's). In einem Workshop hat sich ein Teilnehmer offen zum Satanismus bekannt.
- Frauen und Jugendliche als Personen, die Veränderung bewirken
- Politische Führungspersonen auf allen Ebenen
- Staatsangestellte

Indirekte Zielgruppen

- Gemeinwesen, die davon profitieren, dass das positive Verhalten und das gewonnene Bewusstsein derer, die landesweit in CPMRT und Traumabewältigung trainiert wurden, Ergebnisse zeigt.

Auswirkungen

- Die Frage „Wo wart ihr?" wird häufig gestellt. Darauf folgt das Argument: Wenn ihr früher hier gewesen wärt, hätte viel Gewalt verhindert werden können.
- Einige Gemeinwesen arbeiten jetzt bei verschiedenen Entwicklungsprojekten zusammen, wie z. B. die Verbesserung der Infrastruktur, das Geflügelzuchtprojekt von Frauen in Chikurubi, das Projekt in Kezi, in dem Jugendliche Ziegel herstellen, und das Strassenbauprojekt der Gemeinde Fansoni in Nkayi. Einige dieser Projekte fördern die

Entwicklung von Gemeinwesen, während andere, wie zum Beispiel das Geflügelzuchtprojekt, Einkommen für die Nutzniessenden der Friedensprojekte generieren.

- Einige Politikerinnen und Politiker haben begonnen, Friedensgespräche zu führen.

- Mitglieder von Gemeinschaften und Nachbarinnen und Nachbarn besuchen Beerdigungen von Mitgliedern der Gemeinschaft, die einer anderen Partei angehören. All das war vor diesen Massnahmen nicht der Fall.

- Es werden lokale Friedenszonen und Friedensausschüsse eingerichtet, in denen sich Vertreterinnen und Vertreter der verschiedenen Bereiche der Gemeinschaft und der verschiedenen politischen Parteien regelmässig treffen, um die Situation in ihrem Distrikt zu besprechen und beobachten.

- In einigen Gemeinwesen haben sich einige Personen in Gruppen organisiert, die sich „Peace Advocates" (Verteidigerinnen und Verteidiger des Friedens) nennen. Sie gehen in Schulen und Krankenhäuser und führen bestimmte Massnahmen durch, um den jeweiligen Gemeinwesen oder Institutionen zu helfen. Das schliesst auch Aufräum- und Reinigungsarbeiten vor und in den Institutionen ein. Das ECLF stellt Schutzkleidung, Werkzeuge, Reinigungswerkzeuge und andere benötigte Gegenstände zur Verfügung.

- Opfer und Täterinnen und Täter können in der Gegenwart des jeweils anderen ihre Geschichte erzählen und einander als Zeichen der Versöhnung und Vergebung umarmen.

- Gewalttätige Konflikte im häuslichen Bereich, in den Gemeinschaften und politisch motivierte Konflikte nehmen ab.

- Die Kriminalitätsrate in den Gebieten, in denen diese Massnahmen stattgefunden haben, wie z. B. Dakamela in Nkayi, hat abgenommen, wie von der lokalen Polizei bestätigt wird.

- Opfer können ihre Geschichte erzählen und Täterinnen und Täter können sich zu ihren Taten bekennen.

- Aufgrund der Bedeutung der Friedensinitiativen haben Gemeinwesen begonnen, ihre eigenen Friedenprojekte zu finanzieren (Workshops und der Dialog in den Gemeinwesen). Das ELCF wurde darum geben, diese durchzuführen.

- Andere Organisationen und Kirchen haben ebenfalls das ECLF gebeten, sie in Instrumenten zur Friedensförderung auszubilden (z. B. Voices in the Vision for Africa Zimbabwe, Evangelisch-lutherische Kirche in Simbabwe, Brethren in Christ Church).

- Einige Teile des Sicherheitssektors haben das ECLF gebeten, ihre Angestellten in CPMRT auszubilden. Das hat in den betroffenen Bereichen zu einer Abnahme der Gewalt und Selbstmordrate geführt.

- Im ganzen Land fordern Führungspersonen von Gemeinwesen und verschieden Gruppierungen der Gesellschaft diese Workshops für den Friedensprozess. Viele Workshopteilnehmende haben das ECLF dringend darum gebeten, das Programm auf die Schulen auszuweiten.

- Aufgrund dieser Auswirkungen haben einige Politikerinnen und Politiker, die auf Gewalt setzen, versucht das Programm zu unterwandern, aber die Gemeinden haben sich dagegen gewehrt und haben die ECLF-Workshops besucht.

Was wir von der Initiative gelernt haben

- Das ECLF hat die Erfahrung gemacht, dass einige Menschen den Workshops skeptisch gegenüber stehen und glauben, dass das ECLF in Wirklichkeit Teil der Bewegung für Demokratische Veränderung ist. Andere glauben, dass es in Wirklichkeit für die westlichen Mächte und Interessen steht, oder haben das ECLF beschuldigt, ein Sprachrohr der ZANU PF (Zimbabwe African National Union – Patriotic Front) zu sein. Das ECLF hat die Erfahrung gemacht, dass es am besten ist, sich auf die professionelle Ebene des Friedensprozesses zu konzentrieren und sich nicht auf die Seite einer politischen Partei oder Ideologie zu stellen. Des Weiteren muss es sich über die Parteipolitik erheben, um eine glaubhafte Stimme zu sein, die ehrlich und klar über den Friedensprozess und nationale Heilung in Simbabwe sprechen kann. Unsere Herangehensweise ist unparteiisch, was dem ECLF dabei geholfen hat, den Respekt aller politischen Parteien auf Ebene der Parteibasis und des Sicherheitssektors zugewinnen, die an dem Programm teilgenommen haben.

- Das ECLF ist sich bewusst, dass es in Zimbabwe Menschen gibt, die mit den Friedensprojekten nicht glücklich sind.

- Das ELCF hat schnell begriffen, dass es für den Friedensprozess notwendig ist, alle Beteiligten – ob wir sie mögen oder nicht – mit einzubeziehen. Es hat mit dem Büro des Präsidenten und des Kabinetts, der Einrichtung für nationale Heilung, Versöhnung und Integration, sowie den Implementierungspartnern des Entwicklungsprogramms der Vereinten Nationen (UNDP) zusammengearbeitet, um finanzielle Unterstützung vom UNDP zu bekommen.

- Die Workshops haben das Ausmass des Leids der simbabwischen Bevölkerung aufgezeigt. Es ist äussert wichtig, dass man die Ursachen dieses Schmerzen, des Hasses, des Tribalismus und der anderen Formen der sozialen Ausgrenzung angeht.

- Das ECLF ist sich bewusst, dass konstruktives Engagement statt Konfrontation positive Fortschritte im Friedensprozess bringt. Das ELCF muss darauf aufbauen, was vorhanden ist, und verschiedene Prozesse unterstützen, die Veränderung bringen und ein friedvolles Land schaffen werden.

- Sport (z. B. Fussball, Netzball etc.) kann als Instrument im Friedensprozess eingesetzt werden und ist eine der effektivsten Möglichkeiten, die jungen Menschen zu erreichen, von denen die meisten arbeitslos und daher schutzlos und anfällig dafür sind, für gewalttätige Aktionen missbraucht zu werden.

- Eine inklusive Herangehensweise, unabhängig von Geschlecht, politischer oder religiöser Zugehörigkeit, Klasse oder Status kann zu sozialer Einheit führen.

- Ein friedvolles Umfeld ist das sine qua non für nachhaltige Entwicklung. Geldgeber und Partnerorganisationen können Milliarden von Dollar in die Entwicklung einer Gesellschaft investieren, solange es keinen Frieden gibt, wird die Entwicklung nicht nachhaltig sein. Konflikte sind normal, notwendig und unvermeidbar, aber es sind positive Fähigkeiten notwendig, um damit umzugehen, wenn zwei oder mehr Menschen aufeinandertreffen, damit der Frieden Zuhause, in der Gemeinschaft, am Arbeitsplatz, in der Kirche und im Land weiterbesteht. Es ist unbedingt erforderlich, dass Entwicklungsinitiativen in einem Umfeld wie Simbabwe damit beginnen, in den Friedenprozess zu investieren, da wir gesehen haben, dass, wenn einmal Frieden in einer Gemeinde herrscht, die Menschen selbst die Entwicklungsprojekte anstossen und nur noch Unterstützung bei der Umsetzung benötigen.

- Das ELCF ist sich bewusst, dass die Prioritäten der Geldgebenden nicht unbedingt den Prioritäten der Zielgruppen entsprechen. Projekte zur Entwicklung von Gemeinwesen sind daran gescheitert, dass in den meisten Fällen, Geldgebende aus dem Ausland ihre eigenen Prioritäten hatten, und die Nichtregierungsorganisationen ihre Vorschläge so ausarbeiteten, dass sie den Prioritäten der Spendenden entsprachen. Wenn dann Konflikte ausbrechen und die Menschen nicht ausgebildet wurden, mit den Konflikten umzugehen, sind die bisherigen Ergebnisse der Entwicklungsinitiativen die ersten Opfer, da sie nicht Teil der Gesellschaft sind; sie gehören den Geldgebenden. Ich bin überzeugt, dass die Menschen in Simbabwe heute vor allem Frieden brauchen und dass „Entwicklung ohne Frieden nicht nachhaltig ist und Frieden ohne Entwicklung nicht haltbar".

- Anreize für die Unterstützung von Entwicklungsprojekte zu Schaffung von Frieden in den Gemeinwesen sind von entscheidender Bedeutung, damit die Auswirkungen der Friedensprojekte maximiert werden können. Wenn sie erst einmal sensibilisiert sind, engagieren sich viele Gemeinwesen in Projekten und arbeiten als Ausdruck ihrer Einheit zusammen, unabhängig von politischer Zugehörigkeit. Dadurch lernen sie einander zu tolerieren, trotz politischer Meinungsverschiedenheiten, so z. B. die Jugendlichen in Nkayi, Kezi oder die Frauen in dem Gefängnis in Chikurubi in der Nähe von Harare. Wir müssen den Anreizen, die Gewalttäterinnen und Gewalttäter armen und arbeitslosen Jugendlichen und Frauen bieten, damit sie sich an gewalttätigen Aktionen beteiligen, etwas entgegensetzen.

Abschliessende Bemerkungen und Herausforderungen

Sicherheit der Kirchenleitenden

Da einige Politikerinnen und Politiker und Mitglieder des Sicherheitssektors die Organisation verdächtigen einen Regimewechsel zu fördern, der vom Westen gewünscht wird, hat die Polizei in einigen Bezirken keine Erlaubnis erteilt, die Workshops durchzuführen. Sogar dort, wo die Erlaubnis erteilt wurde, sind Workshops unterbrochen worden, die Teilnehmenden wurden angewiesen sofort nach Hause zu gehen und die Mediatorinnen und Mediatoren wurden verhaftet. In einem Fall wurden die betroffenen Kirchenleitenden vier Tage von der Polizei festgehalten, obwohl letztendlich keine Anzeige gegen sie erfolgte. Aufgrund mangelnder finanzieller Mittel kann sich der ELCF keinen Rechtsbeistand leisten. Das Sicherheitsproblem für alle, die an den Programmen teilnehmen, ist bis jetzt nicht zufriedenstellende gelöst, da einige Personen in Machtpositionen nicht glücklich sind über das Programm und dessen Auswirkungen auf die Menschen.

Bei einem Workshop für Häuptlinge, politische Führungskräfte, Stammesführer und andere führende Personen der Gemeinwesen im Jahr 2012, planten die Kriegsveteranen der Gegend, den Bischof und seine Mitarbeitenden zu entführen, zu schlagen, zu foltern und umzubringen, da sie die Absichten des ECLF verdächtig fanden. Eine Gruppe Jugendlicher wartete auf das Signal ihres Anführers, der zu dem Treffen gegangen war, um herauszufinden, was diese Kirchenleitenden wollten. Am Ende des zweiten Tages war er überzeugt, dass sie aufrichtig am Friedensprozess interessiert waren und gestand seine ursprünglichen Absichten. Um zu beweisen, dass er die Wahrheit sagte, gab er den Jugendlichen mit einer Pfeife das verabredete Signal und die Jugendlichen traten aus dem naheliegenden Gebüsch hervor, mit Holzscheiten bewaffnet und bereit anzugreifen. Der Anführer der Kriegsveteranen bat die Jugendlichen zu erklären, was sie geplant hatten. Zurück im Workshop bekannte sich der Anführer der Kriegsveteranen öffentlich zu seinen ursprünglichen Absichten, entschuldigte sich bei den Führungspersonen des Gemeinwesens für seine vergangenen Taten und sagte, dass er durch das, was er von den Kirchenleitenden gelernt hatte, nun ein neuer Mensch sei. Er sagte deutlich, dass er wolle, dass jeder Haushalt seines Gemeinwesens an dem Programm teilnehme und dass er selbst gern ein aktives Mitglied des Friedensteams werden möchte.

Bei einer anderen Gelegenheit waren wir uns nicht sicher, ob wir den Veranstaltungsort unversehrt wieder würden verlassen können. Es war ein Treffen mit sehr einflussreichen Führungspersonen der Gemeinwesen, darunter Häuptlinge, Politikerinnen und Politiker verschiedener Parteien, die Polizei, Dorfälteste usw. Am Ende des Workshops gestanden die politischen Führungspersonen, dass sie sich darauf geeinigt hatten, sich um uns zu „kümmern“, sollte sich während des Workshops herausstellen, dass wir der anderen Partei angehörten. Dieses Treffen war das erste Mal, dass sie an einem Treffen teilgenommen hatten, bei dem Mitglieder der anderen politischen Parteien anwesend waren. Die Anspannung in der Halle war greifbar, aber die Mediatorinnen und Mediatoren schafften es, die Situation bis zum Ende des ersten Tages zu entschärfen. Die Teilnehmenden merkten, dass unsere Herangehensweise unparteiisch war und wir nichts anderes als Friedensstifterinnen und Friedenstifter waren und unsere Programme sich mit Problemen des täglichen Lebens und auf das Konfliktmanagement bezogen. Am zweiten Tag gestand der Anführer einer der politischen Parteien, dass er eine schlaflose Nacht hinter sich hatte, da von ihm erwartet wurde, eine Familie gewaltsam aus ihrem Zuhause zu entfernen, er es aber aufgrund dessen, was er am Tag zuvor gelernt hatte, nicht tun konnte. Er hatte für sich erkannt, dass dieser Ansatz keine Beziehungen fördert. Er erzählte, dass er die frühen Morgenstunden genutzt hatte, seine Vorgesetzten darüber zu informieren, dass sie eine friedliche Lösung für dieses Problem finden mussten. Am Ende des Workshops wurde das ELCF mit Anfragen von Häuptlingen, Kriegsveteranen und anderen überschwemmt, ähnliche Workshops in ihren Gemeinwesen durchzuführen.

FINANZIERUNG DES PROGRAMMS

Das Programm des ECLF für das Management und die Bewältigung aller Formen von Konflikten – häusliche, politisch motivierte, innerhalb von Kirchen, im Kraal usw. – informiert die Teilnehmenden über die Strukturen von Konflikten und die verschieden Arten und Ansätze, mit Konflikten umzugehen und sie zu analysieren. Des Weiteren zeigt es auf, wie sich Konflikte verschärfen, wie es durch die Entmenschlichung von Menschen möglich wird, andere zu foltern und umzubringen, und es setzt sich mit dem Gebrauch von Macht, Kommunikation und Mediation auseinander. Dabei werden Beispiele aus Alltagserfahrungen der Teilnehmenden bei sich zuhause, in der Gemeinde, in der Kirche, in der Politik, der Regierung usw. herangezogen, um die Menschen mit der Fähigkeit auszustatten, mit Konflikten gewaltlos umzugehen. Die Begeisterung der Teilnehmenden ermutigt andere dazu, an dem Programm teilzunehmen. Das ECLF verfügt nicht über die notwendigen finanziellen Mittel, um auf die wachsende Zahl von Anfragen für Workshops zu reagieren, die von Gemeinwesen aus allen Provinzen kommen, speziell aus denjenigen Gebieten, die besonders stark die Auswirkungen der politisch motivierten Gewalt spüren. Es sind weitere finanzielle Mittel notwendig, um mehr Mediatorinnen und Mediatoren auszubilden, mehr Sportveranstaltungen zu finanzieren, um die Jugend zu erreichen, von denen die meisten die Schule abgebrochen haben, arbeitslos, frustriert und wütend sind, und denen jeglicher Antrieb fehlt. Sie sind es, die dazu missbraucht werden, gewalttätige Aktionen durchzuführen.

TRANSPORTPROBLEME

Das ELCF hat zwei Fahrzeuge, die es vom UNDP geschenkt bekommen hat, um alle zehn Provinzen abzudecken. Aus diesem Grund konnte das ELCF durchschnittlich nur sieben bis zehn Workshops landesweit durchführen. Wenn die finanziellen Mittel ausreichend wären, könnte das ELCF leicht drei oder vier Workshops pro Woche in allen zehn Provinzen durchführen. Öffentliche Verkehrsmittel sind dabei keine gute Option für die ELCF-Mitarbeitenden, da sie Lehrmittel wie Flipcharts, Informationsmaterial und Notizbücher sowie ihre eigenen Sachen transportieren müssen. In vielen Gemeinden gibt es keine öffentlichen Verkehrsmittel und Minibusse fahren einmal morgens in die eine und einmal abends in die Gegenrichtung. Mitarbeitende müssen oft fünf bis zehn Kilometer vom Veranstaltungsort entfernt aus dem Bus aussteigen und den restlichen Weg zu Fuss zurücklegen. In einem Fall mussten sie mit einem Eselskarren, der vom Gemeinwesen geschickt worden war, anreisen. Das sagt viel über das Engagement unserer Mitarbeitenden aus. Die beiden Fahrzeuge sind ununterbrochen im Einsatz, um möglichst viele Workshops in einer Woche abhalten zu können. Mit mehr Fahrzeugen könnte das ELCF die Wirkungen des Programms in den Gemeinwesen noch enorm verstärken.

ALLGEMEINE ANMERKUNGEN

Die Friedeninitiative des ECLF ist weithin bekannt und akzeptiert. Die Einrichtung für nationale Heilung, Versöhnung und Integration war am Anfang sehr skeptisch, erkennt aber mittlerweile den Beitrag des ECLF zum Friedensprozess in Simbabwe an. Mehrfach hat es Gruppen, die sich am Friedensprozess beteiligen wollen, an das ECLF zu Trainingszwecken verwiesen. 2012 hat die Einrichtung für nationale Heilung, Versöhnung und Integration 70 000 USD durch das UNDP beigesteuert, um das Programm des ECLF in den Gemeinwesen zu unterstützen.

Das ECLF macht sich bei der Regierung stark dafür, rechtliche Grundlagen für einen Heilungs- und Versöhnungsprozess zu schaffen. Betroffene Gemeinwesen sprechen Fragen mit Blick auf restaurative Justiz an, die vom ELCF nicht gelöst werden können und die eine staatliche Gesetzgebung bräuchten. Die Einrichtung für nationale Heilung, Versöhnung und Integration hat endlich eine Gesetzesvorlage entworfen, die sich mit Fragen der Schaffung von Frieden beschäftigt und durch die ein nationaler Versöhnungsrat (Kommission) eingesetzt wird. Die Vorlage ist im Parlament abgesegnet worden und ist nun kurz davor ein offizielles Gesetz zu werden. Zusätzlich hat der Parlamentsausschuss (COPAC) einen Verfassungszusatz entworfen, der sich auf das Nationale Frieden- und Versöhnungskomitee bezieht. Wenn diese Vorlage verabschiedet wird, wird der Friedensprozess in Simbabwe in der Verfassung verankert. Das ECLF hat dazu einen grossen Beitrag geleistet.

Das ECLF hat ausserdem erkannt, dass konstruktives Engagement statt Konfrontation positive Fortschritte im Friedensprozess bringt. Es vertritt die Meinung, dass wir darauf aufbauen müssen, was vorhanden ist und die verschiedenen Prozesse unterstützen müssen, die Veränderung bringen und ein friedvolles Land schaffen werden. Isoliert zu arbeiten wird nicht die erwünschten Ergebnisse bringen. Das ELCF schätzt die Unterstützung durch das UNDP, ohne das es nie entstanden wäre. Bis zum heutigen Tag ist das UNDP der Hauptgeldgeber und ist von der Arbeit des Forums sehr beeindruckt. Die finanziellen Mittel sind jedoch beschränkt und die Bürokratie, die es zu überwinden gilt, um an Gelder zu kommen, war bereits mehrfach Grund für enorme Frustration.

Herausforderungen für Religion und Entwicklung im ACT-Bündnis

Rebecca Larson

Vor einigen Jahren stürzte in der Stadt Minneapolis in den USA während der Rush Hour eine grosse Brücke ein. Dabei kamen dreizehn Menschen ums Leben und neunundsiebzig wurden zum Teil schwer verletzt. Dieser Zwischenfall war ein Schock nicht nur für die Stadt, sondern für das ganze Land – Brücken in grossen amerikanischen Städten dürften nicht einfach einstürzen. Eine der Getöteten war eine Frau, Sherry Engebretsen, Gemeindemitglied der lutherischen „Incarnation Church". Am nächsten Abend wurde ihr Ehemann Ron vom landesweiten Fernsehen interviewt. Die Kamera zeigte ihn, wie er auf einer Couch des TV-Studios sass und seine Arme schützend um seine beiden jungen Töchter legte. Die Reporterin sagte so etwas wie: „So, Herr Engebretsen, dies muss für Sie und für Ihre Kinder sehr schwer sein. Ihr Verlust tut mir sehr leid." Dann wartete sie auf seine Antwort.

Herr Engebretsen wirkte auf mich nicht wie einer, der sich wohl dabei fühlt, in der Öffentlichkeit zu sprechen oder über seine Gefühle zu reden. Doch er holte einmal tief Luft, rang ein wenig mit sich, während die Muskeln seines Nackens hart arbeiteten, um Fassung zu bewahren, zog seine beiden Mädchen näher an sich heran und sagte leise: „Wir sind lutherisch. Wir werden aus Gnade durch den Glauben gerettet. Wir werden es schaffen. Andere werden für uns sorgen, und wir werden für einander sorgen."

Ich war erstaunt und spürte, wie Tränen in meine Augen quollen, und ich fragte mich, welches Zusammenwirken von Gebeten, Sonntagsschule und Konfirmandenunterricht, Predigten und Kirchenliedern und gemeinsamen Essen bei Gemeindetreffen diesen trauernden und emotional so zurückhaltenden Mann so geprägt hatten, dass er im Fernsehen auf die Frage, wie er mit dieser entsetzliche Tragödie in seinem Leben fertig werden könnte, als erstes antwortete: „Wir sind lutherisch. Wir werden aus Gnade durch den Glauben gerettet. Andere werden für uns sorgen, und wir werden für einander sorgen."

Es ist Teil unseres Erbes als Lutheranerinnen und Lutheraner, dass wir aus Gnade durch den Glauben durch die bedingungslose Liebe eines gnädigen Gottes gerettet werden. Und dass wir als dankbare Antwort anderen dienen und andere lieben, insbesondere diejenigen, die am verletzlichsten sind. Dies ist der Glaube, der uns weitergegeben wurde von denen, die uns vorangegangen sind. Und jetzt sind wir an der Reihe, so wie sie zu fragen, was dies für uns als eine lutherische Gemeinschaft und eine ökumenische Familie in diesem Augenblick der Geschichte bedeutet. Die Beziehung zwischen Religion und Entwicklung ist Teil dieser Frage.

Antworten auf diese Frage haben in der Vergangenheit die missionarische Bewegung, die postkolonialen zwischenkirchlichen Beziehungen, das Engagement der Kirchen im Blick auf Befreiungskampf, wirtschaftliche Gerechtigkeit, Genderfragen und Entwicklung geprägt. In Neuendettelsau verkörpern sogar die Pflastersteine der Strassen das erstaunliche Zeugnis des Dienstes, der von diesem Ort aus sich in der ganzen Welt ausgebreitet hat und dies auch weiterhin tut. Doch jetzt richtet sich diese Frage an unsere Generation und an uns alle in der ökumenischen Familie. Wie lieben und dienen wir einander in diesem Augenblick der Geschichte – in einer Welt, die tief gebrochen ist durch Ungerechtigkeit, Konflikt und nicht miteinander geteiltes Brot. Diese Frage ist von höchster Bedeutung für glaubende Menschen, und sie steht ganz oben auf der Tagesordnung des ACT-Bündnisses. Für ACT kann sie nur im Gespräch mit und in Verbindung mit den Kirchen beantwortet werden.

Das ACT-Bündnis ist ein Netzwerk von 132 Kirchen und kirchennahen Organisationen und Werken, die mit dem Ökumenischen Rat der Kirchen und dem Lutherischen Weltbund verbunden sind. Die Mitglieder des ACT-Bündnisses arbeiten in drei Bereichen: humanitäre Nothilfe, Entwicklung und Advocacy. Das ACT-Bündnis ist in 140 Ländern vertreten und arbeitet durch nationale Mitgliederforen zusammen mit einheimischen Kirchen, Menschen anderer Religionen, der Zivilgesellschaft, Vertretungen der Vereinten Nationen und allen Menschen guten Willens. Zusammengenommen haben die ACT-Mitglieder, von denen 77 Prozent aus dem globalen Süden kommen, eine lokale Präsenz und eine globale Reichweite, die das ACT-Bündnis zu einer der grössten humanitären und Entwicklungshilfeorganisationen in der Welt machen.

In der Regel sind Mitglieder des ACT-Bündnisses Kirchen oder kirchliche und kirchennahe Organisationen, die eine Entwicklungsabteilung haben, die auf humanitäre Nothilfe und Entwicklungsarbeit spezialisiert ist, oder die sich ausschliesslich der humanitären Hilfe oder der Entwicklungsarbeit widmen. Als ACT-Mitglieder verpflichten sie sich, besonders verwundbaren Menschen unabhängig von Rasse, Geschlecht, Glauben, Nationalität, ethnischer Zugehörigkeit oder politischer Überzeugung zu dienen. Alle ACT-Mitglieder halten sich an eine Reihe von wichtigen internationalen und bündnisinternen Richtlinien und Massstäben, die die Arbeitsweise der ACT-Mitglieder bestimmen und die Beteiligung und den Schutz der Menschen und Gemeinschaften, mit denen sie arbeiten, gewährleisten. Dies ist ein wichtiger Teil unserer Transparenz und Rechenschaft und trägt dazu bei, die Würde aller zu achten. Die ACT-Mitglieder setzen sich dafür ein, mit örtlichen Kirchen, die keine ACT-Mitglieder sind, zusammenzuarbeiten, und es gibt viele gute Beispiele dafür, wo dies durch Foren oder auf andere Weise geschieht, wenngleich wir wissen, dass es auch Situationen gibt, wo dies noch nicht in der Weise stattfindet, wie wir es für die Zukunft erhoffen.

Nun wende ich mich den Herausforderungen von Religion und Entwicklung für das ACT-Bündnis zu. In erster Linie ist die Beziehung zwischen Religion und Entwicklung für das ACT-Bündnis sehr viel mehr eine Inspirationsquelle als eine Herausforderung – genau deshalb, weil der Dienst am anderen Menschen zu unserer DNA als Kirchen und kirchlichen Organisationen gehört. Wir können nicht anders. Es ist Teil unserer Identität. Und das bedeutet, dass alles, was von ACT-Mitgliedern getan wird, nicht aus wirtschaftlichen oder sozialen oder kulturellen oder Gender-Analysen entspringt – so wichtig diese auch für unsere Arbeit sind –, sondern aus unserer Glaubensüberzeugung. Und unsere Glaubensüberzeugung und nicht äussere Quellen bestimmen, wie wir arbeiten, welche Massstäbe wir anwenden und wie wir Gott und den Menschen, denen wir dienen, Rechenschaft schuldig sind.

Vor Kurzem habe ich noch einmal die Gründungsdokumente des ACT-Bündnisses gelesen, die erst zwei Jahre alt sind, wenngleich die gemeinschaftlichen Erfahrungen aller ACT-Mitglieder zusammen mehr als 2000 Jahre umfasst. Es ist sehr wichtig, darauf hinzuweisen, dass es bei der Gründung des ACT-Bündnisses für deren Mitglieder, die alle in der Entwicklungsarbeit tätig sind, wichtig war, am Anfang ihre theologischen Glaubensüberzeugungen und Verpflichtungen zu bekräftigen und dann erst aus diesen Verpflichtungen abzuleiten, was ACT tun wird und wie wir es gemeinsam tun werden. Dieser Ausdruck von Identität und Wertvorstellungen ist sehr eindrucksvoll und bewegt mich zutiefst.

In dieser Erklärung heisst es:

> Wir glauben, dass alle Menschen nach dem Bild Gottes geschaffen sind. Daher werden wir …
>
> Wir glauben, dass Gott, der Vater, wie er durch seinen Sohn Jesus Christus bekannt und durch den Heiligen Geist und die Heilige Schrift offenbart worden ist, der Gott der Liebe ist, der den Armen und Unterdrückten zur Seite steht. Daher werden wir …
>
> Wir glauben, dass die Kirche dazu aufgerufen ist, Gottes barmherzige Liebe für alle Menschen sichtbar zu machen und für eine versöhnte menschliche

> Gemeinschaft zu arbeiten. Dieses Zeugnis wird der Welt klarer vermittelt, wenn wir zusammenarbeiten als Glieder des einen Leibes Christi. Daher werden wir ...
>
> Wir glauben, dass die Erde und alles, was sie enthält, Gottes Gaben sind, die er aus Liebe und Fürsorge für alle Geschöpfe gegeben hat. Daher werden wir ...
>
> Wir glauben, dass die uns zur Verfügung stehenden Ressourcen nicht uns gehören, sondern eine Gabe Gottes sind, und dass unsere Berufung zum Dienst uns dazu aufruft, uns getreu an die Grundsätze guter Haushalterschaft zu halten. Daher werden wir ...[1]

Dies ist die Identität von ACT, wie sie von seinen Mitgliedern formuliert worden ist. Dies beschreibt auch die grundlegende, inhärente und unauflösbare Verbindung zwischen Religion und Entwicklung im ACT-Bündnis.

Wie sehen nun diese theologischen Werte aus, wenn sie in transformierende Entwicklung umgesetzt werden? ACT vertritt die Auffassung, dass das Bekenntnis zum Glauben die Ablehnung jener Bedingungen, Strukturen und Systeme erfordert, die Armut, Ungerechtigkeit, Missbrauch von Menschenrechten und Umweltzerstörung fortbestehen lassen. Konkret bedeutet dies, dass ACT sich darum bemüht, Folgendes zu verwirklichen:

- **Partizipation –** das Recht auf Selbstbestimmung für alle Kinder Gottes in allen Lebensbereichen

- **Befähigung –** Einzelne und Gemeinschaften überwinden ungerechte Machtbeziehungen, um ihre Menschenrechte geltend zu machen; einschliesslich Formen von Beziehungen, Stärkung von gemeinschaftlichen Institutionen und Aufbau technischer Kapazitäten

- **Kapazitätsentwicklung –** die Entwicklung von Kapazitäten von Menschen und Gemeinschaften, deren Rechte, selbst ihre eigene Zukunft zu bestimmen, verletzt worden sind, durch die Förderung von Fähigkeiten, Kenntnissen und Zugang zu Ressourcen

- **Nichtdiskriminierung –** achtet die gottgegebene Würde jedes Menschen

- **Gleichstellung der Geschlechter –** erfordert eine Genderanalyse von Rollen und Beziehungen, einschliesslich Machtbeziehungen von und zwischen Männern und Frauen, führt zu voller Teilhabe von Frauen und Männern an einer transformierenden Entwicklung und stellt

---

[1] **www.actalliance.org/search?Searchable Text=founding+document**

sicher, dass Frauen Zugang zu und Kontrolle über ihren Anteil an den Ressourcen haben.

- **Kulturelle und spirituelle Sensibilität** – ein ganzheitliches Verständnis des Menschen, so dass die kulturellen und spirituellen Aspekte und Praktiken von Menschen und Gemeinschaften anerkannt, geachtet, gefördert und in den Entwicklungsprozess einbezogen werden; kulturelle und religiöse Praktiken, die Menschen Schaden zufügen und ihre Menschenrechte untergraben, sollten hinterfragt werden. Das ACT-Bündnis benutzt keine Entwicklungshilfe zum Zweck der Proselytismus.

- **Bekräftigung der Menschenrechte** – stellt sicher, dass Regierungen ihrer Verantwortung und Verpflichtung nachkommen, die Rechte der Menschen durchzusetzen; konzentriert sich auf die Recht der am stärksten ausgegrenzten und diskriminierten Rechtsinhaberinnen und Rechtsinhaber.

- **Advocacy** – befasst sich mit den Grundursachen und Auswirkungen von Armut und Ungerechtigkeit auf Ebene der Gemeinschaft sowie auf nationaler und internationaler Ebene; am effektivsten, wenn Menschen sich selbst für ihre eigenen Anliegen eintreten.

- **Frieden, Versöhnung und rechte Beziehungen** – erfordern eine Analyse der Ursachen von Konflikt und Gewalt, setzen sich ein für Beendigung von Unterdrückung und gewalttätiger Konfrontation, beziehen Präventions- und Versöhnungsstrategien ein; befähigen einzelne Menschen und Gruppen, frühere traumatische Ereignisse zu bewältigen.

- **Effektive Kommunikation** – hört, achtet und verstärkt die Stimmen derjenigen, die ausgegrenzt sind und deren Rechte verletzt worden sind; ist inklusiv im Blick auf Geschlecht, Rasse und Kultur; ist transparent hinsichtlich Macht und Finanzen; stellt Menschen mit Würde und Respekt dar.

- **Ökologische Nachhaltigkeit** – hinterfragt politische Massnahmen und Praktiken, die Gottes Schöpfung bedrohen; setzt sich dafür ein, natürliche Ressourcen zu bewahren, zu erhalten und zu regenerieren; nutzt Wissen und Erfahrung von Menschen, einschliesslich indigener Völker.

- **Übermässiger Konsum und mangelndes Miteinanderteilen** – fördert Sensibilisierung, veränderte Einstellungen und Verhaltensweisen innerhalb von Gemeinschaften mit überschüssigen Ressourcen und der Fähigkeit, Veränderungen zu bewirken.

In der täglichen Arbeit von ACT-Mitgliedern gibt es viele Beispiele für eine Überschneidung von Religion und Entwicklung. In einigen Fällen werden ACT-Programme in vorwiegend muslimischen Ländern durchgeführt, wie beispielsweise in Mauretanien oder im Sudan. Der frühere Direktor der Abteilung Weltdienst im LWB, Brian Neldner, erzählt, wie er zu Gesprächen mit der Regierung von Mauretanien eingeladen wurde und die Geschichte des barmherzigen Samariters aus der christlichen heiligen Schrift vortrug, um an diesem Beispiel zu erklären, welches Interesse der Weltdienst daran hatte, mit Umweltprogrammen in Mauretanien zu beginnen. Damit begann eine langjährige Präsenz des LWB in Mauretanien, die zu sehr effektiven Programmen führte, die von fachkundigen und engagierten Mauretanierinnen und Mauretaniern, viele davon Frauen, geleitet werden. In einem bestimmten Projekt ging es um die negativen gesundheitlichen Folgen von Genitalverstümmelung bei jungen Mädchen. Da es nicht möglich war, dieses Problem anzugehen, ohne sich auch mit dessen religiösen Aspekten zu befassen, wandte sich der LWB-Stab an die leitenden Imame und teilten ihnen ihre Beobachtungen und Besorgnisse mit. Die Imame sagten zu, dass sie sich mit diesem Problem befassen würden und wandten sich dann wieder an den LWB mit der Mitteilung, dass sie in der muslimischen heiligen Schrift nichts gefunden hatten, was eine weibliche Genitalverstümmelung erfordere, und dass sie bereit seien, das Programm in den Gemeinwesen zu unterstützen. In Eritrea haben lutherische, orthodoxe und muslimische Gemeinschaften viele Jahre lang in einer Art von *diapraxis*-Dialog zusammengearbeitet, indem sie im ganzen Land in genossenschaftlichen Gemeinschaftsprojekten zusammengearbeitet haben. Als vor einigen Jahren das Weltdienst-Programm des LWB in Kambodscha in eine unabhängige nationale Organisation überging, wählte der buddhistische Mitarbeiterstab den Namen LWD (Life With Dignity – Leben in Würde), um die ersten beiden Buchstaben vom LWB beizubehalten, und zeigten auf ihrem neuen Logo Hände, die von einem stilisierten Symbol ausgehend, das sie als ein Kreuz kennen, auf die Welt hin ausgestreckt sind. In Jerusalem ist die Präsenz des LWB im Auguste-Viktoria-Krankenhaus, das auf dem Ölberg liegt und mit palästinensischen Mitarbeitenden der palästinensischen Bevölkerung dient, zugleich ein Symbol und ein Katalysator für Frieden in diesem leidgeprüften Land. Es gibt noch sehr viel mehr Geschichten darüber, wo Religion und Entwicklung sich für die Mitglieder des ACT-Bündnisses überschneiden, gerade weil wir in einer Welt leben und dienen, wo es Menschen mit vielen verschiedenen Religionen und Menschen ohne Glauben gibt. ACT ist da, um überall dort zu dienen, wo es menschliches Leid gibt, und wir glauben, dass wir Erfolg haben, wenn Menschen, mit denen wir arbeiten, die Erfahrung machen, dass wir da sind, um zu dienen.

Wie stellen wir in diesem Augenblick der Geschichte fest, was wir tun müssen, um andere Menschen in einer leidenden Welt zu lieben und ihnen zu dienen? Als eine Antwort möchte ich etwas zu den Überlegungen des ACT-Bündnisses angesichts der raschen Veränderungen der Welt sagen, die ungeheure Konsequenzen für die Entwicklungsarbeit der Kirchen und der kirchlichen Organisationen haben. Für die Erörterung dieses Phänomens verwenden wir bei ACT gewöhnlich den Begriff „des sich wandelnden Entwicklungsparadigmas“. Die Analyse ist bisher auf Erfahrung und Richtlinien aufgebaut, und ACT beabsichtigt, sie weiter zu vertiefen und zu präzisieren, auch auf der ÖRK-Vollversammlung 2013 in Busan.

Was verstehen wir unter dem „sich wandelnden Entwicklungsparadigma“? Dabei gibt es zwei Ebenen, die gleichzeitig beachtet werden müssen. Die erste hat etwas damit zu tun, was an Entwicklung in dem bestehenden und uns bekannten Paradigma geschieht, das die Arbeit der ökumenischen Familie in den vergangenen Jahren geprägt hat. Dazu gehören jetzt auf weltweiter Ebene insbesondere zwei Prozesse, an denen ACT als Organisation, die aus dem Glauben heraus handelt und mit der Zivilgesellschaft, Regierungen und dem System der Vereinten Nationen zusammenarbeitet, beteiligt ist.

Als erstes stellt sich die Frage, was nach 2015, dem Abschluss der Millenniums-Entwicklungsziele (Millennium Development Goals, MDG) geschehen wird. ACT ist mit vielen anderen durch nationale Konsultationen und die Vereinten Nationen stark in der Zivilgesellschaft engagiert, wobei darüber nachgedacht wird, was jetzt im Licht des teilweisen Erfolgs, aber auch des erstaunlichen allgemeinen Misserfolgs der MDG geschieht. Damit zusammen hängt die in diesem Monat beginnende neue globale Struktur für effektive Entwicklung: Civil Society Organization (CSO) Partnership for Development Effectiveness (CPDE) – die Partnerschaft von zivilgesellschaftlichen Organisationen für effektive Entwicklung. In dieser Partnerschaft kommen 13 zivilgesellschaftliche Gruppierungen zusammen, von denen eine die aus dem Glauben heraus Handelnden sind, schafft die CPDE etwas, was es vorher so nicht gegeben hat: eine gemeinsame weltweite Entwicklungsplattform zum Austausch über Erfahrungen, Erarbeitung politischer Richtlinien und Advocacy. Von den etwa fünfzig Sitzen (die endgültige Anzahl soll noch festgelegt werden) im leitenden Rat der CPDE werden vier und später vielleicht fünf Sitze Organisationen zugeteilt, die aus dem Glauben heraus handeln. Derzeit werden vier Sitze von dem ACT-Bündnis, von AACC, vom LWB und Caritas Internationalis besetzt. Dies ist ein wichtiger Beweis dafür, dass die Bedeutung und Effektivität der Organisationen, die aus dem Glauben heraus handeln, in Entwicklungsprozessen weltweite und öffentliche Anerkennung durch die übrige Zivilgesellschaft findet.

Diese Beispiele weisen auf das Engagement der ökumenischen Organisationen, die aus dem Glauben heraus handeln, im ACT auf der Ebene der globalen Entwicklungspolitik hin, das nur möglich ist durch die dem

ACT-Bündnis und anderen glaubensbasierten Organisationen zugesprochene Legitimität aufgrund ihres breiten Einsatzes für Entwicklung auf Ebene der Gemeinschaften. Leider ist nicht ausreichend untersucht worden, um den Umfang dieses Engagements tatsächlich in Zahle ausdrücken zu können, obwohl dieses Engagement zunimmt und wichtige quantitative und qualitative Daten liefert, um das zu untermauern, was in Ländern und Gemeinschaften in der ganzen Welt erlebt wird. Die Statistiken unterscheiden sich von Land zu Land, von Region zu Region und zwischen verschiedenen Bereichen. Aber wir wissen aus Studien wie die vom „African Religions Health Assets Programme" (ARHAP) durchgeführte Studie „Appreciating Assets: The Contribution of Religion to Universal Access in Africa" (Fortschritte anerkennen: Der Beitrag der Religion zu allgemeinem Zugang in Afrika), dass allein in Afrika und allein in Verbindung mit dem Gesundheitssektor Organisationen, die aus dem Glauben heraus handeln, bei der Prävention von Krankheiten, der Behandlung und der Pflege eine sehr viel grössere Rolle als früher spielen. Oft gehören etwa vierzig Prozent der Gesundheitsdienste diesen Organisationen oder werden von ihnen betrieben. Solche Dienste arbeiten gewöhnlich ausserhalb der Planung der Regierung und neigen daher dazu, als entscheidende Faktoren im Gesundheitssystem unbeachtet oder ohne Unterstützung zu bleiben. Einschlägige Studien weisen darauf hin, dass die Bereitstellung von landesweiten Gesundheitsdiensten durch Organisationen, die aus dem Glauben heraus handeln, in der afrikanischen Subsahara-Region dreissig bis siebzig Prozent ausmachen (wenngleich der höhere Anteil sich auf Katastrophensituationen bezieht).

Auf der zweiten Ebene des sich wandelnden Entwicklungsparadigmas wenden wir uns einem sehr anderen Paradigma zu, das wir noch nicht kennen, von dem wir aber wissen, dass es auf uns zukommt. Im ACT-Bündnis sind wir davon überzeugt, dass wir auf einen tiefgreifenden Wandel zugehen – einen totalen Paradigmenwechsel – im Blick darauf, wie Entwicklung auf der politischen Ebene verstanden sowie überall in der Welt praktiziert wird, und dass dieser Wandel in sehr naher Zukunft eintreten wird. Wir glauben, dass wir uns darauf vorbereiten müssen während wir gleichzeitig versuchen müssen, diesen Wandel zu gestalten. Im Folgenden werde ich einige der Faktoren auflisten, die bekanntlich dazu beitragen werden, einen radikalen Wandel in dem uns vertrauten globalen Entwicklungskontext herbeizuführen.

- **Klimawandel:** Der Klimawandel wirkt sich rasch auf das Leben von lokalen Gemeinschaften sowie auf entwickelte globale Systeme und Formen aus, und wir wissen, dass in Armut lebende Menschen von den negativen Auswirkungen unverhältnismässig stark betroffen sind. Wir rechnen mit mehr und intensiveren Naturkatastrophen – plötzlichen Krisen wie Überflutungen und allmählich einsetzenden Krisen wie Dürre, wodurch der Bedarf an humanitärer Nothilfe ansteigt und sehr viel mehr Menschen auf der Flucht sind.

- **Weltweite demographische Veränderungen, insbesondere bei der Jugend:** Es gibt weltweit grundlegende Veränderungen in der Menschheitsfamilie, insbesondere bei den Jugendlichen unter fünfundzwanzig Jahren. Allein in Südafrika sind über zwei Millionen Jugendliche ohne Arbeit. Wir haben auch gesehen, welche neue Rolle die Jugend bei den jüngsten sozialen und politischen Unruhen, einschliesslich des arabischen Frühlings, gespielt hat.

- **Globale Kommunikation:** Die globale Kommunikation verändert sich täglich. In den entlegendsten Gebieten stehen neue Formen und Technologien bereit, die Machtunterschiede abbauen und unmittelbar soziale Verbindungen bzw. politische Netzwerke ermöglichen. In direkter Verbindung mit den demographischen Veränderungen bei der Jugend wirken sich die technologischen Veränderungen im sozialen, politischen und kulturellen Bereich auf die globale und persönliche Kommunikation aus, wie man es wiederum bei den Ereignissen des arabischen Frühlings beobachten kann. Aus einer anderen Sicht ermöglichen auf dem neuesten Stand der Entwicklung stehende kommunikationsbezogene Technologien auch neue Formen einer tödlichen Drohnen-Kriegführung, mit der es möglich wird, überall in der Welt Menschen zu töten, während man in seinem Büro Kaffee trinkt und dabei das bestehende internationale Recht und der Schutz der Zivilbevölkerung als technologisch obsolet abgetan werden.

- **Verlagerung des geopolitisch/ökonomischen Gleichgewichts der Regierungen:** Länder mit mittlerem Einkommen wie Brasilien, die Philippinen und Indien übernehmen auf neue Weise politische, wirtschaftliche und entwicklungsbezogene Rollen und ermöglichen damit veränderte finanzielle, wirtschaftliche und politische Einflussnahmen und Bündnisse, auch im Blick auf Entwicklungsfinanzierung.

- **Sich verändernde Verpflichtungen von Regierungen im globalen Norden:** Regierungen im globalen Norden bieten keine Unterstützung und Fürsorge mehr für in Armut lebende Menschen in anderen Teilen der Welt oder im eigenen Land. Wo früher gewöhnlich die Frage gestellt wurde: „Um wieviel werden wir die offizielle Entwicklungshilfe kürzen müssen", stellen wir jetzt fest, dass eine neue Frage die Budgetvergabe bestimmt: „Warum haben wir überhaupt eine offizielle Entwicklungshilfe?" Wir sehen bereits, wie dies das ökumenische Finanzierungssystem mit den sich daraus ergebenden Folgen für Partner im globalen Süden negativ beeinflusst.

- **Auftreten neuer Entwicklungsakteure:** Der private Sektor (zunehmend mehr Entwicklungsgelder fliessen in den privaten Sektor unter der Annahme, dass der private Sektor Hilfe und Entwicklung effektiver und mit mehr Rechenschaft über die Auswirkungen leisten kann), und militärische Akteure (die häufig den privaten Sektor als Zulieferer nutzen) sind immer mehr an der Bereitstellung von humanitärer Hilfe beteiligt.

- **Interreligiöse Möglichkeiten und Herausforderungen:** Diese wirken sich im politischen, kulturellen und wirtschaftlichen Bereich aus. Die Arbeit des „Women in Peacebuilding Network" (WIPNET – Frauen im Netzwerk zur Schaffung von Frieden) ist ein starkes Zeugnis dafür, was erreicht werden kann, wenn Menschen aus verschiedenen Glaubenstraditionen zusammenarbeiten. Darüber hinaus wird durch das Auftreten neuer und einflussreicher religiöser Akteure die religiöse und ökumenische Landschaft verändert, auch wenn die globale Politisierung extremer religiöser Positionen aus verschiedenen Glaubenstraditionen solche Zusammenarbeit und die Sicherheit der Menschheitsfamilie gefährdet.

- **Weniger Spielraum für zivilgesellschaftliche Akteure, besonders im Bereich der Menschenrechte:** Die vom ACT-Bündnis durchgeführten Untersuchungen im Blick auf den schrumpfenden Spielraum der Zivilgesellschaft bestätigen, was viele Entwicklungs- und Menschenrechtshelferinnen und -helfer aus Erfahrung wissen: dass in vielen Teilen der Welt der Raum für die Unterstützung von marginalisierten Menschen und für die Gewährleistung des Schutzes ihrer Menschenrechte immer enger wird. Fallstudien, die von ACT-Mitgliedern in Brasilien, Kolumbien, Guatemala, Honduras, Indien, Indonesien, Malawi, Paraguay, Peru und Simbabwe durchgeführt wurden, zeigen, dass es für zivilgesellschaftliche Organisationen immer schwieriger wird, ihren Auftrag zu erfüllen.

- **Verlagerung der Analyse von Nord/Süd nach multilateraler Orientierung:** Die heute bestehenden Prämissen, die eine Nord/Süd-Analyse widerspiegeln – wie sie vorwiegend in der ökumenischen Bewegung benutzt wird –, werden zunehmend unzulänglich werden, wenn es darum geht, globale Interaktionen der Menschen zu beurteilen oder zu interpretieren, insbesondere in Bezug auf das Machtverhältnis und die Verteilung von Ressourcen.

Dies sind nur einige der Faktoren, die einen sich rasch verändernden Kontext darstellen, der sich schon jetzt in beträchtlicher Weise auf die uns bekannten Entwicklungsmuster auswirkt, mit gewaltigen Folgen für alle Akteure, einschliesslich der Organisationen, die aus dem Glauben heraus handeln. Wir im ACT-Bündnis wissen noch nicht, wie ein neues Entwicklungsparadigma aussehen wird, doch wir sind überzeugt, dass wir teilhaben müssen an dem Verständnis und der Gestaltung dieser sich entfaltenden Zukunft.

Eine solche Arbeit können und sollten wir im ACT-Bündnis nicht allein tun. Es ist eine Aufgabe, die gemeinsam angepackt werden muss vom ACT-Bündnis, von der ganzen ökumenischen Familie, von anderen zivilgesellschaftlichen Akteuren und allen Institutionen und Menschen guten Willens. Diese Arbeit ist unserer Generation aufgetragen – als Antwort auf Gottes Liebe für uns und eine leidende Welt.

„Faith-based Organizations“ und ihre besonderen Stärken[1]

Kjell Nordstokke

Einleitung

In den letzten Jahrzehnten hat sich der englische Begriff „faith-based organization“ (FBO), auf Deutsch in etwa „Organisationen, die aus dem Glauben heraus handeln“, im öffentlichen Diskurs in der englischsprachigen Welt immer mehr durchgesetzt. Grund dafür ist die zunehmende Anerkennung der Rolle religiöser Akteure in der Gesellschaft – auf nationaler und internationaler Ebene –, und dies insbesondere in der internationalen Hilfe.

Im vorliegenden Artikel werde ich einige der Gründe darlegen, weshalb FBOs in der internationalen Entwicklungszusammenarbeit zunehmende Anerkennung erhalten, auf einige kritische Äusserungen verschiedener Forscherinnen und Forscher hinsichtlich der Verwendung des Begriffs eingehen und einige der Versuche aufzeigen, eine Typologie zu entwickeln, die ein besseres Verständnis der Vielfalt unter den FBOs ermöglicht. Zudem werde ich kurz die Rolle von FBOs als Anbieter von Gesundheitsdienstleistungen untersuchen und den Begriff „Religious Health Assets“ (RHA, auf Deutsch etwa die besonderen Stärken, der Mehrwert religiöser Organisationen im Gesundheitsbereich) einführen, der in den letzten Jahren herangezogen worden ist, um das Besondere religiöser Gesundheitsdienste zu dokumentieren und zu analysieren, vor allem im Afrika südlich der Sahara, wo Kirchen und Missionen noch immer für den Erhalt von mehr als der Hälfte dieser Dienstleistungen aufkommen.

Obwohl der Schwerpunkt auf der internationalen Hilfe, genauer gesagt auf der Rolle von FBOs aus den nordischen Ländern wie Missionsorganisationen und kirchlichen und kirchennahen Diensten und Werken innerhalb der inter-

---

[1] Die englische Originalfassung ebenfalls veröffentlicht in: *Swedish Missiological Themes*, Bd. 101, Nr. 2, Uppsala, 2013.

nationalen Diakoniearbeit (zum Beispiel Norwegian Church Aid) liegt, können die vorliegenden Erwägungen auch für die nationale Ebene von Bedeutung sein. In Norwegen gibt es rund 150 Diakonieeinrichtungen, die sich in der Gesundheits- und Sozialarbeit engagieren.[2] Sollten sie als FBOs bezeichnet werden? Ist es sinnvoll, im Rahmen ihrer Arbeit von religiösem oder gar diakonischem Mehrwert zu sprechen, zum Beispiel bei der Stadtmission? Könnte es für die diakonischen Organisationen in den nordischen Ländern nützlich sein, die Erkenntnisse aus der Diskussion über FBOs und RHAs unter Gelehrten und in der Praxis Tätigen, zum Beispiel im südlichen Afrika, anzuwenden?

Die Rückkehr der Religion in den öffentlichen Raum

Im Februar 1998 trafen sich Führungsverantwortliche mehrerer Weltreligionen auf Einladung des damaligen Erzbischofs von Canterbury, George Carey, und James Wolfensohn, dem Präsidenten der Weltbank, im Lambeth Palace in London. Dieses Treffen kann als Zeichen der Neuorientierung gewertet werden, die sich in der Folge in der Beziehung zwischen den Akteuren der internationalen Entwicklungszusammenarbeit und den religiösen Führungsverantwortlichen abspielte. Sie beinhaltete ein neues Verständnis von Religion und der Rolle religiöser Akteure in der Entwicklungszusammenarbeit, und damit auch ein zunehmendes Interesse an FBOs und ihrem besonderen Beitrag.[3]

Nach dem Treffen in London wurde der Dialog auf verschiedenen Ebenen fortgeführt. 2001 lud die Weltbank religiöse Führungspersönlichkeiten ein, zu den Überlegungen rund um den jährlich erscheinenden „Weltentwicklungsbericht“ beizutragen. Katherine Marshall wurde zur Direktorin einer neuen Abteilung innerhalb der Weltbank ernannt, dem Direktorat für Glauben (später umbenannt in „Development Dialogue on Values and Ethics“, DDVE – Entwicklungsdialog über Werte und Ethik). Verschiedene Länder unternahmen ähnliche Initiativen: Die niederländischen Behörden schufen das Wissensforum über Religion und Entwicklungspolitik, zu dem sie nationale Leiterinnen und Leiter von FBOs einluden, damit sie

---

[2] Eine Präsentation der Diakonie-Einrichtungen in Norwegen und ihrer Rolle als Anbieter von Diensten im öffentlichen Wohlfahrtssystem findet sich im Buch von Olav Helge Angell: „Institusjonsdiakonien i den norske velferdsstaten“, in: Einar Aadland (Hg.): „Kan institusjoner elske? Samtidsessayer om diakonale virksomheter“, Oslo, 2009, S. 31-49.

[3] Christopher L. Pallas: „Canterbury to Cameroon: A New Partnership between Faiths and the World Bank“, in: „Development in Practice“, Bd. 15, Nummer 5, 2005, S. 677-84.

die Besonderheit ihres Handelns darlegten. In der Schweiz verfassten die Behörden ein Arbeitspapier über die „Rolle und Bedeutung von Religion und Spiritualität in der Entwicklungszusammenarbeit“. Als dieses Papier 2005 veröffentlicht wurde, schrieb Walter Fust, der Direktor der Direktion für Entwicklung und Zusammenarbeit (DEZA), im Vorwort dazu:

> Religion und Spiritualität sind Quellen von Welt- und Lebensbildern; sie stellen politische und gesellschaftliche Gestaltungskräfte dar; sie sind Kräfte von Kohäsion und Polarisierung; sie generieren gesellschafts- und entwicklungspolitische Impulse; sie dienen als Instrumente politischer Referenz und Legitimation. Die Entwicklungszusammenarbeit kann es sich nicht leisten, Religion und Spiritualität auszublenden.[4]

Für dieses plötzliche Interesse an der Rolle von Religion in der Entwicklungszusammenarbeit und der FBOs als Entwicklungsförderer gab es verschiedene Gründe. Viele waren zum Schluss gelangt, dass Jahrzehnte der Entwicklungshilfe nicht die erwarteten Ergebnisse gebracht hatten, weil die von der Regierung umgesetzten Entwicklungsprojekte sich als unwirksam und in hohem Masse korrupt erwiesen hatten. Eine weitere Kritik war, dass die westliche Hilfe sich zu oft auf den Transfer von Wissen, Technologie und Kapital konzentriert und dabei den lokalen Kontext von Kultur und Religion und die Weltbilder der gewöhnlichen Leute nicht genügend berücksichtigt hatte. Die Kritikerinnen und Kritiker hoben hervor, dass die Entwicklungshilfe grösstenteils durch „säkularen Reduktionismus“ und „materialistischen Determinismus“ geprägt sei,[5] ohne dass die unterschiedlichen Dimensionen der Prozesse gesellschaftlichen Wandels verstanden würden. Für die meisten Menschen im globalen Süden ist das Leben ein Ganzes: Werte werden nicht nur als greifbar, sondern ebenso als spirituell verstanden und, wichtiger noch, die materielle und die spirituelle Welt sind eng miteinander verflochten. Wohlfahrt sollte deshalb als Wohlergehen im weitesten Sinne verstanden werden.

Diese Analyse zeigt sich übereinstimmend mit einer allgemeinen Kritik der Moderne und ihres Säkularisierungsprojektes. Sie spiegelt in vielerlei Hinsicht ein Phänomen wider, das oft als „Rückkehr der Religion“ bezeichnet wird. Europa, wo das Religiöse hauptsächlich auf die Privatsphäre

---

[4] Anne-Marie Holenstein: „Rolle und Bedeutung von Religion und Spiritualität in der Entwicklungszusammenarbeit“, Bern, Direktion für Entwicklung und Zusammenarbeit, 2005, S. 4.

[5] Gerard Clarke: „Agents of Transformation? Donors, Faith-Based Organizations and International Development“, in: „Third World Quarterly“, Bd. 28, Nr. 1, 2007, S. 77-96.

beschränkt worden war, erlebte nun, was als „Entprivatisierung" der Religion[6] beschrieben worden ist: eine Verlagerung hin zu einer postsäkularen Gesellschaft mit neuem Raum für religiöse Akteure in der Zivilgesellschaft. Mit anderen Worten: Es wurden sowohl neue ideologische Trends, als auch neue gesellschaftliche Praktiken eingeführt. Dies zeigte sich auf anschauliche Art in der Stimmung, die an der Schwelle zum neuen Jahrtausend herrschte; ein Ereignis, das viele als Übergang in eine neue Ära erlebten. Als die Vereinten Nationen die Milleniumsentwicklungsziele ankündigten, kommentierten einige Beobachterinnen und Beobachter, dies sei „mit einer fast religiösen oder spirituellen Aussagekraft" geschehen[7]. Die von den Kirchen initiierte Kampagne „Erlassjahr 2000" für den Schuldenerlass, die offiziell im Jahr 1996 ins Leben gerufen worden und durch das biblische Konzept des Erlassjahres – als diejenigen, die aufgrund ihrer Schulden versklavt worden waren, freikamen – inspiriert war, brachte eine ganze Welt in Bewegung, mit Aktionen in mehr als sechzig Ländern und dem Sammeln von 24 Millionen Unterschriften. Sie motivierte Politikerinnen und Politiker und Staatsangestellte aus dem Entwicklungsbereich dazu, ihre moralische Verantwortung und Verpflichtung zu erneuern. Der zuvor erwähnte Dialog in London wurde stark durch dieses Engagement inspiriert.

Auch andere Ereignisse trugen zu dieser Entwicklung bei. Im Januar 1980 gab Präsident Reagan grünes Licht für den Zugang christlicher Hilfsorganisationen zu öffentlichen Hilfsgeldern, sowohl auf nationaler wie auch auf internationaler Ebene. Es wurde öffentlich erklärt, die zunehmende Beteiligung von FBOs im öffentlichen Raum sei politisch erwünscht.[8] Dies mag zwar als Wiederbelebung der öffentlichen Religion in den USA gesehen werden, neu jedoch war, dass von da an konservative christliche Gruppen eine Führungsrolle im Kontakt zu den Behörden übernahmen. Im Oktober 2004 wurde FBOs der Zugriff auf Mittel von USAID eröffnet. USAID hatte kurz zuvor ein Zentrum für glaubens- und gemeinschaftsbasierte Initiativen (Centre for Faith-Based and Community Initiatives) geschaffen. Die politischen Anweisungen der Regierung Bush stellten klar, dass Projekte, die religiöse und moralische Ansichten förderten, keinen Einschränkungen unterliegen würden. Den FBOs gelang es, Einfluss auf die Politik von USAID zu nehmen, mit dem Ergebnis, dass in der Bekämpfung von HIV

---

[6] José Casanova: „Public Religion in the Modern World", Chicago, 1994.

[7] Katherine Marshall und Lucy Keough (Hg.): „Mind, Heart and Soul in the Fight against Poverty", Washington D.C., The World Bank, 2004, S. 4.

[8] Gerard Clarke: „Faith Matters: Faith-Based Organizations, Civil Society and International Development", in: „Journal of International Development" 18, 2006, S. 835-48, hier S. 837.

und AIDS verschiedene einschränkende Kriterien auferlegt wurden, darunter der Verzicht darauf, die Verwendung von Kondomen zu unterstützen.

In Europa sieht die Situation etwas anders aus. FBOs geniessen auch hier zunehmend das Vertrauen staatlicher Entwicklungsbehörden, doch sind hier die „christlichen Volkskirchen“ die bevorzugten Partner.[9] Es gibt klare Anforderungen im Hinblick auf ihre Fachkompetenz, einschliesslich der Verpflichtung, die öffentlichen Gelder nicht zur Förderung der eigenen religiösen Interessen zu verwenden.

Mutmassliche Vorteile von FBOs

Der Begriff FBO ist heute weithin anerkannt. Die meisten dieser Organisationen sind lokal verankert, haben zahlreiche unterschiedliche Organisationsformen und sind in äusserst vielfältigen Bereichen aktiv, von traditionellen Gesundheitseinrichtungen bis zu kirchlichen Diensten und Werken. Innerhalb der internationalen Entwicklungsarbeit streben Hilfswerke wie World Vision, Christian Aid und Norwegian Church Aid oft nach einer Partnerschaft mit lokalen FBOs. Dabei handelt es sich hauptsächlich um christliche Organisationen. Man sollte aber nicht vergessen, dass der Begriff FBO auch Gruppen anderer Glaubensrichtungen, zum Beispiel Islamic Relief im Vereinigten Königreich, umfasst.

In der internationalen Hilfe wird davon ausgegangen, dass FBOs eine besondere Identität aufweisen, die bei ihrer Arbeit zum Ausdruck kommt. Staatliche Geldgeber fragen NGOs oftmals nach dem Ausdruck dieser Besonderheit und der Art von Fachkompetenz, die dies mit sich bringt. Zum Beispiel werden die Organisationen nach dem „Mehrwert“ ihrer Arbeit gefragt. Einige FBOs bevorzugen in diesem Zusammenhang den Begriff „Kernwerte“ – Werte, die das widerspiegeln, was die Organisation ausmacht, und nicht das, was zu dem, wofür sie steht, „hinzugefügt“ wird. Der Begriff „Wert“ mag einigen an sich schon problematisch erscheinen, insbesondere wenn er mit wirtschaftlichen Aspekten assoziiert wird. Heute ist es jedoch üblicher, „Werte“ mit ethischen Überlegungen und moralischem Handeln zu verbinden.

Von FBOs glaubt man, sie hätten besonderes Fachwissen im Umgang mit religiösen Traditionen und der Rolle der Religion in der Entwicklungsförderung. Ausserdem wird angenommen, dass sie aufgrund ihres gesellschaftlichen Charakters den Menschen an der Basis nahe bleiben und so in ihrer Kommunikation auf das grundlegende Weltbild und die Werte der Menschen eingehen können, wenn sie sich an Projekten und Programmen beteiligen. Es ist bekannt, dass FBOs breite gesellschaftliche

[9] Clarke: a.a.O. (Fussnote 5), S. 84.

Netzwerke vertreten. Dies ist bei Kirchen der Fall; sie sind oft Mitglieder weltweiter ökumenischer Organisationen. Ihr Vorteil liegt demnach sowohl in der Fähigkeit, die Menschen an der Basis zum Handeln zu motivieren und zu mobilisieren, als auch darin, sich national und international in der Advocacy-Arbeit zu engagieren. Oftmals geniessen sie Vertrauen und moralische Autorität unter den Ärmsten, aber auch bei den politischen Entscheidungsträgerinnen und -träger. Ihr Ansatz von der Basis her ermöglicht ihnen, ausgegrenzten Menschen einen stabilen sozialen Rahmen zu bieten, durch den sie ihre Rechte im Kampf für ein besseres Leben fördern können. Vielerorts sind die Kirchen die einzige funktionierende lokale gesellschaftliche Struktur, die Entwicklungsinitiativen unterstützt und erhält. Einzelne Projekte sind ohne eine solche gesellschaftliche und moralische Unterstützung oft zum Scheitern verurteilt.[10] Im komplexen Spannungsfeld zwischen Religion und Entwicklung können FBOs eine wesentliche Rolle als Brückenbauer übernehmen.[11]

Bei Konfliktintervention und in der Stiftung von Frieden können FBOs ebenfalls eine führende Rolle in der Förderung von Dialog- und Versöhnungsprozessen übernehmen. Oft liegen gesellschaftlichen und politischen Konflikten religiöse Fragen zugrunde. In solchen Situationen spielen religiöse Führungspersönlichkeiten eine Schlüsselrolle und FBOs verfügen oft über die besondere Kompetenz, sie zu verantwortungsvollem Handeln aufzurufen. Im Umgang mit moralischen Fragen rund um die HIV/AIDS-Pandemie und den Anstrengungen zur Ausrottung schädlicher Praktiken wie der weiblichen Genitalverstümmelung hat sich dies als entscheidend erwiesen. Eine der Stärken von FBOs in diesen Bereichen liegt darin, dass sie nicht als Akteure von aussen wahrgenommen werden, sondern als Partnerorganisationen, da sie innerhalb des gleichen Interpretationshorizontes wie die religiösen Führungspersonen handeln. Ihre gesellschaftliche Verwurzelung im jeweiligen Kontext trägt mit grosser Wahrscheinlichkeit dazu bei, auch nach Abschluss eines spezifischen Projektes für Nachhaltigkeit und Fortbestehen zu sorgen. Mit anderen Worten: Man darf damit rechnen, dass die erzielte Wirkung anhält.

Diese mutmasslichen Vorteile haben dazu geführt, dass FBOs heute leichter Zugang zu öffentlichen Entwicklungsgeldern erhalten als vor einigen Jahrzehnten und dass ihr Ansehen in politischen Kreisen deutlich

---

[10] Kjell Nordstokke: „Verdensvid tjeneste. En innføring i internasjonal diakoni", Oslo, 1994, S. 75-89.

[11] Gerard Clarke: „Faith-Based Organizations and International Development: An Overview", in: Gerard Clarke und Michael Jennings (Hg.): „Development, Civil Society and Faith-Based Organizations. Bridging the Sacred and the Secular", Basingstoke, 2008, S. 17-45.

gestiegen ist. Von Nichtregierungsorganisationen (NGO) im Allgemeinen und von FBOs im Besonderen wird angenommen, dass sie flexibler und effizienter sind als öffentliche Akteure im Entwicklungsbereich. Man geht davon aus, dass es einfacher ist, zu überprüfen, wie sie das ihnen anvertraute Geld einsetzen. In einer Zeit, in der sich die Medien auf gescheiterte Entwicklungsprojekte einschiessen, unterstützen Behördenvertreterinnen und -vertreter im Entwicklungsbereich eher NGOs, denen sie vertrauen, als Projekte, die von staatlichen Behörden umgesetzt werden.

Die Zivilgesellschaft ist einer der Schwerpunkte der Entwicklungszusammenarbeit. Eine starke, vielfältige Zivilgesellschaft trägt zum Aufbau von Demokratie bei, weil die horizontalen Gesellschaftsstrukturen gestärkt und die Menschen so für den Kampf um bessere Lebensbedingungen mobilisiert und dazu befähigt werden können. Die Zivilgesellschaft kann demnach zu Entwicklung von unten her und zu gesellschaftlichen Prozessen beitragen, die Beteiligung und Transparenz fördern. Sie tut dies auf eine Art und Weise, die man nicht erwartet, wenn Entwicklungsprojekte von oben her, zum Beispiel durch die Regierung, initiiert werden. Religiöse Akteure und lokale FBOs gehören zur Zivilgesellschaft und es wird angenommen, dass religiöse Führungspersönlichkeiten, wenn sie zum Handeln innerhalb des zivilgesellschaftlichen Rahmens animiert werden können, weltoffener und dialogbereiter werden. Dies kann auch zur Milderung lokaler religiöser Spannungen und zur Aufgabe von Extrempositionen führen. Religiösen Führungspersönlichkeiten wird demnach gemeinsam mit lokalen FBOs eine Schlüsselrolle in der Entwicklungszusammenarbeit beigemessen. In der staatlichen Entwicklungspolitik sind die Zivilgesellschaft und die Wichtigkeit der Mobilisierung ihrer Akteure ein häufiges Thema.[12] Aus diesem Grund kann argumentiert werden, dass die Beliebtheit von FBOs nicht nur auf dem Ergebnis ihrer tatsächlichen Arbeit beruht, sondern auch auf der Erwartung, dass sie ihre strategischen Ziele hinsichtlich des Aufbaus einer funktionsfähigen und nachhaltigen Zivilgesellschaft erreichen. Dazu sind aber stabile Akteure an der Basis dringend notwendig.

Während Politikerinnen und Politiker oft die Rolle von FBOs, insbesondere in der internationalen Entwicklungszusammenarbeit, klar bekräftigen, haben Forscherinnen und Forscher begonnen, kritische Fragen zu stellen. Sie hinterfragen einerseits die Verwendbarkeit des Begriffs im Allgemeinen und andererseits, ob wirklich dokumentiert werden kann, dass FBOs wirksamer und werteorientierter sind als andere Hilfswerke. Laut Rick James von INTRAC (International NGO Training and Research) in Oxford ist der Begriff FBO

---

[12] Jude Howell und Jenny Pearce: „Civil Society and Development: A Critical Exploration“, Boulder, 2001, S. 2.

> höchst problematisch. Für einige hat der Begriff FBO einen Beigeschmack rechtsgerichteter amerikanischer Politik. Für andere zeugt er von der Fremdsprache der Hilfsindustrie. Für viele verbirgt der Begriff FBO mehr als er preisgibt. Er vermittelt den Eindruck, alle FBOs seien gleich. Doch in der Art und Weise, wie die Glaubensidentität in ihre Arbeit einfliesst, unterscheiden sich diese Organisationen in hohem Masse voneinander.[13]

Diese Einschätzung bestätigt die Annahme, dass zwischen Europa und den USA ein Unterschied im Hinblick auf das Verständnis von FBOs besteht. Gestützt darauf behauptet James:

> Viele FBOs in Europa, insbesondere christliche, zögern, eine zu enge Verbindung zu ihrer Glaubensidentität offenzulegen. Sie bemühen sich, ihre professionelle Vorgehensweise in der Entwicklungszusammenarbeit darzustellen und wollen verständlicherweise die Gefahr vermeiden, dass eine Verbindung zum Glauben missbraucht würde, um die Mitarbeitenden zu manipulieren und Personen anderen Glaubens oder ohne Glauben auszuschliessen.[14]

Zudem wurde in Frage gestellt, ob der Begriff FBO für eine Analyse und Beurteilung der Entwicklungszusammenarbeit herbeigezogen werden kann. FBOs umfassen eine enorme Vielfalt an Organisationen. Sie weisen Unterschiede in der Art und Weise auf, wie sie ihre „Glaubensgrundlage" zum Ausdruck bringen. Die Vielfalt besteht auch im Verständnis ihres „Mehrwerts". Dieses ist so unterschiedlich, dass es, zumindest aus Sicht der Forschung, schwierig ist, überprüfbare Methoden und Kriterien zu entwickeln, die erklären, was FBOs zu einer besonderen Gruppe macht, die sich von anderen Akteure in der Entwicklungszusammenarbeit unterscheidet.

Carole Rakodi, Direktorin des Forschungsprogramms für Religion und Entwicklung an der Universität Birmingham, kommt zum Schluss, dass es „keine universell akzeptierte Definition einer ‚FBO' [gibt] und es an systematischen Datensätzen fehlt, weshalb es unmöglich ist, den Beitrag von FBOs zur Entwicklungszusammenarbeit genau einzuschätzen"[15]. Rakodi gründet ihre Meinung auf Studien, zum Beispiel in Tansania, wo der Unterschied zwischen FBOs und anderen Entwicklungsakteuren als künstlich erachtet wird. Dies verschärft den Verdacht, dass das Konzept FBO von westlichem Denken geprägt ist und in erster Linie Ausdruck einer Reaktion

[13] Rick James: „What is Distinctive About FBOs? How European FBOs Define and Operationalise their Faith", in: „INTRAC, Praxis Paper 22", 2009, S. 4.

[14] Ebd., S. 5.

[15] Carole Rakodi: „Are Religious Organizations Different?" in: „The Newsletter of INTRAC", Nr. 46, September 2010, S. 4.

auf säkularisierte Entwicklungszusammenarbeit darstellt. Deshalb muss die Frage gestellt werden, ob der Begriff in einem Kontext wie Tansania, wo der Glaube das Wertesystem und die Praxis aller Organisationen prägt, überhaupt Sinn macht. Was bestimmt am Ende, ob eine Organisation als FBO bezeichnet werden soll? Ist es eine Frage des geschichtlichen Hintergrunds und der Motivation der Gründerinnen und Gründer bzw. ihres Antriebs zur Formulierung der Organisationsziele? Bezieht es sich auf Aussagen in der Satzung und in Planungsdokumenten, die eine religiöse Grundlage und einen religiösen Zweck benennen? Oder kann die Besonderheit einer FBO in ihrem praktischen Tun überprüft werden?

Es ist klar, dass die Diskussion über Religion und Entwicklung stark von ihrem jeweiligen Kontext beeinflusst wird. Im globalen Norden verstehen wir Religionen in der Regel theoretisch, als gut etablierte Systeme mit Dogmen, Ritualen und Führungspersonen. In anderen Teilen der Welt kommt Religion in erster Linie als Religiosität zum Ausdruck, als gemeinsame Praxis, als Horizont für Werte, Überzeugungen und Haltungen, als Quelle von Angst, aber auch von Hoffnung. Dadurch wird das Religiöse oder Spirituelle in den meisten Sphären des menschlichen Lebens sehr viel bedeutsamer als es in einem säkularisierten Kontext der Fall wäre. Religiöse Erfahrung kann jedoch zweierlei Haltungen zum Ausdruck bringen: Sie kann sozialen Wandel sowohl bekämpfen als auch fördern. Dies macht klar, dass Entwicklungszusammenarbeit Religion und Spiritualität nicht ignorieren darf und die Arbeit von FBOs innerhalb dieses breiteren kulturellen und gesellschaftlichen Rahmens gesehen werden sollte.

FBO-Typologien

Wie wir gesehen haben, haben Forschende aus dem Bereich der Entwicklungshilfe kritische Fragen im Hinblick auf den Begriff FBO aufgeworfen. Solche Fragen ergeben sich aus einer allgemeineren Diskussion über Religion und Entwicklung und wir haben erkannt, dass bei der Beurteilung von FBOs der Kontext eine wichtige Rolle spielt. Dies ist wichtig angesichts der Tatsache, dass das Konzept FBO heute in unserem Teil der Welt oft mit Bezug auf christliche Organisationen verwendet wird, die sich als Dienstleistungsanbieter im Gesundheitswesen oder in der Sozialarbeit engagieren. In den USA wird das am offensichtlichsten. In Europa scheint der Begriff FBO noch immer hauptsächlich Institutionen vorbehalten, die internationale Hilfsarbeit leisten. Doch der Gebrauch wird sich wohl mit der Zeit auf nationale Akteure ausweiten.

Wir konnten eine Verbindung zwischen den politischen Programmen und der Art und Weise, wie der Begriff FBO verwendet wird, feststellen.

Das Problem bei FBOs ist nicht nur die Empfindlichkeit hinsichtlich dessen, was als politisch korrekt wahrgenommen wird, sondern vor allem die Nebeneinanderstellung der Worte „Glauben“ und „Organisation“. Ersteres wird von vielen als zu offen wahrgenommen, d. h. Glaube umfasst eine unendliche Vielfalt an Phänomenen und gesellschaftlichen Praktiken, während Letzteres ein Begriff ist, der eine geplante Aktivität definiert und auf sie hindeutet. Dennoch kann es nützlich sein, über ein Konzept zu verfügen, das versucht, eine offene und eine eingeschränktere Sicht gesellschaftlichen Handelns zusammenzubringen. Aus diesem Grund sind viele davon überzeugt, dass der Begriff FBO hilfreich bleibt, hingegen eine Vertiefung seines Sinnverständnisses erforderlich ist. Dies hat zur Entwicklung von Typologien geführt, um unterschiedliche FBOs in eine Skala mit verschiedenen Eigenschaften einzuordnen.

Ronald J. Sider und Heidi Rolland Unruh haben Hunderte von Einrichtungen, die aus dem Glauben heraus handeln und in Philadelphia, USA, Erziehungs-, Gesundheits- und Sozialdienste anbieten, untersucht. Sie analysierten verschiedene Elemente, die auf die Glaubensidentität der Organisationen hindeuten: Schlüsseldokumente wie Satzungen und Strategiepläne, Eigentümerschaft, die Zusammensetzung des Vorstands, Kriterien zur Ernennung von Führungskräften, die allgemeine Einstellungspolitik, der Raum für religiöse Praxis und Riten, die Verwendung religiöser Symbole, religiöse Bezüge in Programmen und Berichten. Am Ende erarbeiteten sie eine Einteilung in fünf Organisationstypen.[16]

- **Vom Glauben durchdrungene Organisationen** (faith-permeated organizations)**:** Die Verbindung zum religiösen Glauben ist auf allen Ebenen offensichtlich: Auftrag, Mitarbeitende, Leitung und Unterstützung;

- **Organisationen bei denen der Glauben im Mittelpunkt steht** (faith-centered organizations)**:** Sie wurden zu einem religiösen Zweck gegründet, bleiben durch ihre Geldquellen und ihre Zugehörigkeit eng mit der religiösen Gemeinschaft verbunden und verlangen von den meisten Mitarbeitenden, dass sie Glaubensüberzeugungen der Organisation teilen;

- **Organisationen mit Glaubenshintergrund** (faith-background organizations)**:** Sie tendieren zu säkularem Auftreten und Handeln, obwohl sie möglicherweise eine historische Verbindung zu einer Glaubenstradition aufweisen;

[16] Ronald J. Sider und Heidi Rolland Unruh: „Typology of Religious Characteristics of Social Service and Educational Organizations and Program“, in: *Nonprofit and Voluntary Sector Quarterly 33*, 2004, S. 109-134, hier S. 119-20.

- **Religiös-säkulare Partnerschaften** (faith-secular partnerships)**:** Sie stellen einen Sonderfall dar, bei dem eine säkulare Entität (oder eine mit Glaubenshintergrund) mit einer oder mehreren Kirchengemeinden oder anderen, ausdrücklich religiösen Organisationen eine Partnerschaft eingeht;

- **Säkulare Organisationen** (secular organizations)**:** Sie haben keinen Bezug zur Religion in ihrem Auftrag oder in ihrer Gründungsgeschichte.

Ein entscheidender Faktor für diese Typologie scheint zu sein, in welchem Ausmass das Religiöse zum Ausdruck gebracht wird: Am einen Ende der Skala steht eine deutliche Prägung der Aktivitäten und Programme, am andern ein mehr oder weniger völliges Fehlen des Religiösen. In ihrer Schlussfolgerung geben die Autorinnen und Autoren ihrer Hoffnung Ausdruck, diese Typologie möge mehr Klarheit für das Verständnis von FBOs bringen. Es scheint, dass sie dabei insbesondere an Politikerinnen und Politiker, aber auch an öffentliche und private Geldgebende denken, die „die Rolle des Glaubens in den Programmergebnissen über- oder unterbewerten könnten“[17]. Die Studie dokumentiert deutlich, wie komplex FBOs sind und zeigt, dass für die Beurteilung ihrer religiösen Identität zahlreiche Elemente berücksichtigt werden müssen. Andererseits überzeugt diese Art von Typologie nicht ganz, da sie auf dem Grundsatz beruht, das religiöse Element sei etwas quantitativ Messbares, nach dem Prinzip „viel - weniger - wenig - gar nichts“. Viel interessanter wäre hingegen gewesen, sich auf die Qualität zu konzentrieren und zu versuchen, herauszufinden, was für einen Unterschied die religiöse Identität in der konkreten Arbeit machen kann und welche Art von Energie sie in die Umsetzung der Ziele einfliessen lässt. Dieser Ansatz hätte möglicherweise zu einer anderen Typologie geführt, die eine bessere Einsicht in das Verständnis von FBOs, zum Beispiel als Anbieter von Gesundheitsdienstleistungen, bieten könnte.

Gerard Clarke vom Zentrum für Entwicklungsstudien der Swansea University hat eine Einteilung von in der Entwicklungszusammenarbeit tätigen FBOs vorgenommen. Er unterscheidet fünf Typen:[18]

- **Repräsentative religiöse Organisationen oder Dachverbände:** Hilfsarbeit leistende religiöse Entitäten oder Organisationen im weiteren Sinne, zum Beispiel die Schwedische Kirche. Dieser Typ umfasst auch Organisationen wie den Ökumenischen Rat der Kirchen.

---

[17] Ebd., S. 110.

[18] Clarke, a.a.O. (Fussnote 11), S. 25.

- **Aus dem Glauben heraus handelnde Wohltätigkeits- und Entwicklungshilfeorganisationen:** kirchliche Entwicklungshilfeorganisationen wie Norwegian Church Aid. Die grösste christliche Einzelorganisation in dieser Gruppe ist die eindeutig evangelikale World Vision International mit Sitz in den USA. Ein weiterer, bedeutender Akteur ist das ökumenische ACT-Bündnis (Action by Churches Together, Kirchen helfen gemeinsam).

- **Aus dem Glauben heraus handelnde soziopolitische Organisationen:** religiös inspirierte gesellschaftliche Bewegungen und Organisationen, die als politische Parteien oder Aktionsgruppen auftreten.

- **Aus dem Glauben heraus handelnde Missionsorganisationen:** Zur Missionsarbeit gehört traditionsgemäss auch Entwicklungszusammenarbeit. Es wäre falsch, zu glauben, dass dieser vierte Typ von FBO im Aussterben begriffen sei, obwohl er in Europa in den letzten Jahrzehnten deutlich an Gewicht verloren hat. In den USA spielen diese Organisationen eine bedeutende Rolle. Allein im Jahr 2001 reisten 350 000 US-Bürger/innen im Rahmen protestantischer Missionarstätigkeiten für kurze oder längere Zeit ins Ausland. Sie trugen Geschenke im Wert von 3,75 Milliarden US-Dollar bei sich.[19]

- **Aus dem Glauben heraus handelnde radikale, illegale oder terroristische Organisationen:** Zu dieser letzten Gruppe zählen extremistische, manchmal illegale Organisationen, die in einigen Ländern in den letzten Jahren massiv an Bedeutung gewonnen haben und in gewissen muslimischen Ländern eine wichtige Rolle als gesellschaftliche Akteure spielen.

Zusätzlich zu dieser Darstellung der FBOs betont Clarke, man müsse berücksichtigen, wie der religiöse Inhalt ausgedrückt wird, also dessen Fähigkeit, bei der Tätigkeit der Organisation besondere Gestaltungsformen anzunehmen. Das „Glaubenselement“ wird demnach nicht als eine Art „Zusatz“ oder als unabhängige Nebentätigkeit zur Entwicklungszusammenarbeit wahrgenommen, sondern es „ist ein wesentlicher Bestandteil dieser Arbeit, der sie völlig durchdringt. Dies macht die FBOs einerseits zu einer besonderen Entität (in dem Masse, in dem Glaubenswerte ihre eigentliche Identität prägen), andererseits spiegelt sie aber auch die breitere, regierungsunabhängige Reaktion auf Armut und Entwicklung wider, wobei sie viele gemeinsame Werte vermittelt“[20].

---

[19] Ebd., S. 30.
[20] Ebd., S. 15.

Laut Clarke erfolgt dieses Handeln entlang der vier Hauptachsen, „vier wesentliche Wege, mittels derer FBOs Glauben durch soziales oder politisches Engagement umsetzen oder ihn mit humanitären Zielen oder Entwicklungszielen verbinden“[21]:

- **Passiv:** Der Glaube ist allgemeinen Grundsätzen untergeordnet und spielt eine mässige Rolle bei der Begründung und Bestimmung des Handelns;
- **Aktiv:** Der Glaube spielt eine wichtige Rolle als treibende Kraft und bei der Auswahl von Partnern, ohne jedoch Nichtgläubige zu diskriminieren;
- **Persuasiv:** Dem Glauben kommt eine wichtige Rolle bei der Auswahl der Partner und der Formulierung der Ziele zu; Menschen zu bekehren wird als Teil des Zieles wahrgenommen;
- **Exklusiv:** Glaube ist als Beweggrund wesentlich und der wichtigste Bezugspunkt für die Festlegung von Zielen und Mitteln.

Es ist nicht schwer, die Ähnlichkeiten zwischen der ersten, von Sider und Unruh erarbeiteten Typologie, und den vier Hauptachsen, die hier von Clarke vorgestellt werden, zu erkennen. Betrachtet man beide zusammen, wird es leichter, die Stärken und Schwächen von FBOs in unterschiedlichen Kontexten zu ermitteln. Eine Organisation, die ihre religiöse Tradition passiv nutzt, kann Schwierigkeiten haben, mit Partnern zu kommunizieren, wenn Glaube und Spiritualität in einem bestimmten Kontext eine bedeutende Rolle spielen. Besteht das Ziel darin, die religiösen Führungsverantwortlichen in Afrika anzuregen, sich gegen die Beschneidung bei Frauen auszusprechen, wirken FBOs der dritten und vierten Gruppe möglicherweise glaubwürdiger und ihre Arbeit ist wirksamer. Clarke weist darauf hin, dass die staatlichen Behörden bisher gegenüber der ersten Gruppe mehr Sympathie gezeigt haben, es aber scheint, dass sie sich nach und nach auch für eine Unterstützung der anderen drei öffnen.[22] Eine solche Hilfe kann jedoch auch dazu beitragen, Akteure zu stärken, die reaktionäre Ansichten vertreten, zum Beispiel über die Rolle der Frau in der Gesellschaft.

Eine stärker an der Qualität ausgerichtete Bewertung von FBOs findet sich in den Listen „besonderer organisatorischer Merkmale“ von Rick James:[23]

[21] Ebd., S. 32-33.
[22] Ebd., S. 33-34.
[23] James, a.a.O. (Fussnote 13), S. 12.

- Strukturelle Zugehörigkeit und Leitung
- Werte und Motivation der Mitarbeitenden
- Auftrag
- Entwicklungsstrategie und -theorie
- Auswahl von Partnern und Nutzniessenden
- Glaubenspraktiken und Glaubenslehre in der Programmarbeit
- Mitarbeitende und Führung
- Organisationskultur und Entscheidungsfindung
- Mitglieder und Geldquellen
- Externe Beziehungen

Jedes dieser Merkmale stellt einen Bereich dar, in dem die besondere Identität als aktive Kompetenz und Ressource ausgedrückt wird und so der Organisation helfen kann, die Fähigkeit zu entwickeln, mit den kontextbezogenen Umständen richtig umzugehen und dadurch ihre Ziele bei der Ausübung der Arbeit zu erreichen.

FBOs und Gesundheit

Der Gesundheitsbereich gewinnt in der internationalen Entwicklungszusammenarbeit und der Armutsbekämpfung zunehmend an Bedeutung. Dies ist teilweise darauf zurückzuführen, dass in den Medien viel über die weltweiten Epidemien berichtet wird, man denke nur an die Schweinegrippe. Der Hauptgrund liegt jedoch in den globalen Initiativen zur Bekämpfung von Krankheiten wie HIV/AIDS, Malaria und Tuberkulose. Die Bemühungen im Gesundheitsbereich scheinen in vielen politischen Kreisen weniger umstritten als andere Anliegen, da man wohl in diesem Bereich leichter überprüfbare Ergebnisse erwarten darf. Aus diesem Grund überrascht es nicht, dass die überwiegende Mehrheit der Milleniumsentwicklungsziele der Gesundheit oder zumindest teilweise gesundheitlichen Anliegen gewidmet ist. Gesundheitsprojekte erhalten auch oft leichter Zugang zu staatlichen Mitteln.

Traditionell spielen FBOs in der Gesundheitsförderung und im Betrieb von Gesundheitseinrichtungen eine wesentliche Rolle. Dies gilt dank der Arbeit christlicher Missionen insbesondere für Afrika. Man nimmt an, dass mindestens die Hälfte aller Gesundheitseinrichtungen in Afrika südlich der Sahara auch heute noch von christlichen FBOs betrieben wird. Viele dieser Einrichtungen befinden sich jedoch in einer äusserst schwierigen Lage. In der Vergangenheit konnten sie auf finanzielle und technische Unterstützung durch Missionspartner im globalen Norden zählen, doch in den letzten Jahrzehnten wurde diese Unterstützung stark gekürzt oder eingestellt. Nach ihrer Unabhängigkeit entwickelten die meisten afrikanischen Länder ehrgeizige Pläne zum Aufbau staatlicher Gesundheitssysteme dank internationaler Finanzhilfe. Heute sind diese Geldquellen grösstenteils versiegt und vielerorts ist die Qualität der Gesundheitsdienste, insbesondere für die Armen, besorgniserregend. Zudem lässt sich feststellen, dass zahlreiche Gesundheitsfachleute eine Arbeitsstelle im Ausland suchen, zum Beispiel im Vereinigten Königreich oder in Australien.

Diese Situation hat die Diskussion über das Verhältnis zwischen hochentwickelten und teuren medizinischen Einrichtungen einerseits und primärer Gesundheitsversorgung andererseits von neuem in Gang gebracht. In den meisten Ländern können es sich nur die Eliten leisten, sich in gut ausgerüsteten Krankenhäusern behandeln zu lassen. Die Mehrheit der Bevölkerung ist von grundlegenderen Dienstleistungsanbietern wie der von der örtlichen Kirche betriebenen Ortsklinik oder dem Ambulatorium abhängig. In diesem Zusammenhang spielen FBOs oft eine wichtige Rolle, sowohl in der Bereitstellung von medizinischer Behandlung als auch in der Gewährleistung von Verbindungen zu lokalen Netzwerken, die bei Präventionsmassnahmen und zur grundlegenden Gesundheitsversorgung mobilisiert werden.

Im Zusammenhang mit der HIV/AIDS-Pandemie wurde dies klar dokumentiert. An vielen Orten übernahmen religiöse Leitungsverantwortliche eine führende Rolle, um hinsichtlich der HIV-Infektion und ihren wahren Ursachen und Folgen „das Schweigen zu brechen". Viele von ihnen gingen mit gutem Beispiel voran, indem sie sich selbst einem HIV-Test unterzogen und andere dazu ermutigten, es ihnen gleichzutun. Sie sprachen sich gegen Vorurteile und Tendenzen zur Stigmatisierung von mit dem HI-Virus infizierten Menschen aus. Das ökumenische Netzwerk engagierte sich stark für eine Mobilisierung von FBOs, damit diese mit religiösen Gruppen und vor allem mit religiösen Führungspersonen arbeiten könnten. Es besteht kein Zweifel daran, dass mit dieser Arbeit bedeutsame Ergebnisse erzielt, Geisteshaltungen und Einstellungen verändert wurden und das gesellschaftliche und moralische Umfeld befähigt wurde, diese Herausforderung besser zu bewältigen.[24]

Auch bei der Pflege von Menschen mit AIDS übernehmen religiöse Netzwerke und FBOs eine wesentliche Rolle. In Kontexten, in den es nicht realistisch ist, zu erwarten, dass Gesundheitseinrichtungen genügend Betten zur Aufnahme aller Kranken anbieten, ist die Betreuung zu Hause die Regel. Oft wird diese Betreuung von Ortskirchen und FBOs organisiert. Vielerorts unterstützen sie auch elternlose Haushalte, deren Zahl in jüngster Zeit dramatisch angestiegen ist, weil immer öfter beide Elternteile an AIDS sterben. Diese Beispiele zeigen die Bedeutung aktiver Netzwerke und deuten darauf hin, dass man FBOs bei der Mobilisierung solcher Netzwerke vertraut.

---

[24] Die Ökumenische HIV und Aids-Initiative in Afrika (EHAIA) des Ökumenischen Rates der Kirchen ist ein herausragendes Beispiel für solche Bemühungen.

Besondere Stärken religiöser Organisationen im Gesundheitsbereich (RHAs)

Unter Berücksichtigung der obigen Situationsbeschreibung betrachten wir nun das Thema aus einem anderen Blickwinkel und führen das Konzept der besonderen Stärken oder des Mehrwerts religiöser Organisationen im Gesundheitsbereich („Religious Health Assets“, RHA) ein. Wie wir gesehen haben scheint sich der Begriff FBO in erster Linie auf die religiöse Tradition und das religiöse Selbstverständnis einer Organisation zu beziehen, und nicht so sehr auf das „religiöse Kapital“, das auf unterschiedliche Art und Weise (direkt oder indirekt) in der Arbeit der Organisation zum Ausdruck kommt. Der Begriff RHA befasst sich mit diesem Kapital, den besonderen Stärken oder dem Mehrwert religiöser Organisationen, und erörtert, wie sie aufgezeichnet und beurteilt werden können.

Dabei kann auch ein Bezug zur Verlagerung von einem bedarfsorientierten hin zu einem an diesen besonderen Stärken orientierten Ansatz in der Entwicklungszusammenarbeit, insbesondere beim Aufbau von Gemeinschaften, hergestellt werden, sowie zu einer Parallelbewegung von bedarfs- zu rechtebasierter Entwicklungszusammenarbeit. Heute wird von einer Gruppe oder Organisation, die ein Projekt vorstellt, nicht nur erwartet, dass sie die Bedürfnisse und Herausforderungen in einer bestimmten Situation beschreibt, sondern – vor allem –, dass sie ihre besonderen Stärken und den Mehrwert hervorhebt, den sie besitzt und der sie dazu qualifiziert, eine bestimmte Initiative zu ergreifen. Erfahrung, Kompetenz, Infrastruktur und mehr noch, menschliche und materielle Ressourcen sind Teil dieses Mehrwerts. Wenn externe Geldgeber gebeten werden, ein Projekt zu unterstützen, ist die Präsentation dieses Mehrwerts oder der besonderen Stärken oft entscheidend für die Beurteilung der Durchführbarkeit des Projektes. In den Partnern erkennt man zudem Rechtsinhaberinnen und -inhaber, die in der Lage sind, eine führende Rolle im Kampf für eine bessere Welt für sich selbst zu übernehmen. Demnach kann man argumentieren, dass beide Ansätze – der, der sich an dem Mehrwert eines Akteurs und der, der auf Rechten basiert – dazu beitragen können, die traditionelle Spaltung zwischen Gebenden und Empfangenden in der Entwicklungszusammenarbeit zu überwinden und ein aufrichtigeres Verständnis der Machtverteilung in der Beziehung zwischen den beiden zu erlangen.

Dem Begriff „asset“ (wörtlich: das zur Verfügung stehende Vermögen oder Kapital) wurde bisher eine gewisse Skepsis entgegengebracht, unter anderem, weil er oft in der Wirtschaft verwendet wird und deshalb in erster Linie im Hinblick auf finanzielle Ressourcen interpretiert werden könnte. Es besteht jedoch eine klare Tendenz dazu, das Wort in einem breiteren Sinne zu verwenden, insbesondere zur Beschreibung von gesellschaftlichen und menschlichen Ressourcen. Dieser Gebrauch wurde weiter ausgeweitet und umfasst nun auch das Religiöse, weil davon ausgegangen wird, dass es „religiöse Ressourcen“, oder sogar eine Art „religiöses Kapital“ gibt, das die religiösen Akteure auf verantwortungsvolle und glaubwürdige Art und Weise verwalten müssen. Der Begriff geht deshalb weiter in seiner Bedeutung als blosse Werte. Der Mehrwert bzw. die besonderen Stärken können materiell sein und sich auf sichtbare Ressourcen wie Gebäude und Mitarbeitende beziehen, aber auch auf Strukturen, die unterschiedliche Aktivitäten organisieren, zum Beispiel Betreuungsgruppen, oder immaterielle Elemente wie Zeremonien und Riten, einschliesslich Gebet und Segnungen. Mit anderen Worten: Wenn man beurteilt, was zur Gesundheit und Heilung beiträgt, sollte eine viel grössere Vielfalt an Elementen betrachtet werden, als dies normalerweise geschieht.

Insbesondere im südlichen Afrika, aber auch in den USA haben sich Forschende darum bemüht, den Mehrwert religiöser Organisationen zu erfassen und zu beschreiben, vor allem aus sozialwissenschaftlicher Sicht. Unter Aufsicht von ARHAP (das „African Religious Health Assets Programme“ - neu IRHAP genannt, wobei „African“ durch „International“ ersetzt wurde) wurden mit der Universität Kapstadt (UCT), der Universität von KwaZulu-Natal (UKZN), der Witwatersrand-Universität (WITS) und der Emory-Universität in den USA als Teilnehmende verschiedene Projekte durchgeführt. Das Carter Center in Atlanta gewährte diesem Programm, das Wissenschaftlerinnen und Wissenschaftler, NGOs (einschliesslich FBOs), Gesundheitsfachleute und Politikerinnen und Politiker aus dem Gesundheitsbereich zusammenbringt, finanzielle Unterstützung.[25]

Der Südafrikaner James R. Cochrane und der Amerikaner Gary Gunderson übernahmen die Aufgabe, RHAs zu beschreiben und zu analysieren. In einem jüngst veröffentlichten Buch setzen sie sich für eine sprachliche Verlagerung ein, von einem Fokus auf Mängel hin zu einem Fokus auf den Mehrwert, die besonderen Stärken religiöser Organisationen, wenn Gesundheitsthemen angesprochen werden:

> Bevor festgestellt wird, was bei einer Person, einer Familie, einer örtlichen Gemeinschaft oder einer Gesellschaft nicht vorhanden ist, aber da sein sollte, - ein „bedarfsgestützter“ Ansatz also - macht ein auf die besonderen Stärken, den Mehrwert einer Organisation ausgerichteter Ansatz geltend, dass es wichtig ist, zu verstehen, was vorhanden und von entscheidender Bedeutung für die öffentliche Gesundheit ist.[26]

[25] **www.arhap.uct.ac.za**

[26] Gary G. Gunderson und James R. Cochrane: „Religion and the Health of the Public: Shifting the Paradigm“, New York, 2012, S. 48-49.

Die beiden Autoren bearbeiteten das umfangreiche Material, das ihnen ARHAP zur Verfügung stellte, und entwickelten ein von ihnen als RHA-Matrix bezeichnetes Raster gestützt auf zwei grundlegende Unterscheidungen: materielle oder immaterielle RHAs und kurz- oder langfristige Genesungserfolge. Dieses Raster, das teilweise aus einer südafrikanischen Perspektive heraus entwickelt wurde, zeigt auf, wie komplex Religion im Kontext des Gesundheitswesens ist und was für ein vielfältiges Spektrum an Formen es gibt, durch die Religion mit ins Bild gehört. Ausserdem bringt es Phänomene zu Bewusstsein, die normalerweise in Gesundheitsdaten nicht beachtet oder gemessen werden und deutet auf die inneren Quellen von Glauben und Handeln hin. Die RHA-Matrix sieht wie folgt aus:

Immateriell	Gebet Resilienz Gesundheitserstrebendes Verhalten Motivation Verantwortungsbewusstsein Engagement/Pflichtbewusstsein Beziehung: Betreuer/in & „Patient/in" Advocacy/Prophetisches Handeln Widerstand – körperlich und/oder strukturell/politisch	Individuell (Sinnverständnis) Zugehörigkeitsgefühl – menschlich/göttlich Zugang zu Macht/Energie Vertrauen/Misstrauen Glaube – Hoffnung – Liebe Heiliger Raum in einer umweltfeindlichen Welt Zeit – Einbettung (Geschichte)
Materiell	Infrastruktur Krankenhäuser – Betten etc. Kliniken Ambulatorien Schulung – medizinische Hilfsfunktionen Hospize Finanzierung/Entwicklungshilfswerke Ganzheitliche Unterstützung Krankenhausseelsorger/innen Religiöse Heiler/innen Traditionelle Heiler/innen Betreuungsgruppen NGO/FBO-„Projekte"	Manyano und andere Gemeinschaften Chor Aufklärung Sakramente/Rituale Initiationsriten (Begleitung) Beerdigungen Netzwerk/Kontakte Führungsfähigkeiten Präsenz im „Bundu" (am Rande) Grenzen (normativ)
	Kurzfristig	**Langfristig**

Die Mehrwerte bzw. besonderen Stärken religiöser Akteure werden hier in erster Linie heuristisch eingesetzt, als Untersuchungsmethode. Es sollte jedoch beachtet werden, dass viele dieser Mehrwerte/besonderen Stärken oft ignoriert werden, wenn Arbeit im Gesundheitsbereich geplant und beurteilt wird. Auch in den meisten Forschungsarbeiten über Gesundheitsdienste bleiben sie unbeachtet. Besonders in Afrika südlich der Sahara ist es wichtig, mehr

Wissen über dieses Thema zusammenzutragen, denn dort spielen religiöse Akteure wie oben erwähnt in der Gesundheitsversorgung eine zentrale Rolle. Aber auch in anderen Kontexten wird dieser Ansatz bei Themen rund um Gesundheit und Heilung gewiss neue Einsichten ermöglichen.

Der Mehrwert religiöser Akteure in diakonischer Arbeit

Die Frage, die gestellt werden muss, wenn wir nun zum Abschluss dieses Artikels kommen, lautet: Kann das Konzept des Mehrwerts religiöser Akteure in anderen Tätigkeitsbereichen von FBOs, zum Beispiel in der internationalen Entwicklungszusammenarbeit, nützlich sein? Einige dieser Organisationen verstehen sich selbst als diakonisch, Norwegian Church Aid (NCA) zum Beispiel, was als Ausdruck seines kirchengestützten Auftrags ausgelegt wird. Dies erklärt auch die Verpflichtung, mit aus dem Glauben heraus handelnden, hauptsächlich kirchennahen Partnern im globalen Süden zusammenzuarbeiten. Dabei bleibt relativ unklar, wie die diakonische Identität die Arbeit der Organisation beeinflussen soll. Der professionellen Qualität wird viel Bedeutung beigemessen und es kann der Eindruck entstehen, Professionalismus werde als säkulare Kompetenz wahrgenommen, die nicht mit religiösen Anliegen und Werten vermischt werden sollte. NCA und andere ähnliche Organisationen werden jedoch durch die „Rückkehr der Religion“ in der heutigen Welt herausgefordert und sind davon überzeugt, dass es wichtig ist, ihre Anliegen und Ziele in Situationen zu kommunizieren, in denen Glaube und Spiritualität als wesentliche Elemente von Verwandlungsprozessen anerkannt werden. Die Frage ist demnach, ob eine klarere Wahrnehmung der diakonischen Identität dieser Organisationen dazu beitragen kann, das Verständnis der besonderen Rolle und Kapazität, die sie vertreten, neu zu formulieren, und so einen ganzheitlichen professionellen Ansatz zu fördern.

Innerhalb der ökumenischen Bewegung wird „Diakonie“ als der „verantwortungsvolle Dienst des Evangeliums durch Taten und Worte von Christinnen und Christen als Reaktion auf die Bedürfnisse von Menschen“[27] verstanden. Das Handbuch des Lutherischen Weltbundes zu Diakonie, „Diakonie im Kontext“, gibt keine genaue Definition, geht aber davon aus, dass Diakonie ein theologisches Konzept ist, „das auf Identität und Auftrag der Kirche selbst verweist“, und dass Diakonie „ein Aufruf zum Handeln ist, eine Reaktion auf menschliches Leid und Unrecht sowie der Auftrag,

[27] T. J. White: „Diakonia“, in: Nicholas Lossky et al (Hg.): „Dictionary of the Ecumenical Movement“, 2. Ausgabe, Genf, S. 305-310, hier S. 305.

die Schöpfung zu bewahren“[28]. Diese zwei Beschreibungen bekräftigen die tiefgehende Beziehung zwischen dem, was die Kirchen **sind** und dem, was sie **tun**, wenn sie diakonisch handeln. Dies deutet klar darauf hin, dass die Art und Weise des **Kircheseins** Ressourcen und Werte beinhaltet, die für die **Ausübung** diakonischer Arbeit nützlich sind.

Bisher wurde nur wenig oder fast nichts unternommen, um einen solchen Mehrwert oder die besonderen Stärken der diakonischen Arbeit zu erfassen und zu untersuchen. Mehr Einsicht in dieses Thema würde den diakonischen Akteuren neues Wissen und ein besseres Verständnis ihrer besonderen Rolle und ihrer Kernwerte als Akteure der Verwandlung, der Versöhnung und der Bevollmächtigung vermitteln. So könnte auch die Beziehung zu ihren Partnern vertieft werden, da sie so gemeinsame Stärken entdecken und Strategien zur Aktivierung derselben entwickeln könnten.

Die internationale Diakoniearbeit wird heute als glaubens- *und* rechtebasiert dargestellt.[29] Diese beiden Elemente mögen als widersprüchlich wahrgenommen werden, als ob sich das erste auf die innere Motivation bezöge und das zweite in Richtung externer Faktoren wie Menschenrechte und politische Gerechtigkeit weisen würde. Doch aus diakonischer Sicht ist dies nicht so. Sowohl „Glaube“ als auch „Rechte“ haben innere und äussere Grundlagen und es ist Teil des besonderen Wesens des Kirchesein, sich durch den Glauben dazu zu verpflichten, für Gerechtigkeit zu kämpfen. Die besonderen Stärken oder der Mehrwert diakonischer Arbeit, die diese Sicht zum Ausdruck bringen, müssen aber ermittelt und mobilisiert werden. Vielerorts wird dies über das Sein und Handeln lokaler Kirchen und diakonischer Werke bereits getan. Doch die Aufgabe, einen disziplinierten und systematischen Reflexionsprozess über diese Praxis zu führen, liegt noch vor uns.

[28] Lutherischer Weltbund: „Diakonie im Kontext: Verwandlung. Versöhnung. Bevollmächtigung. Ein Beitrag des LWB zu Verständnis und Praxis der Diakonie“, Genf, 2009, S. 8.
[29] Ebd., S. 63.

Die Strukturreform der kirchlichen Hilfswerke in Deutschland: Folgen für den Entwicklungsdienst

Claudia Warning

Struktur der kirchlichen Hilfswerke

Die deutschen Missionsgesellschaften haben eine lange Geschichte. Bereits Mitte des 19. Jahrhunderts wurden die Vorgänger von Mission EineWelt gegründet.

Von Anfang an haben die Missionsgesellschaften einen Teil ihrer Tätigkeiten und ihres Auftrags in Form von Entwicklungsprogrammen durchgeführt, insbesondere in den Bereichen Gesundheit und Bildung.

Brot für die Welt

Nach dem Wiederaufbau Deutschlands im Anschluss an den Zweiten Weltkrieg dank der Unterstützung der Völkergemeinschaft war es nach Ansicht der deutschen Kirchen an der Zeit, der Welt die von der internationalen Gemeinschaft empfangene Liebe und Unterstützung zurückzugeben.

Dies galt sowohl für die katholischen als auch für die evangelischen Kirchen. So gründeten evangelische Kirchen und Christen 1959 die Aktion „Brot für die Welt", die seither rechtlich zum Arbeitsbereich „Ökumenische Diakonie" des Diakonischen Werks der Evangelischen Kirche in Deutschland (DW EKD) gehört.

1962 fassten die evangelischen Kirchen einen Beschluss, der die evangelische Entwicklungsarbeit in Deutschland für die folgenden fünfzig Jahre bestimmen sollte.

Das Angebot der Bundesregierung

Während in Deutschland 1962 das so genannte Wirtschaftswunder begann, waren in Afrika und Asien Befreiungsbewegungen und Entkolonialisierung in vollem Gange.

In dieser Zeit dehnten die katholischen und evangelischen Kirchen, Gemeinden, religiösen Orden und Missionsgesellschaften ihre Zusammenarbeit mit Partnern im globalen Süden aus und trugen aktiv zu den nachhaltigen Veränderungen auf der Welt bei. Immer mehr Organisationen, die aus ihrem Glauben heraus handeln, und religiöse Menschen wandten sich an die Bundesregierung mit der Bitte um finanzielle Unterstützung für die Entwicklungstätigkeiten mit ihren Partnern. Daraufhin richtete die Bundesregierung auf Kabinettebene ein Ministerium für Entwicklung ein, das mit Partnerregierungen im globalen Süden zusammenarbeiten sollte.

Der damalige Bundeskanzler Konrad Adenauer erkannte das enorme Potenzial der Kirchen in der Armutsbekämpfung und zeigte sich sehr an einer Zusammenarbeit mit den Kirchen im Kampf gegen die Armut interessiert. Die langjährige Praxis der Kirchen im Aufbau von Partnerschaften mit den Kirchen des globalen Südens, ihr beachtlicher Aktionsradius und ihre grosse Erfahrung veranlasste das deutsche Kabinett im Mai 1962, die Entwicklungszusammenarbeit mit den deutschen Kirchen zu institutionalisieren. Die Bundesregierung erklärte sich bereit, die kirchliche Entwicklungsarbeit mit einem festen Jahresbetrag zu unterstützen, unter der Voraussetzung, dass die Kirchen den gleichen Betrag aufbringen und gemeinsam mit ihren Partnern im globalen Süden in den zur Bekämpfung der Armut relevanten Bereichen wie Gesundheit, Bildung, Ernährung usw. einsetzen. Die Kirchen durften zwar keine deutschen Steuermittel für Missionstätigkeiten ausgeben, doch abgesehen davon hatten sie in der Wahl ihrer Programme und ihrer Partner freie Hand.

Als Ansprechpartner für die Regierung musste eine spezielle Stelle eingerichtet werden, welche die vom Staat empfangenen Fördermittel an die Kirchen weiterleiten sollte. Statt mit hunderten von kirchlichen Akteuren wollte und will die Bundesregierung nur mit einem zentralen Ansprechpartner zu tun haben und erwartet von den kirchlichen Akteuren, dass sie sich selbst organisieren.

Angesichts dieser Herausforderung begannen die katholischen und evangelischen Kirchen in Deutschland darüber nachzudenken, wie diese Kooperation am besten zu institutionalisieren sei.

Der katholische Weg

Als rechtlichen Vertragspartner gegenüber der Regierung wurde von der Katholischen Kirche die Katholische Zentralstelle für Entwicklungshilfe

(KZE) eingerichtet. Sie sollte die öffentlichen Mittel empfangen, durch Eigenmittel ergänzen und anschliessend über das Hilfswerk Misereor an die kirchlichen Partner im globalen Süden und in Deutschland verteilen.

Der evangelische Weg

Die Evangelische Kirche ging jedoch einen anderen Weg. Die unabhängige Organisation Brot für die Welt beruhte ausschliesslich auf der Solidarität zwischen protestantischen Gläubigen. Es bestand die Befürchtung, dass die Vermengung evangelischer Gelder und Solidarität mit Regierungsmitteln zu Problemen führen könnte. Niemand wusste, mit welchen Auflagen die Regierungsgelder in Zukunft verbunden sein konnten. Liessen sich diese beiden Quellen vermengen oder waren zwei getrennte Organisationen nicht vielleicht doch besser, um die evangelische Unabhängigkeit von Brot für die Welt zu wahren?

1999: Der erste Zusammenschluss

Das 40-jährige Bestehen der Evangelischen Zentralstelle für Entwicklungshilfe (EZE) stand kurz bevor. Fast 40 Jahre lang war die Kooperation mit der Regierung reibungslos verlaufen und den Kirchen war das Recht garantiert worden, drei wichtige Entscheidungen selbst zu treffen, nämlich in welchem Land und mit welchen Partnern (einzige Voraussetzung war, dass es mehrheitlich kirchliche/kirchennahe Partner sein sollten) sie welche Projekte unterstützen wollten.

Zu dieser Zeit gab es mehrere evangelische Entwicklungsorganisationen, die in anderen Bereichen der Entwicklungshilfe oder über andere Wege wie z.B. Entsendung von Personal mittels Universitätsstipendien, ökumenische Unterstützung usw. tätig waren. Die Kirchen beschlossen, diese Einrichtungen unter einem Dach zusammenzuschliessen, um sich gegenseitig zu ergänzen, die Arbeit zu rationalisieren und zugleich Kosten zu sparen.

So entstand 1999 durch den Zusammenschluss der (hinsichtlich des „Bewilligungsvolumens", das damals etwa 74 Millionen Euro betrug) grösseren EZE und der kleineren Hilfswerke Dienste in Übersee (DÜ), Kirchlicher Entwicklungsdienst (KED) und Ökumenisch-Missionarischer Weltdienst (ÖMW) der Evangelische Entwicklungsdienst (EED). In den EED integriert wurden ausserdem das Sekretariat des Ausschusses für Entwicklungsbezogene Bildung und Publizistik (ABP), die Planungs- und Grundsatzabteilung (PGA), das evangelische Büro der Gemeinsamen Konferenz Kirche und Entwicklung (GKKE) sowie die Redaktion der Zeitschrift „Der Überblick". 2003 schloss sich auch das Ökumenische Stipendienwerk (ÖSW) an. Bereits 1998 hatte die Synode der Evangelischen Kirche in Deutschland ihre Absicht angekündigt, den Entwicklungsdienst der evangelischen Kirchen stärken zu wollen und daher der Gründung einer gemeinsamen Entwicklungsorganisation zugestimmt, die später EED heissen sollte.

Ende der 1990er-Jahre wurde darüber diskutiert, ob sich Brot für die Welt dieser Fusion anschliessen sollte oder nicht. Brot für die Welt war ursprünglich eher eine Bewegung als eine eigenständige Rechtskörperschaft und hatte immer zum DW EKD gehört. Es war ein solides, blühendes und sehr bekanntes Hilfswerk mit einem Spendenumsatz von etwa 53 Millionen Euro in den Jahren 1999/2000. Auch die EZE war in der Zwischenzeit gewachsen, hatte aber in der deutschen Öffentlichkeit keinen so hohen Bekanntheitsgrad, da sie nicht um private Spenden warb und daher kaum öffentliche Aufmerksamkeit bekam. Sie erhielt Regierungszuschüsse, die durch Kirchenmittel in gleicher Höhe ergänzt wurden, und erreichte somit ein „Bewilligungsvolumen" von 74 Millionen Euro. 1999 war die EZE zwar schon grösser als Brot für die Welt, war jedoch weder so bekannt noch wurde sie von gewöhnlichen Kirchenmitgliedern unterstützt.

Ob Brot für die Welt als Bestandteil des DW EKD mit dem neuen EED fusionieren sollte oder nicht, war keine leichte Entscheidung. Brot für die Welt lief Gefahr, seine Identität, Mitgliedschaft und Leitungsstruktur zu verlieren. Neue Akteure würden auf den Plan treten und das DW EKD einen seiner interessantesten und stärksten Tätigkeitsbereiche aufgeben müssen. Brot für die Welt beschloss daher, der neuen Organisation nicht beizutreten.

Die Fusion von 2012

Doch die Kirchen und die Synode der EKD gaben den Traum einer Konsolidierung der evangelischen Entwicklungszusammenarbeit und einer Fusion der beiden grossen Organisationen Brot für die Welt und EED nie auf. Einige der Gründe, die 1999 gegen die Fusion von Brot für die Welt und EED gesprochen hatten, waren zwar nach wie vor gültig, doch hatte sich das Arbeitsumfeld inzwischen dramatisch verändert.

Zunächst hatte die Globalisierung die Welt verändert und verändert sie noch weiter. Kirchen und die kirchlichen Hilfswerke stehen vor neuen Herausforderungen. Sozialer Dienst, Armutsbekämpfung und Entwicklungsdienst müssen enger miteinander verzahnt werden. Die wichtigsten Probleme unserer Zeit wie der Klimawandel, die wachsende Kluft zwischen Arm und Reich, die Knappheit natürlicher Ressourcen, Migration und die Finanzkrise konzentrieren sich nicht mehr auf ein Land oder eine Region, sondern wirken sich auf unterschiedliche Weise auf Menschen überall in der Welt aus. Durch moderne Kommunikationstechnologie und weltweite Mobilität haben sich Entfernungen stark relativiert und mit der zunehmenden

Komplexität globaler Probleme sind umfassende Lösungsansätze dringend notwendig. Es muss in unserer Gesellschaft eine anhaltende Diskussion über die Zukunft angestossen und fortgeführt werden.

Indem sozialer und Entwicklungsdienst unter einem Dach mit der nationalen und der internationalen Perspektive verbunden wurden, liess sich verhindern, dass die Anliegen benachteiligter Menschen in Deutschland und die Anliegen benachteiligter Menschen weltweit gegeneinander ausgespielt werden. Menschen in Not gibt es leider überall auf der Welt. Was es daher braucht, ist ein die nationalen Grenzen überschreitendes Netzwerk der Solidarität und Hilfe im Dienste einer kohärenten Strategie zur Armutsbekämpfung auf nationaler und internationaler Ebene. Wir glauben, dass soziale und Menschenrechtsfragen in unserer zunehmend globalisierten Welt aus einer ganzheitlichen und globalen Perspektive angegangen werden müssen.

Zweitens müssen Entwicklungsorganisationen in Zeiten rückläufiger Kirchenmitgliederzahlen, zu erwartender sinkender Mittel und zunehmender Bedeutung immer strengerer Wirtschaftlichkeits- und Rechnungslegungsnormen unbedingt komplementär zusammenarbeiten und mit anderen Akteuren im gleichen Bereich kooperieren – auch wenn dies schon immer ein entscheidender Faktor war.

Drittens sind Netzwerke und Bündnisse zwischen Organisationen, die aus ihrem Glauben heraus handeln, und anderen Akteuren immer wichtiger geworden. Auch scheint die Tendenz darin zu bestehen, grössere und stärkere Akteure zu bilden, indem zwei oder mehrere kleinere und schwächere Organisationen fusionieren wie z.B. der Zusammenschluss von „ACT International“ und „ACT Development“ zum ACT-Bündnis oder die GIZ, die durch die Verschmelzung der staatlichen Entwicklungsorganisationen DED, GTZ und InWEnt entstanden ist. Auch auf evangelischer Seite hat in Deutschland eine gewisse Umstrukturierung der Kirchenlandschaft sowie der Missionsgesellschaften stattgefunden.

Angesichts dieser Entwicklungen machte die Trennung zwischen der ökumenische Diakonie (Brot für die Welt und Diakonie Katastrophenhilfe) und dem sozialen Hilfswerk DW EKD keinen Sinn mehr. Stattdessen hat sich der Schwerpunkt auf die Verschmelzung des EED und des sozialen Hilfswerks DW EKD verlagert, wodurch Entwicklungs- und Sozialarbeit unter einem Dach untergebracht werden. Dabei ging es darum, ganzheitlicher und effizienter zu arbeiten und das gesamte Spektrum der evangelischen ökumenischen Entwicklungsarbeit in Deutschland effektiv zu repräsentieren. Ziel ist es, die Kooperation zu optimieren und die *eine* evangelische Entwicklungsorganisation sowie ihre Lobby- und Advocacy-Arbeit in Deutschland und darüber hinaus zu festigen. Durch den Zusammenschluss konnten die Stärken beider Organisationen kombiniert und eine breite Palette an Förderprojekten für ihre Partner zusammengestellt werden:

- **Finanzielle Förderung der Entwicklungsarbeit:** kleine, mittlere und grosse Gemeinschaftsprojekte
- **Personalprogramme:** Entsendung von Fachkräften
- **Katastrophenhilfe:** repräsentiert durch Diakonie Katastrophenhilfe (DKH)
- **Gemeinsame Kampagnen:** Lobby- und Advocacy-Arbeit
- **Stipendienprogramme:** sowohl national als auch international
- **Beratungsdienste:** Kapazitätsaufbau und institutionelle Stärkung.

Im Rahmen unserer Inlandsförderung in Deutschland unterstützen wir die themenspezifische entwicklungsbezogene Bildungs- und Informationsarbeit von kirchlichen Nichtregierungsorganisationen, Gemeinden und anderen entwicklungspolitischen Initiativen. Öffentlichkeits-, Lobby- und Advocacy-Arbeit sowie Mittelbeschaffung runden das Bild ab.

Anlässlich ihrer jährlichen Mitgliederversammlungen 2008 haben EED und das Diakonische Werk der Evangelischen Kirche in Deutschland (DW EKD) gemeinsam beschlossen, die beiden Organisationen unter einem gemeinsamen Dach zu vereinen. Die Fusion sollte bis 2012/2013 abgeschlossen werden. Die Jahre dazwischen prägte ein partizipatorischer und komplexer Verschmelzungsprozess. 2011 wurden die wichtigsten Grundsteine des neuen Werkes gelegt: Annahme der Satzung durch die Aufsichtsorgane von EED und DW EKD, Entwurf der neuen Organisationsstruktur, Verteilung der Zuständigkeiten des Vorstands und Bau des neuen Bürogebäudes in Berlin.

Die Fusion erfolgte durch einen langfristig angelegten, partizipatorisch und umfassenden Prozess, bei dem während jeder der einzelnen Phasen und Etappen die Mitglieder, Partner und Mitarbeitenden angehört wurden. Die Methodologie bestand darin, den Fusionsprozess in fünf Hauptphasen zu unterteilen und als „Einzelprojekte“ abzuarbeiten. Ab 2008 fanden die Sitzungen der Direktoren und Aufsichtsorgane sowie die Mitgliederversammlungen gemeinsam statt. Sämtliche Entscheidungen über die Fusion wurden gemeinsam getroffen. Ferner wurde ein „Sozialplan“ ausgehandelt, um möglichst vielen Mitarbeitenden den Verbleib bei der Organisation zu erlauben und jene zu unterstützen, die nicht nach Berlin ziehen konnten oder wollten.

Ursprünglich hatte sich die Mehrheit der Mitarbeitenden gegen die Fusion und insbesondere gegen den Standortwechsel nach Berlin ausgesprochen. Es kam zu langwierigen Diskussionen und Demonstrationen, doch 2012, also vier Jahre nach der ersten Fusionsankündigung 2008, beschlossen 75 Prozent des Personals, für das neue Werk zu arbeiten, das inzwischen über eine starke Mitarbeitervertretung verfügt.

Nach vier langen Jahren wurde der Prozess schliesslich zum Abschluss gebracht, auch wenn manche Aufgaben noch nicht ganz erledigt sind und manche Frage etwas länger brauchen. Die Zeit zwischen 2008 und 2012 war zwar interessant, doch zuweilen auch schwierig und aufreibend, gefüllt mit nie enden wollenden Diskussionen. Häufig mussten komplizierte Entscheidungen getroffen werden. Doch ich glaube, dass es sich gelohnt hat und wir auf dem richtigen Weg sind. Ohne die Unterstützung und das Engagement aller an diesem Prozess beteiligten Akteure wäre dies nicht möglich gewesen.

Was ist neu?

Das Evangelische Werk für Diakonie und Entwicklung e.V. besteht aus zwei Pfeilern, nämlich „Brot für die Welt – Evangelischer Entwicklungsdienst" und „Diakonie Deutschland – Evangelischer Bundesverband". Zwar ist jeder der beiden Pfeiler als eigenständiges Werk tätig, doch gibt es auf vielen verschiedenen Ebenen Synergien, die noch weiter verstärkt werden sollen, um die Ziele der Organisation erfüllen zu können. Jeder Pfeiler wird von drei Vorstandsmitgliedern geleitet, von denen jeweils eine/r Präsident/in und damit das Gesicht der Organisation ist; die beiden Präsident/innen wechseln sich bei dem Vorstandsvorsitz für den Gesamtvorstand ab. Die sechs gleichberechtigten Vorstandsmitglieder bilden zusammen den Vorstand des Gesamtwerkes. Dieser wird von einem zwanzigköpfigen Aufsichtsrat bestellt und überwacht bzw. begleitet. Die jährlich stattfindende Mitgliederversammlung, die „Konferenz Diakonie und Entwicklung" umfasst bis zu 112 Vertreterinnen und Vertreter aus Mitgliedskirchen und diakonischen Verbänden; sie wählt aus ihrer Mitte zehn Mitglieder in den Aufsichtsrat. Darüber hinaus gibt es zwei Ausschüsse, den Ausschuss Entwicklungsdienst und humanitäre Hilfe und den Ausschuss Diakonie.

Brot für die Welt ist in drei Ebenen unterteilt. Unterhalb des Vorstands befinden sich die Abteilungen oder Stabsreferate. Die dritte Ebene sind Referate, die jeweils fünf bis fünfzehn Mitarbeitenden umfassen und manchmal auch in kleineren Teams organisiert sind.

Das neu gegründete Werk Brot für die Welt – Evangelischer Entwicklungsdienst vereinigt die Bereiche Entwicklungszusammenarbeit und humanitäre Hilfe. Es fördert wie zuvor Projekte und Programme, die von unabhängigen Partnerorganisationen geplant und ausgeführt werden, und räumt damit lokalen Initiativen und lokaler Verantwortung einen hohen

Stellenwert ein. Es wird weiterhin in Partnerschaften zusammenarbeiten, bei denen die Eigenständigkeit jedes Partners geachtet und somit für Stabilität und Kontinuität gesorgt wird. Von nun an wird es nur noch eine starke evangelische Entwicklungsorganisation geben, die mit Blick auf die zur Verfügung stehenden finanziellen Mittel die grösste ihrer Art in Europa. Das Poolen von Fundraising-Kapazitäten und die Kombination von drei verschiedenen Einnahmequellen – Kirchenmittel, Regierungszuschüsse und Spenden – gewährleisten finanzielle Stabilität und Nachhaltigkeit sowie Sicherheit für Partner und Projektträger. Durch das Zusammenführen verschiedener Methodologie kann die Organisation ihren Partnern eine breite Palette an Diensten anbieten, die an ihre jeweiligen Bedürfnisse angepasst sind.

Die Bereiche der Politik und Lobbyarbeit sind in einer starken Abteilung vereint und bieten auch den Partnern die Chance Ihren Anliegen in der Mitte Berlins eine Stimme zu verschaffen.

Folgen für das Verständnis von Entwicklung, Entwicklung und Religion sowie Entwicklung und Mission

Durch die Fusion ist die Debatte über Mission und Entwicklung wieder neu in Schwung gekommen. Dank regelmässiger Sitzungen und Gespräche mit den Missionsgesellschaften konnten bei der Begriffsabgrenzung Fortschritte erzielt werden. Auch sind Vertreterinnen und Vertreter der Missionsgesellschaften in verschiedenen Gremien der Organisation vertreten.

Brot für die Welt – Evangelischer Entwicklungsdienst definiert Entwicklung als einen Prozess der Befreiung von Hunger, Armut, Krankheit und ungerechten Machtstrukturen, welche die Würde der Menschen verletzen und sie in der Ausübung ihrer Rechte sowie im Zugang zu den für ihr Überleben notwendigen Ressourcen behindern. Ziel der Mission ist es, das Evangelium zu verkündigen und die Menschen dazu anzuregen, sich der Gemeinschaft der Gläubigen anzuschliessen. In ihrem ganzheitlichen Ansatz gehören zur Mission seit jeher auch Bemühungen, den Alltag der Menschen zu verbessern, weshalb sich die Missionsgesellschaften schon immer primär auf die Bereiche Gesundheit und Bildung konzentrierten.

Der kirchliche Entwicklungsdienst findet seine theologische Grundlage in Gottes vorrangiger Option für die Armen ungeachtet ihrer Religion. Er wurzelt im christlichen Glauben und kann als die praktische Umsetzung des Evangeliums durch soziale und politische Arbeit betrachtet werden, mithilfe derer die Armut in der Welt gelindert werden soll. Er zielt darauf ab, die gesellschaftlichen, politischen und wirtschaftlichen Strukturen zu verbessern und arme, schwache, ausgegrenzte, bedrohte und verfolgte Menschen zu befähigen. Wir wollen, dass sie sich ihrer Rechte und ihres Potenzials bewusst und dadurch in die Lage versetzt werden, ihre Bedürfnisse zum Ausdruck zu bringen, am politischen und gesellschaftlichen Leben teilzunehmen und ihre Rechte einzufordern. Doch es ist weder unser Ziel noch unsere Aufgabe, christliche Gemeinschaften zu gründen.

Mission und Entwicklungsarbeit gehen Hand in Hand, sie sind untrennbar miteinander verbunden, müssen aber gleichzeitig voneinander abgegrenzt werden. Für die praktische Umsetzung bedeutet das, dass wir uns gegenseitig ergänzen müssen, während sich jeder auf seine Kerntätigkeit konzentriert.

Religion ist ein wesentlicher Aspekt des menschlichen Lebens. Während viele westliche Gesellschaften säkularer geworden sind und Religion im Alltag kaum noch eine Rolle spielt, ist sie in den meisten Regionen im globalen Süden nach wie vor sehr wichtig. Kirchliche Hilfswerke gehen auf ihre eigene Art und Weise auf die Menschen zu und nehmen sich weit weg von den Städten in entlegenen ländlichen Gebieten der Ärmsten der Armen an. Das ist zwar nichts Neues, wird aber zunehmend von der Bundesregierung und von anderen Entwicklungsorganisationen anerkannt. Kürzlich feierten wir die fünfzigjährige Zusammenarbeit zwischen der deutschen Bundesregierung und der Evangelischen Zentralstelle für Entwicklungshilfe (die in Brot für die Welt – Evangelischer Entwicklungsdienst integriert ist) und der Katholischen Zentralstelle für Entwicklungshilfe in Deutschland (KZE), die in Misereor integriert ist. In den letzten fünfzig Jahren hat die EZE staatliche Mittel für ihre Arbeit bekommen und ist dabei in ihren Entscheidungen, wo für welche Projekte und mit welchen Partnerorganisationen diese Mittel eingesetzt werden, relativ unabhängig geblieben. Dies ist ein Ausdruck der guten, auf gegenseitigem Vertrauen beruhenden Beziehungen mit dem zuständigen Bundesministerium für wirtschaftliche Zusammenarbeit und Entwicklung (BMZ). Im August 2012 wurde diese Beziehung weiter verstärkt und vertieft, als EZE und KZE die Gelegenheit hatten, den Bundesentwicklungsminister Dirk Niebel zu einem Besuch bei verschiedenen Projekten und Partnern in Kenia einzuladen.

Nicht nur Organisationen, die aus ihrem Glauben heraus handeln, müssen die Rolle der Religion berücksichtigen. Zwischen den Kirchen und den verschiedenen christlichen Konfessionen finden zwar seit langen Jahren Zusammenarbeit und Austausch statt, doch müssen die Beziehungen zu anderen Religionen noch weiter verbessert werden.